“十三五”职业教育国家规划教材

“十三五”高等教育教学改革行动计划系列教材 • 会计专业

Financial Management Practice

财务管理实务

主编 • 张文华

副主编 • 于 艳 吴丽娟 耿丽君 马丽丽

電子工業出版社

Publishing House of Electronics Industry

北京 · BEIJING

图书在版编目（CIP）数据

财务管理实务 / 张文华主编. —北京：电子工业出版社，2018.6
ISBN 978-7-121-33794-9

Ⅰ. ①财… Ⅱ. ①张… Ⅲ. ①财务管理－高等职业教育－教材 Ⅳ. ①F275

中国版本图书馆 CIP 数据核字（2018）第 041441 号

策划编辑：刘淑丽
责任编辑：杨振英
印　　刷：北京捷迅佳彩印刷有限公司
装　　订：北京捷迅佳彩印刷有限公司
出版发行：电子工业出版社
　　　　　北京市海淀区万寿路 173 信箱　　邮编 100036
开　　本：787×1092　1/16　印张：18.25　字数：445 千字
版　　次：2018 年 6 月第 1 版
印　　次：2022 年 2 月第 9 次印刷
定　　价：46.00 元

凡所购买电子工业出版社图书有缺损问题，请向购买书店调换。若书店售缺，请与本社发行部联系，联系及邮购电话：（010）88254888，88258888。
质量投诉请发邮件至 zlts@phei.com.cn，盗版侵权举报请发邮件至 dbqq@phei.com.cn。
本书咨询联系方式：（010）88254199，sjb@phei.com.cn。

前 言

本书是财政部、教育部重点支持的国家示范性高等职业院校建设项目立项建设的重点教材，适用于高等职业院校财务管理、会计、投资与理财、金融保险等专业的学生，也可供在职人员学习参考。

财务管理是财务管理专业和会计专业的专业核心课程，课程设置对应企业财务管理工作岗位的各项具体业务活动，是财务管理、会计、金融类专业毕业生初始就业所需的必备知识，为学生后续职业发展奠定理论基础。本书的总体设计思路是：以企业财务管理岗位具体工作为教学内容，以财务管理具体业务流程组织教学活动，以财务管理基础知识和技能的掌握检验学习效果。教学目标是实现企业财务管理知识和理财技能的灵活运用。

本书具有以下特点：

第一，充分体现了以财务管理岗位工作任务、业务做引领，以具体岗位工作内容为导向的设计思想。本书按照工作内容的逻辑顺序将财务管理岗位工作分解成 8 个典型的工作项目，结合会计专业技术资格考试大纲组织教学内容。

第二，充分体现了职业教育的职业性、实践性和开放性的要求。将企业财务管理涉及的新业务、新方法和新工具及时纳入教学设计，包含企业财务管理的主要工作内容，贴近财务管理岗位工作的实际需要。本书中各项任务、业务模拟了不同的财务管理业务活动。

第三，配备了大量教学资源，方便"教、学、做"一体化的实施。本书的配套教学资源主要有课程标准、授课计划、电子课件（PPT）、习题作业、教学案例等，可供读者学习使用。

本书由淄博职业学院张文华副教授担任主编，在教材开发过程中负责制定课程大纲、确定教材项目模块、设计教材体例和最后修改定稿。于艳、吴丽娟、耿丽君、马丽丽担任副主编。其中，于艳编写项目一、二、七，耿丽君编写项目三，吴丽娟编写项目四，张文华编写项目五、六，马丽丽编写项目八，高丽萍教授负责项目审定。

本书的编写得益于会计、财务管理、金融行业专家的帮助。淄博职业学院财务管理教学团队全体成员参与了行业和企业调研，淄博易桥鲁信财税服务咨询有限公司的实践专家参加了教材项目、任务和业务的具体设计和职业能力分析，电子工业出版社刘淑丽和杨振英编辑对教材出版给予了支持和帮助，在此一并致谢！

由于编者专业水平有限，本书难免存在许多不足甚至错误之处，敬请有关专家、同仁和使用本教材的师生提出批评和改进意见，以备来日修改使用。

编者

2018 年 6 月

目 录

项目一

财务管理基础

学习目标

知识学习目标

1. 理解财务管理的含义、内容和目标；
2. 掌握财务管理活动和财务关系；
3. 理解财务管理的环境和原则。

技能训练目标

1. 能够正确判断企业的财务活动；
2. 能够恰当分析企业所处的财务管理环境；
3. 能够正确处理企业与利益相关者之间的关系。

导入案例

如果我无意于成为一名财务经理，那么我为什么还要学习财务管理知识呢？一个很好的理由是“为未来的工作环境而准备”。越来越多的企业正在削减经理职位，而把公司金字塔的各个层次糅合在一块儿，这是为了降低成本和提高劳动生产率。结果，剩下的经理的职责范围变得很宽。未来的成功经理应该是一名团队首领，他的知识和能力保证他既能在组织内纵向流动，又能横向流动，即从事复合型的工作。所以，在不久的未来，掌握基本的财务管理知识将是你工作环境中不可缺少的关键要素。（詹姆斯·范霍恩，约翰·瓦霍维奇. 现代企业财务管理[M]. 北京：经济科学出版社，2002）

无论你是有意还是无意于成为一名财务经理，无论你干什么工作，在市场经济时代，掌握财务管理知识和技能，都是十分必要的。在现代公司的管理中，财务经理扮演着一个活跃的角色，财务经理每天都必须应付众多外部环境的变化和内部事务的处理，诸如公司之间竞争的加剧、技术的突变、通货膨胀和利息率的变化、全球经济的不确定性、汇率的波动、税法的变更、投资的决策、融资的决策、资产管理的决策等。

如果你是一名财务经理，那么你在应变、筹集资金、资产投资和管理等方面的能力将影响公司的成败。要当好一名财务经理，首先应学习财务管理的基本理论，熟悉财务管理的基本内容，掌握财务管理的各种方法与技能；其次应学习财务管理的相关知识与技能；最后在企业经济工作中不断实践、总结。

学习财务管理，首先应从了解财务管理的概念和特征开始。

财务管理是在一定的整体目标下，组织企业财务活动、处理财务关系的一项经济管理工作。财务管理的概念建立在财务活动和财务关系的基础上。

任务一 认知财务管理

任务描述

在理解财务管理含义的基础上，掌握公司财务活动包括的相关内容，明确财务管理的目标、原则及所处的环境因素，从而对企业财务管理有一个总体印象。

业务一 掌握财务管理的概念及相关活动

业务描述

理解财务管理的概念并能够灵活应用财务管理的相关活动安排企业工作。

相关知识

一、财务管理概念

财务管理是基于企业在经营中客观存在的财务活动和财务关系而产生的，它主要利用价值形式对企业所从事的生产经营活动进行管理，是组织资金运动、处理财务关系的一项综合性管理工作。

财务管理是企业管理的一个重要组成部分，财务管理的对象是企业资金的循环与周转。财务管理的实质是处理好企业与各方面的财务关系，其主要内容是筹资、投资和收益分配，其主要职能是预测、决策、预算、控制与分析评价。

【想一想】

企业财务管理的工作过程是财务预测→财务决策→财务预算→财务控制→财务分析→业绩评价与激励。你能否从这个过程中理解财务管理的基本含义？连接这一构成的纽带是什么呢？

二、财务管理活动

企业的财务活动具体包括资金的筹集、运用、回收及分配等一系列行为。这些财务活动将财务管理的内容确定为以下四个方面。

（一）筹资活动

筹资活动是指企业为了满足生产经营活动的需要，从一定的渠道，采用特定的方式，筹措和集中所需资金的过程。筹集资金是企业进行生产经营活动的前提，也是资金运动的起点。一般而言，企业可以从三个方面筹集并形成三种性质的资金来源：一是从所有者处取得权益性资金；二是从债权人处取得债务性资金；三是从企业获利中留存一部分权益性资金。企业筹集的资金，可以是货币资金，也可以是实物资产或无形资产。从资金的运动状态看，筹资活动表现为资金的流入。

（二）投资活动

企业在取得资金后，必须将资金投入生产经营活动中，以谋取最大的经济效益，否则，筹资不仅失去意义，而且还会给企业带来损失。投资有广义和狭义之分。广义的投资是指企业将筹集的资金投入使用的过程，包括企业内部使用资金的过程和企业对外投放资金的过程。就前者而言，企业主要是通过购买原材料和机器设备、聘用员工、建造生产设施、开展研发活动等行为将筹集的资金投放到生产经营中，形成各种生产资料，如流动资产、固定资产、无形资产和其他资产等；然后营运这些资金，开展生产经营活动，并合理确定和控制资金在使用过程中的耗费；最终通过生产经营收入，使这些耗费得以补偿，重回资金起点。狭义的投资仅指企业将现金、实物或无形资产等投放于企业外部其他企业或单位而形成的股权性投资或债权性投资。从资金的运动状态看，投资活动表现为资金的流出。

（三）资金营运活动

资金营运活动是指在日常生产经营活动中所发生的一系列资金的收付活动。相对于其他财务活动而言，资金营运活动是最频繁的财务活动。资金营运活动围绕着营运资金展开，如何加快营运资金的周转，提高营运资金的利用效果，是资金营运活动的关键。资金营运活动既包括由于支付工资、营业费用及其他各项费用的现金支出，也包括由于企业销售产品或提供劳务所取得收入的现金回收。从资金的运动状态看，资金营运活动既表现为资金的流出，又表现为资金的流入。

（四）收益分配活动

企业通过资金的投放和使用，必然会取得各种收入。企业的收入首先要用以弥补生产耗费及期间费用，缴纳流转环节税费，剩余部分形成企业的营业利润。营业利润和营业外净收支构成企业的利润总额。利润总额首先要按国家规定缴纳所得税，税后利润要提取公积金和公益金，分别用于扩大积累、弥补亏损和改善职工集体福利设施，其余利润分配给投资者或暂时留存企业。企业必须根据国家有关法律、法规和制度所确定的分配原则，合理确定分配的规模和分配的方式，这是一项重要的财务管理工作。从资金的运动状态看，收益分配活动表现为资金的流出。

筹资活动、投资活动、资金营运活动和收益分配活动等共同构成了财务活动的主要内容，同时这些财务活动之间也是紧密相关的，如筹资活动是投资活动的前提与基础，资金营运活动是投资活动取得成功的保证，收益分配活动是其他财务活动的必然结果和归宿，同时也为其他财务活动的正常开展提供动力。总之，以上财务活动伴随着企业生产经营活动反复进行，按既有的轨迹不断地运动，共同构成了企业财务管理的主要内容。

【案例分析】

2017 年年初，齐鲁公司召开年度经济工作会议，总经理万达总结齐鲁公司 2016 年公司各项经济指标完成情况并对业绩显著的部门和个人进行表彰。同时，根据各部门上报的经济指标，经财务部编制，预算委员会批准，万达总经理下达了公司 2017 年财务预算。万达总经理在公司年度经济工作会议上说：

“同志们，经过全公司员工的共同努力，2016 年公司全面完成了各项预定目标，并取得了骄人的业绩。

全年实现销售22亿元，比计划的20亿元，增长了10%；全年实现利润1.2亿元，比计划的1亿元，增长了20%；全年实现净利9 000万元，比计划的7 500万元，增长了20%；全年上缴国家税收6 500万元，比计划的5 800万元，增长了12.07%；2016年投资5 000万元，年末资产总额达5.5亿元，比年初的4.8亿元，增长了14.58%；2016年年末净资产达3.85亿元，比年初的3亿元，增长了28.33%；2016年年末每股净收益达3.85元，比年初的3.1元，增长了24.19%。

我代表齐鲁公司向全体员工在一年中付出的辛勤劳动表示衷心感谢！

同志们，成绩只能代表过去。2017年我们将继续拼搏，经过大家讨论，财务部已经编制了2017年的财务预算，经过公司董事会的审议，我受董事会的委托，向大家下达2017年公司的各项财务预算指标：全年销售目标25亿元；全年利润目标1.35亿元；全年净利目标1亿元；全年税收目标7 000万元；年末资产目标6亿元；年末净资产目标4亿元；年末每股净收益目标4元。

为实现这些目标，公司决定，筹集资金3 000万元，投资建设两条生产线，以进一步扩大企业的生产经营规模。会后请财务部将2017年财务预算下达给各部门。”

任何企业的生产经营活动，都是运用人力、资金、物资与信息等各项生产经营要素来进行的，其中包含了生产经营的业务活动和财务活动两个方面，与之对应的，在企业中必然存在两种基本管理活动，即生产经营管理和财务管理。企业财务是指企业生产经营过程中的资金运动及其所体现的财务关系。财务管理是组织企业财务活动、处理财务关系的一项经济管理工作。理解企业财务管理的基本概念，还必须了解资金运动、财务活动及财务关系等相关概念。

请问：

（1）齐鲁公司的年度经济工作会议是否主要是安排财务活动？

（2）在这些财务活动中是否包括了筹资活动、投资活动和分配活动？

【案例分析】

王晓学习了财务管理的内容后有一个设想：毕业后自主创办一个广告设计公司，通过5年努力获得100万元利润，然后成家立业。带着这个想法王晓请教老师，老师说：“很好，你先做个规划给我看看。”于是，王晓查阅资料，到广告公司实地考察，得到如下信息：广告设计公司需要租用30平方米的房屋，每年租金预计5万元；购买一套设计、打印、喷绘设备，预计投资5万元；聘请每位工作人员每年需要支付报酬4万元；开业运行后每年需要支付水电、物业等管理费用1万元；承接广告设计需要支付的材料等费用预计占收入的30%；增值税占收入的6%，所得税为25%；工商注册资金需要5万元。根据这些信息，王晓编制的财务规划如下。

（1）筹资活动：筹集资本金5万元和借款10万元，共计15万元，开办广告设计公司。

（2）投资活动：用于工商注册、租赁房屋和购买设备。

（3）资金营运活动：聘请2位工作人员每年工资8万元，每年水电物业费1万元，材料费为收入的30%，增值税为收入的6%。

（4）收益分配活动：每年利润上缴25%的所得税，剩余全部归自己，5年得到100万元。

请问：王晓在5年时间里每年需要承接多少业务才能实现目标利润呢？

业务二 正确处理企业与利益相关者之间的关系

业务描述

掌握财务管理的关系，并能够正确处理企业与利益相关者之间的关系。

相关知识

企业的财务活动是以企业为主体来进行的，企业作为法人在组织财务活动过程中，必然与企业内外部有关各方发生广泛的经济利益关系，这就是企业的财务关系。企业的财务关系可概括为以下几个方面。

一、企业与国家行政管理者之间的财务关系

国家作为行政管理者——政府，担负着维护社会正常秩序、保卫国家安全、组织和管理社会活动等任务。政府为完成这一任务，必然无偿参与企业的利润分配。企业则必然按照国家税法规定缴纳各种税款，包括所得税、流转税和计入成本的税金。这种关系体现为一种强制和无偿的分配关系。

二、企业与投资者之间的财务关系

这主要是指企业的所有者向企业投入资本形成的所有权关系，企业的所有者主要有国家、个人和法人单位，它具体表现为独资、控股和参股关系。企业作为独立的经营实体，独立经营，自负盈亏，实现所有者资本的保值与增值。所有者以出资人的身份，参与企业税后利润的分配，体现为所有权性质的投资与受资的关系。

三、企业与债权人之间的财务关系

这主要是指债权人向企业贷放资金，企业按借款合同的规定按时支付利息和归还本金所形成的经济关系，企业的债权人主要有金融机构、企业和个人。企业除利用权益资金进行经营活动外，还要借入一定数量的资金，以便扩大企业经营规模，降低资金成本。企业同债权人的财务关系在性质上属于债务与债权关系。在这种关系中，债权人不像资本投资者那样有权直接参与企业经营管理，他们对企业的重大活动不享有表决权，也不参与剩余收益的分配，但在企业破产清算时享有优先求偿权。因此债权人投资的风险相对较小，收益也较低。

四、企业与受资者之间的财务关系

这主要是指企业以购买股票或直接投资的形式向其他企业投资所形成的经济关系。随着市场经济的不断深入发展，企业经营规模和经营范围的不断扩大，这种关系将会越来越广泛。企业与受资方的财务关系体现为所有权性质的投资与受资的关系。企业向其他单位投资，依其出资额，可形成独资、控股和参股情况，并根据其出资份额参与受资方的重大决策和利润分配。企业投资最终目的是取得收益，但预期收益能否实现，也存在一定的投资风险。投资风险大，要求的收益高。

五、企业与债务人之间的财务关系

这主要是指企业将资金购买债券、提供借款或商业信用等形式出借给其他单位所形成的经济关系。企业将资金借出后，有权要求其债务人按约定的条件支付利息和归还本金。企业同其他债务人的关系体现为债权与债务关系。企业在提供信用的过程中，一方面会产生直接的信用收入，另一方面也会发生相应的机会成本和坏账损失的风险，企业必须考虑两者的对称性。

六、企业内部各单位之间的财务关系

这主要是指企业内部各单位之间在生产经营各环节中相互提供产品或劳务所形成的经济关系。企业内部实行责任预算和责任考核与评价的情况下，企业内部各责任中心之间相互提供产品与劳务，应以内部转移价格进行核算。这种在企业内部形成的资金结算关系，体现了企业内部各单位之间的利益均衡关系。

七、企业与职工之间的财务关系

这主要是指企业向职工支付劳动报酬过程中所形成的经济关系。职工是企业的劳动者，他们以自身提供的劳动作为参加企业分配的依据。企业根据劳动者的劳动情况，用其收入向职工支付工资、津贴和奖金，并按规定提取公益金等，体现着职工个人和集体在劳动成果上的分配关系。

【想一想】

齐鲁公司 2017 年度实现利润 12 000 万元，按照 25%的所得税税率应上缴国家所得税 3 000 万元，获得净利润 9 000 万元，年初未分配利润 5 000 万元，年末可供分配利润 14 000 万元，按照 10%提取法定盈余公积，按公司章程分配投资者利润 30%～50%。

请问：

（1）在该利润分配中涉及哪些财务关系？

（2）你在处理这些财务关系时是否有主次之分？

（3）假定从公司发展出发，你会选择分配投资者利润的比例是多少？

任务二 认知财务管理目标和原则

任务描述

掌握财务管理每种目标的特点和使用范围，并能够正确分析每种目标的优缺点，熟悉财务管理的原则。

业务一 理解财务管理的目标

业务描述

掌握财务管理的目标并能够分析每种目标的优缺点。

相关知识

企业的目标就是创造价值。一般而言，企业财务管理的目标就是为企业创造价值服务。鉴于财务主要是从价值方面对企业的商品或服务提供过程实施管理，因而财务管理可为企业的价值创造发挥重要作用。

企业财务管理目标有如下几种具有代表性的理论。

一、利润最大化

利润最大化是假定企业财务管理以实现利润最大化为目标。

以利润最大化作为财务管理目标，其主要原因有三：一是人类从事生产经营活动的目的是创造更多的剩余产品，在市场经济条件下，剩余产品的多少可以用利润这个指标来衡量；二是在自由竞争的资本市场中，资本的使用权最终属于获利最多的企业；三是只有每个企业都最大限度地创造利润，整个社会的财富才可能实现最大化，从而带来社会的进步和发展。

利润最大化目标的主要优点是，企业追求利润最大化，就必须讲求经济核算，加强管理，改进技术，提高劳动生产率，降低产品成本。这些措施都有利于企业资源的合理配置，有利于企业整体经济效益的提高。

但是，以利润最大化作为财务管理目标存在以下缺陷：

（1）没有考虑利润实现时间和资金时间价值。例如，今年 100 万元的利润和 10 年以后同等数量的利润其实际价值是不一样的，10 年间还会有时间价值的增加，而且这一数值会随着贴现率的不同而有所不同。

（2）没有考虑风险问题。不同行业具有不同的风险，同等利润值在不同行业中的意义也不相同。例如，风险比较高的高科技企业和风险相对较小的制造业企业无法简单比较。

（3）没有反映创造的利润与投入资本之间的关系。

（4）可能导致企业短期财务决策倾向，影响企业长远发展。由于利润指标通常按年计算，因此，企业决策也往往会服务于年度指标的完成或实现。

二、股东财富最大化

股东财富最大化是指企业财务管理以实现股东财富最大化为目标。在上市公司，股东财富是由其所拥有的股票数量和股票市场价格两方面决定的。在股票数量一定时，股票价格达到最高，股东财富也就达到最大。

与利润最大化相比，股东财富最大化的主要优点是：

（1）考虑了风险因素，因为通常股价会对风险做出较敏感的反应。

（2）在一定程度上能避免企业短期行为，因为不仅目前的利润会影响股票价格，预期未来的利润同样会对股价产生重要影响。

（3）对上市公司而言，股东财富最大化目标比较容易量化，便于考核和奖惩。

以股东财富最大化作为财务管理目标也存在以下缺点：

（1）通常只适用于上市公司，非上市公司难于应用，因为非上市公司无法像上市公司一样随时准确获得公司股价。

（2）股价受众多因素影响，特别是企业外部的因素，有些还可能是非正常因素。股价不能完全准确反映企业财务管理状况，如有的上市公司处于破产的边缘，但由于可能存在某些机会，其股票市价可能还在走高。

（3）股东财富最大化目标强调得更多的是股东利益，而对其他相关者的利益重视不够。

三、企业价值最大化

企业价值最大化是指企业财务管理行为以实现企业的价值最大化为目标。企业价值可以理解为企业所有者权益的市场价值，或者企业所能创造的预计未来现金流量的现值。未来现金流量这一概念，包含了资金的时间价值和风险价值两个方面的因素。因为未来现金流量的预测包含了不确定性和风险因素，而现金流量的现值是以资金的时间价值为基础对现金流量进行折现计算得出的。

企业价值最大化要求企业通过采用最优的财务政策，充分考虑资金的时间价值和风险与报酬的关系，在保证企业长期稳定发展的基础上使企业总价值达到最大。

以企业价值最大化作为财务管理目标，具有以下优点：

（1）考虑了取得报酬的时间，并用时间价值的原理进行了计量。

（2）考虑了风险与报酬的关系。

（3）将企业长期、稳定的发展和持续的获利能力放在首位，能克服企业在追求利润上的短期行为，因为不仅目前利润会影响企业的价值，预期未来的利润对企业价值增加也会产生重大影响。

（4）用价值代替价格，克服了过多受外界市场因素的干扰，有效地规避了企业的短期行为。

但是，以企业价值最大化作为财务管理目标也存在以下问题：

（1）企业的价值过于理论化，不易操作。尽管对于上市公司，股票价格的变动在一定程度上揭示了企业价值的变化，但是，股价是多种因素共同作用的结果，特别是在资本市场效率低下的情况下，股票价格很难反映企业的价值。

（2）对于非上市公司，只有对企业进行专门的评估才能确定其价值，而在评估企业的资产时，由于受评估标准和评估方式的影响，很难做到客观和准确。

四、相关者利益最大化

在现代企业是多边契约关系的总和的前提下，要确立科学的财务管理目标，首先就要考虑哪些利益关系会对企业发展产生影响。在市场经济中，企业的理财主体更加细化和多元化。股东作为企业所有者，在企业中承担着最大的权力、义务、风险和报酬，但是债权人、员工、企业经营者、客户、供应商和政府也为企业承担着风险。例如：

（1）随着举债经营的企业越来越多，举债比例和规模也不断扩大，使得债权人的风险大大增加。

（2）在社会分工细化的今天，由于简单劳动越来越少，复杂劳动越来越多，使得职工的再就业风险不断增加。

（3）在现代企业制度下，企业经理人受所有者委托，作为代理人管理和经营企业，在激烈的市场竞争和复杂多变的形势下，代理人所承担的责任越来越大，风险也随之加大。

（4）随着市场竞争和经济全球化的影响，企业与客户及企业与供应商之间不再是简单的买卖关系，更多的情况下是长期的伙伴关系，处于一条供应链上，并共同参与同其他供应链的竞争，因而也与企业共同承担一部分风险。

（5）政府不管是作为出资人，还是作为监管机构，都与企业各方的利益密切相关。

综上所述，企业的利益相关者除了包括股东，还包括债权人、企业经营者、客户、供应商、员工、政府等。因此，在确定企业财务管理目标时，不能忽视这些相关利益群体的利益。

相关者利益最大化目标的具体内容包括如下几个方面：

（1）强调风险与报酬的均衡，将风险限制在企业可以承受的范围内。

（2）强调股东的首要地位，并强调企业与股东之间的协调关系。

（3）强调对代理人即企业经营者的监督和控制，建立有效的激励机制以便企业战略目标的顺利实施。

（4）企业普通职工的利益，创造优美和谐的工作环境和提供合理恰当的福利待遇，培养职工长期努力为企业工作。

（5）不断加强与债权人的关系，培养可靠的资金供应者。

（6）关心客户的长期利益，以便保持销售收入的长期稳定增长。

（7）加强与供应商的协作，共同面对市场竞争，并注重企业形象的宣传，遵守承诺，讲究信誉。

（8）保持与政府部门的良好关系。

以相关者利益最大化作为财务管理目标，具有以下优点：

（1）有利于企业长期稳定发展。这一目标注重企业在发展过程中考虑并满足各利益相关者的利益关系。在追求长期稳定发展的过程中，站在企业的角度上进行投资研究，避免只站在股东的角度进行投资可能导致的一系列问题。

（2）体现了合作共赢的价值理念，有利于实现企业经济效益和社会效益的统一。由于兼顾了企业、股东、政府、客户等的利益，企业就不仅仅是一个单纯谋利的组织，还承担了一定的社会责任。企业在寻求其自身的发展和利益最大化过程中，由于客户及其他利益相关者的利益，就会依法经营，依法管理，正确处理各种财务关系，自觉维护和切实保障国家、集体和社会公众的合法权益。

（3）这一目标本身是一个多元化、多层次的目标体系，较好地兼顾了各利益主体的利益。这一目标可使企业各利益主体相互作用、相互协调，并在使企业利益、股东利益达到最大化的同时，也使其他利益相关者利益达到最大化。也就是将企业财富这块“蛋糕”做到最大化的同时，保证每个利益主体所得的“蛋糕”更多。

（4）体现了前瞻性和现实性的统一。例如，企业作为利益相关者之一，有其一套评价指标，如未来企业报酬贴现值；股东的评价指标可以使用股票市价；债权人可以寻求风险最小、利息最大；工人可以确保工资福利；政府可考虑社会效益等。不同的利益相关者有各自的指标，只要合理合法、互利互惠、相互协调，就可以实现所有相关者利益最大化。

因此，本书认为，相关者利益最大化是企业财务管理最理想的目标。

【工作实例】

中石化在经济转型和国有企业改革的历程中，经历了以下过程。

1．包干制和激励机制阶段

20 世纪 90 年代中期以前，工业生产总值持续高速增长，而这个时期的工业生产总值一直是中石化的主要生产经营目标。

2．现代企业制度阶段

随着企业自主权的进一步加大，市场经济体系的进一步完善，以及国有企业亏损的不断恶化，政府希望通过建立现代企业制度和引进国外先进的企业管理经验来激励国有企业最大化利润。但是中石化的利润（总额）与净利润在 1999 年之前有多个年度处于负增长，这说明利润最大化的目标没有实现。

3．国有企业上市阶段

由于股票初始上市（IPO）效应，利润（总额）与净利润在 1999 年有较大幅度增长，在 2000 年稍有下降，之后平稳增长；每股收益率在 2000 年有较大幅度增长，在 2001 年稍有下降，之后平稳增长。中石化香港股票市场股价持续波动增长，涨幅远高于道琼斯股票指数及上证综合指数。这表明股东价值最大化是财务管理的目标之一。

4．国有资产保护和可持续发展阶段

随着科学发展观的提出和建立和谐社会的要求，中石化更加关注企业社会责任，建立了健康、安全、环境体系等。此阶段财务管理的目标是企业价值最大化。企业价值最大化要求企业在实现自身利益的同时，还要正确处理其与国家、社会、消费者和债权人等之间的关系，并尽可能使这些社会公众的利益得到最大的满足。企业价值最大化是一个综合目标，即投资人、债权人、经营者、政府和社会各方利益最大化。

中石化的发展历程中，你能感悟到它的财务管理目标及其变化吗？

【温馨提示】

在《论语·里仁》中，有“不义而富且贵，于我如浮云”；“富与贵，是人之所欲也，不以其道得之，不处也。贫与贱，是人之所恶也，不以其道得之，不去也”的说法。大意即发财富贵是所有人梦寐以求的，如果是通过不正当手段取得的，宁可不要。此外，还有，“见利思义，见危授命，久要不忘平生之言，亦可以为成人矣”，以及荀子的“先义而后利者荣，先利而后义者辱”等关于“义与利”的辩论，都成为古代商业活动遵循的无形法则。请问，企业获取利润最大化和遵守道德约束如何平衡？本书认为企业在追求利润最大化时，首先要考虑这种利润是否符合社会的道德准则，在此基础上实现利润最大化。

业务二　协调财务目标理论中的冲突

业务描述

掌握企业在财务管理中协调利益相关者目标的方法。

相关知识

协调相关者的利益冲突，要把握的原则是：尽可能使企业相关者的利益分配在数量上和时间上达到动态协调平衡。而在所有的利益冲突协调中，所有者与经营者、所有者与债权人的利益冲突协调又至关重要。

一、所有者与经营者利益冲突的协调

在现代企业中，经营者一般不拥有占支配地位的股权，他们只是所有者的代理人。所有者期望经营者代表他们的利益工作，实现所有者财富最大化，而经营者则有其自身的利益考虑，二者的目标会经常不一致。通常而言，所有者支付给经营者报酬的多少，在于经营者能够为所有者创造多少财富。经营者和所有者的主要利益冲突，就是经营者希望在创造财富的同时，能够获取更多的报酬、更多的享受；而所有者则希望以较小的代价（支付较小的报酬）实现更多的财富。

为了协调这一利益冲突，通常可采取以下方式解决。

1. 解聘

这是一种通过所有者约束经营者的办法。所有者对经营者予以监督，如果经营者绩效不佳，就解聘经营者；经营者为了不被解聘就需要努力工作，为实现财务管理目标服务。

2. 接收

这是一种通过市场约束经营者的办法。如果经营者决策失误，经营不力，绩效不佳，该企业就可能被其他企业强行接收或吞并，相应地经营者也会被解聘。经营者为了避免这种接收，就必须努力实现财务管理目标。

3. 激励

激励就是将经营者的报酬与其绩效直接挂钩，以使经营者自觉采取能提高所有者财富的措施。激励通常有两种方式：

（1）股票期权。它允许经营者以约定的价格购买一定数量的本企业股票，股票的市场价格高于约定价格的部分就是经营者所得的报酬。经营者为了获得更大的股票涨价益处，就必然主动采取能够提高股价的行动，从而增加所有者财富。

（2）绩效股。企业运用每股收益、资产收益率等指标来评价经营者绩效，并视其绩效大小给予经营者数量不等的股票作为报酬。如果经营者绩效未能达到规定目标，经营者将丧失原先持有的部分绩效股。这种方式使经营者不仅为了多得绩效股而不断采取措施提高经营绩效，而且为了使每股市价最大化，也会采取各种措施使股票市价稳定上升，从而增加所有者财富。但即使由于客观原因股价并未提高，经营者也会因为获取绩效股而获利。

二、所有者与债权人利益冲突的协调

所有者的目标可能与债权人期望实现的目标发生矛盾。首先，所有者可能要经营者改变举债资金的原定用途，将其用于风险更高的项目，这会增大偿债风险，债权人的负债价值也必然会降低，造成债权人风险与收益的不对称。因为高风险的项目一旦成功，额外的利润就会被所有者独享；但若失败，债权人却要与所有者共同负担由此而造成的损失。其次，所有者可能在未征得现有债权人同意的情况下，要求经营者举借新债，因为偿债风险相应增大，从而致使原有债权的价值降低。

所有者与债权人的上述利益冲突，可以通过以下方式解决。

1. 限制性借债

债权人通过事先规定借债用途限制、借债担保条款和借债信用条件，使所有者不能通过以上两种方式削弱债权人的债权价值。

2. 收回借款或停止借款

当债权人发现企业有侵蚀其债权价值的意图时，采取收回债权或不再给予新的借款的措施，从而保护自身权益。

业务三　熟悉企业财务管理中需遵循的原则

业务描述

掌握企业财务管理的原则，并能灵活运用，从而实现企业价值最大化。

相关知识

财务管理原则，就是公司在规划和控制资金运动过程中所遵循的依据和原则，它是我国市场经济对财务管理的客观要求。

一、自利行为原则

自利行为原则是指公司在进行决策时按照自己的财务利益行事，在其他条件相同的情况下公司会选择使自己利益最大的行为。

二、双方交易原则

双方交易原则是指每一项交易都至少存在两方，在一方根据自己的经济利益决策时，另一方也会按照自己的经济利益决策行动，并且对方和你一样聪明、勤奋和富有创造力，因此你在决策时要正确预见对方的反应。

三、净增效益原则

净增效益原则是指财务决策建立在净增效益的基础上，一项决策的价值取决于它和替代方案相比所增加的净收益。

四、风险—报酬权衡原则

风险—报酬权衡原则是指风险和报酬之间存在一个对等关系，投资人必须对报酬和风险做出权衡，为追求较高报酬而承担较大风险，或者为减少风险而接受较低的报酬。

五、货币时间价值原则

货币时间价值原则是指在进行财务计量时要考虑货币的时间价值因素。“货币的时间价值”是指货币在经过一定时间的投资和再投资后所增加的价值。

任务三　熟悉财务管理的环境

任务描述

掌握分析企业所处财务管理环境的方法。

相关知识

一、技术环境

财务管理的技术环境，是指财务管理得以实现的技术手段和技术条件，它决定着财务管理的效率和效果。目前，我国进行财务管理所依据的会计信息是通过会计系统所提供的，占企业经济信息总量的 60% ~ 70%。在企业内部，会计信息主要是提供给管理层决策使用，而在企业外部，会计信息则主要是为企业的投资者、债权人等提供服务。

目前，我国正全面推进会计信息化工作，力争通过 5 ~ 10 年的努力，建立健全会计信息化法规体系和会计信息化标准体系 [包括可扩展商业报告语言（XBRL）分类标准]，全力打造会计信息化人才队伍，基本实现大型企事业单位会计信息化与经营管理信息化的融合，进一步提升企事业单位的管理水平和风险防范能力，做到数出一门、资源共享，便于不同信息使用者获取、分析和利用，进行投资和相关决策；基本实现大型会计师事务所采用信息化手段对客户的财务报告和内部控制进行审计，进一步提升社会审计质量和效率；基本实现政府会计管理和会计监督的信息化，进一步提升会计管理水平和监管效能。通过全面推进会计信息化工作，使我国的会计信息化达到或接近世界先进水平。我国企业会计信息化的全面推进，必将促使企业财务管理的技术环境进一步完善和优化。

二、经济环境

在影响财务管理的各种外部环境中，经济环境是最为重要的。

经济环境内容十分广泛，包括经济体制、经济周期、经济发展水平、宏观经济政策及社会通货膨胀水平等。

（一）经济体制

在计划经济体制下，国家统筹企业资本、统一投资、统负盈亏，企业利润统一上缴、亏损全部由国家补贴，企业虽然是一个独立的核算单位但无独立的理财权利。财务管理活动的内容比较单一，财务管理方法比较简单。在市场经济体制下，企业成为“自主经营、自负盈亏”的经济实体，有独立的经营权，同时也有独立的理财权。企业可以从其自身需要出发，合理确定资本需要量，然后到市场上筹集资本，再把筹集到的资本投放到高效益的项目上获取更大的收益，最后将收益根据需要和可能进行分配，保证企业财务活动自始至终根据自身条件和外部环境做出各种财务管理决策并组织实施。因此，财务管理活动的内容比较丰富，方法也复杂多样。

（二）经济周期

市场经济条件下，经济发展与运行带有一定的波动性。大体上经历复苏、繁荣、衰退和萧条几个阶段的循环，这种循环叫作经济周期。

在不同的经济周期，企业应采用不同的财务管理战略。西方财务学者探讨了经济周期中的财务管理战略，现择其要点归纳如表 1-1 所示。

表 1-1 经济周期中的财务管理战略

复　苏	繁　荣	衰　退	萧　条
1. 增加厂房设备	1. 扩充厂房设备	1. 停止扩张	1. 建立投资标准
2. 实行长期租赁	2. 继续建立存货	2. 出售多余设备	2. 保持市场份额
3. 建立存货	3. 提高产品价格	3. 停产不利产品	3. 压缩管理费用
4. 开发新产品	4. 开展营销规划	4. 停止长期采购	4. 放弃次要利益
5. 增加劳动力	5. 增加劳动力	5. 削减存货	5. 削减存货
		6. 停止扩招雇员	6. 裁减雇员

（三）经济发展水平

财务管理的发展水平是和经济发展水平密切相关的，经济发展水平越高，财务管理水平也越高。财务管理水平的提高，将推动企业降低成本、改进效率、提高效益，从而促进经济发展水平的提高；而经济发展水平的提高，将改变企业的财务战略、财务理念、财务管理模式和财务管理的方法手段，从而促进企业财务管理水平的提高。财务管理应当以经济发展水平为基础，以宏观经济发展目标为导向，从业务工作角度保证企业经营目标和经营战略的实现。

（四）宏观经济政策

我国经济体制改革的目标是建立社会主义市场经济体制，以进一步解放和发展生产力。在这个目标的指导下，我国正在进行财税体制、金融体制、外汇体制、外贸体制、计划体制、价格体制、投资体制、社会保障制度等各项改革。所有这些改革措施，深刻地影响着我国的经济生活，也深刻地影响着我国企业的发展和财务活动的运行。如金融政策中的货币发行量、信贷规模会影响企业投资的资金来源和投资的预期收益；财税政策会影响企业的资金结构和投资项目的选择等；价格政策会影响资金的投向和投资的回收期及预期收益；会计制度的改革会影响会计要素的确认和计量，进而对企业财务活动的事前预测、决策及事后的评价产生影响等。

（五）通货膨胀水平

通货膨胀对企业财务活动的影响是多方面的。主要表现在：

（1）引起资金占用的大量增加，从而增加企业的资金需求。

（2）引起企业利润虚增，造成企业资金由于利润分配而流失。

（3）引起利润上升，加大企业的权益资金成本。

（4）引起有价证券价格下降，增加企业的筹资难度。

（5）引起资金供应紧张，增加企业的筹资困难。

为了减轻通货膨胀对企业造成的不利影响，企业应当采取措施予以防范。在通货膨胀初期，货币面临着贬值的风险，此时企业进行投资可以避免风险，实现资本保值；与客户应签订长期购货合同，以减少物价上涨造成的损失；取得长期负债，保持资本成本的稳定。在通货膨胀持续期，企业可以采用比较严格的信用条件，减少企业债权；调整财务政策，防止和减少企业资本流失等。

三、金融环境

（一）金融机构、金融工具与金融市场

金融机构主要是指银行和非银行金融机构。银行是指经营存款、放款、汇兑、储蓄等金融业务，承担信用中介的金融机构，包括各种商业银行和政策性银行，如中国工商银行、中国农业银行、中国银行、中国建设银行、国家开发银行、中国农业发展银行。非银行金融机构主要包括保险公司、信托投资公司、证券公司、财务公司、金融资产管理公司、金融租赁公司等机构。

金融工具是指融通资金双方在金融市场上进行资金交易、转让的工具，借助金融工具，资金从供给方转移到需求方。金融工具分为基本金融工具和衍生金融工具两大类。常见的

基本金融工具有货币、票据、债券、期货等；衍生金融工具又称派生金融工具，是在基本金融工具的基础上通过特定技术设计形成的新的融资工具，如各种远期合约、互换、掉期、资产支持证券等，种类非常复杂、繁多，具有高风险、高杠杆效应的特点。

金融市场是指资金供应者和资金需求者双方通过一定的金融工具进行交易而融通资金的场所。金融市场的构成要素包括资金供应者和资金需求者、金融工具、交易价格、组织方式等。金融市场为企业融资和投资提供了场所，可以帮助企业实现长短期资金转换、引导资本流向和流量，提高资本效率。

（二）金融市场的分类

金融市场可以按照不同的标准进行分类。

1. 货币市场和资本市场

以期限为标准，金融市场可分为货币市场和资本市场。货币市场又称短期金融市场，是指以期限在 1 年以内的金融工具为媒介，进行短期资金融通的市场，包括同业拆借市场、票据市场、大额定期存单市场和短期债券市场；资本市场又称长期金融市场，是指以期限在 1 年以上的金融工具为媒介，进行长期资金交易活动的市场，包括股票市场和债券市场。

2. 发行市场和流通市场

以功能为标准，金融市场可分为发行市场和流通市场。发行市场又称一级市场，它主要处理金融工具的发行与最初购买者之间的交易；流通市场又称二级市场，它主要处理现有金融工具转让和变现的交易。

3. 资本市场、外汇市场和黄金市场

以融资对象为标准，金融市场可分为资本市场、外汇市场和黄金市场。资本市场以货币和资本为交易对象；外汇市场以各种外汇金融工具为交易对象；黄金市场则是集中进行黄金买卖和金币兑换的交易市场。

4. 基础性金融市场和金融衍生品市场

按所交易金融工具的属性，金融市场可分为基础性金融市场与金融衍生品市场。基础性金融市场是指以基础性金融产品为交易对象的金融市场，如商业票据、企业债券、企业股票的交易市场；金融衍生品交易市场是指以金融衍生品为交易对象的金融市场，如远期、期货、掉期（交换）、期权，以及具有远期、期货、掉期（交换）、期权中一种或多种特征的结构化金融工具的交易市场。

5. 地方性金融市场、全国性金融市场和国际性金融市场

以地理范围为标准，金融市场可分为地方性金融市场、全国性金融市场和国际性金融市场。

（三）货币市场

货币市场的主要功能是调节短期资金融通。其主要特点是：①期限短。一般为 3 ~ 6 个月，最长不超过 1 年。②交易目的是解决短期资金周转。它的资金来源主要是资金所有者暂时闲置的资金，融通资金的用途一般是弥补短期资金的不足。③金融工具有较强的“货币性”，具有流动性强、价格平稳、风险较小等特性。

货币市场主要有拆借市场、票据市场、大额定期存单市场和短期债券市场等。拆借市场是指银行（包括非银行金融机构）同业之间短期性资本的借贷活动。这种交易一般没有固定的场所，主要通过电信手段成交，期限按日计算，一般不超过 1 个月。票据市场包括票据承兑市场和票据贴现市场。票据承兑市场是票据流通转让的基础；票据贴现市场是对未到期票据进行贴现，为客户提供短期资本融通，包括贴现、再贴现和转贴现。大额定期存单市场是一种买卖银行发行的可转让大额定期存单的市场。短期债券市场主要买卖 1 年期以内的短期企业债券和政府债券，尤其是政府的国库券交易。短期债券的转让可以通过贴现或买卖的方式进行。短期债券以其信誉好、期限短、利率优惠等优点，成为货币市场中的重要金融工具之一。

（四）资本市场

资本市场的主要功能是实现长期资本融通。其主要特点是：①融资期限长。至少 1 年以上，最长可达 10 年甚至 10 年以上。②融资目的是解决长期投资性资本的需要，用于补充长期资本，扩大生产能力。③资本借贷量大。④收益较高但风险也较大。

资本市场主要包括债券市场、股票市场和融资租赁市场等。债券市场和股票市场由证券（债券和股票）发行和证券流通构成。有价证券的发行是一项复杂的金融活动，一般要经过以下几个重要环节：①证券种类的选择。②偿还期限的确定。③发售方式的选择。在证券流通中，参与者除了买卖双方外，中介也非常活跃。这些中介主要有证券经纪人、证券商，他们在流通市场中起着不同的作用。融资租赁市场是通过资产租赁实现长期资金融通的市场，它具有融资与融物相结合的特点，融资期限一般与资产租赁期限一致。

四、法律环境

（一）法律环境的范畴

市场经济是法制经济，企业的一些经济活动总是在一定法律规范内进行的。法律既约束企业的非法经济行为，也为企业从事各种合法经济活动提供保护。

国家相关法律法规按照对财务管理内容的影响情况可以分如下几类：

（1）影响企业筹资的各种法规主要有公司法、证券法、金融法、证券交易法、合同法等。这些法规可以从不同方面规范或制约企业的筹资活动。

（2）影响企业投资的各种法规主要有证券交易法、公司法、企业财务通则等。这些法规从不同角度规范企业的投资活动。

（3）影响企业收益分配的各种法规主要有税法、公司法、企业财务通则等。这些法规从不同方面对企业收益分配进行了规范。

（二）法律环境对企业财务管理的影响

法律环境对企业的影响是多方面的，影响范围包括企业组织形式、公司治理结构、投融资活动、日常经营、收益分配等。《公司法》规定，企业可以采用独资、合伙、公司制等企业组织形式。企业组织形式不同，业主（股东）权利责任、企业投融资、收益分配、纳税、信息披露等不同，公司治理结构也不同。上述不同种类的法律，分别从不同方面约束企业的经济行为，对企业财务管理产生影响。

【想一想】

企业财务管理涉及的经济环境、法律环境和金融环境都是企业外部环境，而且每个企业都会面临，不可能回避。企业在面临这些财务管理环境时，有些可以积极应对，有些可以消极应付，有些必须严格执行，有些可以加以利用。如果你是企业的财务经理，你将以什么态度来处理这些财务管理环境呢？

项目小结

通过本项目的学习，掌握企业财务管理的含义和特点；了解企业的财务管理活动；熟悉企业与利益相关者之间的关系；理解财务管理的目标以及如何协调目标理论中的冲突；了解财务管理的环境。

主要概念

财务管理	筹资活动	投资活动	资金运营活动
收益分配活动	利益相关者	财务管理目标	利润最大化
股东财富最大化	企业价值最大化	自利行为原则	双方交易原则
净增效益原则	风险—报酬权衡原则	货币时间价值原则	相关者利益最大化
技术环境	法律环境	金融环境	经济环境

推荐阅读

[1] 刘志远，李海英. 理财目标、股东权利配置与投资者保护[J]. 会计研究，2010（7）：40-45.

[2] 张兆国，尹开国，刘永丽. 试论现代财务学的学科性质、分析框架和研究方法[J]. 会计研究，2010（9）：66-72.

[3] 张格领，陈志红. 苏美达公司价值创造型财务管理案例研究[J]. 会计研究，2010（10）：62-66.

[4] 吴战篪，易晓燕. 经济利润、市场竞争与企业价值[J]. 财经理论与实践，2012（3）：63-67.

[5] 孙艳霞. 基于不同视角的企业价值创造研究综述[J]. 南开经济研究，2012（1）：145-153.

[6] 姜付秀，黄继承. 经理激励、负债与企业价值[J]. 经济研究，2011（5）：46-60.

[7] 王福胜，王摄琰. CEO 网络嵌入性与企业价值[J]. 南开管理评论，2012（1）：75-83.

习题与实训

一、单项选择题

1. 企业财务管理最理想的目标是（　　）。

A. 利润最大化　　B. 股东财富最大化

C. 企业价值最大化　　D. 相关者利益最大化

2. ABC 公司是一家上市公司，2015 年年初公司董事会召开公司战略发展讨论会，拟将股东财富最大化作为财务管理目标，下列理由中，难以成立的是（　　）。

A. 股东财富最大化目标考虑了风险因素

B. 股东财富最大化目标在一定程度上能避免企业短期行为

C. 股价能完全准确反映企业财务管理状况

D. 股东财富最大化目标比较容易量化，便于考核和奖惩

3. 下列各项中，不属于货币市场主要特点的是（　　）。

A. 期限短，最长不超过一年　　B. 流动性强

C. 交易目的是解决短期资金周转　　D. 收益较高但风险也较大

4. 下列应对通货膨胀风险的各种策略中，错误的是（　　）。

A. 进行长期投资　　B. 签订长期购货合同

C. 取得长期借款　　D. 签订长期销货合同

5. 下列关于利益冲突协调的说法正确的是（　　）。

A. 所有者与经营者的利益冲突的解决方式是收回借款、解聘和接收

B. 协调相关者的利益冲突，需要把握的原则是：尽可能使企业相关者的利益分配在数量上和时间上达到动态的协调平衡

C. 企业被其他企业强行吞并，是一种解决所有者和债权人的利益冲突的方式

D. 所有者和债权人的利益冲突的解决方式是激励和规定借债信用条件

6. 在下列各项中，不属于企业财务管理的金融环境内容的是（　　）。

A. 金融市场　　B. 金融机构　　C. 金融工具　　D. 企业财务通则

7. 下列说法不正确的是（　　）。

A. 金融工具分为基本金融工具和衍生金融工具

B. 金融市场按期限分为短期金融市场和长期金融市场，即货币市场和资本市场

C. 金融市场按功能分为发行市场和流通市场

D. 资本市场所交易的金融工具具有较强的货币性

8. 下列各项中，能够用于协调企业所有者和企业债权人矛盾的方法是（　　）。

A. 限制性借款　　B. 解聘　　C. 股票期权　　D. 绩效股

二、多项选择题

1. 下列关于利润最大化目标和股东财富最大化目标的说法不正确的有（　　）。

A. 均没有考虑风险因素　　B. 均受股价变动的影响

C. 均不能避免企业的短期行为　　D. 通常只适用于上市公司

2. 下列关于财务管理环境的说法，不正确的有（　　）。

A. 资本市场以资本为交易对象

B. 货币市场的主要功能是调节短期资金融通，交易目的是解决短期资金周转

C. 企业股票的交易市场属于基础性交易市场

D. 资本市场主要包括短期债券市场、股票市场和融资租赁市场等

3. 在经济周期的不同阶段，企业应采用不同的财务管理战略。下列说法中不正确的有（　　）。

A. 在萧条阶段，应该停产不利产品

B. 在衰退阶段，应该放弃次要利益

C. 在萧条阶段和衰退阶段，都应该削减存货

D. 在复苏阶段和繁荣阶段，都应该增加劳动力

4. 法律环境对企业的影响是多方面的，以下各选项中，属于法律环境影响范围的有（　　）。

A. 企业组织形式　　B. 公司治理结构

C. 投融资活动　　D. 收益分配

5. 下列各财务管理目标中，考虑了风险因素的有（　　）。

A. 利润最大化　　B. 股东财富最大化

C. 企业价值最大化　　D. 相关者利益最大化

6. 在下列各项中，属于企业财务管理的法律环境内容的有（　　）。

A. 金融市场　　B. 公司法　　C. 金融工具　　D. 税收法规

三、判断题

1. 在经济复苏阶段，公司一般应当增加厂房设备，开发新产品。（　　）

2. 经营者和所有者的主要利益冲突，是经营者希望在创造财富的同时，能够获取更多的报酬、更多的享受；而所有者希望以较小的代价实现更多的财富。协调这一利益冲突的方式是解聘、股票期权和绩效股。（　　）

3. 在经济萧条时期，公司采取的财务战略可以是削减存货、裁减雇员。（　　）

4. 在影响财务管理的各种外部环境中，金融环境是最为重要的。（　　）

5. 企业价值最大化体现了合作共赢的价值理念，有利于实现企业经济效益和社会效益的统一。（　　）

6. 金融市场按功能分为一级市场和二级市场，即基础性金融市场和金融衍生品市场。（　　）

项目二

财务管理的价值观念

学习目标

知识学习目标

1. 掌握货币时间价值、风险、报酬的概念；
2. 理解货币时间价值的作用，经营风险、财务风险的内涵，以及风险与报酬的关系。

技能训练目标

1. 掌握货币时间价值的计算；
2. 理解风险与收益的关系，并能计算相关衡量指标。

导入案例

小李准备购买一套婚房，向小张借款 10 万元，答应 5 年后连本带利归还 12 万元，在银行年利率为 5%的情况下，小张能答应他吗？另外小张想买一辆小汽车，销货方给出的条件是现在立即付款需付 18 万元，如果分次付款，可在今后的 5 年内每年年末付款 4.1 万元，在银行年利率为 5%的情况下，小张选择哪种方式付款更有利呢？

请同学们在学习本项目内容后帮助小张解决这两个问题。

任务一　掌握货币的时间价值

任务描述

在了解货币时间价值、风险、报酬的概念的基础上，理解货币时间价值的作用，以及经营风险、财务风险的内涵和风险与报酬的关系，掌握货币时间价值的计算，理解风险与收益的关系，并能计算相关衡量指标。

业务一　理解货币的时间价值

业务描述

在理解货币时间价值内涵的基础上能够做出正确的投资决策。

相关知识

货币的时间价值，是指货币经过一段时间的投资和再投资后所增加的价值。从量的规定性来看，货币的时间价值是指在没有风险和通货膨胀条件下的社会平均资金利润率，这是利润平均化规律作用的结果。企业在投资时，至少要求得到社会平均利润率，否则不如投资另外的项目或行业。因此，货币的时间价值成为财务管理最基本的价值观念。财务管理对货币时间价值的研究，主要体现在资金筹集、运用和分配等方面。货币随时间的增长过程与复利的计算过程在数学上相似，因此，在换算时广泛使用复利计算的方法。

由于货币随着时间的延续而增值，现在的一元钱与将来的一元多钱甚至几元钱在经济上是等效的。也就是说，一定的货币资金经过投资后，在不同的时点上具有不同的价值量。例如，今天将 1 元钱存入银行，在银行年利率为 4%的情况下，一年后就是 1.04 元。可见，经过一年后，今天的 1 元钱发生了 0.04 元的增值，今天的 1 元与一年后的 1.04 元经济价值相等。

可以得出结论：今天的 1 元钱比一年后的 1 元钱价值量要大。我们把货币在使用过程中随着时间的推移而发生的增值现象，称为货币具有时间价值的属性。

【想一想】

（1）将现金 50 000 元存入银行，期限 3 年，若年利率为 5%，单利计息，则 3 年后你可以获取的本利和是多少？

（2）李某准备存入银行一笔钱，希望在 10 年后取得本利和 200 000 元，用以支付其孩子的出国留学费用。银行存款利率为 8%，单利计息，则李某目前应存入银行多少钱？

业务二　正确计算货币的时间价值

业务描述

运用货币时间价值，能正确计算出现值和终值，并能进行财务活动的简要分析。

相关知识

货币时间价值的表现形式有两种：现值（本金）和终值（本利和）。现值即现在的价值，是未来某一时点上的货币按一定的利率折算到现在的价值。终值即未来的价值，是现在一定量的货币按一定的利率折算到未来某一时点上的价值。

现值和终值的计算涉及利息的计息方式。目前的计息方式有两种：单利和复利。在单利方式下，只有本金计算利息。而在复利方式下，不仅本金计算利息，而且利息也要计算利息，俗称“利滚利”。

为了说明货币时间价值的计算，我们先定义如下符号：P 为现值，F 为终值，I 为利息，i 为利息率，n 为计息期数。除非特别指明，计息期为一年。

一、单利终值和现值

任何在银行有过存款经历的人，都应该熟悉单利这种计息方式。单利终值的计算公式为：

$$F = P \cdot (1 + i \cdot n)$$

【例 2-1】 你将 10 000 元存入银行，当年利率为 5%时，5 年后单利终值是多少？

解：

F=10 000×（1+5%×5）

=12 500（元）

【想一想】

单利情况下现值如何计算？两者的关系是什么？

现值与终值的计算是互逆的。单利现值的计算公式为：

$$P = F / (1 + i \cdot n)$$

【例 2-2】 某人欲在三年后购置一套价值 46 000 元的机器设备，则在单利率为 5%的情况下，现在须存入银行的资金为多少？

解：

P=46 000/（1+3×5%）

=40 000（元）

二、复利终值和现值

1. 复利终值

复利终值是指一次性的收（付）款项按复利计算若干期后的本利和。

在复利计息方式下，本金 P 存入银行，一年后的本利和为 $P \cdot (1+i)$；两年后的本利和为 $P \cdot (1+i) \cdot (1+i) = P \cdot (1+i)^2$ ；三年后的本利和为 $P \cdot (1+i)^2 \cdot (1+i) = P \cdot (1+i)^3$ ；依次类推，第 n 年的本利和 $F = P \cdot (1+i)^n$ 。

事实上，企业生产经营中产生的资本增值会继续留在企业参与周转，因此，货币时间价值的计算通常采用复利计息方式。

复利终值的计算公式为：

$$F = P \cdot (1+i)^n$$

式中，$(1+i)^n$ 被称作复利终值系数或 1 元的复利终值，用符号（F/P，i，n）表示。例如，（F/P，5%，3）表示利率为 5%的 3 期复利终值系数。为了计算方便，通常将（F/P，i，n）制成复利终值系数表（见附录 A），使用时直接查表即可。复利终值计算公式也可写作：

$$F = P \cdot (F/P,\ i,\ n)$$

【例 2-3】 你现在有 10 000 元存款，在复利率为 5%的情况下，4 年后可以从银行提出多少钱呢？

解：

查复利终值系数表，（F/P，5%，4）=1.215 5

$F = P \cdot (F/P,\ i,\ n)$

$=10\,000\times1.215\,5$

$=12\,155$（元）

2. 复利现值

理解了复利终值，复利现值的计算就不难了。求出未来值的现在价值的过程，就是复利现值的计算。复利现值的计算与复利终值是互逆的，计算公式为：

$$P=F/(1+i)^n=F\cdot(1+i)^{-n}$$

式中，$(1+i)^{-n}$ 被称作复利现值系数或 1 元的复利现值，用符号（P/F，i，n）表示。同样，为了计算方便，通常将（P/F，i，n）制成复利现值系数表（见附录 B），使用时直接查得即可。复利现值计算公式也可写作：

$$P=F\cdot(P/F,\ i,\ n)$$

【例 2-4】 某人欲在三年后购置一项 100 000 元的资产，则在利率为 5%的情况下，现在须存入银行的资金为多少？

解：

查复利现值系数表，（P/F，5%，3）=0.863 8

$P=F\cdot(P/F,\ i,\ n)$

$=100\,000\times0.863\,8$

$=86\,380$（元）

以上讨论的是一次性收付款现值与终值的计算方法，用时间线图表示如图 2-1 所示。

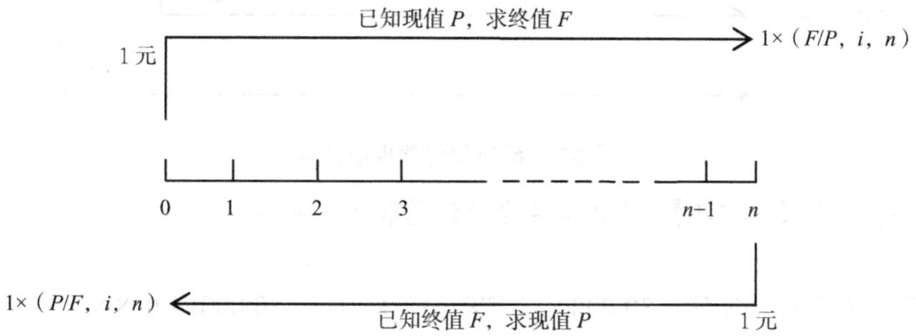

图 2-1　一次性收付款现值与终值的计算

图 2-1 反映了一次性收付款项的现值与终值的计算方法。而在实际工作中，还存在着一定时期内资金多次收付的情况，即系列收付款项。系列收付款项又有各期金额相等和不相等两种情况。

【例 2-5】 各期金额不相等的系列收支的处理

齐鲁公司欲投资新建一条生产线。经过预测分析，新生产线建成后各年年末的收入依次为：30 000 元、32 400 元、43 000 元、47 000 元、42 100 元。行业投资收益率为 18%。计算这条生产线总收入的现值。

解：

第一年年末收入的现值：30 000×（P/F，18%，1）=30 000×0.847 5

第二年年末收入的现值：32 400×（P/F，18%，2）=32 400×0.718 2
第三年年末收入的现值：43 000×（P/F，18%，3）=43 000×0.608 6
第四年年末收入的现值：47 000×（P/F，18%，4）=47 000×0.515 8
第五年年末收入的现值：42 100×（P/F，18%，5）=42 100×0.437 1
总收入的终值：　　　　　　　　117 508.99

综上所述，现值有一个重要的特性：可加性，表现为产生多期现金流量的资产的现值等于各期现金流量现值之和，如图 2-2 所示。如果各期末的现金流量用 CF 表示，我们可以得出系列收支现值的一般计算公式。

$$P = CF_1 \cdot (P/F，i，1) + CF_2(P/F，i，2) + CF_3(P/F，i，3) + \cdots + CF_n(P/F，i，n)$$

系列收支的终值如何计算？其实，系列收支终值的计算并不难，终值也有可加性。与现值的计算相比，只要调转计算的方向，并且注意期数 n 的确定就可以了。仍用上述案例分析的资料。

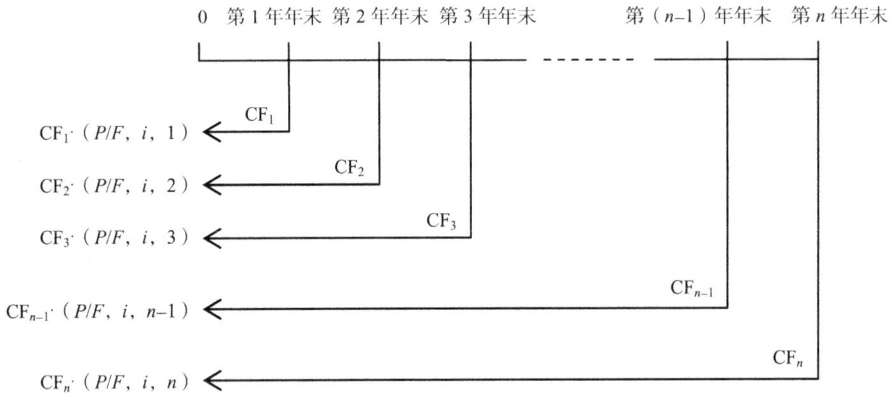

图 2-2　系列收付款现值计算

【例 2-6】 承接【例 2-5】，计算这条生产线总收入 5 年后的终值。

解：

第一年年末收入的终值：30 000×（F/P，18%，4）=30 000×1.938 8
第二年年末收入的终值：32 400×（F/P，18%，3）=32 400×1.643 0
第三年年末收入的终值：43 000×（F/P，18%，2）=43 000×1.392 4
第四年年末收入的终值：47 000×（F/P，18%，1）=47 000×1.180 0
第五年年末收入的终值：42 100　　　　　　=42 100
总收入的终值：　　　　　　　　268 830.4

以上讨论的是系列不等额收支的现值和终值的计算方法。在理财活动中，经常会遇到等额的系列现金收支。例如，保险费、养老金、等额分期收付款等。要计算这些收支的现值（终值），完全可以采用系列不等额收支的现值（终值）的计算方法，但是这个过程麻烦而且枯燥。下面介绍几个简单的公式来解决这个问题。这就是年金终值和现值的计算。

拓展阅读

"72 法则"

Bill Veeck 曾用 1 000 万美元购买了 Chicago White Sox（棒球队），并且在五年后把它卖出，得到 2 000 万美元。简而言之，他在五年内使他的钱倍增了。那么，Veeck 这项投资的投资报酬率是多少呢？

处理复利问题，包括使自己的财富倍增的问题，一个快捷的方法是利用"72 法则"。该法则表明：用 72 去除投资年限 n，就得到了近似的利息率 i。该利息率将保证使投资的资金在年内增加一倍。在 Veeck 的例子中，有：$72/n \div 100=i$ 或 $72/5 \div 100=14.4\%$。如果 Veeck 取消这笔投资而把资金用于储蓄，利率为 6%，那么，他必须等上约 12 年才能使他的资金倍增。即 $72/i=n$ 或 $72/6=12$（年）。

实际上，对于我们所遇到的大部分各种利率，"72 法则"都给出了使资金倍增所要求的利率或投资期数。但按该法则计算的结果并不总是准确的。例如，在每年复利一次的利率下，要使资金在五年内倍增，必须要求利率达到 14.87%，而根据"72 法则"计算的结果是 14.4%。同样，若准确地计算，把资金按 6%的利率存入银行，只要过 11.9 年就能使资金倍增；而按"72 法则"计算得出的结果是 12 年。尽管它不准确，但是对于那些近似地用口算的资金倍增问题，"72 法则"是相当方便的。

理解要点：倍增的简易计算法，已知期限求倍增利率，或已知利率求倍增期限。

三、年金终值和现值

年金，通常记作 A，是指在一定期间内，每隔相等的期间发生的等额的系列收支，具有连续性和等额性。年金按其收付发生的时点不同，可分为普通年金、即付年金、递延年金和永续年金等几种。

（一）普通年金

普通年金，又称后付年金，是指从第一期开始，每期期末发生的年金。

1．普通年金终值的计算

根据复利终值的计算方法计算年金终值，则第一年年末 A 的终值为 $A\cdot(1+i)^{n-1}$，依次类推，最后一年年末 A 的终值为 A，普通年金终值 F 的一般计算公式为：

$$F = A\cdot(1+i)^{n-1} + A\cdot(1+i)^{n-2} + \cdots + A\cdot(1+i)^2 + A\cdot(1+i) + A \quad (1)$$

等式两边同乘以（1+i），则有：

$$F(1+i) = A\cdot(1+i)^n + A\cdot(1+i)^{n-1} + \cdots + A\cdot(1+i)^3 + A\cdot(1+i)^2 + A(1+i) \quad (2)$$

式（2）−式（1），可得：

$$F(1+i) - F = A\cdot(1+i)^n - A$$

整理上式，有：

$$F = A\times\frac{(1+i)^n - 1}{i}$$

式中，$\frac{(1+i)^n - 1}{i}$称作年金终值系数，用符号（F/A，i，n）表示。为了计算方便，通常将（F/A，i，n）制成年金终值系数表（见附录 C），以供查询。普通年金终值 F 的计算公式也可写作：

$$F = A\cdot(F/A,\ i,\ n)$$

【例 2-7】有一投资项目，在 4 年建设期内每年年末从银行贷款 50 万元，贷款年利率 10%，则第四年年末应付本息总额是多少万元？

解：

这显然是普通年金终值的计算问题。

查年金终值系数表，（F/A，10%，4）=4.641 0

F=50×（F/A，10%，4）

=50×4.641 0

=232.05（万元）

事实上，出借人（如银行）在放贷的过程中，会考虑到这样一种可能性：借款人有能力支付各期的利息，但在到期日可能没有足够的现金来偿还本金。如果借款人的财务状况恶化，或者金融市场紧缩，对银行将极为不利。解决这个问题的办法是建立偿债基金。

所谓偿债基金，就是为了在约定的未来某一时点清偿债务或积累一定数额的资金而必须分次等额形成的存款准备金。这里，未来某一时点债务或一定数额的资金就相当于年金终值 F，而分次等额的存款就是年金，所以，计算年偿债基金，就是已知年金终值和年金终值系数，求年金的问题。

根据 $F = A\cdot(F/A,\ i,\ n)$，则有：

$$A = F\,/\,(F/A,\ i,\ n)$$

【例 2-8】齐鲁公司 5 年后偿还 80 万元的债务，在利率为 10%的情况下，从现在起每年年末存入银行多少钱才能偿还这笔债务？

解：

这是已知年金终值和年金终值系数，求年金的问题。

A=80/（F/A，10%，5）

=80/6.105 1

≈13.10（万元）

【想一想】

1979 年，李娜作为北京第一批受到国家奖励的独生子女父母，领到了一个珍贵的红色小本子，上面写着“独生子女父母光荣证”，凭着这个小红本，可以每月领到 5 元钱，相当于工资的 1/10，给家庭生活带来了不小的改善，同时得到的还有单位的表扬和内心的自豪。想一想，假定利率为 4%的情况下，30 年后，李娜一共从国家领到多少钱？

2．普通年金现值的计算

普通年金现值是指一定时期内每期期末等额收（付）款的现值之和。

根据复利现值的计算方法计算年金现值，则第一年年末 A 的现值为 $A/(1+i)$，第二年

年末 A 的现值为 $A/(1+i)^2$，依次类推，第 n 年年末 A 的现值为 $A/(1+i)^n$，普通年金现值 P 的一般计算公式为：

$$P=A/(1+i)+A/(1+i)^2+A/(1+i)^3+\cdots+A/(1+i)^{n-1}+A/(1+i)^n \quad (1)$$

等式两边同乘以 $(1+i)$，则有：

$$P\cdot(1+i)=A+A/(1+i)+A/(1+i)^2+\cdots+A/(1+i)^{n-2}+A/(1+i)^{n-1} \quad (2)$$

式（2）−式（1），则有：

$$P\cdot(1+i)-P=A-\frac{A}{(1+i)^n}$$

整理上式，有：

$$P=A\cdot\frac{1-(1+i)^{-n}}{i}$$

式中，$\frac{1-(1+i)^{-n}}{i}$ 称作年金现值系数，用符号 $(P/A, i, n)$ 表示。为了计算方便，通常将 $(P/A, i, n)$ 制成年金现值系数表（见附录D），以供查询。普通年金现值 P 的计算公式也可写作：

$$P=A\cdot(P/A, i, n)$$

【例 2-9】 齐鲁公司从现在起每年年末可获得投资收益 15 万元，按年利率 8%计算，5 年收益的现值是多少？

解：

查年金现值系数表，$(P/A, 8\%, 5)=3.992\,7$

$P=15\times(P/A, 8\%, 5)$

$=15\times3.992\,7$

$=59.890\,5$（万元）

年资本回收额是指在约定年限内等额回收初始投入资本的金额。年资本回收额的计算实际上是已知普通年金现值 P_A，求年金 A。

$$A=P_A\cdot\frac{i}{1-(1+i)^{-n}}$$

式中，$\frac{i}{1-(1+i)^{-n}}$ 称为“资本回收系数”，记作 $(A/P, i, n)$。

【例 2-10】 齐鲁公司采用分期付款方式购入设备一台，价款 30 万元，付款期限 6 年，在利率 10%的情况下，每年年末应支付多少元？

解：

这是已知现值和年金现值系数求年金的问题。

根据 $P=A\cdot(P/A, i, n)$，可知：

$A=P/(P/A, i, n)$

查年金现值系数表，$(P/A, 10\%, 6)=4.355\,3$

$A=30/(P/A, 10\%, 6)$

=30/4.355 3
≈6.888 2（万元）

（二）即付年金

即付年金，是指从第一期开始，每期期初发生的年金。即付年金与普通年金的区别仅在于付款的时间不同。

1. 即付年金终值的计算

根据复利终值的计算方法计算即付年金终值，则第一年年初 A 的终值为 $A\cdot(1+i)^n$，第二年年初 A 的终值为 $A\cdot(1+i)^{n-1}$，依次类推，第 n 年年初 A 的终值为 $A\cdot(1+i)$，即付年金终值 F 的一般计算公式为：

$$F = A\cdot(1+i)^n + A\cdot(1+i)^{n-1} + \cdots + A\cdot(1+i)^2 + A\cdot(1+i)$$

根据等比数列求和公式，有：

$$F = A\cdot\left[\frac{(1+i)^{n+1}-1}{i}-1\right]$$

式中，$\left[\frac{(1+i)^{n+1}-1}{i}-1\right]$称作即付年金终值系数，它与普通年金终值系数$\left[\frac{(1+i)^n-1}{i}\right]$相比，计算期数多 1，系数少 1。即付年金终值系数可记作[（F/A，i，n+1）−1]。由于年金终值系数是按普通年金终值编制的，所以在计算即付年金终值时应将其调整为普通年金终值来计算。这样，通过查阅“年金终值系数表”，得到利率为 i，期数为（n+1）期的年金终值系数，然后减 1，便得出对应的即付年金终值系数。可用下列公式计算即付年金的终值：

$$F = A\cdot[(F/A，i，n+1)-1]$$

【例 2-11】齐鲁公司决定连续 4 年于每年年初存 50 万元作为设备改造资金，在银行利率为 10%的情况下，公司第四年年末取出的本利和是多少？

解：

这是即付年金终值计算问题。

$F = A\cdot[(F/A，i，n+1)-1]$
=50×（6.105 1−1）
=255.255（万元）

2. 即付年金现值的计算

即付年金现值是指一定时期内每期期初等额收付款的现值之和。

根据复利现值的计算方法计算即付年金现值，则第一期期初 A 的现值为 A，第二期期初 A 的现值为 $A/(1+i)$，依次类推，第 n 期期初 A 的现值为 $A/(1+i)^{n-1}$，即付年金现值 P 的一般计算公式为：

$$P=A+A/(1+i)+A/(1+i)^2+\cdots+A/(1+i)^{n-1}$$

根据等比数列求和公式，有：

$$P = A \cdot \left[\frac{1-(1+i)^{-(n-1)}}{i} + 1 \right]$$

式中，$\left[\frac{1-(1+i)^{-(n-1)}}{i} + 1 \right]$称作即付年金现值系数，它与普通年金现值系数$\frac{1-(1+i)^{-n}}{i}$相比，计算期数少 1，系数多 1。即即付年金现值系数可记作[（P/A，i，n−1）+1]。同样，计算即付年金现值时应将其调整为普通年金现值来计算。这样，通过查阅“1 元年金现值系数表”，得到利率为 i，期数为（n−1）期的年金现值系数，然后加 1，便得出对应的即付年金现值系数。可用下列公式计算即付年金的现值。

$$P = A \cdot [(P/A，i，n-1)+1]$$

【例 2-12】齐鲁公司转让其商标使用权 8 年，每年年初收到商标使用权收入 50 万元，假设银行利率为 10%，如果在第一年年初一次性收款，则合理的定价是多少？

解：

$P = A \cdot [(P/A，i，n-1)+1]$

=50×[（P/A，10%，8−1）+1]

=50×（4.868 4+1）

=293.42（万元）

（三）递延年金

递延年金是指若干期（假设 m 期，$m \geqslant 1$）以后才开始发生的系列等额收付款项。它是普通年金的特殊形式，凡不是从第一期开始的年金都是递延年金。

1. 递延年金现值的计算

递延年金现值是指递延期以后，每期等额发生的系列收支的现值之和。

假设递延期为 m，年金发生期为 n，介绍两种常用的计算方法。

第一种方法：先将递延年金视为 n 期普通年金，计算递延期末（m）的现值，然后将此现值计算调整到第一期期初。

$$P_m = A \cdot (P/A，i，n)$$

$$P = P_m \cdot (P/F，i，m)$$

即

$$P = A \cdot (P/A，i，n) \cdot (P/F，i，m)$$

第二种方法：先将递延年金视为（m+n）期普通年金，计算（m+n）期普通年金的现值，然后扣除实际并未发生的递延期（m）的年金现值，可求出递延年金的现值。

$$P = A \cdot [(P/A，i，m+n) - (P/A，i，m)]$$

【例 2-13】齐鲁公司拟投资建设一项固定资产，建设期 3 年，使用寿命 8 年，预计投产建成后，每年产生收入 100 万元。利率为 10%，计算收入的现值。

解：

这是递延年金现值的计算问题。

$m=3$，$n=8$

$P = A \cdot (P/A,\ i,\ n) \cdot (P/F,\ i,\ m)$

$=100\times(P/A,\ 10\%,\ 8)\times(P/F,\ 10\%,\ 3)$

$=100\times5.334\,9\times0.751\,3$

≈400.81（万元）

也可以用下列方法计算。

$P = A\cdot[(P/A,\ i,\ m+n)-(P/A,\ i,\ m)]$

$=A\times[(P/A,\ 10\%,\ 11)-(P/A,\ 10\%,\ 3)]$

$=100\times(6.495\,1-2.486\,9)$

≈400.82（万元）

2. 递延年金终值的计算

由递延年金的特征可以看出：递延年金终值的计算与递延期无关，其计算方法与普通年金终值的计算方法相同。假设递延期为 m，年金发生期为 n，递延年金终值的计算公式如下：

$$F = A\cdot(F/A,\ i,\ n)$$

【例 2-14】 承接【例 2-13】，计算收入的终值。

解：

$F = A\cdot(F/A,\ i,\ n)$

$=100\times(F/A,\ 10\%,\ 8)$

$=100\times11.436$

$=1\,143.60$（万元）

【想一想】

复利终值系数与复利现值系数，年金终值系数与偿债基金系数，年金现值系数与资本回收系数之间存在什么样的关系？普通年金终值系数与即付年金终值系数，普通年金现值系数与即付年金现值系数之间存在什么关系？

（四）永续年金

永续年金是指无期限地收付等额款项，由于没有终止时间，因此没有终值。其现值的计算可通过普通年金现值的公式推导而出：

$$P = A\cdot\frac{1-(1+i)^{-n}}{i}$$

当 $n\rightarrow\infty$ 时，$(1+i)^{-n}\rightarrow0$，故：

$$P=\frac{A}{i}$$

【例 2-15】 齐鲁公司是一家私营公司，现正欲转让，B 公司考虑收购这家公司。齐鲁公司年平均税后收入 180 万元，而且近五年来，基本上未偏离平均值。当利率为 10%时，比较现实的起始价格是多少?

解:

如果B公司认为齐鲁公司的收入比较稳定，这家公司的公平价格应为无限期的未来收入的现值之和。换言之，公平的价格是年收入一定的永续年金的现值。

$$P=\frac{A}{i}$$

$=180/10\%$

$=1\,800$（万元）

【想一想】

你毕业多年后准备在母校设立一项永久性的奖学金，计划每年颁奖50 000元，若利息率为10%，应投入多少钱作为启动基金?

解:

$P=A/i$

$=50\,000/10\%$

$=500\,000$（元）

业务三 计算利率

业务描述

掌握插值法下利率如何计算，理解实际利率和名义利率的内涵及关系并能够进行相互间的换算。

相关知识

一、利率的计算（插值法）

复利计息方式下，利率与现值（或者终值）系数之间存在一定的数量关系。已知现值（或者终值）系数，则可以通过插值法计算对应的利率。

$$i=i_1+\frac{B-B_1}{B_2-B_1}\cdot(i_2-i_1)$$

式中，所求利率为 i，i 对应的现值（或者终值）系数为 B，B_1、B_2 为现值（或者终值）系数表中 B 相邻的系数，i_1、i_2 为 B_1、B_2 对应的利率。

若已知复利现值（或者终值）系数 B 以及期数 n，可以查“复利现值（或者终值）系数表”，找出与已知复利现值（或者终值）系数最接近的两个系数及其对应的利率，按插值法公式计算利率。

【例2-16】李某下岗后获得50 000元现金补助，他决定实现再就业，现将50 000元款项存起来。李某估计如果20年后这笔款项连本带利达到250 000元，那就可以解决自己的养老问题。银行存款的年利率为多少，他的计划才能变成现实?

解：

50 000×（F/P，i，20）=250 000

（F/P，i，20）=5，即（$1+i$）^{20}=5

可采用逐次测试法（也称为试误法）计算：

当 i=8%时，（F/P，8%，20）=4.661 0

当 i=9%时，（F/P，9%，20）=5.604 4

因此，i 在 8%和 9%之间。运用插值法有：

$$i = i_1 + \frac{B - B_1}{B_2 - B_1} \cdot (i_2 - i_1)$$

$$= 8\% + \frac{5 - 4.661\,0}{5.604\,4 - 4.661\,0} \times (9\% - 8\%)$$

=8.36%

说明：如果银行存款的年利率为 8.36%，则李先生的预计可以变成现实。

二、名义利率与实际利率

名义利率是指票面利率，实际利率是指投资者得到利息回报的真实利率。

1. 一年多次计息时的名义利率与实际利率

如果以“年”作为基本计息期，每年计算一次复利，这种情况下的实际利率等于名义利率。如果按照短于一年的计息期计算复利，这种情况下的实际利率高于名义利率。名义利率与实际利率的换算关系如下：

$$i=(1+r/m)^{m}-1$$

式中，i 为实际利率，r 为名义利率，m 为每年复利计息次数。

【例 2-17】年利率为 12%，按季复利计息，试求实际利率。

解：i=（$1+r/m$）^{m}−1=（1 + 12%/4）^{4}−1=1.125 5−1=12.55%

2. 通货膨胀情况下的名义利率与实际利率

名义利率，是央行或其他提供资金借贷的机构所公布的未调整通货膨胀因素的利率，即利息（报酬）的货币额与本金的货币额的比率，它是包括补偿通货膨胀（包括通货紧缩）风险的利率。实际利率是指剔除通货膨胀率后储户或投资者得到利息回报的真实利率。

名义利率与实际利率之间的关系为：

$$1+名义利率=(1+实际利率)\times(1+通货膨胀率)$$

所以，实际利率的计算公式为：

$$实际利率=\frac{1+名义利率}{1+通货膨胀率}-1$$

【例 2-18】2017 年中国建设银行一年期存款年利率为 3%，假设通货膨胀率为 2%，则实际利率为多少？

解：

$$实际利率=\frac{1+3\%}{1+2\%}-1=0.98\%$$

如果该例中通货膨胀率为4%，则：

$$实际利率=\frac{1+3\%}{1+4\%}-1\approx-0.96\%$$

任务二 掌握风险与报酬

任务描述

理解经营风险与财务风险的内涵；通过风险收益的计算评价，掌握单项资产与资产组合的风险衡量以及风险收益率的计算；理解资本资产定价模型。

业务一 掌握资产收益与收益率的计算

业务描述

在理解资产收益内涵的基础上掌握其计算。实际工作中，因工作角度不同，收益率也有不同的类型，掌握各类型间有何区别，以及如何进行计算。

相关知识

一、资产收益的含义与计算

资产的收益是指资产的价值在一定时期的增值。一般情况下，有以下两种表述资产收益的方式。

第一种方式是以金额表示的，称为资产的收益额，通常以资产价值在一定期限内的增值量来表示。该增值量来源于两部分：一是期限内资产的现金净收入；二是期末资产的价值（或市场价格）相对于期初价值（价格）的升值。前者多为利息、红利或股息收益，后者称为资本利得。

第二种方式是以百分比表示的，称为资产的收益率或报酬率，是资产增值量与期初资产价值（价格）的比值。该收益率也包括两部分：一是利息（股息）的收益率，二是资本利得的收益率。显然，以金额表示的收益与期初资产的价值（价格）相关，不利于不同规模资产之间收益的比较，而以百分数表示的收益则是一个相对指标，便于不同规模下资产收益的比较和分析。所以，通常情况下，我们都是用收益率的方式来表示资产的收益。

另外，由于收益率是相对于特定期限的，它的大小要受计算期限的影响，但是计算期限常常不一定是一年。为了便于比较和分析，对于计算期限短于或长于一年的资产，在计算收益率时一般要将不同期限的收益率转化成年收益率。

因此，如果不做特殊说明的话，资产的收益指的就是资产的年收益率，又称资产的报酬率。

单期资产的收益率的计算方法如下：

单期资产的收益率=资产价值（价格）的增值/期初资产价值（价格）
=［利息（股息）收益+资本利得］/期初资产价值（价格）
=利息（股息）收益率+资本利得收益率

【例 2-19】 某股票一年前的价格为 10 元，一年中的税后股息为 0.25 元，现在的市价为 12 元。那么，在不考虑交易费用的情况下，一年内该股票的收益率是多少？

解：

一年中资产的收益为：0.25+（12−10）=2.25（元）

股票的收益率=（0.25+12−10）÷10=2.5%+20%=22.5%

其中，股利收益率为 2.5%，资本利得收益率为 20%。

二、资产收益率的类型

在实际的财务工作中，由于工作角度和出发点不同，收益率可以有以下一些类型。

（一）实际收益率

实际收益率表示已经实现或者确定可以实现的资产收益率，表述为已实现或确定可以实现的利息（股息）率与资本利得收益率之和。当然，当存在通货膨胀时，还应当扣除通货膨胀率的影响，之后才是真实的收益率。

（二）预期收益率

预期收益率也称为期望收益率，是指在不确定的条件下，预测的某资产未来可能实现的收益率。对期望收益率的直接估算，可参考以下三种方法。

第一种计算预期收益率的方法是：首先描述影响收益率的各种可能情况，然后预测各种可能发生的概率，以及在各种可能情况下收益率的大小，那么预期收益率就是各种情况下收益率的加权平均，权数是各种可能情况发生的概率。计算公式为：

$$预期收益率\ E(R)=\sum P_i \times R_i$$

式中，$E(R)$ 为预期收益率；P_i 表示情况 i 可能出现的概率；R_i 表示情况 i 出现时的收益率。

【例 2-20】 某人半年前以 5 000 元购买某股票，一直持有至今尚未卖出，持有期曾获红利 50 元。预计未来半年内不会再发放红利，且未来半年后市值达到 5 900 元的可能性为 50%，市价达到 6 000 元的可能性也是 50%。那么预期收益率是多少？

解： 预期收益率=［50%×（5 900−5 000）+50%×（6 000−5 000）］÷5 000=19%

上例中，我们给出了半年后各种可能的市价及其概率，然而，现实中要完成这项工作是相当困难的。

第二种计算预期收益率的方法是：首先收集事后收益率（历史数据），将这些历史数据按照不同的经济状况分类，并计算发生在各类经济状况下的收益率观测值的百分比，将所得百分比作为各类经济情况可能出现的概率，然后计算各类经济情况下所有收益率观测值的平均值作为该类情况下的收益率，最后计算各类情况下收益率的加权平均数就得到预期收益率。

例如，假定收集了历史上的100个收益率的观测值，在这100个历史数据中，发生在“经济良好”情况下的有30个，发生在“一般”和“经济较差”情况下的各有50个和20个，那么可估计经济情况出现良好、一般和较差的概率分别为30%、50%和20%。然后，将经济良好情况下所有30个收益率观测值的平均值（假如为10%）作为经济良好情况下的收益率，同样，计算另两类经济情况下观测值的平均值（假如分别是8%和5%），那么，预期收益率=30%×10%+50%×8%+20%×5%=8%。

尽管这种利用历史数据去预测未来的方法有一定的局限性，但至少可以作为预测的参考依据，而且这种方法简便，易于运用。

第三种计算预期收益率的方法是：首先收集能够代表预测期收益率分布的历史收益率的样本，假定所有历史收益率的观察值出现的概率相等，那么预期收益率就是所有数据的简单算术平均值。

【例 2-21】 齐鲁公司股票的历史收益率数据如表2-1所示，请用算术平均值估计其预期收益率。

表 2-1　齐鲁公司股票的历史收益率

年　度	1	2	3	4	5	6
收 益 率	20%	30%	40%	35%	55%	50%

解： 收益率的期望值或预期收益率 $E(R)$ =（20%+30%+40%+35%+55%+50%）÷6=38.33%

（三）必要收益率

必要收益率也称最低必要报酬率或最低要求的收益率，表示投资者对某资产合理要求的最低收益率。这里所说的投资者可以是个体，但如果不做特殊说明的话，通常指全体投资者。每个人对某特定资产都会要求不同的收益率，如果某股票的预期收益率超过大多数人对该股票要求的至少应得到的收益率时，实际的投资行为就会发生。也就是说，只有他们认为至少能够获得他们所要求的必要收益率时，他们才会购买该股票。必要收益率与认识到的风险有关，人们对资产的安全性有不同的看法。如果某公司陷入财务困难的可能性很大，也就是说投资该公司股票产生损失的可能性很大，那么投资于该公司股票将会要求一个较高的收益率，所以该股票的必要收益率就会较高。相反，如果某项资产的风险较小，那么，对这项资产要求的必要收益率也就小。因此，必要收益率由以下两部分构成。

1. 无风险收益率

无风险收益率也称无风险利率，它是指无风险资产的收益率，它的大小由纯粹利率（货币的时间价值）和通货膨胀补贴两部分组成。无风险资产一般满足两个条件：一是不存在违约风险；二是不存在再投资收益率的不确定性。实际上，满足这两个条件的资产几乎是不存在的，一般用与所分析的资产的现金流量期限相同的国债来表示。因此，一般用国债的利率表示无风险利率，该国债应该与所分析的资产的现金流量有相同的期限。一般情况下，为了方便起见，通常用短期国债的利率近似地代替无风险收益率。

2．风险收益率

风险收益率是指某资产持有者因承担该资产的风险而要求的超过无风险利率的额外收益。风险收益率衡量了投资者将资金从无风险资产转移到风险资产而要求得到的“额外补偿”，它的大小取决于两个因素：一是风险的大小；二是投资者对风险的偏好。

业务二 掌握资产的风险与衡量

业务描述

理解风险的概念和分类、风险大小的衡量、风险与报酬的关系、企业对风险采用的控制对策。

相关知识

货币时间价值的计算是在假定没有风险和通货膨胀的基础上进行的，但是在财务活动中，经营风险带来的财务风险是客观存在的，而且风险和收益是密切相关的，所以财务管理者必须研究风险和报酬。

一、风险的概念

风险通常是指某种行动结果所具有的变动性。企业的经济活动可分为确定性活动和不确定性活动两种。确定性活动是指企业经济活动的未来结果是确定的、可知的，不会偏离计划目标。不确定性活动是指企业经济活动的未来结果是不确定的，可能会偏离计划目标，决策者无法预先知道最终的结果。

不确定性活动又可分为两种类型：一是风险型，二是完全不确定型。所谓风险型，是指虽然这些活动最终将出现哪些结果是不确定的，但这些结果和结果出现的可能性——其概率分布状况是已知的或可以估计的。所谓完全不确定型，是指不但经济活动可能出现的结果是不确定的，而且决策者或行为人对哪些结果会出现及结果出现的概率分布也全然不知。

财务管理中的风险按形成的原因，一般可分为经营风险和财务风险两大类。

（一）经营风险

经营风险是指因生产经营方面的原因给企业盈利带来的不确定性。企业的生产经营会受到来源于企业外部、内部诸多因素的影响，从而带来很大的不确定性。例如，材料采购，由于运输、包装、价格、新材料等变动，带来材料采购风险；产品生产，由于工艺、技术、设备等原因，出现次品带来产品生产风险；产品销售，由于消费者爱好发生变化、出现新的竞争对手、促销手段不力等，带来产品销售风险。

经营风险涉及生产经营的各个方面，经营风险的存在造成生产经营的不确定性，生产经营的不确定性带来企业利润或利润率的高低变化，从而给企业带来风险。

（二）财务风险

财务风险又称筹资风险，是指由于举债而给企业财务成果带来的不确定性。企业筹资有有利的一面，也有不利的一面。有利的一面：可以解决企业经营资金不足、扩大企业经营规模、提高企业盈利能力等。不利的一面：如果借入资金利息率高于经营利润率，会导致自有资金利润率降低甚至出现亏损；如果无力偿还到期债务，企业便会陷入财务困境甚至破产。

由于多种原因，企业息税前资金利润率和借入资金利息率差额具有不确定性，从而引起自有资金利润率的高低变化，这种风险即筹资风险。筹资风险程度的大小受借入资金对自有资金比例的影响，借入资金比例越大，风险程度越高。对财务风险的管理，关键是要保证有一个合理的资金结构，维持适当的负债水平，既要充分利用负债经营获取财务杠杆收益，又要适度举债避免陷入财务困境。

二、风险的衡量

风险是与各种可能的结果和结果的概率分布相联系的。对风险的衡量与计算，必须从概率分析入手。

（一）概率分布

概率是指随机事件发生的可能性。经济活动可能产生的种种收益可以看作一个个随机事件，其出现或发生的可能性，可以用相应的概率描述。

概率分布是指一项活动可能出现的所有结果的概率集合。例如，投球可能会出现两种结果：投进和未投进，这两种结果的可能性各占50%，这两个各占50%的概率作为一个整体，反映了投球这一活动可能出现结果的概率分布。

假定用X表示随机事件，X_i表示随机事件的第i个结果，P_i为出现该结果的相应概率。若X_i出现，则$P_i=1$；若不出现，则$P_i=0$。同时，所有可能结果出现的概率之和必定为1。因此，概率必须符合下列两个要求：

（1）$0 \leqslant P_i \leqslant 1$；

（2）$\sum_{i=1}^{n} P_i = 1$。

【例 2-22】齐鲁公司销售汽车，全年计划销售500辆，但汽车销售量与市场情况密切相关，据市场调查后，有关市场预测与汽车销售量的关系如表2-2所示。

表 2-2　市场预测与汽车销量概率分布

市场情况	年销售量 X_i（辆）	概率 P_i
需求很大	800	0.1
需求较大	600	0.2
需求一般	400	0.4
需求较差	200	0.2
需求很差	50	0.1

概率分布图以可能结果为横轴、以概率为纵轴的坐标点画线表示，如图2-3所示。

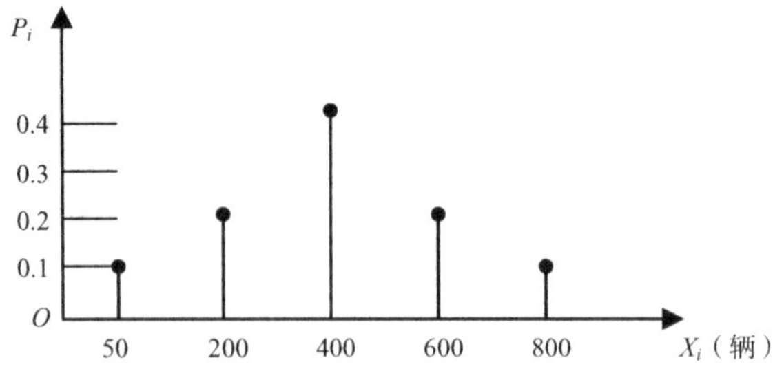

图 2-3 市场预测与汽车销量概率分布

概率分布有两种类型，一种是不连续的概率分布，其特点是概率分布在各个特定的点上。另一种是连续的概率分布，其特点是概率分布在连续图像的两点之间的区间上，如图 2-4 所示。

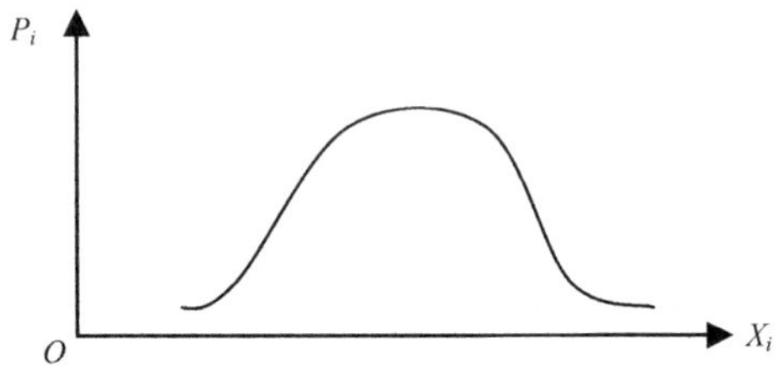

图 2-4 连续的概率分布

（二）期望值

期望值是一个概率分布中的所有可能结果，以各自相应的概率为权数计算的加权平均值。通常用符号 $\overline{E}$ 表示，其计算公式为：

$$\overline{E}=\sum_{i=1}^{n}X_iP_i$$

【例 2-23】以表 2-2 中有关数据为依据，计算汽车预计销售量的期望值，即期望销售量为：

$\overline{E}=800\times0.1+600\times0.2+400\times0.4+200\times0.2+50\times0.1$

$=80+120+160+40+5$

$=405$（辆）

该公司目标销售量为 500 辆，但按照市场调查的结果，运用概率期望值计算，可能只能实现销售 405 辆汽车。

期望值体现的是预期收益的平均化，在各种不确定性因素影响下，它代表了投资者的合理预期。

（三）标准离差

标准离差是反映概率分布中各种可能结果对期望的偏离程度，也即离散程度的一个数值，通常以符号 δ 表示，其计算公式为：

$$\delta=\sqrt{\sum_{i=1}^{n}(X_i-\overline{E})^2\cdot P_i}$$

标准离差以绝对数衡量决策方案的风险，在期望值相同的情况下，标准离差越大，风险越大；反之，标准离差越小，则风险越小。

【例 2-24】承接【例 2-23】，汽车预计年销售量与期望年销售量的标准离差为：

$$\delta=\sqrt{(800-405)^2\times0.1+(600-405)^2\times0.2+(400-405)^2\times0.4+(200-405)^2\times0.2+(50-405)^2\times0.1}$$

$$=\sqrt{15\,602.5+7\,605+10+8\,405+12\,602.5}$$

$$=210.30$$

需要注意的是，由于标准离差是衡量风险的绝对数指标，对于期望值不同的决策方案，该指标数值没有直接可比性，对此，必须进一步借助于标准离差率的计算来说明问题。

（四）标准离差率

标准离差率是标准离差同期望值之比，通常用符号 V 表示，其计算公式为：

$$V=\frac{\delta}{E}\times100\%$$

标准离差率是一个相对数指标，它以相对数反映决策方案的风险程度。在期望值不同的情况下，标准离差率越大，风险越大；反之，标准离差率越小，风险越小。

【例 2-25】承接【例 2-23】，汽车预计年销售量的标准离差率为：

$$V=\frac{\delta}{E}\times100\%=\frac{210.30}{405}\times100\%=51.93\%$$

通过决策方案的风险量化，决策者便可做出决策。对于单个方案，决策者可根据其标准离差（率）的大小，并将其同设定的可接受的此项指标最高限值对比，看前者是否低于后者，然后做出取舍。对于多方案择优，决策者的行动则应选择低风险、高收益的方案，即选择标准离差最低、期望收益最高的方案。然而，高收益往往伴随高风险，低收益方案其风险程度也较低，究竟选择何种方案，就要权衡期望收益与风险，而且还要视决策者对风险的态度而定。谨慎的决策者可能会选择低收益、低风险的方案，开拓的决策者则可能选择高收益、高风险的方案。

【做一做】

齐鲁公司中A投资项目与经济环境状况有关，有关概率分布与预计收益率如表2-3所示。

表 2-3　齐鲁公司投资项目的收益概率分布

经济情况	发生概率	收 益 率
1	0.15	−0.1
2	0.25	0.14
3	0.40	0.20

4	0.20	0.25

请计算：

（1）A投资项目的期望报酬率；

（2）A投资项目的标准离差；

（3）A投资项目的标准离差率。

三、风险控制对策

1. 规避风险

当资产风险所造成的损失不能由该资产可能获得的收益予以抵消时，应当放弃该资产，以规避风险。例如，拒绝与不守信用的厂商业务往来；放弃可能明显导致亏损的投资项目等。

2. 减少风险

减少风险主要有两方面意思：一是控制风险因素，减少风险的发生；二是控制风险发生的频率和降低风险损害程度。减少风险的常用方法有：进行准确的预测；对决策进行多方案优选和替代；及时与政府部门沟通获取政策信息；在发展新产品前，充分进行市场调研；采用多领域、多地域、多项目、多品种的经营或投资以分散风险。

3. 转移风险

对可能给企业带来灾难性损失的资产，企业应以一定的代价，采取某种方式转移风险。例如，向保险公司投保；采取合资、联营、联合开发等措施实现风险共担；通过技术转让、租赁经营和业务外包等实现风险转移。

4. 接受风险

接受风险包括风险自担和风险自保两种。风险自担，是指风险损失发生时，直接将损失摊入成本或费用，或冲减利润；风险自保，是指企业预留一笔风险金或随着生产经营的进行，有计划地计提资产减值准备等。

四、风险偏好

风险偏好是指为了实现目标，企业或个体投资者在承担风险的种类、大小等方面的基本态度。风险就是一种不确定性，投资者面对这种不确定性所表现出的态度、倾向是其风险偏好的具体体现。

根据人们的效用函数的不同，可以按照其对风险的偏好分为风险回避者、风险追求者和风险中立者。

1. 风险回避者

当预期收益率相同时，风险回避者都会偏好于具有低风险的资产；而对于同样风险的资产，他们则都会钟情于具有高预期收益的资产。但当面临以下这样两种资产时，他们的选择就要取决于他们对待风险的不同态度：一项资产具有较高的预期收益率同时也具有较高的风险，而另一项资产虽然预期收益率低，但风险水平也低。风险回避者在承担风险时，就会因承担风险而要求额外收益，额外收益要求的多少不仅与所承担风险的大小有关（风险越高，要求的风险收益就越大），还取决于他们的风险偏好。对风险回避的愿望越强烈，要求的风险收益就越高。一般的投资者和企业管理者都是风险回避者，因此财务管理的理论框架和实务方法都是针对风险回避者的，并不涉及风险追求者和中立者的行为。

2．风险追求者

与风险回避者恰恰相反，风险追求者主动追求风险，喜欢收益的波动胜于喜欢收益的稳定。他们选择资产的原则是：当预期收益相同时，选择风险大的，因为这会给他们带来更大的效用。

3．风险中立者

风险中立者既不回避风险，也不主动追求风险。他们选择资产的唯一标准是预期收益的大小，而不管风险状况如何，这是因为所有预期收益相同的资产将给他们带来同样的效用。

业务三　掌握证券资产组合的风险与收益的计算

业务描述

掌握证券资产组合预期收益率的计算，以及风险如何进行衡量，进而对企业相关项目进行正确的决策。

相关知识

两个或两个以上资产所构成的集合，称为资产组合。如果资产组合中的资产均为有价证券，则该资产组合也称为证券资产组合或证券组合。证券资产组合的风险与收益具有与单个资产不同的特征。尽管方差、标准离差、标准离差率是衡量风险的有效工具，但当某项资产或证券成为投资组合的一部分时，这些指标就可能不再是衡量风险的有效工具。我们首先讨论证券资产组合的预期收益率的计算，再进一步讨论组合风险及其衡量。

一、证券资产组合的预期收益率

证券资产组合的预期收益率就是组成证券资产组合的各种资产收益率的加权平均数，其权数为各种资产在组合中的价值比例。证券资产组合的预期收益率计算公式如下：

$$E(R_p)=\sum W_i \cdot E(R_i)$$

式中，$E(R_p)$ 表示证券资产组合的预期收益率；$E(R_i)$ 表示组合内第 i 项资产的预期收益率；W_i 表示第 i 项资产在整个组合中所占的价值比例。

【例 2-26】齐鲁公司的一项投资组合中包含 A、B 和 C 三种股票，权重分别为 30%、40%和 30%，三种股票的预期收益率分别为 20%、15%、10%。要求：计算该投资组合的预期收益率。

解：该投资组合的预期收益率 $E(R_p)$ =30%×20%+40%×15%+30%×10%=15%

二、证券资产组合的风险及其衡量

1．证券资产组合的风险分散功能

两项证券资产组合的收益率的方差满足以下关系式：

$$\sigma_p^2=W_1^2\sigma_1^2+W_2^2\sigma_2^2+2W_1W_2\rho_{1,2}\sigma_1\sigma_2$$

式中，σ_p 表示证券资产组合的标准差，它衡量的是组合的风险；σ_1 和 σ_2 分别表示组合中两项资产的标准差；W_1 和 W_2 分别表示组合中两项资产分别所占的价值比例；$\rho_{1,2}$ 反映两项资产收益率的相关程度，即两项资产收益率之间的相对运动状态，称为相关系数。理论上，相关系数介于区间［-1，1］内。

当 $\rho_{1,2}$ 等于 1 时，表明两项资产的收益率具有完全正相关的关系，即它们的收益率变化方向和变化幅度完全相同。这时 $\sigma_p^2=(W_1\sigma_1+W_2\sigma_2)^2$，即 σ_p^2 达到最大。由此表明，组合的风险等于组合中各项资产风险的加权平均值。换句话说，当两项资产的收益率完全正相关时，两项资产的风险完全不能相互抵消，所以这样的组合不能降低任何风险。

当 $\rho_{1,2}$ 等于-1 时，表明两项资产的收益率具有完全负相关的关系，即它们的收益率变化方向和变化幅度完全相反。这时 $\sigma_p^2=(W_1\sigma_1+W_2\sigma_2)^2$，即 σ_p^2 达到最小，甚至可能是零。因此，当两项资产的收益率完全负相关时，两项资产的风险可以充分地相互抵消，甚至完全消除。因而，这样的组合能够最大限度地降低风险。

在实务中，两项资产的收益率具有完全正相关和完全负相关的情况几乎是不可能的。绝大多数资产两两之间都具有不完全的相关关系，即相关系数小于 1 大于-1（大多数情况下大于零）。因此，会有 $0<\sigma_p<(W_1\sigma_1+W_2\sigma_2)$，即证券资产组合收益率的标准差小于组合中各资产收益率标准差的加权平均值，也即证券资产组合的风险小于组合中各项资产风险之加权平均值。因此，大多数情况，证券资产组合能够分散风险，但不能完全消除风险。

一般来讲，随着证券资产组合中资产个数的增加，证券资产组合的风险会逐渐降低，当资产的个数增加到一定程度时，证券资产组合的风险程度将趋于平稳，这时组合风险的降低将非常缓慢直到不再降低。

在证券资产组合中，能够随着资产种类增加而降低直至消除的风险，称为非系统性风险；不能随着资产种类增加而分散的风险，称为系统性风险。下面对这两类风险进行详细论述。

2．非系统性风险

非系统性风险又称公司风险或可分散风险，是可以通过证券资产组合而分散掉的风险。它是指由于某种特定原因对某特定资产收益率造成影响的可能性。它是特定企业或特定行业所持有的，与政治、经济和其他影响所有资产的市场因素无关。对于特定企业而言，公司风险可进一步分为经营风险和财务风险。

经营风险是指因生产经营方面的原因给企业目标带来不利影响的可能性，如由于原材料供应地的政治经济情况变动、新材料的出现等因素带来的供应方面的风险；由于生产组织不合理而带来的生产方面的风险；由于销售决策失误带来的销售方面的风险。

财务风险又称筹资风险，是指由于举债而给企业目标带来的可能影响。企业举债经营，全部资金中除自有资金外还有一部分借入资金，这会对自有资金的获利能力造成影响；同时，借入资金需还本付息，一旦无力偿付到期债务，企业便会陷入财务困境甚至破产。当企业息税前资金利润率高于借入资金利息率时，使用借入资金获得的利润除了补偿利息外还有剩余，因而使自有资金利润率提高。但是，若企业息税前资金利润率低于借入资金利息率时，使用借入资金获得的利润还不够支付利息，需动用自有资金的一部分来支付利息，从而使自有资金利润率降低。用自有资金来支付利息，可能使企业发生亏损。若企业亏损严重，财务状况恶化，丧失支付能力，就会出现无法还本付息甚至招致破产的危险。

值得注意的是，在风险分散的过程中，不应当过分夸大资产多样性和资产个数的作用。实际上，在证券资产组合中资产数目较低时，增加资产的个数，分散风险的效应会比较明显，但资产数目增加到一定程度时，风险分散的效应就会逐渐减弱。经验数据表明，组合中不同行业的资产个数达到 20 个时，绝大多数非系统风险均已被消除掉。此时，如果继续增加资产数目，对分散风险已经没有多大的实际意义，只会增加管理成本。另外，不要指望通过资产多样化达到完全消除风险的目的，因为系统风险是不能够通过风险的分散来消除的。

3. 系统性风险及其衡量

系统性风险又称市场风险或不可分散风险，是影响所有资产的、不能通过资产组合而消除的风险。这部分风险是由那些影响整个市场的风险因素所引起的。这些因素包括宏观经济形势的变动、国家经济政策的变化、税制改革、企业会计准则改革、世界能源状况、政治因素等。

尽管绝大部分企业和资产都不可避免地受到系统风险的影响，但并不意味着系统风险对所有资产或所有企业有相同的影响。有些资产受系统性风险的影响大一些，而有些资产受的影响较小。单项资产或证券资产组合受系统性风险影响的程度，可以通过系统风险系数（β系数）来衡量。

（1）单项资产的系统风险系数（β系数）。单项资产的β系数是指可以反映单项资产收益率与市场平均收益率之间变动关系的一个量化指标，它表示单项资产收益率的变动受市场平均收益率变动的影响程度。换句话说，就是相对于市场组合的平均风险而言，单项资产所含的系统性风险的大小。

系统风险系数或β系数的定义式如下：

$$\beta_i = \text{COV}(R_i,\ R_m)/\sigma_m^2 = \rho_{i,\ m}\sigma_i\sigma_m/\sigma_m^2 = \rho_{i,\ m}\cdot\sigma_i/\sigma_m$$

式中，$\rho_{i,\ m}$表示第i项资产的收益率与市场组合收益率的相关系数；σ_i是该项资产收益率的标准差，反映该资产的风险大小；σ_m是市场组合收益率的标准差，反映市场组合的风险；三个指标的乘积表示该资产收益率与市场组合收益率的协方差。

（2）市场组合。市场组合是指由市场上所有资产组成的组合。它的收益率就是市场平均收益率，实务中通常用股票价格指数的收益率来代替。而市场组合收益率的方差则代表了市场整体的风险。由于包含了所有的资产，因此，市场组合中的非系统性风险已经被消除，所以市场组合的风险就是市场风险或系统性风险。

根据上述β系数的定义可知，当某资产的β系数等于 1 时，说明该资产的收益率与市场平均收益率呈同方向、同比例的变化。即如果市场平均收益率增加（或减少）1%，那么该资产的收益率也相应地增加（或减少）1%。也就是说，该资产所含的系统风险与市场组合的风险一致。当某资产的β系数小于 1 时，说明该资产收益率的变动幅度小于市场组合收益率的变动幅度，因此其所含的系统性风险小于市场组合的风险；当某资产的β系数大于 1 时，说明该资产收益率的变动幅度大于市场组合收益率的变动幅度，因此其所含的系统性风险大于市场组合风险。

大多数资产的β系数是大于零的，也就是说，它们的收益率的变化方向与市场平均收益率的变化方向是一致的，只是变化幅度不同而导致β系数的不同。极个别的资产的β系数与市场平均收益的变化方向相反，当市场平均收益增加时，这类资产的收益却在减少。

例如，西方个别收账公司和个别再保险公司的 β 系数是接近零的负数。

在实际中，要想利用定义式去计算 β 系数，是非常困难的。β 系数的计算常常利用收益率的历史数据，采用线性回归的方法取得。

其实，在实务中，并不需要企业财务人员或投资者自己去计算证券的 β 系数，一些证券咨询机构会定期公布大量交易过的证券的 β 系数。

表 2-4 列示了 20××年 5 月和 20××年 10 月的有关资料上显示的美国几家大公司的 β 系数。

表 2-4　各公司 β 系数表

公司名称	20××年 5 月	20××年 10 月
时代华纳	1.65	1.94
国际商业机器公司	1.05	1.00
通用电气	1.30	0.81
微软	1.20	0.94
可口可乐	0.85	0.70
宝洁	0.65	0.27

数据来源：www.nyse.corn。

从表 2-4 可以看出，不同公司之间的 β 系数有所不同，即便是同一家公司在不同时期，其系数也会或多或少地有所差异。我国也有一些证券咨询机构定期计算和编制各上市公司的 β 系数，大家可以通过中国证券市场数据库等查询。

（3）证券资产组合的系统风险系数。对于证券资产组合来说，其所含的系统性风险的大小可以用组合 β 系数来衡量。证券资产组合的 β 系数是所有单项资产 β 系数的加权平均数，权数为各种资产在证券资产组合中所占的价值比例。其计算公式为：

$$\beta_p=\sum W_i \times \beta_i$$

式中，β_p 是证券资产组合的风险系数；W_i 为第 i 项资产在组合中所占的价值比重；β_i 表示第 i 项资产的 β 系数。由于单项资产的 β 系数不尽相同，因此通过替换资产组合中的资产或改变不同资产在组合中的价值比例，可以改变组合的风险特性。

【例 2-27】齐鲁公司某证券资产组合中有三只股票，相关的信息如表 2-5 所示。要求：计算证券资产组合的 β 系数。

表 2-5　某证券资产组合的相关信息

股票	β 系数	股票的每股市价（元）	股票的数量（只）
A	0.8	8	100
B	1.2	1	200
C	1.8	5	200

解：

首先计算 A、B、C 三只股票所占的价值比例。

A 股票比例：（8×100）÷（8×100+1×200+5×200）×100%=40%

B股票比例：（1×200）÷（8×100+1×200+5×200）×100%=10%

C股票比例：（5×200）÷（8×100+1×200+5×200）×100%=50%

然后计算加权平均β系数，即证券资产组合的β系数：

β_p=40%×0.8+10%×1.2+50%×1.8=1.34

业务四 掌握资本资产定价模型

业务描述

掌握资本资产定价模型的基本原理，在此基础上理解证券市场线并学会证券组合必要收益率的计算。

相关知识

一、资本资产定价模型的基本原理

资本资产定价模型（简称CAPM）中，所谓资本资产主要是指股票资产，而定价则试图解释资本市场如何决定股票收益率，进而决定股票价格。

根据风险与收益的一般关系，某资产的必要收益率是由无风险收益率和资产的风险收益率决定的。公式如下：

必要收益率=无风险收益率+风险收益率

资本资产定价模型的一个主要贡献就是解释了风险收益率的决定因素和度量方法，并且给出了一个简单易用的表达形式：

$$R=R_f+\beta\cdot(R_m-R_f)$$

这是资本资产定价模型的核心关系式。式中，R表示某资产的必要收益率；R_f表示无风险收益率，通常以短期国债的利率来近似替代；β表示该资产的系统风险系数；R_m表示市场组合收益率，通常用股票价格指数收益率的平均值或所有股票的平均收益率来代替。

式中，（R_m-R_f）称为市场风险溢酬。它是附加在无风险收益率之上的，由于承担了市场平均风险所要求获得的补偿，它反映的是市场作为整体对风险的平均“容忍”程度，也就是市场整体对风险的厌恶程度。对风险越是厌恶和回避，要求的补偿就越高，因此，市场风险溢酬的数值就越大。反之，如果市场的抗风险能力强，则对风险的厌恶和回避就不是很强烈，因此，要求的补偿就越低，所以市场风险溢酬的数值就越小。不难看出，某项资产的风险收益率是该资产系统风险系数与市场风险溢酬的乘积，其公式如下：

$$风险收益率=\beta\cdot(R_m-R_f)$$

二、证券市场线（SML）

如果把资本资产定价模型公式中的β看作自变量（横坐标），必要收益率R作为因变量（纵坐标），无风险利率（R_f）和市场风险溢酬（R_m-R_f）作为已知系数，那么这个关系式在数学上就是一个直线方程，叫作证券市场线，简称SML，即以下关系式所代表的直线：

$$R=R_f+\beta\cdot(R_m-R_f)$$

证券市场线对任何公司、任何资产都是适合的。只要将该公司或资产的β系数代入上述直线方程中，就能得到该公司或资产的必要收益率。

证券市场线上每个点的横、纵坐标值分别代表每一项资产（或证券资产组合）的系统风险系数和必要收益率。因此，证券市场上任意一项资产或证券资产组合的系统风险系数和必要收益率都可以在证券市场线上找到对应的一点。

在证券市场线关系式的右侧，唯一与单项资产相关的就是β系数，而β系数正是对该资产所有的系统性风险的度量，因此，证券市场线一个重要的暗示就是“只有系统性风险才有资格要求补偿”。该公式中并没有引入非系统性风险即公司风险，也就是说，投资者要求的补偿只是因为他们“忍受”了市场风险的缘故，而不包括公司风险，因为公司风险可以通过证券资产组合被消除掉。

【例 2-28】某年由 MULTEX 公布的通用汽车公司的β系数是 1.170，短期国库券利率为 4%，标准普尔股票价格指数的收益率是 10%，那么，通用汽车该年股票的必要收益率应为：$R=R_f+\beta\cdot(R_m-R_f)=4\%+1.17\times(10\%-4\%)=11.02\%$。

三、证券资产组合的必要收益率

证券资产组合的必要收益率也可以通过证券市场线来描述：

$$\text{证券资产组合的必要收益率 } R=R_f+\beta_p\times(R_m-R_f)$$

此公式与前面的资产资本定价模型公式非常相似，它们的右侧唯一不同的是β系数的主体，前面的β_p系数是单项资产或个别公司的β系数；而这里的β_p则是证券资产组合的β系数。

【例 2-29】假设当前短期国债收益率为 3%，股票价格指数平均收益率为 12%，并利用【例 2-27】中的有关信息求出的β系数，计算 A、B、C 三种股票组合的必要收益率。

解：三种股票组合的必要收益率 $R=3\%+1.34\times(12\%-3\%)=15.06\%$

四、资本资产定价模型的有效性和局限性

资本资产定价模型和证券市场线最大的贡献在于其提供了对风险和收益之间的一种实质性的表述，首次将“高收益伴随着高风险”这样一种直接认识，用这样简单的关系式表达出来。到目前为止，CAPM 和 SML 是对现实中风险与收益关系最为贴切的表述，因此长期以来，被财务人员、金融从业者以及经济学家作为处理风险问题的主要工具。

然而，将复杂的现实简化了的这一模式，必定会遗漏许多有关因素，也必定会被限制在许多假设条件之下，因此也受到了一些质疑。直到现在，关于 CAPM 有效性的争论还在继续，拥护和批驳的辩论相当激烈和生动。人们也一直在寻找更好的理论或方法，但尚未取得突破性进展。

尽管 CAPM 已经得到了广泛的认可，但在实际运用中，仍存在着一些明显的局限，主要表现在：①某些资产或企业的β值难以估计，特别是对一些缺乏历史数据的新兴行业。②由于经济环境的不确定性和不断变化，使得依据历史数据估算出来的β值对未来的指导作用必然要打折扣。③CAPM 是建立在一系列假设上的，其中一些假设与实际情况有较大偏差，使得 CAPM 的有效性受到质疑。这些假设包括市场是均衡的、市场不存在摩擦、市场参与者都是理性的、不存在交易费用、税收不影响资产的选择和交易等。

由于以上局限，资本资产定价模型只能大体描绘出证券市场运动的基本情况，而不能完全确切地揭示证券市场的一切。因此，在运用这一模型时，应该更注重它所揭示的规律。

【温馨提示】

面对单一投资方案的情况下，如何决定方案是否可行？面对多个投资方案的情况下，又如何做选择？

（1）单一方案情况下，在预期收益满意的前提下，考虑风险，当标准离差率小于设定的可接受的最高值，方案就是可行的。

（2）多方案情况下，总的原则是风险最小，收益最高。但如果不存在风险最小、收益最高的方案，则需要进行风险与收益的权衡，并且还要视决策者的风险态度而定。

任务三 掌握成本性态分析

任务描述

理解成本性态的内涵，在此基础上将成本分为固定成本、变动成本、混合成本三类。掌握每种成本的含义、特征以及分类。学会混合成本分解的办法，理解总成本的计算公式。

相关知识

成本性态，又称成本习性，是指成本的变动与业务量（产量或销售量）之间的依存关系。成本性态分析就是对成本与业务量之间的依存关系进行分析，从而在数量上具体掌握成本与业务量之间关系的规律性，以便为企业正确地进行最优管理决策和改善经营管理提供有价值的资料。成本性态分析对短期经营决策、长期投资决策、预算编制、业绩考评，以及成本控制等，具有重要意义。按照成本性态，通常可以把成本区分为固定成本、变动成本和混合成本三类。

一、固定成本

（一）固定成本的基本特征

固定成本是指其总额在一定时期及一定业务量范围内，不直接受业务量变动的影响而保持固定不变的成本。例如，固定折旧费用、房屋租金、行政管理人员工资、财产保险费、广告费、职工培训费、办公费、产品研究与开发费用等，均属于固定成本。其基本特征是：固定成本总额不因业务量的变动而变动，但单位固定成本（单位业务量负担的固定成本）会与业务量的增减呈反向变动。固定成本习性模型如图 2-5 所示。

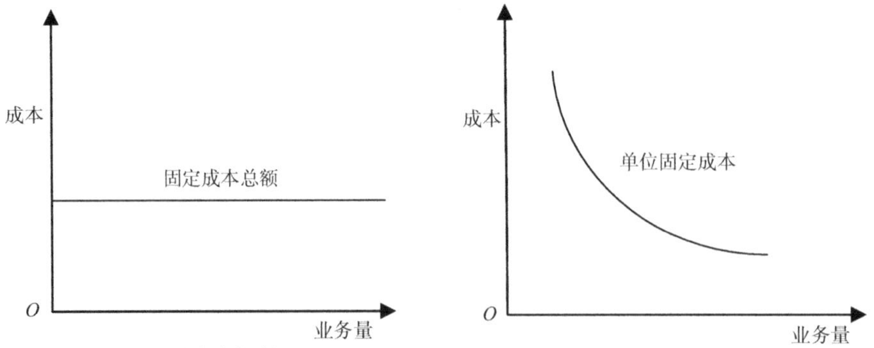

a. 固定成本总额　　b. 单位固定成本

图 2-5　固定成本习性模型

（二）固定成本的分类

固定成本按其支出额是否可以在一定期间内改变而分为约束性固定成本和酌量性固定成本。

约束性固定成本是指管理当局的短期（经营）决策行动不能改变其具体数额的固定成本，如保险费、房屋租金、设备折旧管理人员的基本工资等。这些固定成本是企业的生产能力一经形成就必然要发生的最低支出，即使生产中断也仍然要发生。由于约束性固定成本一般是由既定的生产能力所决定的，是维护企业正常生产经营必不可少的成本，所以也称为“经营能力成本”，它最能反映固定成本的特性。降低约束性固定成本的基本途径，只能是合理利用企业现有的生产能力，提高生产效率，以取得更大的经济效益。

酌量性固定成本是指管理当局的短期经营决策行动能改变其数额的固定成本，如广告费、职工培训费、新产品研究开发费用等。这些费用发生额的大小取决于管理当局的决策行动。一般由管理当局在会计年度开始前，斟酌计划期间企业的具体情况和财务负担能力，对这类固定成本项目的开支情况分别做出决策。酌量性成本并非可有可无，它关系到企业的竞争能力，因此，要想降低酌量性固定成本，只有厉行节约、精打细算，编制出积极可行的费用预算并严格执行，防止浪费和过度投资等。

二、变动成本

（一）变动成本的基本特征

变动成本是指在特定的业务量范围内，其总额会随业务量的变动而成正比例变动的成本。如直接材料、直接人工、按销售量支付的推销员佣金、装运费、包装费，以及按产量计提的固定设备折旧等都是和单位产品的生产直接联系的，其总额会随着产量的增减成正比例的增减。其基本特征是：变动成本总额因业务量的变动而成正比例变动，但单位变动成本（单位业务量负担的变动成本）不变。变动成本习性模型如图 2-6 所示。

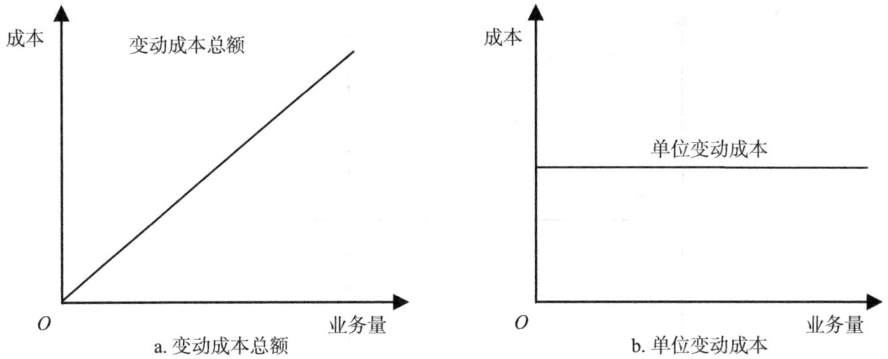

图 2-6　变动成本习性模型

（二）变动成本的分类

变动成本也可以区分为两大类：技术性变动成本和酌量性变动成本。

技术性变动成本是指与产量有明确的技术或实物关系的变动成本，如生产一辆汽车需要耗用一台引擎、一个底盘和若干轮胎等。这种成本只要生产就必然会发生，若不生产，其技术变动成本便为零。

酌量性变动成本是指通过管理当局的决策行动可以改变的变动成本，如按销售收入的一定百分比支付的销售佣金、技术转让费等。这类成本的特点是其单位变动成本的发生额可由企业最高管理层决定。

三、混合成本

（一）混合成本的基本特征

从成本习性来看，固定成本和变动成本只是两种极端的类型。在现实经济生活中，大多数成本与业务量之间的关系处于两者之间，即混合成本。顾名思义，混合成本就是“混合”了固定成本和变动成本两种不同性质的成本。一方面，它们要随业务量的变化而变化；另一方面，它们的变化又不能与业务量的变化保持着纯粹的正比例关系。

（二）混合成本的分类

混合成本兼有固定与变动两种性质，可进一步将其细分为半变动成本、半固定成本、延期变动成本和曲线变动成本。

1. 半变动成本

半变动成本是指在有一定初始量基础上，随着产量的变化而呈正比例变动的成本。这些成本的特点是：它通常有一个初始的固定基数，在此基数内与业务量的变化无关，这部分成本类似于固定成本。在此基数之上的其余部分，则随着业务量的增加成正比例增加，如固定电话座机费、水费、煤气费等均属于半变动成本。其成本习性模型如图 2-7 所示。

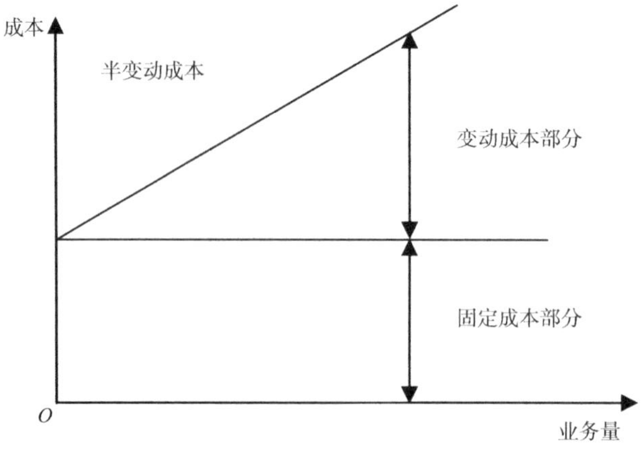

图 2-7　半变动成本习性模型

2．半固定成本

半固定成本也称阶梯式变动成本，这类成本在一定业务量范围内的发生额是固定的，但当业务量增长到一定限度，其发生额就突然跳跃到一个新的水平，然后在业务量增长的一定限度内，发生额又保持不变，直到另一个新的跳跃。例如，企业的管理员、运货员、检验员的工资等成本项目就属于这一类。其成本习性模型如图 2-8 所示。

3．延期变动成本

延期变动成本在一定的业务量范围内有一个固定不变的基数，当业务量增长超出了这个范围，它就与业务量的增长成正比例变动。例如，职工的基本工资，在正常工作时间情况下是不变的；但当工作时间超出正常标准，则需按加班时间的长短成比例地支付加班薪金。其成本习性模型如图 2-9 所示。

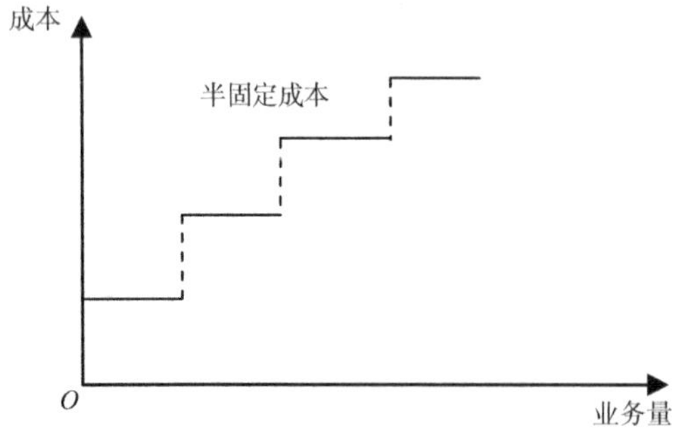

图 2-8　半固定成本习性模型

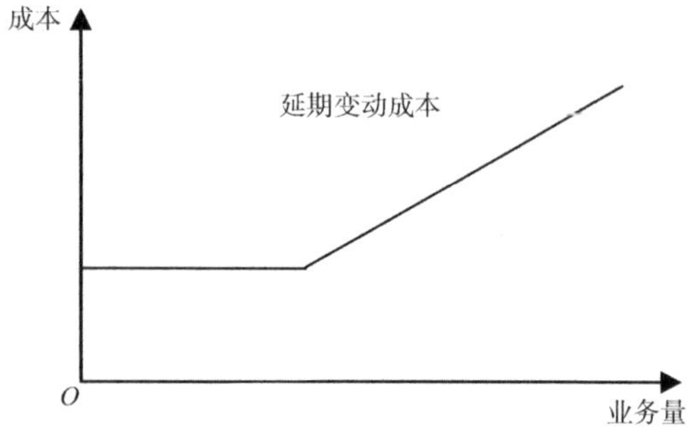

图 2-9　延期变动成本习性模型

4．曲线变动成本

曲线变动成本通常有一个不变的初始量，相当于固定成本，在这个初始量的基础上，随着业务量的增加，成本也逐步变化，但它与业务量的关系是非线性的。这种曲线成本又可以分为以下两种类型：一是递增曲线成本，如累进计件工资、违约金等，随着业务量的增加，成本逐步增加，并且增加幅度是递增的，其成本习性模型如图 2-10（a）所示。二是递减曲线成本，如有价格折扣或优惠条件下的水、电消费成本、“费用封顶”的通信服务费等，其曲线达到高峰后就会下降或持平，其成本习性模型如图 2-10（b）所示。

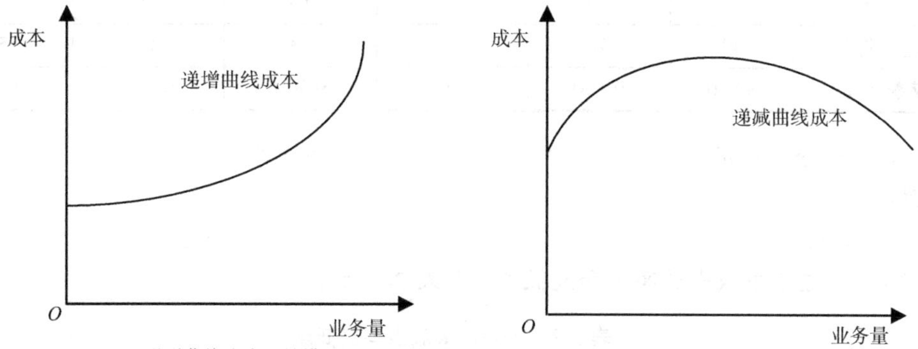

a. 递增曲线成本习性模型　　b. 递减曲线成本习性模型

图 2-10　曲线变动成本习性模型

（三）混合成本的分解

在实际经济生活中，企业大量的费用项目属于混合成本，为了经营管理的需要，必须把混合成本分为固定与变动两个部分。混合成本的分解主要有以下几种方法。

1．高低点法

它是以过去某一会计期间的总成本和业务量资料为依据，从中选取业务量最高点和业务量最低点，将总成本进行分解，得出成本性态的模型。其计算公式为：

$$单位变动成本=\frac{最高点业务量成本-最低点业务量成本}{最高点业务量-最低点业务量}$$

$$固定成本总额=最高点业务量成本-单位变动成本\times 最高点业务量$$
$$=最低点业务量成本-单位变动成本\times 最低点业务量$$

采用高低点法计算较简单，但它只采用了历史成本资料中的高点和低点两组数据，故代表性较差。

2．回归分析法

这是一种较为精确的方法。它根据过去一定期间的业务量和混合成本的历史资料，应用最小二乘法原理，算出最能代表业务量与混合成本关系的回归直线，借以确定混合成本中固定成本和变动成本的方法。这种方法假设混合成本符合总成本模型，其表达式如下：

$$y=a+bx$$

式中，a 为固定成本部分；b 为单位变动成本。

可见，只要求出 a 和 b，就可以将混合成本分解成变动成本和固定成本两部分。回归分析法下，a 和 b 可用回归直线方程求出，计算公式如下：

$$a=\frac{\Sigma x^2\cdot\Sigma y-\Sigma x\cdot\Sigma xy}{n\Sigma x^2-(\Sigma x)^2}$$

$$b=\frac{n\Sigma xy-\Sigma x\cdot\Sigma y}{n\Sigma x^2-(\Sigma x)^2}$$

【例 2-30】齐鲁公司 2017 年下半年生产的 A 产品产量及成本资料如表 2-6 所示。

表 2-6　齐鲁公司 2017 年 7—12 月的产量及成本资料

月份	7	8	9	10	11	12
产量（件）	40	42	45	43	46	50
总成本（元）	8 800	9 100	9 600	9 300	9 800	10 500

要求：请分别采用高低点法、回归直线法进行混合成本分解。

解：

1. 高低点法

（1）从表 2-6 中找出最高点和最低点，如表 2-7 所示。

表 2-7 产量的最高点与最低点

	产量 x（件）	总成本 y（元）
最高点	50	10 500
最低点	40	8 800

（2）计算 $y=a+bx$ 中的 a、b 值。

$b=(10\ 500-8\ 800)/(50-40)=170$

$a=10\ 500-170\times 50=2\ 000$

（或：$a=8\ 800-170\times 40=2\ 000$）

（3）将 a、b 值代入 $y=a+bx$ 中，则成本性态模型为：$y=2\ 000+170x$。

这个模型说明单位变动成本为 170 元，固定成本总额为 2 000 元。

2. 回归直线法

应用最小平方法原理，求解 $y=a+bx$ 中 a、b 两个待定参数。

$$a=\frac{\Sigma x^2\cdot\Sigma y-\Sigma x\cdot\Sigma xy}{n\Sigma x^2-(\Sigma x)^2}$$

$$b=\frac{n\Sigma xy-\Sigma x\cdot\Sigma y}{n\Sigma x^2-(\Sigma x)^2}$$

（1）列表计算 Σx、Σy、Σxy、Σx^2，其结果如表 2-8 所示。

表 2-8 齐鲁公司相关数据指标

月份	产量 x	混合成本 y	xy	x^2
7	40	8 800	352 000	1 600
8	42	9 100	382 200	1 764
9	45	9 600	432 000	2 025
10	43	9 300	399 900	1 849
11	46	9 800	450 800	2 116
12	50	10 500	525 000	2 500
$n=6$	$\Sigma x=266$	$\Sigma y=57\ 100$	$\Sigma xy=2\ 541\ 900$	$\Sigma x^2=11\ 854$

（2）将表 2-8 中的有关数据代入公式计算 a、b。

$b=170.65$

$a=1\ 951.09$

则成本性态模型为：$y=1\,951.09+170.65x$。

3．账户分析法

账户分析法又称会计分析法，它是根据有关成本账户及其明细账的内容，结合其与产量的依存关系，判断其比较接近哪一类成本，就视其为哪一类成本。这种方法简便易行，但比较粗糙且带有主观判断。

4．技术测定法

技术测定法又称工业工程法，它是根据生产过程中各种材料和人工成本消耗量的技术测定来划分固定成本和变动成本的方法。该方法通常只适用于投入成本与产出数量之间有规律性联系的成本分解。

5．合同确认法

它是根据企业签字的经济合同或协议中关于支付费用的规定，来确认并估算哪些项目属于变动成本、哪些项目属于固定成本的方法。合同确认法要配合账户分析法使用。

四、总成本模型

将混合成本按照一定的方法区分为固定成本和变动成本之后，根据成本性态，企业的总成本公式就可以表示为：

总成本=固定成本总额+变动成本总额

=固定成本总额+单位变动成本×业务量

这个公式在变动成本计算、本量利分析、正确制定经营决策和评价各部门工作业绩等方面具有不可或缺的重要作用。

项目小结

学完本项目，应掌握复利现值和终值的含义及计算方法，年金现值、年金终值的含义及计算方法；熟悉风险与收益的含义以及风险的衡量方法；掌握资本资产定价模型；了解成本性态的含义及分类；掌握总成本模型并能进行分析计算。

主要概念

货币时间价值	单利	复利现值	复利终值
年金现值	年金终值	递延年金	即付年金
名义利率	实际利率	无风险收益率	风险收益率
经营风险	财务风险	资本资产定价模型	证券市场线
固定成本	变动成本	总成本模型	

推荐阅读

[1] 张瑞君，李小荣. 金字塔结构、业绩波动与信用风险[J]. 会计研究，2012（3）：62-71.

[2] 袁琳，张宏亮. 董事会治理与财务公司风险管理——基于 10 家集团公司结构式调查的多案例分析[J]. 会计研究，2011（5）：65-71.

[3] 赵静梅，申宇. 投资者认知风险被市场定价了吗——来自中国资本市场的证据[J]. 财贸经济，2011（10）：55-62.

[4] 朱慧明，张晓昱，吴宣明，廖萍. 序数空间中企业战略风险与企业绩效关系研究——基于中国纺织业面板数据分析[J]. 财经理论与实践，2012（3）.

[5] Morck R.,A.Shleifer and R.Vishny.Management Ownership and Market Valuation：An Empirical Analysis[J].Journal of Financial Economics.1988（20）：293-315.

[6] Ohlson J.Earnings,Book Value,and Dividends in Equity Valuation[J]. Contemporary Accounting Research.1995（11）：661-687.

习题与实训

一、单项选择题

1. 某人希望在 5 年年末取得本利和 20 000 元，则在年利率为 2%、单利计息的方式下，此人现在应当存入银行（　　）元。

A. 18 114　　B. 18 181.82　　C. 18 004　　D. 18 000

2. 6 年分期付款购物，每年年初付 200 元，设银行利率为 10%，该项分期付款相当于一次现金支付的购价是（　　）元。

A. 958.16　　B. 758.20　　C. 1 200　　D. 354.32

3. 关于递延年金，下列说法中不正确的是（　　）。

A. 递延年金无终值，只有现值

B. 递延年金终值计算方法与普通年金终值计算方法相同

C. 递延年金终值大小与递延期无关

D. 递延年金的第一次支付是发生在若干期以后的

4. 已知（F/A，10%，5）=6.105 1，那么，i=10%、n=5 时的偿债基金系数为（　　）。

A. 1.610 6　　B. 0.620 9　　C. 0.263 8　　D. 0.163 8

5. 某一投资项目，投资 5 年，每年复利四次，其实际年利率为 8.24%，则其名义利率为（　　）。

A. 8%　　B. 8.16%　　C. 8.04%　　D. 8.06%

6. 在期望收益不相同的情况下，标准差越大的项目，其风险（　　）。

A. 越大　　B. 越小　　C. 不变　　D. 不确定

7. 如果（P/A，5%，5）=4.329 7，则（A/P，5%，5）的值为（　　）。

A. 0.231 0　　B. 0.783 5　　C. 1.276 3　　D. 4.329 7

8. 普通年金现值系数的倒数称为（　　）。

A. 普通年金终值系数　　B. 复利终值系数

C. 偿债基金系数　　D. 投资回收系数

9. 关于标准离差和标准离差率，下列描述正确的是（　　）。

A. 标准离差是各种可能报酬率偏离期望报酬率的平均值

B. 如果选择投资方案，应以标准离差为评价指标，标准离差最小的方案为最优方案

C. 标准离差率即风险报酬率

D. 对比期望报酬率不同的各项投资的风险程序，应用标准离差同期望报酬率的比值，即标准离差率

10. A在三年中每年年初付款500元，B方案在三年中每年年末付款500元，若利率为10%，则两个方案在第三年年末时的终值相差（　　）元。

A. 105　　B. 165.5　　C. 665.5　　D. 505

11. 有一项年金，前3年无流入，后5年每年年初流入500元，年利率为10%，则其现值为（　　）元。

A. 1 994.59　　B. 1 566.36　　C. 1 813.48　　D. 1 423.21

12. 甲方案的标准离差是2.11，乙方案的标准离差是2.14，如甲、乙两方案的期望值相同，则甲方案的风险（　　）乙方案的风险。

A. 大于　　B. 小于　　C. 等于　　D. 无法确定

13. 某人将10 000元存入银行，银行的年利率为10%，按复利计算，则5年后此人可从银行取出（　　）元。

A. 17 716　　B. 15 386　　C. 16 105　　D. 14 641

14. 下列投资中，风险最小的是（　　）。

A. 购买政府债券　B. 购买企业债券　　C. 购买股票　　D. 投资开发项目

15. 多个方案相比较，标准离差率越小的方案，其风险（　　）。

A. 越大　　B. 越小　　C. 二者无关　　D. 无法判断

16. 某人希望在5年后取得本利和1 000元，用于支付一笔款项。若按单利计算，利率为5%，那么，他现在应存入（　　）元。

A. 800　　B. 900　　C. 950　　D. 780

17. 普通年金是指在一定时期内每期（　　）等额收付的系列款项。

A. 期初　　B. 期末　　C. 期中　　D. 期内

18. 财务管理中的风险按照形成的原因分类，一般可分为（　　）和财务风险。

A. 检查风险　　B. 固有风险　　C. 经营风险　　D. 筹资风险

19. 某企业借入年利率为10%的贷款，贷款期限为2年，贷款的利息按季度计算，则贷款的实际年利率为（　　）。

A. 5.06%　　B. 10.5%　　C. 10.38%　　D. 10%

20. 下列各项年金中，只有现值没有终值的年金是（　　）。

A. 普通年金　　B. 即付年金　　C. 永续年金　　D. 先付年金

21. 财务风险是（　　）带来的风险。

A. 通货膨胀　　B. 高利率　　C. 筹资负债资金　D. 销售决策

22. 风险报酬是指投资者因冒风险进行投资而获得的（　　）。

A. 利润　　B. 额外报酬　　C. 利息　　D. 利益

23. 标准离差是各种可能的报酬率偏离（　　）的综合差异。

A. 期望报酬率　　B. 概率　　C. 风险报酬率　　D. 实际报酬率

24. 某人购入债券，在名义利率相同的情况下，对其比较有利的复利计息期是（　　）。

A. 一年　　B. 半年　　C. 一季　　D. 一月

25. 若年利率12%，每季复利一次，则每年实际利率比名义利率（　　）。

A. 大0.55%　　B. 小0.55%　　C. 大12.5%　　D. 小12.5%

26. 一项100万元的借款，借款期为5年，年利率为8%，若每半年复利一次，年实际利率会高出名义利率（　　）。

A. 4%　　B. 0.16%　　C. 0.8%　　D. 0.816%

27. 若使复利终值经过4年后变为本金的2倍，每半年计息一次，则年利率应为（　　）。

A. 18.10%　　B. 18.92%　　C. 37.84%　　D. 9.05%

28. 某人年初存入银行1 000元，假设银行按每年10%的复利计息，每年年末取出200元，则最后一次能够足额提款的时间是第（　　）。

A. 5年年末　　B. 8年年末　　C. 7年年末　　D. 9年年末

29. 已知（P/F，10%，5）=0.620 9、（F/P，10%，5）=1.610 6、（P/A，10%，5）=3.790 8、（F/A，10%，5）=6.105 1，那么，偿债基金系数为（　　）。

A. 1.610 6　　B. 0.620 9　　C. 0.263 8　　D. 0.163 8

30. 某人在年初存入一笔资金，存满4年后每年年末取出1 000元，至第8年年末取完，银行存款利率为10%。则此人应在最初一次存入银行的钱数为（　　）元。

A. 2 848　　B. 2 165　　C. 2 354　　D. 2 032

31. 某校准备设立永久性奖学金，每年计划颁发36 000元资金，若年复利率为12%，该校现在应向银行存入（　　）元本金。

A. 450 000　　B. 300 000　　C. 350 000　　D. 360 000

32. A公司于第一年年初借款10 000元，每年年末还本付息额均为2 500元，连续5年还清，则该项借款利率为（　　）。

A. 7.93%　　B. 7%　　C. 8%　　D. 8.05%

33. 在10%的利率下，一至四年期的复利现值系数分别为0.909 1、0.826 4、0.751 3、0.683 0，则四年期的普通年金现值系数为（　　）。

A. 2.599 8　　B. 3.169 8　　C. 5.229 8　　D. 4.169 4

34. 甲方案在五年中每年年初付款2 000元，乙方案在五年中每年年末付款2 000元，若利率相同，则两者在第五年年末时的终值（　　）。

A. 相等　　B. 前者大于后者

C. 前者小于后者　　D. 可能会出现上述三种情况中的任何一种

35. 约束性固定成本不受管理当局短期经营决策行动的影响。下列各项中，不属于企业约束性固定成本的是（　　）。

A. 管理人员的基本工资　　B. 房屋租金支出

C. 职工培训费　　D. 不动产财产保险费

36. 乙保险公司的推销员若销售 100 件商品，每月固定工资 1 800 元，在此基础上，若推销员的业绩超出规定业务量，推销员还可按照超出的数额按比例获得奖金，那么推销员的工资费用是（　　）。

A. 半变动成本　B. 半固定成本　C. 延期变动成本 D. 曲线变动成本

37. 在混合成本分解的方法中，简便易行，但比较粗糙且带有主观判断的方法是（　　）。

A. 合同确认　B. 技术测定法　C. 账户分析法　D. 高低点法

二、多项选择题

1. 下列说法中不正确的是（　　）。

A. 风险越大，获得的风险报酬应该越高

B. 有风险就会有损失，二者是相伴相生的

C. 风险是无法预计和控制的，其概率也不可预测

D. 由于筹集过多的负债资金而给企业带来的风险不属于经营风险

2. 某公司拟购置一处房产，付款条件是：从第 4 年开始，每年年初支付 10 万元，连续付 10 次，共 100 万元，假设该公司的资金成本率为 10%，则相当于该公司现在一次付款的金额为（　　）万元。

A. 10[（P/A，10%，12）－（P/A，10%，2）]

B. 10（P/A，10%，10）（P/F，10%，2）

C. 10[（P/A，10%，13）－（P/A，10%，3）]

D. 10[（P/A，10%，12）－（P/A，10%，3）]

3. 递延年金的特点有（　　）。

A. 最初若干期没有收付款项　B. 后面若干期等额收付款项

C. 其终值计算与普通年金相同　D. 其现值计算与普通年金相同

4. 企业的财务风险是指（　　）。

A. 企业外部环境变动引起的风险　B. 公司工人罢工、被迫停产引起的风险

C. 借款后因无法归还带来的风险　D. 筹资权益资金带来的风险

5. 影响货币时间价值大小的因素主要包括（　　）。

A. 单利　B. 复利　C. 资金额　D. 利率和期限

6. 在财务管理中，经常用来衡量风险大小的指标有（　　）。

A. 标准离差　B. 边际成本　C. 风险报酬率　D. 标准离差率

7. 下列各项中，属于经营风险的有（　　）。

A. 开发新产品不成功而带来的风险　B. 消费者偏好发生变化而带来的风险

C. 自然气候恶化而带来的风险　D. 原材料价格变动而带来的风险

8. 下列选项中，（　　）可以视为年金的形式。

A. 折旧　B. 租金　C. 利滚利　D. 保险费

9. 下列各项中，属于变动成本项目的有（　　）。

A. 采用工作量法计提的折旧　B. 不动产财产保险费

C. 直接人工费　D. 写字楼租金

10. 混合成本可进一步细分为（　　）。

A. 半变动成本　B. 半固定成本　C. 延期变动成本 D. 曲线变动成本

三、判断题

1. 在利率和计息期相同的条件下，复利现值系数与复利终值系数互为倒数。（　　）

2. 利率等于货币时间价值、通货膨胀附加率、风险报酬三者之和。（　　）

3. 永续年金既无现值，也无终值。（　　）

4. 偿债基金是年金现值计算的逆运算。（　　）

5. 货币时间价值是指一定量的货币在不同时点上的价值量。（　　）

6. 风险本身可能带来超出预期的损失，也可能带来超出预期的收益。（　　）

7. 用来代表货币时间价值的利息率中包含着风险因素。（　　）

8. 当利率大于零、计息期一定的情况下，年金现值系数大于1。（　　）

9. 根据风险与收益对等的原理，高风险的投资项目必然会获得高收益。（　　）

10. 在利率同为10%的情况下，第10年年末1元的复利现值系数大于第8年年末1元的复利现值系数。（　　）

四、计算题

1. 某公司准备购买一套设备，有两种付款方案可供选择：

（1）A 方案，从现在起每年年初付款200万元，连续支付5年共计1 000万元。

（2）B 方案，从第6年起，每年年初付款300万元，连续支付5年，共计1 500万元。

假定利率为10%，该公司应选择哪种付款方式？

2. 某企业有甲、乙两个投资项目，计划投资额均为1 000万元，其收益率的概率分布如表2-9所示。

表2-9　甲、乙项目的收益情况

市场状况	概率	甲项目（收益率）	乙项目（收益率）
好	0.2	20%	30%
一般	0.6	10%	10%
差	0.2	5%	−10%

要求：

（1）分别计算甲、乙两个项目收益率的期望值。

（2）分别计算甲、乙两个项目收益率的标准离差。

（3）比较甲、乙两个投资项目风险的大小。

3. 某人拟存入一笔资金以备3年后使用。假定银行3年期存款利率为5%，某人3年后需用的资金总额为46 000元。要求：

（1）在单利计息情况下，确定目前需存入的款额。

（2）在复利计息情况下，确定目前需存入的款额。

4. 某公司向保险公司借款一笔，预计10年后归还，本息和为200万元，为归还这笔借款，拟在各年年末提取相当数额的基金，假定银行的借款利率为12%，计算年偿债基金额。

5. 某公司向银行借入资金500万元，借款合同规定该公司每年年末支付银行75万元，分10年偿还这笔借款。利率为8%时，10年期年金现值系数为6.710 1；利率为9%时，10年期年金现值系数为6.417 7。要求：请使用内插法计算这笔借款的利息率。

6. 某公司拟购买一台新设备替换旧设备，新设备较旧设备价格高出50 000元，但每年可节约费用10 000元。假设该公司要求的投资报酬率为10%。要求：计算新设备应至少使用多少年才值得进行投资。

7. 某公司准备购买一套办公用房，有两个付款方案可供选择：

（1）甲方案，从现在起每年年初付款200万元，连续支付10年，共计2 000万元。

（2）乙方案，从第5年起，每年年初付款250万元，连续支付10年，共计2 500万元。

假定该公司的资金成本为10%，通过计算说明应选择哪个方案。

8. 某企业用银行贷款投资兴建一工程项目，总投资8 000万元，工程当年投资当年生产，假定银行贷款利率为14%。要求：

（1）计算该工程建成投产后，分10年等额归还银行借款，每年年末应还多少。

（2）如果项目投产后，每年可获净利2 386.63万元，并全部用来归还借款本息，用数据说明需要几年还清。

9. 某公司拟购置一处房产，房主提出三种付款方案：

（1）现在支付100万元，4年后再支付150万元。

（2）从第5年开始，每年年末支付50万元，连续支付10次，共500万元。

（3）从第5年开始，每年年初支付45万元，连续支付10次，共450万元。

假设该公司的资金成本率（最低报酬率）为10%，你认为该公司应选择哪个方案？

10. A投资项目与经济环境状况有关，其相关概率分布与预计收益率如表2-10所示。

表2-10　A项目相关收益情况

经济情况	发生概率	收益率
1	0.15	−0.1
2	0.25	0.14
3	0.40	0.20
4	0.20	0.25

计算：

（1）A投资项目的期望报酬率。

（2）A投资项目的标准离差。

（3）A投资项目的标准离差率。

项目三

筹资管理

学习目标

知识学习目标

1. 了解筹资的内容；
2. 熟悉筹资的方式及来源渠道；
3. 了解各种筹资方式的特征和使用方法；
4. 掌握债券发行价格和融资租赁租金的计算；
5. 了解商业信用及其计算；
6. 了解权益筹资、债权筹资及混合筹资方式的优缺点；
7. 掌握资本成本的估计方法；
8. 理解资本结构管理的原理；
9. 理解杠杆效应的概念；
10. 掌握杠杆效应的计算；
11. 掌握资本结构优化的方法。

技能训练目标

1. 会运用销售百分比法、回归分析法等专门方法预测筹资规模；
2. 能通过各种筹资方式的比较，为筹资方式选择提供信息；
3. 会计算各种资本成本，并能进行筹资结构决策分析；
4. 能运用杠杆原理进行财务风险分析。

导入案例

齐鲁佳乐包装股份有限公司是以塑料编织包装物为主导产品的专业生产企业，同时兼营化妆品和中药产业。产品除内销外，还销往俄罗斯、澳大利亚、美国、智利、芬兰、韩国及马来西亚等国家，出口约占35%。2012年，公司股权在齐鲁股权交易中心成功挂牌。随着企业的不断发展，2015年生产部门和销售部门已经制定了生产和销售可行性分析报告给公司董事会。为保证公司生产和销售计划的实施，公司董事会要求财务部门制订资金筹集计划，以给予资金保障。那么，2015年需要增加多少资金才能满足该企业生产经营的需要？怎样预测该企业的资金需要量？可供选择的资金筹集方式有哪些？怎样做出筹资决策？

任务一 认知资金筹集

任务描述

了解企业筹资的基本内容和筹资原则、熟悉企业筹资的方式和分类方法，为企业筹资活动的开展提供支持。

业务一 了解筹资的内容

业务描述

了解企业筹资过程中的主要工作和应注意的问题。

相关知识

企业筹资，是指企业为了满足经营活动、投资活动、资本结构管理和其他需要，运用适当的筹资方式，通过一定的筹资渠道，筹措和获取所需资金的一种财务行为。

筹资活动是企业资金流转运动的起点，筹资管理要求解决企业为什么要筹资、需要筹集多少资金、从什么渠道以什么方式筹集，以及如何协调财务风险和资本成本，合理安排资本结构等问题。

企业筹资时应先科学预计资金需要量，然后合理安排筹资渠道、选择筹资方式，最后通过降低资本成本和控制财务风险选出最佳的筹资决策，并有效运用所筹资金。

一、科学预计资金需要量

资金是企业的血液，是企业设立、生存和发展的财务保障，是企业开展生产经营业务活动的基本前提。任何一个企业，为了形成生产经营能力、保证生产经营正常运行，必须持有一定数量的资金。

在正常情况下，企业资金的需求，来源于两个基本目的：满足经营运转的资金需要，满足投资发展的资金需要。企业创立时，要按照规划的生产经营规模，核定长期资本需要量和流动资金需要量；企业正常营运时，要根据年度经营计划和资金周转水平，核定维持营业活动的日常资金需求量；企业扩张发展时，要根据扩张规模或对外投资对大额资金的需求，安排专项的资金。

二、合理安排筹资渠道、选择筹资方式

有了资金需求后，企业要解决的问题是资金从哪里来、以什么方式取得，这就是筹资渠道的安排和筹资方式的选择问题。

筹资渠道，是指企业筹集资金的来源方向与通道。一般来说，企业最基本的筹资渠道有两条：直接筹资和间接筹资。直接筹资，是企业与投资者协议或通过发行股票、债券等方式直接从社会取得资金；间接筹资，是企业通过银行等金融机构以信贷关系间接从社会取得资金。具体来说，企业的筹资渠道主要有国家财政投资和财政补贴、银行与非银行金融机构信贷、资本市场筹集、其他法人单位与自然人投入、企业自身积累等。

对于不同渠道的资金，企业可以通过不同的筹资方式来取得。筹资方式是企业筹集资金所采取的具体方式。企业筹资，总体来说是从企业外部和内部取得的。外部筹资是指从企业外部筹措资金，内部筹资主要依靠企业的利润留存积累。外部筹资主要有两种方式：股权筹资和债权筹资。股权筹资，是企业通过吸收直接投资、发行股票等方式从股东投资者那里取得资金；债权筹资，是企业通过向银行借款、发行债券、利用商业信用、融资租赁等方式从债权人那里取得资金。

安排筹资渠道和选择筹资方式是一项重要的财务工作，这直接关系到企业所能筹措资金的数量、成本和风险，因此，需要深刻认识各种筹资渠道和筹资方式的特征、性质以及与企业融资要求的适应性。在权衡不同性质资金的数量、成本和风险的基础上，应按照不同的筹资渠道合理选择筹资方式，有效筹集资金。

三、降低资本成本、控制财务风险

资本成本是企业筹集和使用资金所付出的代价，包括资金筹集费用加使用费用。在资金筹集过程中，要发生股票发行费、借款手续费、证券印刷费、公证费、律师费等费用，这些属于资金筹集费用。在企业生产经营和对外投资活动中，要发生利息支出、股利支出、融资租赁的资金利息等费用，这些属于资金使用费用。

按不同方式取得的资金，其资本成本也是不同的。一般来说，债权资金比股权资金的资本成本要低，而且其资本成本在签订债务合同时就已确定，与企业的经营业绩和盈亏状况无关。即使同是债务资金，由于借款、债券和租赁的性质不同，其资本成本也有差异。企业筹资的资本成本，需要通过资金使用所取得的收益与报酬来补偿，资本成本的高低，决定了企业资金使用的最低投资报酬率要求。因此，企业在筹资管理中，要权衡债务清偿的财务风险，合理利用资本成本较低的资金种类，努力降低企业的资本成本率。

尽管债务资金的资本成本较低，但由于债务资金有固定合同还款期限，到期必须偿还，因此企业承担的财务风险比股份资金要大一些。财务风险，是指企业无法足额偿付到期债务的本金和利息、支付股东股利的风险，主要表现为偿债风险。由于无力清偿债权人的债务，可能会导致企业破产。企业筹集资金在降低资本成本的同时，要充分考虑财务风险，防范企业破产的财务危机。

四、有效运用筹集资金

如果说企业的财务活动是以现金收支为主的资本流转活动，那么筹资活动则是资本运转的起点。筹资的作用主要有以下三个。

1．满足经营运转的资本需要

企业筹资，能够为企业生产经营活动的正常开展提供财务保障。筹集资本，作为企业资本周转运动的起点，决定着企业资本运动的规模和生产经营发展的程度。企业设立时，要按照企业战略所确定的生产经营规模核定长期资本和流动资本的需要量；企业设立后，在日常生产经营活动运行期间，需要维持一定数额的资本，以满足营业活动的正常波动需求。这些都需要筹措相应数额的资本，来满足生产经营活动的需要。

2．满足投资发展的资本需要

企业在成长时期，往往因扩大生产经营规模或对外投资需要大量资本。企业生产经营规模的扩大有两种形式，一种是新建厂房、增加设备，这是外延式的扩大再生产；另一种是引进技术、改进设备，提高固定资产的生产能力，培训工人，提高劳动生产率，这是内涵式的扩大再生产。不管是外延式的扩大再生产还是内涵式的扩大再生产，都会发生扩张性的筹资机动。同时，企业由于战略发展和资本经营的需要，还会积极开拓有发展前途的投资领域，以联营投资、股权投资和债权投资等形式对外投资。经营规模扩张和对外产权投资，往往会产生大额的资本需求。

3．满足资本结构调整的资本需要

资本结构是指企业各种筹资方式的组合及其比例关系。一个企业在不同时期由于筹资方式的不同组合会形成不尽相同的资本结构。随着相关情况的变化，现有资本结构可能不再合理，需要相应地予以调整，使之趋于合理，因此，需要相应数额的资本，来满足资本结构调整的需要。

【议一议】

根据以上内容，企业筹资的流程一般是怎样的？

业务二　掌握筹资的方式

业务描述

了解企业的筹资渠道，熟悉各种筹资方式，并理解筹资渠道与筹资方式之间的关系。

相关知识

筹资渠道说明了企业资本的来源方向，筹资方式则给出了取得资本的具体方法，二者之间有着密切的联系。

企业筹资需要通过一定的筹资渠道，运用一定的筹资方式来进行。筹资渠道与筹资方式既有联系，又有区别。

一、筹资渠道

筹资渠道是指企业筹集资本来源的方向与通道，体现着资本的源泉和流量。目前我国企业的筹资渠道可以归纳为以下几种。

（1）政府财政资金。这种渠道具有广阔的源泉和稳固的基础，是国有企业权益资金筹资的主要来源，政策性很强，通常只有国有企业才能利用。

（2）银行信贷资金。这种渠道的贷款方式灵活多样，可以适应各类企业债权资金筹资的需要。银行一般分为商业银行和政策性银行。

（3）非银行金融机构资金。这种筹资渠道的财力虽然比银行要小，但是也可以为一些企业提供一定的筹资来源。非银行金融机构是指除了银行以外的各种金融机构及金融中介机构，如租赁公司、保险公司、信托投资公司、证券公司等。

（4）其他法人资金。法人可分为企业法人、事业法人和团体法人等。在它们日常的资本运营周转中，有时也可能形成部分暂时闲置的资金，为了让其发挥一定的效益也需要相互融通，这就为企业融资提供了一定的筹资来源。

二、筹资方式

筹资方式，是指企业筹集资金所采取的具体形式，体现着资本的属性和期限。这里，资本属性是指资本的股权或债权性质。它受到法律环境、经济体制、融资市场等筹资环境的制约，特别是受国家对金融市场和融资行为方面的法律法规制约。

一般来说，企业最基本的筹资方式就是两种：股权筹资和债权筹资。股权筹资形成企业的股权资金，通过吸收直接投资、公开发行股票等方式取得；债权筹资形成企业的债权资金，通过向银行借款、发行公司债券、利用商业信用等方式取得。另外，还有兼有股权筹资和债权筹资性质的混合筹资方式，如发行可转换债券等筹资方式。

1. 吸收直接投资

吸收直接投资，是指企业以投资合同、协议等形式定向地吸收国家、法人单位、自然人等投资主体资金的筹资方式，是一种股权筹资方式。这种筹资方式不以股票这种融资工具为载体，通过签订投资合同或投资协议规定双方的权利和义务，主要适用于非股份制公司筹集股权资本。

2. 发行股票

发行股票，是指企业以发售股票的方式取得资金的筹资方式，只有股份有限公司才能发行股票，是一种股权筹资方式。股票是股份有限公司发行的，表明股东按其持有的股份享有权益和承担义务的可转让的书面投资凭证。股票的发售对象，可以是社会公众，也可以是定向的特定投资主体。这种筹资方式只适用于股份有限公司，而且必须以股票作为载体。

3. 留存收益

留存收益，是指企业从税后净利润中提取的盈余公积金，以及从企业可供分配利润中留存的未分配利润。留存收益，是企业将当年利润转化为股东对企业追加投资的过程，是一种股权筹资方式。

4. 向金融机构借款

向金融机构借款，是指企业根据借款合同从银行或非银行金融机构取得资金的筹资方式，是一种债权筹资方式。这种筹资方式广泛适用于各类企业，它既可以筹集长期资金，也可以用于短期融通资金，具有灵活、方便的特点。

5. 发行债券

发行债券，是指企业以发售公司债券的方式取得资金的筹资方式，是一种债权筹资方式。按我国《公司法》、《证券法》等法律法规规定，只有股份有限公司、国有独资公司、由两个以上的国有企业或者两个以上的国有投资主体投资设立的有限责任公司，才有资格发行公司债券。公司债券是公司依照法定程序发行、约定还本付息期限、标明债权债务关系的有价证券。发行公司债券，适用于向法人单位和自然人两种渠道筹资。

6. 融资租赁

融资租赁，也称资本租赁或财务租赁，是指企业与租赁公司签订租赁合同，从租赁公司取得租赁物资产，通过对租赁物的占有、使用取得资金的筹资方式，是一种债权筹资方式。融资租赁方式不直接取得货币性资金，通过租赁信用关系，直接取得实物资产，快速形成生产经营能力，然后通过向出租人分期交付租金的方式偿还资产的价款。

7. 商业信用

商业信用，是指企业之间在商品或劳务交易中，由于延期付款或延期交货所形成的借贷信用关系，是一种债权筹资方式。商业信用是由于业务供销活动而形成的，它是企业短期资金的一种重要的和经常性的来源。

三、筹资渠道与筹资方式的关系

企业的筹资渠道与筹资方式有着密切的联系。筹资渠道说明了企业资本的来源方向，筹资方式则给出了取得资本的具体方法。筹资渠道是客观存在的，筹资方式则取决于企业的主观行为。一般来说，一定的筹资方式可能只适用于某一特定的筹资渠道，但是同一渠道的资本往往可以采取不同的筹资方式取得。不同的筹资渠道与方式对企业的影响是不同的，因此，企业在筹资时，应实现两者的合理搭配。

【议一议】

假如企业想要筹集政府财政资金，那么可以采用的筹资方式主要有哪些？

业务三 熟悉筹资的分类

业务描述

熟悉企业的各种筹资方法。

相关知识

企业筹资按不同的标准有不同的分类方法。例如，可按企业所取得资金的权益特性不同，分为股权筹资、债务筹资及混合筹资三类；按其是否以金融机构为媒介，分为直接筹资和间接筹资两类；按资金的来源范围不同，分为内部筹资和外部筹资两类；按所筹集资金的使用期限不同，分为长期筹资和短期筹资两类。

一、股权筹资、债权筹资及混合筹资

按企业所取得资金的权益特性不同，企业筹资分为股权筹资、债务筹资及混合筹资三种类型，这也是企业筹资方式最常见的分类方法。

1. 股权筹资

股权筹资形成股权资本，是股东投入的、企业依法长期拥有、能够自主调配运用的资本。股权资本在企业持续经营期间内，投资者不得抽回，因而也称企业的自有资本、主权资本或权益资本。

股权资本是企业从事生产经营活动和偿还债务的基本保证，是代表企业基本资信状况的一个主要指标。企业的股权资本通过吸收直接投资、发行股票、内部积累等方式取得。股权资本一般不用偿还本金，它形成企业的永久性资本，因而财务风险小，但付出的资本成本相对较高。

股权资本，包括实收资本（股本）、资本公积金、盈余公积金和未分配利润。其中，实收资本（股本）和其溢价部分形成的资本公积，是外部投资者原始投入的；盈余公积、未分配利润和部分资本公积，是原始投入资本在企业持续经营中形成的经营积累。通常，盈余公积、未分配利润共称为留存收益。股权筹资在经济意义上形成了企业的所有者权益，其金额等于企业资产总额减去负债总额后的余额。

股权资本具有下列属性：①所有权归属于企业的所有者。②企业对股权资本依法享有经营权。

2．债权筹资

债权筹资形成债务资本，是企业按合同向债权人取得的，在规定期限内需要清偿的债务。债务资金通过向金融机构借款、发行债券、融资租赁等方式取得。

由于债务资金到期要归还本金和支付利息，债权人对企业的经营状况不承担责任，因而债务资金具有较大的财务风险，但付出的资本成本相对较低。从经济意义上来说，债务资金是债权人对企业的一种投资，债权人依法享有企业使用债务资金所取得的经济利益，因而债务资金形成了企业的债权人权益。

债务资本具有下列属性：①体现企业与债权人的债务与债权关系。②企业的债权人有权按期索取债权本息，但无权参与企业的经营管理和利润分配，对企业的其他债务不承担责任。③企业对持有的债务资本在约定的期限内享有经营权，并承担按期付息还本的义务。

3．混合筹资

混合筹资，兼具股权与债权筹资性质。我国上市公司目前最常见的混合筹资方式是发行可转换债券和发行认股权证。

二、直接筹资与间接筹资

按其是否以金融机构为媒介，企业筹资分为直接筹资和间接筹资两种类型。

1．直接筹资

直接筹资，是企业直接与资金供应者协商融通资金的筹资活动。直接筹资不需要通过金融机构来筹措资金，是企业直接从社会取得资金的方式。

直接筹资方式主要有发行股票、发行债券、吸收直接投资等。直接筹资方式既可以筹集股权资金，也可以筹集债务资金。

相对来说，直接筹资的筹资手续比较复杂，筹资费用较高；但筹资领域广阔，能够直接利用社会资金，有利于提高企业的知名度和资信度。

2．间接筹资

间接筹资，是企业借助于银行和非银行金融机构而筹集资金。在间接筹资方式下，银行等金融机构发挥中介作用，预先集聚资金，然后提供给企业。

间接筹资的基本方式是银行借款，此外还有融资租赁等方式。间接筹资形成的主要是债务资金，主要用于满足企业资金周转的需要。

间接筹资手续相对比较简便，筹资效率高，筹资费用较低，但容易受金融政策的制约和影响。

三、内部筹资与外部筹资

按资金的来源范围不同，企业筹资分为内部筹资和外部筹资两种类型。

1．内部筹资

内部筹资是指企业通过利润留存而形成的筹资来源。内部筹资数额大小主要取决于企业可分配利润的多少和利润分配政策，一般无须花费筹资费用，从而降低了资本成本。

2．外部筹资

外部筹资是指企业向外部筹措资金而形成的筹资来源。处于初创期的企业，内部筹资的可能性是有限的；处于成长期的企业，内部筹资往往难以满足需要，这就需要企业广泛地开展外部筹资，如发行股票、债券，取得商业信用、银行借款等。

企业向外部筹资大多需要花费一定的筹资费用，从而提高了筹资成本。因此，企业筹资时首先应利用内部筹资，然后再考虑外部筹资。

四、长期筹资与短期筹资

按所筹集资金的使用期限不同，企业筹资分为长期筹资和短期筹资两种类型。

1. 长期筹资

长期筹资，是指企业筹集使用期限在 1 年以上的资金。长期筹资的目的主要在于形成和更新企业的生产和经营能力，或扩大企业生产经营规模，或为对外投资筹集资金。

长期筹资通常采取吸收直接投资、发行股票、发行债券、长期借款、融资租赁等方式，所形成的长期资金主要用于购建固定资产、形成无形资产、进行对外长期投资、垫支铺底流动资金、产品和技术研发等。

从资金权益性质来看，长期资金可以是股权资金，也可以是债务资金。

2. 短期筹资

短期筹资，是指企业筹集使用期限在 1 年以内的资金。短期资金主要用于企业的流动资产和资金日常周转，一般在短期内需要偿还。

短期筹资经常利用商业信用、短期借款、保理业务等方式来筹集。

【想一想】

按照以上不同的划分标准，向金融机构借款筹资应分别属于哪种筹资方式？

业务四　了解筹资的原则

业务描述

了解企业筹资的基本原则。

相关知识

企业筹资是一项重要而复杂的工作。为此，企业在筹集资金时，应当做到筹措合法、规模适当、取得及时、来源经济、结构合理。

一、合法性原则

企业筹资必须遵守国家的相关法律法规，合法筹措资金，依法履行约定的责任，合法合规筹资，依法披露信息，维护有关各方的合法权益，避免非法筹资行为而给企业本身及相关主体造成损失。

二、合理性原则

企业筹资必须合理确定所需筹资的数量。企业财务人员要认真分析生产、经营状况，采用一定的方法，预测资本的需要数量，合理确定筹资规模。这样既能避免因资本筹集不足，影响生产经营的正常进行，又可防止资本筹集过多，造成资本闲置。

三、及时性原则

企业筹资必须根据企业资本的投放使用时间来合理安排，及时取得资本来源，使筹资与用资在时间上相协调，避免资本滞后而贻误投资的有利时机，也要防止取得资本过早而造成投放前的闲置。

四、效益性原则

企业投资是决定企业是否要筹资的重要因素，所以企业筹资与投资在效益上应当相互权衡。一方面，筹资时要认真分析投资机会，讲究投资效益。另一方面，企业应当在考虑筹资难易程度的基础上，选择筹资成本最低的筹资渠道与方式。

五、优化资本结构原则

企业筹资要合理安排资本结构。合理确定资本结构，主要有两方面的内容：一方面，是合理确定股权资本与债务资本的结构，既要避免债权资本过多，导致财务风险过高，偿债负担过重，又要有效利用债务经营，提高股权资本的收益水平；另一方面，合理确定长期资本与短期资本的结构，这要与企业资产所需持有的期限相匹配。

【想一想】

企业筹资管理的基本目标是什么？

任务二 熟悉股权筹资管理

任务描述

了解企业的资本金制度，熟悉吸收直接投资、发行普通股股票和留存收益三种筹资方式的主要内容，了解发行优先股筹资方式的主要内容，理解股权筹资的优缺点，为企业进行权益筹资打下良好的基础。

业务一 了解企业的资本金制度

业务描述

了解企业资本金的相关制度规定。了解资本金的本质特征和管理原则，熟悉资本金筹集时关于最低限额、期限、出资方式和评估方面的基本规定。

相关知识

资本金制度是国家就企业资本金的筹集、管理以及所有者的责任权利等方面所做的法律规范。资本金是企业权益资本的主要部分，是企业长期稳定拥有的基本资本，此外，一定数额的资本金也是企业取得债务资本的必要保证。

一、资本金的本质特征

设立企业必须有法定的资本金。资本金，是指企业在工商行政管理部门登记的注册资本，是投资者用以进行企业生产经营、承担民事责任而投入的资本。资本金在不同类型的企业中表现形式有所不同，股份有限公司的资本金称为股本，股份有限公司以外的一般企业的资本金称为实收资本。

从性质上看，资本金是投资者创建企业所投入的资本，是原始启动资本；从功能上看，资本金是投资者用以享有权益和承担责任的资本，有限责任公司和股份有限公司以其资本金为限对所负债务承担有限责任；从法律地位来看，资本金要在工商行政管理部门办理注册登记，投资者只能按所投入的资本金而不是所投入的实际资本数额享有权益和承担责任，已注册的资本金如果追加或减少，必须办理变更登记；从时效来看，除了企业清算、减资、转让回购股权等特殊情形外，投资者不得随意从企业收回资本金，企业可以无限期地占用投资者的出资。

二、资本金的筹集

（一）资本金的最低限额

有关法规制度规定了各类企业资本金的最低限额。我国新《公司法》规定，上市的股份有限公司股本总额不少于人民币 3 000 万元。

如果需要高于这些最低限额的，可以由法律、行政法规另行规定。《保险法》规定，在全国范围内经营保险业务的保险公司，实收货币资本金不低于人民币 5 亿元；在特定区域内经营业务的保险公司，实收货币资本金不低于人民币 2 亿元。

（二）资本金的出资方式

根据我国《公司法》等法律法规的规定，投资者可以采取以货币资产和非货币资产两种形式出资。全体投资者的货币出资额不得低于公司注册资本的 30%；投资者可以用实物、知识产权、土地使用权等可以依法转让的非货币财产作价出资；法律、行政法规规定不得作为出资的财产除外。

（三）资本金缴纳的期限

资本金缴纳的期限，通常有三种依据：一是实收资本制，在企业成立时一次筹足资本金总额，实收资本与注册资本数额一致，否则企业不能成立；二是授权资本制，在企业成立时不一定一次筹足资本金总额，只要筹集了第一期资本，企业即可成立，其余部分由董事会在企业成立后进行筹集，企业成立时的实收资本与注册资本可能不相一致；三是折中资本制，在企业成立时不一定一次筹足资本金总额，类似于授权资本制，但规定了首期出资的数额或比例及最后一期缴清资本的期限。

我国《公司法》规定，资本金的缴纳采用折中资本制，资本金可以分期缴纳，但首次出资额不得低于法定的注册资本最低限额。股份有限公司和有限责任公司的股东首次出资额不得低于注册资本的 20%，其余部分由股东自公司成立之日起 2 年内缴足，投资公司可以在 5 年内缴足。而对于一人有限责任公司，股东应当一次足额缴纳公司章程规定的注册资本额。

（四）资本金的评估

吸收实物、无形资产等非货币资产筹集资本金的，应按照评估确认的金额或者按合同、协议约定的金额计价。其中，为了避免虚假出资或通过出资转移财产，导致国有资产流失，国有及国有控股企业以非货币资产出资或者接受其他企业的非货币资产出资，需要委托有资格的资产评估机构进行资产评估，并以资产评估机构评估确认的资产价值作为投资作价的基础。经国务院、省政府批准实施的重大经济事项涉及的资产评估项目，分别由本级政府国有资产监管部门或者财政部门负责核准，其余资产评估项目一律实施备案制度。严格来说，其他企业的资本金评估时，并不一定要求必须聘请专业评估机构评估，相关当事人或者聘请的第三方专业中介机构评估后认可的价格也可成为作价依据。不过，聘请第三方专业中介机构来评估相关的非货币资产，能够更好地保证评估作价的真实性和准确性，有效地保护公司及其债权人的利益。

三、资本金的管理原则

企业资本金的管理，应当遵循资本保全这一基本原则。实现资本保全的具体要求，可分为资本确定、资本充实和资本维持三部分内容。

（一）资本确定原则

资本确定，是指企业设立时资本金数额的确定。企业设立时，必须明确规定企业的资本总额以及各投资者认缴的数额。如果投资者没有足额认缴资本总额，企业就不能成立。为了强化资本确定的原则，法律规定由工商行政管理机构进行企业注册资本的登记管理。这是保护债权人利益、明晰企业产权的根本需要。根据《公司法》等法律法规的规定，一方面，投资者以认缴的资本为限对公司承担责任；另一方面，投资者以实际缴纳的资本为依据行使表决权和分取红利。

《企业财务通则》规定，企业获准工商登记（正式成立）后 30 日内，应依据验资报告向投资者出具出资证明书等凭证，以此为依据确定投资者的合法权益，界定其应承担的责任。特别是占有国有资本的企业需要按照国家有关规定申请国有资产产权登记，取得企业国有资产产权登记证，但这并不免除企业向投资者出具出资证明书的义务，因为前者仅是国有资产管理的行政手段。

（二）资本充实原则

资本充实，是指资本金的筹集应当及时、足额。企业筹集资本金的数额、方式、期限均要在投资合同或协议中约定，并在企业章程中加以规定，以确保企业能够及时、足额筹得资本金。

对企业登记注册的资本金，投资者应在法律法规和财务制度规定的期限内缴足。如果投资者未按规定出资，即投资者违约，企业和其他投资者可以依法追究其责任，国家有关部门还将按照有关规定对违约者进行处罚。投资者在出资中的违约责任有两种情况：一是个别投资者单方违约，企业和其他投资者可以按企业章程的规定，要求违约方支付延迟出资的利息、赔偿经济损失；二是投资各方均违约或外资企业不按规定出资，则由工商行政管理部门进行处罚。

企业筹集的注册资本，必须进行验资，以保证出资的真实可信。对验资的要求，一是依法委托法定的验资机构，二是验资机构要按照规定出具验资报告，三是验资机构依法承担提供验资虚假或重大遗漏报告的法律责任，因出具的验资证明不实给公司债权人造成损失的，除能够证明自己没有过错的外，在其证明不实的金额范围内承担赔偿责任。

（三）资本维持原则

资本维持，是指企业在持续经营期间有义务保持资本金的完整性。企业除由股东大会或投资者会议做出增减资本决议并按法定程序办理者外，不得任意增减资本总额。

企业筹集的实收资本，在持续经营期间可以由投资者依照相关法律法规以及企业章程的规定转让或者减少，投资者不得抽逃或者变相抽回出资。除《公司法》等有关法律法规另有规定外，企业不得回购本企业发行的股份。在下列四种情况下，股份公司可以回购本公司股份：减少公司注册资本；与持有本公司股份的其他公司合并；将股份奖励给本公司职工；股东因对股东大会做出的公司合并、分立决议持有异议而要求公司收购其股份。

股份公司依法回购股份，应当符合法定要求和条件，并经股东大会决议。用于将股份奖励给本公司职工而回购本公司股份的，不得超过本公司已发行股份总额的 5%；用于收购的资本应当从公司的税后利润中支出；所收购的股份应当在 1 年内转让给职工。

业务二　熟悉吸收直接投资筹资方式

业务描述

熟悉吸收直接投资筹资方式的主要内容。

相关知识

吸收直接投资，是指企业按照“共同投资、共同经营、共担风险、共享收益”的原则，直接吸收国家、法人、个人和外商投入资金的一种筹资方式。吸收直接投资是股权筹资的主要方式之一，是非股份制企业筹集权益资本的基本方式，采用吸收直接投资的企业，资本不分为等额股份、无须公开发行股票。吸收直接投资的实际出资额，注册资本部分形成实收资本；超过注册资本的部分属于资本溢价，形成资本公积。

一、吸收直接投资的种类

吸收直接投资主要有吸收国家投资、吸收法人投资、吸收外商直接投资、吸收社会公众投资四种类型。

1. 吸收国家投资

吸收国家投资是指有权代表国家投资的政府部门或机构，以国有资产投入公司，形成国有资本，其产权归属国家，但企业对其拥有经营权。吸收国家投资一般具有以下特点：①产权归属国家；②资本的运用和处置受国家约束较大；③在国有公司中采用比较广泛。

2. 吸收法人投资

吸收法人投资是指法人单位以其依法可支配的资产投入公司，形成法人资本。吸收法人资本一般具有以下特点：①发生在法人单位之间；②以参与公司利润分配或控制为目的；③出资方式灵活多样。

3. 吸收外商直接投资

企业可以通过合资经营或合作经营的方式吸收外商直接投资，即与其他国家的投资者共同投资，创办中外合资经营企业或者中外合作经营企业，共同经营、共担风险、共负盈亏、共享利益。

4. 吸收社会公众投资

吸收社会公众投资是指社会个人或本企业内部职工以个人合法财产投入企业，形成个人资本。吸收社会公众投资一般具有以下特点：①参加投资的人员较多；②每人投资的数额相对较少；③以参与公司利润分配为基本目的。

二、吸收直接投资的出资方式

吸收直接投资的出资方式主要有以货币资产出资、以实物资产出资、以土地使用权出资、以工业产权出资等。

1. 以货币资产出资

以货币资产出资是吸收直接投资中最重要的出资方式。企业有了货币资产，便可以获取其他物质资源，支付各种费用，满足企业创建时的开支和随后的日常周转需要。

2. 以实物资产出资

以实物资产出资是指投资者以房屋、建筑物、设备等固定资产和材料、燃料、商品产品等流动资产所进行的投资。实物投资应符合以下条件：①适合企业生产、经营、研发等活动的需要；②技术性能良好；③作价公平合理。

实物出资中实物的作价，可以由出资各方协商确定，也可以聘请专业资产评估机构评估确定。国有及国有控股企业接受其他企业的非货币资产出资，需要委托有资格的资产评估机构进行资产评估。

3. 以土地使用权出资

土地使用权是指土地经营者对依法取得的土地在一定期限内有进行建筑、生产经营或其他活动的权利。土地使用权具有相对的独立性，在土地使用权存续期间，包括土地所有者在内的其他任何人和单位，不能任意收回土地和非法干预使用权人的经营活动。企业吸收土地使用权投资应符合以下条件：① 适合企业科研、生产、经营、研发等活动的需要；② 地理、交通条件适宜；③ 作价公平合理。

4. 以工业产权出资

工业产权通常是指专有技术、商标权、专利权、非专利技术等无形资产。投资者以工业产权出资应符合以下条件：①有助企业研究、开发和生产出新的高科技产品；②有助于企业提高生产效率，改进产品质量；③有助于企业降低生产消耗、能源消耗等各种消耗；④作价公平合理。

吸收工业产权等无形资产出资的风险较大。因为以工业产权投资，实际上是把技术转化为资本，使技术的价值固定化。而技术具有强烈的时效性，会因其不断老化落后而导致实际价值不断减少甚至完全丧失。

此外，对无形资产出资方式的限制，《公司法》规定，股东或发起人不得以劳务、信用、自然人姓名、商誉、特许经营权或者设定担保的财产等作价出资。对于非货币资产出资，需要满足三个条件：可以用货币估价；可以依法转让；法律不禁止。

三、吸收直接投资的程序

1. 确定筹资数量

企业在新建或扩大经营时，首先确定资本的需要量。资本的需要量应根据企业的生产经营规模和供销条件等来核定，确保筹资数量与资本需要量相适应。

2. 寻找投资单位

企业既要广泛了解有关投资者的资信、财力和投资意向，又要通过信息交流和宣传，使出资方了解企业的经营能力、财务状况以及未来预期，以便于公司从中寻找最合适的合作伙伴。

3. 协商和签署投资协议

找到合适的投资伙伴后，双方进行具体协商，确定出资数额、出资方式和出资时间等事宜，并签署投资的协议或合同，以明确双方的权利和责任。

4. 取得筹集的资本

签署投资协议后，企业应按规定或计划取得资金。如果采取现金投资方式，通常还要编制拨款计划，确定拨款期限、每期数额及划拨方式，有时投资者还要规定拨款的用途。如为实物、工业产权、非专利技术、土地使用权投资，必须核实有关财产。必要时可聘请专业资产评估机构来评定，然后办理产权的转移手续取得资产。

四、吸收直接投资的优缺点

（一）吸收直接投资的优点

（1）能够尽快形成生产能力。吸收直接投资不仅可以取得一部分货币资本，而且能够直接获得所需的先进设备和技术，尽快形成生产经营能力。

（2）容易进行信息沟通。吸收直接投资的投资者比较单一，股权没有社会化、分散化，甚至于有的投资者直接担任公司管理层职务，公司与投资者易于沟通。

（3）吸收投资的手续相对比较简便，筹资费用较低。

（4）有利于增强企业信誉。吸收直接投资所筹集的资金属于企业的权益资金，与债务融资方式相比，吸收直接投资能够提高企业的自信程度和借款能力，有利于扩大企业经营规模，壮大企业实力。

（二）吸收直接投资的缺点

（1）资本成本较高。相对于股票筹资来说，吸收直接投资的资本成本较高。当企业经营较好，盈利较多时，投资者往往要求将大部分盈余作为红利分配，因为企业向投资者支付的报酬是按其出资数额和企业实现利润的比率来计算的。

（2）企业控制权集中，不利于企业治理。采用吸收直接投资方式筹资，投资者一般都要求获得与投资数额相适应的经营管理权。如果某个投资者的投资额比例较大，则该投资者对企业的经营管理就会有相当大的控制权，容易损害其他投资者的利益。

（3）不利于产权交易。吸收投入资本由于没有证券为媒介，不利于产权交易，难以进行产权转让。

【想一想】

在吸收直接投资的筹资方式中（以货币资产出资、以实物资产出资、以土地使用权出资、以工业产权出资），潜在风险最大的是哪种筹资方式？为什么？

业务三　熟悉发行普通股股票筹资方式

业务描述

熟悉发行普通股股票筹资方式的主要内容。

相关知识

股票是股份有限公司为筹措股权资本而发行的具有平等权利和义务的有价证券，它代表了股东对企业的所有权。股票作为一种所有权凭证，体现着股东对发行公司净资产的所有权。股票只能由股份有限公司发行。

一、股票的特点

1．永久性

公司发行股票所筹集的资金属于公司的长期自有资金，没有期限，不需归还。换言之，股东在购买股票之后，一般情况下不能要求发行企业退还股金。

2．流通性

股票作为一种有价证券，在资本市场上可以自由转让、买卖和流通，也可以继承、赠送或作为抵押品。股票特别是上市公司发行的股票具有很强的变现能力，流动性很强。

3．风险性

由于股票的永久性，股东成了企业风险的主要承担者。风险的表现形式有股票价格的波动性、红利的不确定性、破产清算时股东处于剩余财产分配的最后顺序等。

4．参与性

股东作为股份公司的所有者，拥有参与企业管理的权利，包括重大决策权、经营者选择权、财务监控权、公司经营的建议和质询权等。此外，股东还有承担有限责任、遵守公司章程等义务。

二、股票的种类

（一）普通股股票和优先股股票

股票按股东的权利和义务不同，分为普通股股票和优先股股票。

1．普通股股票

普通股股票简称普通股，是公司发行的代表着股东享有平等的权利、义务，不加特别限制的，股利不固定的股票。普通股是最基本的股票，股份有限公司通常情况只发行普通股。

2．优先股股票

优先股股票简称优先股，是公司发行的相对于普通股具有一定优先权的股票。其优先权利主要表现在股利分配优先权和分取剩余财产优先权上。优先股股东在股东大会上无表决权，在参与公司经营管理上受到一定限制，仅对涉及优先股权利的问题有表决权。

（二）记名股票和无记名股票

股票按票面是否记名，分为记名股票和无记名股票。

1．记名股票

记名股票是在股票票面上记载有股东姓名或将名称记入公司股东名册的股票。无记名股票不登记股东名称，公司只记载股票数量、编号及发行日期。

2．无记名股票

我国《公司法》规定，公司向发起人、国家授权投资机构、法人发行的股票，为记名股票；向社会公众发行的股票，可以为记名股票，也可以为无记名股票。

（三）A股、B股、H股、N股和S股

股票按发行对象和上市地点，分为A股、B股、H股、N股和S股等。

A股即人民币普通股票，由我国境内公司发行，境内上市交易，它以人民币标明面值，以人民币认购和交易。B股即人民币特种股票，由我国境内公司发行，境内上市交易，它以人民币标明面值，以外币认购和交易。H股是注册地在内地、上市在香港的股票，依此类推，在纽约和新加坡上市的股票，就分别称为N股和S股。

三、普通股股东的权利

股东最基本的权利是按投入公司的股份额，依法享有公司收益获取权、公司重大决策参与权和选择公司管理者的权利，并以其所持股份为限对公司承担责任。

（1）公司管理权。股东对公司的管理权主要体现在重大决策参与权、经营者选择权、财务监控权、公司经营的建议和质询权、股东大会召集权等方面。

（2）收益分享权。股东有权通过股利方式获取公司的税后利润，利润分配方案由董事会提出并经过股东大会批准。

（3）股份转让权。股东有权将其所持有的股票出售或转让。

（4）优先认股权。原有股东拥有优先认购本公司增发股票的权利。

（5）剩余财产要求权。当公司解散、清算时，股东有对清偿债务、清偿优先股股东以后的剩余财产索取的权利。

四、股份有限公司的设立

（一）发起人

设立股份有限公司，应当有2人以上200人以下为发起人，其中须有半数以上的发起人在中国境内有住所。

股份有限公司的发起人应当承担下列责任：①公司不能成立时，发起人对设立行为所产生的债务和费用负连带责任；②公司不能成立时，发起人对认股人已缴纳的股款，负返还股款并加算银行同期存款利息的连带责任；③在公司设立过程中，由于发起人的过失致使公司利益受到损害的，应当对公司承担赔偿责任。

（二）设立方式

股份有限公司的设立，可以采取发起设立或者募集设立的方式。发起设立，是指由发起人认购公司应发行的全部股份而设立公司。募集设立，是指由发起人认购公司应发行股份的一部分，其余股份向社会公开募集或者向特定对象募集而设立公司。

以募集设立方式设立股份有限公司的，发起人认购的股份不得少于公司股份总数的35%；法律、行政法规另有规定的，从其规定。

五、股票发行

（一）股份有限公司首次发行股票的一般程序

1. 发起人认足股份、缴付股资

发起方式设立的公司，发起人认购公司的全部股份；募集方式设立的公司，发起人认购的股份不得少于公司股份总数的 35%。发起人可以用货币出资，也可以非货币资产作价出资。在发起设立方式下，发起人缴付全部股资后，应选举董事会、监事会，由董事会办理公司设立的登记事项；在募集设立方式下，发起人认足其应认购的股份并缴付股资后，其余部分向社会公开募集。

2. 提出公开募集股份的申请

以募集方式设立的公司，发起人向社会公开募集股份时，必须向国务院证券监督管理部门递交募股申请，并报送批准设立公司的相关文件，包括公司章程、招股说明书等。

3. 公告招股说明书，签订承销协议

公开募集股份申请经国家批准后，应公告招股说明书。招股说明书应包括公司的章程、发起人认购的股份数、本次每股票面价值和发行价格、募集资本的用途等。同时，与证券公司等证券承销机构签订承销协议。

4. 招认股份，缴纳股款

发行股票的公司或其承销机构一般用广告或书面通知的办法招募股份。认股者一旦填写了认股书，就要承担认股书中约定的缴纳股款义务。如果认股者的总股数超过发起人拟招募的总股数，可以采取抽签的方式确定哪些认股者有权认股。认股者应在规定的期限内向代收股款的银行缴纳股款，同时交付认股书。股款认足后，发起人应委托法定的机构验资，出具验资证明。

5. 召开创立大会，选举董事会、监事会

发行股份的股款募足后，发起人应在规定期限内（法定 30 天）主持召开创立大会。创立大会由发起人、认股人组成，应有代表股份总数半数以上的认股人出席方可举行。创立大会通过公司章程，选举董事会和监事会成员，并有权对公司的设立费用进行审核，对发起人用于抵作股款的财产作价进行审核。

6. 办理公司设立登记，交割股票

经创立大会选举的董事会，应在创立大会结束后 30 天内，办理申请公司设立的登记事项。登记成立后，即向股东正式交付股票。

（二）股票的发行方式

1. 公开间接发行股票

公开间接发行股票，是指股份公司通过中介机构向社会公众公开发行股票。采用募集设立方式成立的股份有限公司，向社会公开发行股票时，必须由有资格的证券经营中介机构，如证券公司、信托投资公司等承销。这种发行方式的发行范围广，发行对象多，易于足额筹集资本。公开发行股票，同时还有利于提高公司的知名度，扩大其影响力，但公开发行方式审批手续复杂严格，发行成本高。

2. 非公开直接发行股票

非公开直接发行股票，是指股份公司只向少数特定对象直接发行股票，不需要中介机

构承销。用发起设立方式成立和向特定对象募集方式发行新股的股份有限公司，向发起人和特定对象发行股票，采用直接将股票销售给认购者的自销方式。这种发行方式弹性较大，企业能控制股票的发行过程，节省发行费用。 但发行范围小，不易及时足额筹集资本，发行后股票的变现性差。

六、股票上市交易

（一）股票上市的目的

1. 便于筹措新资本

证券市场是资本商品的买卖市场，证券市场上有众多的资本供应者。同时，股票上市经过了政府机构的审查批准并接受严格的管理，执行股票上市和信息披露的规定，容易吸引社会资本投资者。公司上市后，还可以通过增发、配股、发行可转换债券等方式进行再融资。

2. 促进股权流通和转让

股票上市后便于投资者购买，提高了股权的流动性和股票的变现力，便于投资者认购和交易。

3. 促进股权分散化

上市公司拥有众多的股东，加之上市股票的流通性强，能够避免公司的股权集中，分散公司的控制权，有利于公司治理结构的完善。

4. 便于确定公司价值

股票上市后，公司股价有市价可循，便于确定公司的价值。对于上市公司来说，即时的股票交易行情，就是对公司价值的市场评价。同时，市场行情也能够为公司收购兼并等资本运作提供询价基础。

但股票上市也有对公司不利的一面，这主要有：上市成本较高，手续复杂严格；公司将负担较高的信息披露成本；信息公开的要求可能会暴露公司的商业机密；股价有时会歪曲公司的实际情况，影响公司声誉；可能会分散公司的控制权，造成管理上的困难。

（二）股票上市的条件

公司公开发行的股票进入证券交易所交易，必须受严格的条件限制。我国《证券法》规定，股份有限公司申请股票上市，应当符合下列条件：

（1）股票经国务院证券监督管理机构核准已公开发行。

（2）公司股本总额不少于人民币 3 000 万元。

（3）公开发行的股份达到公司股份总数的 25%以上；公司股本总额超过人民币 4 亿元的，公开发行股份的比例为 10%以上。

（4）公司最近 3 年无重大违法行为，财务会计报告无虚假记载。

（三）股票上市的暂停、终止与特别处理

当上市公司出现经营情况恶化、存在重大违法违规行为或其他原因导致不符合上市条件时，就可能被暂停或终止上市。

1. 暂停上市的情形

上市公司出现以下情形之一的，由交易所暂停其上市：①公司股本总额、股权分布等发生变化，不再具备上市条件；②公司不按规定公开其财务状况，或者对财务会计报告做

虚假记载；③公司有重大违法行为；④公司最近 3 年连续亏损。

前 3 条，证券交易所根据中国证监会的决定暂停其股票上市，第 4 条由交易所决定。对于社会公众持股低于总股本 25%的上市公司，或股本总额超过人民币 4 亿元、社会公众持股比例低于 10%的上市公司，如连续 20 个交易日不高于以上条件，交易所将决定暂停其股票上市交易。12 个月内仍不达标的，交易所将终止其股票上市交易。

2. 终止上市的情形

上市公司出现下列情形之一的，由交易所终止其股票上市：①未能在法定期限内披露其暂停上市后第一个半年度报告的；②在法定期限内披露了恢复上市后的第一个年度报告，但公司仍然出现亏损的；③未能在法定期限内披露恢复上市后的第一个年度报告的；④恢复上市申请未被受理的或者申请未被核准的。

3. 特别处理的情形

上市公司出现财务状况或其他状况异常的，其股票交易将被交易所“特别处理”。所谓“财务状况异常”是指以下几种情况：①最近 2 个会计年度的审计结果显示的净利润为负值；②最近 1 个会计年度的审计结果显示其股东权益低于注册资本；③最近 1 个会计年度经审计的股东权益扣除注册会计师、有关部门不予确认的部分，低于注册资本；④注册会计师对最近 1 个会计年度的财产报告出具无法表示意见或否定意见的审计报告；⑤最近 1 份经审计的财务报告对上年度利润进行调整，导致连续两个会计年度亏损；⑥经交易所或中国证监会认定为财务状况异常的。

所谓“其他状况异常”，是指自然灾害、重大事故等导致生产经营活动基本中止，公司涉及的可能赔偿金额超过公司净资产的诉讼等情况。

在上市公司的股票交易被实行特别处理期间，其股票交易遵循下列规则：①股票报价日涨跌幅限制为 5%；②股票名称改为原股票名前加“ST”；③上市公司的中期报告必须经过审计。

七、上市公司的股票发行

上市的股份有限公司在证券市场上发行股票包括公开发行和非公开发行两种类型。公开发行股票又分为首次上市公开发行股票和上市公开发行股票，非公开发行即向特定投资者发行，也叫定向发行。

（一）首次上市公开发行股票

首次上市公开发行股票（IPO），是指股份有限公司对社会公开发行股票并上市流通和交易。实施 IPO 的公司，自股份有限公司成立后，持续经营时间应当在 3 年以上（经国务院特别批准的除外），应当符合中国证监会《首次公开发行股票并上市管理办法》规定的相关条件，并经中国证监会核准。

实施 IPO 发行的基本程序是：①公司董事会应当依法就本次股票发行的具体方案、本次募集资金使用的可行性及其他事项做出决议，并提请股东大会批准；②公司股东大会就本次发行股票做出决议；③由保荐人保荐并向证监会申报；④证监会受理，并审批核准；⑤自证监会核准发行之日起，公司应在 6 个月内公开发行股票；超过 6 个月未发行的，核准失效，须经证监会重新核准后方可发行。

（二）上市公开发行股票

上市公开发行股票，是指股份有限公司已经上市后，通过证券交易所在证券市场上对社会公开发行股票。上市公开发行股票，包括增发和配股两种方式。增发是指上市公司向社会公众发售股票的再融资方式；配股是指上市公司向原有股东配售股票的再融资方式。

（三）非公开发行股票

非公开发行股票，是指上市公司采用非公开方式，向特定对象发行股票的行为，也叫定向募集增发。定向增发的对象可以是老股东，也可以是新投资者，但发行对象不超过10名。发行对象为境外战略投资者的，应当经国务院相关部门事先批准。

上市公司定向增发优势在于：①有利于引入战略投资者和机构投资者；②有利于利用上市公司的市场化估值溢价，将母公司资产通过资本市场放大，从而提升母公司的资产价值；③定向增发是一种主要的并购手段，特别是资产并购型定向增发，有利于集团企业整体上市，并同时减轻并购的现金流压力。

八、发行普通股筹资的优缺点

（一）发行普通股筹资的优点

（1）能增强公司的社会声誉。普通股筹资使得股东大众化，由此给公司带来了广泛的社会影响。特别是上市公司，其股票的流通性强，有利于市场确认公司的价值。

（2）促进股权流通和转让。普通股筹资以股票作为媒介的方式，便于股权的流通和转让，便于吸收新的投资者。

（3）没有固定的股息负担，资本成本较低。公司有盈利，并认为适于分配时才分派股利；公司盈利较少，或者虽有盈利但现金短缺或有更好的投资机会，也可以少支付或不支付股利。相对于吸收直接投资来说，普通股筹资的资本成本较低。

（二）发行普通股筹资的缺点

（1）筹资费用较高，手续复杂。

（2）不易尽快形成生产能力。普通股筹资吸收的一般都是货币资本，还需要通过购置和建造形成生产经营能力。

（3）公司控制权分散，容易被经理人控制。同时，流通性强的股票交易，也容易被恶意收购。

【想一想】

为什么股份有限公司都希望发行的股票能够上市？

业务四　了解发行优先股筹资方式

业务描述

了解发行优先股筹资方式的主要内容。

相关知识

一、优先股的概念

优先股是股份公司依法发行的，在分配公司收益和剩余财产方面比普通股具有一定优先权的股票。发行优先股筹集的资本属于公司股权资本，这一特征类似于普通股，同时优先股具有面值和固定的股利率，这一特征又类似于债券，因此，优先股通常被看成一种混合性证券。

二、发行优先股筹资的优缺点

（一）发行优先股筹资的优点

（1）财务风险小。优先股股本没有固定的到期日，无须归还本金，与普通股相类似。

（2）发挥财务杠杆作用。优先股的股利具有固定性，与债务资本的利息类似，可发挥一定的财务杠杆作用。

（二）发行优先股筹资的缺点

（1）筹资成本较高。优先股成本虽然低于普通股成本，但由于优先股股利要从税后利润中支付，不会使公司享有抵减所有税的好处，所以一般情况下其成本高于债务资本成本。

（2）财务负担较重。由于优先股股息固定，并且不能在税前扣除，当企业盈利下降时，优先股的股利可能会成为公司一项较重的财务负担。

业务五　熟悉留存收益筹资方式

业务描述

熟悉留存收益筹资方式的主要内容。

相关知识

留存收益筹资是股权筹资的主要方式之一。留存收益是企业税后净利润形成的，属于企业的所有者，包括盈余公积和未分配利润。

一、留存收益的性质

从性质上看，企业通过合法有效地经营所实现的税后净利润，都属于企业的所有者，因此，属于所有者的利润包括分配给所有者的利润和尚未分配留存于企业的利润。

企业将本年度的利润部分甚至全部留存下来的原因很多，主要包括：第一，收益的确认和计量是建立在权责发生制基础上的，企业有利润，但企业不一定有相应的现金净流量增加，因而企业不一定有足够的现金将利润全部或部分分派给所有者。第二，法律法规从保护债权人利益和要求企业可持续发展等角度出发，限制企业将利润全部分配出去。《公司法》规定，企业每年的税后利润，必须提取10%的法定盈余公积金。第三，企业基于自身扩大再生产和筹资的需求，也会将一部分利润留存下来。

二、留存收益的筹资途径

（一）提取盈余公积金

盈余公积金，是指有指定用途的留存净利润。盈余公积金是从当期企业净利润中提取的积累资本，其提取基数是本年度的净利润。盈余公积金主要用于企业未来的经营发展，经投资者审议后也可以用于转增股本（实收资本）和弥补以前年度经营亏损，但不得用于以后年度的对外利润分配。

（二）未分配利润

未分配利润，是指未限定用途的留存净利润。未分配利润有两层含义：第一，这部分净利润本年没有分配给公司的股东投资者；第二，这部分净利润未指定用途，可以用于企业未来的经营发展、转增资本（实收资本）、弥补以前年度的经营亏损及以后年度的利润分配。

三、利用留存收益筹资的优缺点

（一）利用留存收益筹资的优点

（1）资本成本较低。企业从外界筹集长期资本，与普通股筹资相比较，留存收益筹资不需要发生筹资费用，资本成本较普通股低。

（2）不会分散公司控制权。利用留存收益筹资，不用对外发行新股或吸收新投资者，由此增加的权益资本不会改变公司的股权结构，不会稀释原有股东的控制权。

（3）增强企业信誉。留存收益能使企业保持较大的可支配现金流，既可解决企业经营发展的资金需要，又能提高企业的举债能力。

（二）利用留存收益筹资的缺点

（1）筹资数额有限。留存收益的最大数额是企业到期的净利润和以前年度未分配利润之和，不像外部筹资一次性可以筹集大量资本。如果企业发生亏损，那么当年就没有利润留存。

（2）资金使用受制约。留存收益中某些项目的使用，如法定盈余公积金等，要受国家有关规定的制约。

【议一议】

利用留存收益增加权益资金的方法有哪些？

业务六 理解股权筹资的优缺点

业务描述

理解各种股权筹资方式的优缺点。

相关知识

前已述及，股权筹资形成企业的股权资金，是企业最基本的筹资方式。股权筹资又包含吸收直接投资、发行股票和利用留存收益三种主要形式。其中，发行股票又包括发行普通股和发行优先股两种形式。这些股权筹资方式有一些共同的筹资特点。

一、股权筹资的优点

1. 股权筹资是企业稳定的资本基础

股权资本没有固定的到期日，无须偿还，是企业的永久性资本，除非企业清算时才可能予以偿还。这对于保障企业对资本的最低需求，促进企业长期持续稳定经营具有重要意义。

2. 股权筹资是企业良好的信誉基础

股权资本作为企业最基本的资本，代表了公司的资本实力，是企业与其他单位组织开展经营业务，进行业务活动的信誉基础。同时，股权资本也是其他方式筹资的基础，尤其可为债务筹资，包括银行借款、发行公司债券等提供信用保障。

3. 企业的财务风险较小

股权资本不用在企业正常运营期内偿还，没有还本付息的压力。相对于债务资金而言，股权资本筹资限制少，资本使用上也无特别限制。另外，企业可以根据其经营状况和业绩的好坏，决定向投资者支付报酬的多少，资本成本负担比较灵活。

二、股权筹资的缺点

1. 资本成本负担较重

一般而言，股权筹资的资本成本要高于债务筹资。这主要是由于投资者投资于股权特别是投资于股票的风险较高，投资者或股东相应要求得到较高的报酬率。从企业成本开支的角度来看，股利、红利从税后利润中支付，而使用债务资金的资本成本允许税前扣除。此外，普通股的发行、上市等方面的费用也十分庞大。

2. 控制权变更可能影响企业长期稳定发展

利用股权筹资，由于引进了新的投资者或出售了新的股票，必然会导致公司控制权结构的改变，而控制权变更过于频繁，又势必要影响公司管理层的人事变动和决策效率，影响公司的正常经营。

3. 信息沟通与披露成本较大

投资者或股东作为企业的所有者，有了解企业经营业务、财务状况、经营成果等的权利。企业需要通过各种渠道和方式加强与投资者的关系管理，保障投资者的权益。特别是上市公司，其股东众多而分散，只能通过公司的公开信息披露了解公司状况，这就需要公司花更多的精力。有些公司还需要设置专门的部门，进行公司的信息披露和投资者关系管理。

【想一想】

股权筹资中留存收益筹资方式有没有资本成本？

任务三 熟悉债权筹资管理

任务描述

熟悉银行借款筹资、发行公司债券筹资和融资租赁筹资三种筹资方式的主要内容，掌握融资租赁筹资方式中租金的计算方法，理解债权筹资的优缺点，为企业进行债权筹资打下良好的基础。

业务一 熟悉银行借款筹资方式

业务描述

熟悉银行借款筹资方式的相关内容。

相关知识

银行借款是指企业向银行或其他非银行金融机构借入的、需要还本付息的款项，包括偿还期限超过 1 年的长期借款和不足 1 年的短期借款，主要用于企业购建固定资产和满足流动资金周转的需要。

银行借款按照不同的标准可划分为不同的种类，其中长期借款是主要的银行借款方式，长期借款取得时除约定基本条款外，还有一般性、例行性和特殊性三种保护条款。

一、银行借款的种类

（一）政策性银行贷款、商业性银行贷款和其他金融机构贷款

银行借款按提供贷款的机构，分为政策性银行贷款、商业性银行贷款和其他金融机构贷款。

1. 政策性银行贷款

政策性银行贷款是指执行国家政策性贷款业务的银行向企业发放的贷款，通常为长期贷款。如国家开发银行贷款，主要满足企业承建国家重点建设项目的资本需要；中国进出口信贷银行贷款，主要为大型设备的进出口提供买方信贷或卖方信贷；中国农业发展银行贷款，主要用于确保国家对粮、棉、油等政策性收购资本的供应。

2. 商业性银行贷款

商业性银行贷款是指由各商业银行，如中国工商银行、中国建设银行、中国农业银行、中国银行等，向工商企业提供的贷款，用以满足企业生产经营的资本需要，包括短期贷款和长期贷款。

3. 其他金融机构贷款

其他金融机构贷款，如从信托投资公司取得实物或货币形式的信托投资贷款，从财务公司取得的各种中长期贷款，从保险公司取得的贷款等。其他金融机构的贷款一般较商业性银行贷款的期限要长，要求的利率较高，对借款企业的信用要求和担保的选择比较严格。

（二）信用贷款和担保贷款

银行借款按机构对贷款有无担保要求，分为信用贷款和担保贷款。

1. 信用贷款

信用贷款是指以借款人的信誉或保证人的信用为依据而获得的贷款。企业取得这种贷款，无须以财产作抵押。对于这种贷款，由于风险较高，银行通常要收取较高的利息，往往还附加一定的限制条件。

2. 担保贷款

担保贷款是指由借款人或第三方依法提供担保而获得的贷款。担保包括保证责任、财

务抵押、财产质押，由此，担保贷款包括保证贷款、抵押贷款和质押贷款。

（1）保证贷款是指按《担保法》规定的保证方式，以第三人作为保证人承诺在借款人不能偿还借款时，按约定承担一定保证责任或连带责任而取得的贷款。

（2）抵押贷款是指按《担保法》规定的抵押方式，以借款人或第三人的财产作为抵押物而取得的贷款。抵押是指债务人或第三人不转移财产的占有，将该财产作为债权的担保，债务人不履行债务时，债权人有权将该财产折价或者以拍卖、变卖的价款优先受偿。作为贷款担保的抵押品，可以是不动产、机器设备、交通运输工具等实物资产，可以是依法有权处分的土地使用权，也可以是股票、债券等有价证券等，它们必须是能够变现的资产。抵押贷款有利于降低银行贷款的风险，提高贷款的安全性。

（3）质押贷款是指按《担保法》规定的质押方式，以借款人或第三人的动产或财产权利作为质押物而取得的贷款。质押是指债务人或第三人将其动产或财产权利移交给债权人占有，将该动产或财务权利作为债权的担保，债务人不履行债务时，债权人有权以该动产或财产权利折价或者以拍卖、变卖的价款优先受偿。作为贷款担保的质押品，可以是汇票、支票、债券、存款单、提单等信用凭证，可以是依法可以转让的股份、股票等有价证券，也可以是依法可以转让的商标专用权、专利权、著作权中的财产权等。

（三）基本建设贷款、专项贷款和流动资金贷款

银行借款按企业取得贷款的用途，分为基本建设贷款、专项贷款和流动资金贷款。

1. 基本建设贷款

基本建设贷款是指企业因从事新建、改建、扩建等基本建设项目需要资本而向银行申请借入的款项。

2. 专项贷款

专项贷款是指企业因为专门用途而向银行申请借入的款项，包括更新改造技改贷款、大修理贷款、研发和新产品研制贷款、小型技术措施贷款、出口专项贷款、引进技术转让费周转金贷款、进口设备外汇贷款、进口设备人民币贷款及国内配套设备贷款等。

3. 流动资金贷款

流动资金贷款是指企业为满足流动资金的需求而向银行申请借入的款项，包括流动基金借款、生产周转借款、临时借款、结算借款和卖方信贷。

二、银行借款的程序

（1）提出借款申请。企业根据筹资需求向银行书面申请，按银行要求的条件和内容填报借款申请书。

（2）银行审批。银行按照有关政策和贷款条件，对借款企业进行信用审查，依据审批权限，核准公司申请的借款金额和用款计划。银行审查的主要内容是：公司的财务状况；信用情况；盈利的稳定性；发展前景；借款投资项目的可行性；抵押品和担保情况。

（3）签订合同。借款申请获批准后，银行与企业进一步协商贷款的具体条件，签订正式的借款合同，规定贷款的数额、利率、期限和一些约束性条款。

（4）取得借款。借款合同签订后，企业在核定的贷款指标范围内，根据用款计划和实际需要，一次或分次将贷款转入公司的存款结算户，以便使用。

三、长期借款的条款

由于银行等金融机构提供的长期贷款金额大、期限长、风险高，因此，除借款合同的基本条款之外，债权人通常还在借款合同中附加各种保护性条款，以确保企业按要求使用借款和按时足额偿还借款。除基本条款外，保护性条款一般有三种。

1. 基本条款

基本条款主要包括借款种类、借款用途、借款金额、借款利率、借款期限、还款资金来源及还款方式、保证条款、违约责任等。

2. 一般性保护条款

一般性保护条款是对企业资产的流动性及偿债能力等方面的要求条款，这类条款应用于大多数借款合同，主要包括：①保持企业的资产流动性。要求企业需持有一定最低限度的货币资本及其他流动资产，以保持企业资产的流动性和偿债能力，一般规定了企业必须保持的最低营运资本数额和最低流动比率数值。②限制企业非经营性支出。如限制支付现金股利、购入股票和职工加薪的数额规模，以减少企业资本的过度外流。③限制企业资本支出的规模。控制企业资产结构中的长期性资产的比例，以减少公司日后不得不变卖固定资产以偿还贷款的可能性。④限制公司再举债规模。目的是以防止其他债权人取得对公司资产的优先索偿权。⑤限制公司的长期投资。如规定公司不准投资于短期内不能收回资本的项目，不能未经银行等债权人同意而与其他公司合并等。

3. 例行性保护条款

这类条款作为例行常规，在大多数借款合同中都会出现，主要包括：①要求定期向提供贷款的金融机构提交财务报表，以使债权人随时掌握公司的财务状况和经营成果。②不准在正常情况下出售较多的非产成品存货，以保持企业的正常生产经营能力。③如期清偿应缴纳税金和其他到期债务，以防被罚款而造成不必要的现金流失。④不准以资产作其他承诺的担保或抵押。⑤不准贴现应收票据或出售应收账款，以避免或有负债等。

4. 特殊性保护条款

这类条款是针对某些特殊情况而出现在部分借款合同中的条款，只有在特殊情况下才能生效，主要包括：要求公司的主要领导人购买人身保险；借款的用途不得改变；违约惩罚条款等。

上述各项条款结合使用，将有利于全面保护银行等债权人的权益。但借款合同是经双方充分协商后决定的，其最终结果取决于双方谈判能力的大小，而不是完全取决于银行等债权人的主观愿望。

四、银行借款筹资的优缺点

（一）银行借款筹资的优点

（1）筹资速度快。与发行债券、融资租赁等债权筹资方式相比，银行借款的程序相对简单，所花时间较短，公司可以迅速获得所需资本。

（2）资本成本较低。利用银行借款筹资，比发行债券和融资租赁的利息负担要低。而且，无须支付证券发行费用、租赁手续费用等筹资费用。

（3）筹资弹性较大。在借款之前，公司根据当时的资本需求与银行等贷款机构直接商定贷款的时间、数量和条件。在借款期间，若公司的财务状况发生某些变化，也可与债权人再协商，变更借款数量、时间和条件，或提前偿还本息。因此，借款筹资对公司具有较大的灵活性，特别是短期借款更是如此。

（二）银行借款筹资的缺点

（1）限制条款较多。与债券筹资相比较，银行借款合同对借款用途有明确规定，通过借款的保护性条款，对公司资本支出额度、再筹资、股利支付等行为有严格的约束，以后公司的生产经营活动和财务政策必将受到一定程度的影响。

（2）筹资数额有限。银行借款的数额往往受到贷款机构资本实力的制约，不可能像发行债券、股票那样一次筹集到大笔资本，无法满足公司大规模筹资的需要。

（3）筹资风险大。借款需要还本付息，在筹资数额较大的情况下，企业资金调度不周，就有可能无力按期偿付本金和利息，甚至导致破产。

【想一想】

相对于股权筹资而言，长期借款筹资的优点是什么？

业务二　熟悉发行公司债券筹资方式

业务描述

熟悉发行公司债券筹资方式的相关内容。

相关知识

公司债券又称企业债券，是企业依照法定程序发行的、约定在一定期限内还本付息的有价证券。债券是持有人拥有公司债权的书面证书，它代表持券人同发债公司之间的债权债务关系。

公司债券按照不同的标准可分为不同的种类。

【温馨提示】

由企业发行的债券称为企业债券或公司债券。由政府发行的债券称为政府债券。由金融机构发行的债券称为金融债券。

一、公司债券的种类

（一）记名债券和无记名债券

公司债券按债券是否记名，分为记名债券和无记名债券。

1. 记名债券

记名债券，应当在公司债券存根簿上载明债券持有人的姓名及住所、债券持有人取得债券的日期及债券的编号等债券持有人信息。记名公司债券，由债券持有人以背书方式或者法律、行政法规规定的其他方式转让；转让后由公司将受让人的姓名或者名称及住所记载于公司债券存根簿。

2. 无记名债券

无记名债券，应当在公司债券存根簿上载明债券总额、利率、偿还期限和方式、发行日期及债券的编号。无记名公司债券的转让，由债券持有人将该债券交付给受让人后即发生转让的效力。

（二）可转换债券与不可转换债券

公司债券按债券是否能够转换成公司股票，分为可转换债券与不可转换债券。

1. 可转换债券

可转换债券，是指债券持有者可以在规定的时间内按规定的价格将债券转换为发债公司的股票。这种债券在发行时，对债券转换为股票的价格和比率等都做了详细规定。《公司法》规定，可转换债券的发行主体是股份有限公司中的上市公司。

2. 不可转换债券

不可转换债券，是指不能转换为发债公司股票的债券，大多数公司债券属于这种类型。

（三）信用债券和担保债券

公司债券按有无特定财产担保，分为信用债券和担保债券。

1. 信用债券

信用债券是无担保债券，是仅凭公司自身的信用发行的、没有抵押品作抵押担保的债券。在公司清算时，信用债券的持有人因无特定的资产作担保品，只能作为一般债权人参与剩余财产的分配。

2. 担保债券

担保债券是指以抵押方式担保发行人按期还本付息的债券，主要是指抵押债券。抵押债券按其抵押品的不同，又分为不动产抵押债券、动产抵押债券和证券信托抵押债券。

二、公司债券的发行条件

（一）发行主体

在我国，根据《公司法》的规定，股份有限公司和有限责任公司，具有发行债券的资格。

（二）发行条件

根据《证券法》规定，公开发行公司债券，应当符合下列条件：

（1）股份有限公司的净资产不低于人民币 3 000 万元，有限责任公司的净资产不低于人民币 6 000 万元。

（2）累计债券余额不超过公司净资产的 40%。

（3）最近 3 年平均可分配利润足以支付公司债券 1 年的利息。

（4）筹集的资金投向符合国家产业政策。

（5）债券的利率不超过国务院限定的利率水平。

（6）国务院规定的其他条件。

公开发行公司债券筹集的资金，必须用于核准的用途，不得用于弥补亏损和非生产性支出。

（三）上市交易条件

根据《证券法》规定，公司债券要上市交易，应当进一步符合下列条件：

（1）公司债券的期限为1年以上。

（2）公司债券实际发行额不少于人民币5 000万元。

（3）公司申请债券上市时仍符合法定的公司债券发行条件。

三、公司债券的发行程序

1. 做出发债决议

拟发行公司债券的公司，需要由公司董事会制订公司债券发行的方案，并由公司股东大会批准，做出决议。

2. 提出发债申请

根据《证券法》规定，公司申请发行债券由国务院证券监督管理部门批准。公司申请应提交公司登记证明、公司章程、公司债券募集办法、资产评估报告和验资报告等正式文件。

3. 公告募集办法

企业发行债券的申请经批准后，要向社会公告公司债券的募集办法。公司债券募集分为私募发行和公募发行。私募发行是以特定的少数投资者为指定对象发行债券，公募发行是在证券市场上以非特定的广大投资者为对象公开发行债券。

4. 委托证券经营机构发售

按照《公司债券发行试点办法》规定，公司债券的公募发行采取间接发行方式。在这种发行方式下，发行公司与承销团签订承销协议。承销团由数家证券公司或投资银行组成，承销方式有代销和包销两种。代销是指承销机构代为推销债券，在约定期限内未售出的余额可退还发行公司，承销机构不承担发行风险。包销是由承销团先购入发行公司拟发行的全部债券，然后再售给社会上的投资者，如果约定期限内未能全部售出，余额要由承销团负责认购。

5. 交付债券，收缴债券款

债券购买人向债券承销机构付款购买债券，承销机构向购买人交付债券。然后，债券发行公司向承销机构收缴债券款，登记债券存根簿，并结算发行代理费。

四、债券的偿还

债券偿还时间按其实际发生与规定的到期日之间的关系，分为提前偿还与到期偿还两类，其中后者又包括分批偿还和一次偿还两种。

1. 提前偿还

提前偿还又称提前赎回或收回，是指在债券尚未到期之前就予以偿还。只有在公司发行债券的契约中明确规定了有关允许提前偿还的条款，公司才可以进行此项操作。提前偿还所支付的价格通常要高于债券的面值，并随到期日的临近而逐渐下降。具有提前偿还条款的债券可使公司筹资有较大的弹性。当公司资本有结余时，可提前赎回债券；当预测利率下降时，也可提前赎回债券，而后以较低的利率来发行新债券。

2. 到期分批偿还

如果一个公司在发行同一种债券的当时就为不同编号或不同发行对象的债券规定了不同的到期日，这种债券就是分批偿还债券。因为各批债券的到期日不同，它们各自的发行价格和票面利率也可能不相同，从而导致发行费较高；但由于这种债券便于投资人挑选最合适的到期日，因而便于发行。

3. 到期一次偿还

多数情况下，发行债券的公司在债券到期日，一次性归还债券本金，并结算债券利息。

五、债券筹资的优缺点

（一）债券筹资的优点

1. 一次筹资数额大

利用发行公司债券筹资，能够筹集大额的资金，满足公司大规模筹资的需要。这是与银行借款、融资租赁等债务筹资方式相比，企业选择发行公司债券筹资的主要原因，大额筹资能够适应大型公司经营规模的需要。

2. 募集资金的使用限制条件少

与银行借款相比，发行债券募集的资金在使用上具有一定的灵活性和自主性。特别是发行债券所筹集的大额资金，能够用于流动性较差的公司长期资产上。从资金使用的性质来看，银行借款一般期限短、额度小，主要用途为增加适量存货或增加小型设备等。反之，期限较长、额度较大，用于公司扩展、增加大型固定资产和基本建设投资的需求多采用发行债券方式筹资。

3. 提高公司的社会声誉

公司债券的发行主体，有严格的资格限制。发行公司债券，往往是股份有限公司和有实力的有限责任公司所为。通过发行公司债券，一方面筹集了大量资金，另一方面也扩大了公司的社会影响。

（二）债券筹资的缺点

债券筹资的主要缺点是资本成本负担较高。

相对于银行借款筹资，发行债券的利息负担和筹资费用都比较高。而且债券不能像银行借款一样进行债务展期，加上大额的本金和较高的利息，在固定的到期日，将会对公司现金流量产生巨大的财务压力。不过，尽管公司债券的利息比银行借款高，但公司债券的期限长、利率相对固定。在预计市场利率持续上升的金融市场环境下，发行公司债券筹资，能够锁定资本成本。

【想一想】

对于投资者而言，在公司债券、政府债券和金融债券中，购买哪种债券的财务风险最大，购买哪种债券的财务风险最小？为什么？

业务三 熟悉融资租赁筹资方式

业务描述

熟悉融资租赁筹资方式的相关内容。

相关知识

租赁，是指通过签订资产出让合同的方式，使用资产的一方（承租方）通过支付租金，向出让资产的一方（出租方）取得资产使用权的一种交易行为。

一、租赁的分类

租赁分为经营租赁和融资租赁。

（一）经营租赁

经营租赁是由租赁公司向承租单位在短期内提供设备，并提供维修、保养、人员培训等的一种服务性业务，又称服务性租赁。经营租赁的特点主要是：

（1）出租的设备一般由租赁公司根据市场需要选定，然后再寻找承租企业。

（2）租赁期较短，短于资产的有效使用期，在合理的限制条件内承租企业可以中途解约。

（3）租赁设备的维修、保养由租赁公司负责。

（4）租赁期满或合同终止以后，出租资产由租赁公司收回。经营租赁比较适用于租用技术过时较快的生产设备。

（二）融资租赁

融资租赁是由租赁公司按承租单位要求出资购买设备，在较长的合同期内提供给承租单位使用的融资信用业务，它是以融通资金为主要目的的租赁。融资租赁的特点主要是：

（1）一般由承租企业向租赁公司正式提出申请，或者由承租企业直接从制造商或销售商那里选定，由租赁公司融资购进设备出租给承租企业使用。

（2）租赁期较长，接近于资产的有效使用期，大多为租赁资产寿命的一半以上。

（3）租赁合同比较稳定，在租赁期间非经双方同意，任何一方无权中途取消合同，这有利于维护双方的权益。

（4）由承租企业负责设备的维修、保养和保险，但无权自行拆卸改装。

（5）租赁期满，按事先约定的方法处理设备，一般有退还租赁公司、继续租赁、企业留购三种选择。通常采用企业留购办法，即以很少的“名义价格”（相当于设备残值）买下设备。

二、融资租赁的基本形式与程序

（一）融资租赁的基本形式

（1）直接租赁。直接租赁是融资租赁的主要形式，承租方提出租赁申请时，出租方按照承租方的要求选购，然后再出租给承租方。

（2）售后租回。售后租回是指承租方由于急需资本等各种原因，将自己的资产售给出租方，然后作为承租企业从出租方将所售资产租回使用。在这种租赁合同中，除资产所有者的名义改变以外，其余情况均无变化。

（3）杠杆租赁。杠杆租赁是指涉及承租人、出租人和贷款人三方的融资租赁业务。一般来说，当所涉及的资产价值昂贵时，出租人只投入部分资金，通常为资产价值的20%~40%，其余资金则通过将该资产抵押担保的方式，向贷款人（通常为银行）申请贷款解决。租赁公司将购进的设备出租给承租人，用收取的租金偿还贷款，该资产的所有权属于出租人。因此，出租人既是出租人也是借款人，既要收取租金又要偿还债务。如果出租人到期不能按期偿还借款，资产所有权则转移给贷款人。

（二）融资租赁的基本程序

（1）选择租赁公司，提出委托申请。当企业决定采用融资租赁方式以获取某项设备时，需要了解各个租赁公司的资信情况、融资条件和租赁费率等，分析比较选定一家作为出租单位。然后，向租赁公司申请办理融资租赁。

（2）签订购货协议。由承租企业和租赁公司中的一方或双方，与选定的设备供应厂商进行购买设备的技术谈判和商务谈判，在此基础上与设备供应厂商签订购货协议。

（3）签订租赁合同。承租企业与租赁公司签订租赁设备的合同，如需要进口设备，还应办理设备进口手续。租赁合同是租赁业务的重要文件，具有法律效力。融资租赁合同的内容可分为一般条款和特殊条款两部分。

（4）办理验货、付款与保险。设备供应厂商将设备发运到指定地点，承租企业要办理验收手续。验收合格后签发交货及验收证书交给租赁公司，作为其支付货款的依据。

（5）定期交付租金。承租企业按租赁合同规定，分期缴纳租金，这也就是承租企业对所筹资本的分期还款。

（6）合同期满处理设备。承租企业根据合同约定，对设备续租、退租或留购。

三、融资租赁租金的计算

（一）租金的构成

融资租赁的租金包括设备原价及预计残值、利息和租赁手续费等。其中：

（1）设备原价及预计残值包括设备买价、运输费、安装调试费、保险费等，以及设备租赁期满后出售可得的收入。

（2）利息是指租赁公司为承租企业购置设备垫付资金所应支付的利息。

（3）租赁手续费是指租赁公司承办租赁设备所发生的业务费用和必要的利润。

（二）租金的支付方式

租金的支付有以下几种分类方式：

（1）按支付间隔期长短，分为年付、半年付、季付和月付等方式。

（2）按在期初和期末支付，分为先付租金和后付租金。

（3）按每期支付金额，分为等额支付和不等额支付。

实务中，承租企业与租赁公司商定的租金支付方式，大多为后付等额年金。

（三）租金的计算方法

我国融资租赁实务中，租金的计算大多采用等额年金法。等额年金法下，通常要根据利率和租赁手续费率确定一个租费率，作为折现率。

（1）后付租金即于每年年末支付等额租金，其计算公式为：

$$A = P / (P/A,\ i,\ n)$$

（2）先付租金即于每年年初支付等额租金，计算公式为：

$$A = P / \left[(P/A,\ i,\ n-1) + 1\right]$$

【例 3-1】齐鲁公司于 2018 年 1 月 1 日从租赁公司租入价值 100 万元的设备一台，租期为 5 年，租赁期满残值为 10 万元，设备归租赁公司。假设双方商定以 10%的折现率，租金于每年年末支付一次。要求：计算每年的租金。

解：

每年租金 $=\left[100-10\times(P/F，10\%，5)\right]/(P/A，10\%，5)$

查表代入系数得：

每年租金 $=(100-5\times0.6209)\div3.7908=25.56$（万元）

四、租赁筹资的优缺点

（一）租赁筹资的优点

（1）能迅速获得所需资产。融资租赁集“融资”与“融物”于一身，比先筹措资金再购置设备节省了时间，可尽快形成生产能力。

（2）财务风险小。融资租赁与购买的一次性支出相比，能够避免一次性支付的负担。全部租金通常在整个租期内分期支付，即可适当降低不能偿付到期债务的风险。

（3）筹资限制条件较少。企业运用股票、债券、长期借款等筹资方式，都受到相当多的资格条件等限制，如足够的抵押品、银行贷款的信用标准、发行债券的政府管制等。相比之下，租赁筹资的限制条件很少。

（4）具有财务杠杆作用。租金费用可在所得税前扣除，承租企业能享受税收方面的利益，从而提高每股收益。

（5）免遭设备陈旧过时的风险。随着科学技术的不断进步，设备陈旧过时的风险很高，而多数租赁协议规定此种风险由出租人承担，承租企业可免受这种风险。

（二）租赁筹资的缺点

（1）筹资成本较高。其租金通常比举借银行借款或发行债券所负担的利息高得多，租金总额通常要高于设备价值的30%。尽管与借款方式比，融资租赁能够避免到期一次性集中偿还的财务压力，但高额的固定租金也给各期的经营带来了分期的负担。

（2）存在机会损失。如不能享有设备残值，也可视为承租企业的一种机会损失。

【议一议】

与银行借款筹资方式相比，融资租赁的租金比借款利息高很多，但是为什么还有企业乐意采用融资租赁方式进行筹资？

业务四　理解债权筹资的优缺点

业务描述

理解各种债权筹资方式的优缺点。

相关知识

前面已详细介绍了三种债权筹资方式，总结其共同的筹资特点如下。

一、债权筹资的优点

1. 筹资速度较快

与股权筹资比，债权筹资不需要经过复杂的审批手续和证券发行程序，如银行借款、融资租赁等，可以迅速地获得资本。

2. 筹资弹性较大

发行股票等股权筹资，一方面需要经过严格的政府审批；另一方面从企业的角度出发，由于股权不能退还，股权资本在未来永久性地给企业带来了资本成本的负担。利用债权筹资，可以根据企业的经营情况和财务状况，灵活商定债务条件，控制筹资数量，安排取得资本的时间。

3. 资本成本负担较轻

一般来说，债权筹资的资本成本要低于股权筹资。其一是取得资本的手续费用等筹资费用较低；其二是利息、租金等用资费用比股权资本要低；其三是利息等资本成本可以在税前支付。

4. 具有财务杠杆作用

债权筹资不改变公司的控制权，因而股东不会出于控制权稀释原因反对负债。债权人从企业那里只能获得固定的利息或租金，不能参加公司剩余收益的分配。当企业的资本报酬率高于债务利率时，会增加普通股股东的每股收益，提高净资产报酬率，提升企业价值。

5. 稳定公司的控制权

债权人无权参加企业的经营管理，利用债权筹资不会改变和分散股东对公司的控制权。

二、债权筹资的缺点

1. 不能形成企业稳定的资本基础

债务资金有固定的到期日，到期需要偿还，只能作为企业的补充性资本来源。再加上债务往往需要进行信用评级，没有信用基础的企业和新创企业，往往难以取得足够的债务资金。现有债务资金在企业的资本结构中达到一定比例后，往往由于财务风险升高而不容易再取得新的债务资本。

2. 财务风险较大

债务资金有固定的到期日，有固定的利息负担。抵押、质押等担保方式取得的债务，资本使用上可能会有特别的限制。这些都要求企业必须有一定的偿债能力，要保持资产流动性及其资产报酬水平，作为债务清偿的保障，对企业的财务状况提出了更高的要求，否则会给企业带来财务危机，甚至导致企业破产。

3. 筹资数额有限

债权筹资的数额往往受到贷款机构资本实力的制约，不可能像发行股票那样一次筹集到大量资本，无法满足公司大规模筹资的需要。

【议一议】

在向银行借款、发行公司债券和融资租赁这三种债权筹资方式中，哪种筹资方式的资本成本最高？哪种筹资方式的资本成本最低？

任务四 认知混合筹资

任务描述

了解可转换债券和认股权证两种混合筹资方式的主要内容。

业务一 熟悉可转换债券

业务描述

熟悉可转换债券的种类，了解可转换债券的基本性质，熟悉可转换债券的基本要素，了解可转换债券的优缺点。

相关知识

混合筹资筹集的是混合性资金，即兼具股权和债务特征的资金。我国上市公司目前取得混合性资金的主要方式是发行可转换债券和认股权证。

可转换债券是一种混合型证券，是公司普通债券与证券期权的组合体。可转换债券的持有人在一定期限内，可以按照事先规定的价格或者转换比例，自由地选择是否转换为公司普通股。

一、可转换债券的种类

按照转股权是否与可转换债券分离，可转换债券可以分为两类：一类是一般可转换债券，即不可分离的可转换债券；另一类是可分离交易的可转换债券。

1. 一般可转换债券

一般可转换债券，即不可分离的可转换债券，是指其转股权与债券不可分离，持有者直接按照债券面额和约定的转股价格，在约定的期限内将债券转换为股票。

2. 可分离交易的可转换债券

可分离交易的可转换债券，是指发行时附有认股权证，是认股权证和公司债券的组合，又被称为“可分离的附认股权证的公司债券”，发行上市后公司债券和认股权证各自独立流通、交易。认股权证的持有者认购股票时，需要按照认购价（行权价）出资购买股票。

二、可转换债券的基本性质

1. 证券期权性

可转换债券给予了债券持有者未来的选择权，在事先约定的期限内，投资者可以选择将债券转换为普通股票，也可以放弃转换权利，持有至债券到期还本付息。由于可转换债券持有人具有在未来按一定的价格购买股票的权利，因此可转换债券实质上是一种未来的买入期权。

2. 资本转换性

可转换债券在正常持有期，属于债权性质；转换成股票后，属于股权性质。在债券的转换期间中，持有人没有将其转换为股票，发行企业到期必须无条件地支付本金和利息。

转换成股票后，债券持有人成为企业的股权投资者。资本双重性的转换，取决于投资者是否行权。

3. 赎回与回售

可转换债券一般都会有赎回条款，发债公司在可转换债券转换前，可以按一定条件赎回债券。通常，公司股票价格在一段时期内连续高于转股价格达到某一幅度时，公司会按事先约定的价格买回未转股的可转换公司债券。同样，可转换债券一般也会有回售条款，公司股票价格在一段时期内连续低于转股价格达到某一幅度时，债券持有人可按事先约定的价格将所持债券回卖给发行公司。

三、可转换债券的基本要素

可转换债券的基本要素是指构成可转换债券基本特征的必要因素，它们代表了可转换债券与一般债券的区别。

1. 标的股票

可转换债券转换期权的标的物，就是可转换成的公司股票。标的股票一般是发行公司自己的普通股票，不过也可以是其他公司的股票，如该公司的上市子公司的股票。

2. 票面利率

可转换债券的票面利率一般会低于普通债券的票面利率，有时甚至还低于同期银行存款利率。因为可转换债券的投资收益中，除了债券的利息收益外，还附加了股票买入期权的收益部分。一个设计合理的可转换债券在大多数情况下，其股票买入期权的收益可以弥补债券利息收益的差额。我国《可转换公司债券管理办法暂行规定》规定，可转换公司债券票面利率不能超过银行同期存款利率，而普通公司债券利率一般都高于银行同期存款利率水平。

3. 转换价格

转换价格是指可转换债券在转换期间内据以转换为普通股的折算价格，即将可转换债券转换为普通股的每股普通股的价格。如每股 30 元，即指可转换债券到期时，将债券金额按每股 30 元转换为相应股数的股票。

4. 转换比率

转换比率是指每一份可转换债券在既定的转换价格下能转换为普通股股票的数量。在债券面值和转换价格确定的前提下，转换比率为债券面值与转换价格之商：

$$转换比率=\frac{债券面值}{转换价格}$$

5. 转换期

转换期是指可转换债券持有人能够行使转换权的有效期限。可转换债券的转换期可以与债券的期限相同，也可以短于债券的期限。转换期间的设定通常有四种情形：债券发行日至到期日；发行日至到期前；发行后某日至到期日；发行后某日至到期前。至于选择哪种，要看公司的资本使用状况、项目情况、投资者要求等。由于转换价格高于公司发债时股价，投资者一般不会在发行后立即行使转换权。

6. 赎回条款

赎回条款是指发债公司按事先约定的价格买回未转股债券的条件规定。赎回一般发生在公司股票价格在一段时期内连续高于转股价格达到某一幅度时。

发债公司在赎回债券之前，要向债券持有人发出赎回通知，要求他们在将债券转股与卖回给发债公司之间做出选择。一般情况下，投资者大多会将债券转换为普通股。可见，设置赎回条款最主要的功能是强制债券持有者积极行使转股权，因此又被称为加速条款。同时也能使发债公司避免在市场利率下降后，继续向债券持有人支付较高的债券利率所蒙受的损失。

7. 回售条款

回售条款是指债券持有人有权按照事前约定的价格将债券卖回给发债公司的条件规定。回售一般发生在公司股票价格在一段时期内连续低于转股价格达到某一幅度时。回售对于投资者而言实际上是一种卖权，有利于降低投资者的持券风险。

8. 强制性转换条款

强制性转换条款是指在某些条件具备之后，债券持有人必须将可转换债券转换为股票，无权要求偿还债权本金的规定。可转换债券发行之后，其股票价格可能出现巨大波动。如果股价长期表现不佳，又未设计回售条款，投资者就不会转股。公司可设置强制性转换调整条款，保证可转换债券顺利地转换成股票，预防投资者到期集中挤兑引发公司破产的悲剧。

四、可转换债券筹资的优缺点

（一）可转换债券筹资的优点

（1）筹资灵活性。可转换债券将传统的债务筹资功能和股票筹资功能结合起来，筹资性质和时间上具有灵活性。

（2）资本成本较低。可转换债券的利率低于同一条件下普通债券的利率，降低了公司的筹资成本；另外，在可转换债券转换为普通股时，公司无须另外支付筹资费用，又节约了股票的筹资成本。

（3）筹资效率高。可转换债券在发行时，规定的转换价格往往高于当时本公司的股票价格。如果这些债券将来都转换成了股权，这相当于在债券发行之际，就以高于当时股票市价的价格新发行了股票。因此，在公司发行新股时机不佳时，可以先发行可转换债券，以其将来变相发行普通股。

（二）可转换债券筹资的缺点

（1）存在不转换的财务压力。如果在转换期内公司股价处于恶化时，持券者到期不会转股，会造成公司的集中兑付债券本金的财务压力。

（2）存在回售的财务压力。若可转换债券发行后，公司股价长期低迷，在设计有回售条款的情况下，投资者集中在一段时间内将债券回售给发行公司，加大了公司的财务支付压力。

（3）股价大幅度上扬风险。如果债券转换时公司股票价格大幅度上扬，公司只能以较低的固定转换价格换出股票，便会降低公司的股权筹资额。

业务二 了解认股权证

业务描述

了解认股权证的基本性质、种类和优缺点。

相关知识

认股权证全称为股票认购授权证，是一种由上市公司发行的证明文件，持有人有权在一定时间内以约定价格认购该公司发行的一定数量的股票。持有者凭借此证书购买发行公司的股票，一般低于市场价格，因此，股份公司发行认股权证可增加其有价证券对投资者的吸引力。

一、认股权证的基本性质

1. 认股权证的期权性

认股权证本质上是一种股票期权，属于衍生金融工具，具有实现融资和股票期权激励的双重功能。但认股权证本身是一种认购普通股的期权，它没有普通股的红利收入，也没有普通股相应的投票权。

2. 认股权证是一种投资工具

投资者可以通过购买认股权证获得市场价与认购价之间的股票差价收益，因此它是一种具有内在价值的投资工具。

二、认股权证的种类

1. 美式认股权证与欧式认股权证

（1）美式认股权证，是指权证持有人在到期日前，可以随时提出履约要求，买进约定数量的标的股票。

（2）欧式认股权证，是指权证持有人只能于到期日当天，才可买进标的股票。无论认股权证属欧式或美式，投资者均可在到期日前在市场出售转让其持有的认股权证。事实上，只有小部分权证持有人会选择行权，大部分投资者均会在到期前沽出权证。

2. 长期认股权证与短期认股权证

（1）长期认股权证，认股期限通常在 90 天以上，更有甚者可长达数年或永久。

（2）短期认股权证，认股权证期限一般在 90 天以内。

三、认股权证筹资的优缺点

（一）认股权证筹资的优点

（1）认股权证是一种融资促进工具。认股权证的发行人是发行标的股票的上市公司，认股权证通过以约定价格认购公司股票的契约方式，能保证公司能够在规定的期限内完成股票发行计划，顺利实现融资。

（2）有助于改善上市公司的治理结构。采用认股权证进行融资，融资的实现是缓期分批实现的。上市公司及其大股东的利益，与投资者是否在到期之前执行认股权证密切相关。因此，在认股权证有效期间，上市公司管理层及其大股东的任何有损公司价值的行为，都可能降低上市公司的股价，从而降低投资者执行认股权证的可能性，这将损害上市公司管理层及其大股东的利益。所以认股权证能够约束上市公司的败德行为，并激励他们更加努力地提升上市公司的市场价值。

（3）有利于推进上市公司的股权激励机制。认股权证是常用的员工激励工具，通过给予管理者和重要员工一定的认股权证，可以把管理者和员工的利益与企业价值成长紧密联系在一起，建立一个管理者与员工通过提升企业价值再实现自身财富增值的利益驱动机制。

（二）认股权证筹资的缺点

（1）稀释每股收益。投资者持认股权证购买的是公司新发行的股票，并非二级市场的股票。这样，当认股权证行使时普通股股份增多，会导致每股收益下降。

（2）容易分散公司的控制权。发行公司为了吸引投资者，其认股权证通常随有价证券一起发售。当认股权证行使时，企业的股权结构会发生改变，稀释原有股东的控制权。

【想一想】

企业在什么情况下更倾向于选择发行可转换债券或认股权证这两种混合筹资方式进行筹资？

任务五 掌握资金需要量的预测

任务描述

了解资金需要量预测的因素分析法，掌握销售百分比法，掌握线性回归分析法，为企业科学合理地预测资金需要量打下坚实的基础。

资金的需要量是筹资的数量依据，必须科学合理地进行预测。筹资数量预测的基本目的，是保证筹集的资金既能满足生产经营的需要，又不会产生资金多余而闲置。

业务一 了解因素分析法

业务描述

了解资金需要量预测方法中的因素分析法。

相关知识

因素分析法又称分析调整法，是以有关项目基期年度的平均资本需要量为基础，根据预测年度的生产经营任务和资金周转加速的要求，进行分析调整，来预测资金需要量的一种方法。这种方法计算简便，容易掌握，但预测结果不太精确。它通常用于品种繁多、规格复杂、资金需要量较小的项目。因素分析法的计算公式如下：

资金需要量=（基期资金平均占用额－不合理资金占用额）×（1±预测期销售增减率）×（1−预测期资金周转速度增长率）

【例 3-2】齐鲁公司上年度资金平均占用额为 3 000 万元，经分析，其中不合理部分 300

万元，预计本年度销售增长6%，资金周转加速2%。则：

预测年度资金需要量=（3 000−300）×（1+6%）×（1−2%）=2 804.76（万元）

业务二　掌握销售百分比法

业务描述

掌握资金需要量预测方法中的销售百分比法。

相关知识

销售百分比法能为筹资管理提供短期预计的财务报表，以适应外部筹资的需要，且易于使用，但销售百分比要根据因素的变动随时调整。

一、销售百分比法的基本原理

销售百分比法，是假设某些资产和负债与销售款存在稳定的百分比关系，根据这个假设预计外部资金需要量的方法。企业的销售规模扩大时，要相应增加流动资产；如果销售规模增加很多，还必须增加长期资产。为取得扩大销售所需增加的资产，企业需要筹措资金。这些资金，一部分来自随销售收入同比例增加的流动负债，还有一部分来自预测期的收益留存，另一部分则通过外部筹资取得。

二、销售百分比法的基本步骤

1．确定随销售额变动而变动的资产和负债项目

通常情况下，随销售额的增长而相应增加的项目称为敏感项目，不随销售额的增长而增加的项目称为非敏感项目。一般敏感项目主要包括现金、应收账款、存货等流动资产，敏感负债项目主要包括应付账款、应付费用和其他应付款等短期债务，由于此类债务是随着销售额的增加而相应增加，因此亦称为“自动性债务”。而企业的长期负债、短期借款、实收资本、对外投资等项目，一般不随销售额的增长而增加，称为非敏感项目。

2．计算敏感项目与销售额的百分比

确定相关资产、负债敏感项目与销售额的稳定百分比关系。

3．运用一定方法预测销售额

企业可采用趋势分析法、因素分析法、销售增长率法等科学预测分析法，预测企业未来一定时期的销售额。

4．利用以上百分比关系和预测的销售额，估算预计资产和负债

$$\text{预计资产（负债）}=\sum \text{预计销售额}\times\text{各项目销售百分比}$$

5．预计预测期留存收益增加额，并计算预计所有者权益

$$\text{预计留存收益增加额}=\text{预计销售额}\times\text{计划销售净利率}\times\text{留存收益率}$$

6．确定需要增加的融资需求量

$$\text{外部融资需求}=\text{预计资产}-\text{预计负债}-\text{预计所有者权益}$$

或者

$$\text{外部筹资额}=\text{新增销售额}\times(\text{敏感性资产占销售额的百分比}-\text{敏感性负债占销售额的百分比})-\text{预计销售额}\times\text{销售净利率}\times\text{留存利润比例}$$

三、销售百分比法的特点

销售百分比法的优点，是能为筹资管理提供短期预计的财务报表，以适应外部筹资的需要，且易于使用。但在有关因素发生变动的情况下，必须相应地调整原有的销售百分比。

【例 3-3】齐鲁公司 20×5 年 12 月 31 日的简要资产负债表如表 3-1 所示。假定齐鲁公司 20×5 年的销售额为 20 000 万元，销售净利率为 10%，利润留存率为 40%。20×6 年销售额预计增长 20%，公司有足够的生产能力，无须追加固定资产投资。

表 3-1　齐鲁公司资产负债表（20X5 年 12 月 31 日）　　单位：万元

资　产	金　额	占销售额的百分比（%）	负债与权益	金　额	占销售额的百分比（%）
货币资金	1 000	5	短期借款	5 000	N
应收账款	3 000	15	应付账款	2 000	10
存货	6 000	30	预提费用	1 000	5
固定资产	6 000	N	公司债券	2 000	N
			实收资本	4 000	N
			留存收益	2 000	N
合　计	16 000	50	合　计	16 000	15

方法一：

（1）确定敏感项目。该题的敏感项目有货币资金、应收账款、存货、应付账款、预提费用。

（2）确定敏感项目与销售额的关系百分比。计算结果如表 3-1 中所示，其中 N 为非敏感项目，即不变动项目，该项目不随销售额的变化而变化。

（3）确定预测销售额。

20×6 年的销售额=20 000×（1+20%）=24 000（万元）

（4）确定预测资产和负债。

预测资产=24 000×50%+6 000=18 000（万元）

预测负债=24 000×15%+5 000+2 000=10 600（万元）

（5）确定预测留存收益增加额，并计算预计所有者权益。

预测留存收益增加额=24 000×10%×40%=960（万元）

预测所有者权益=4 000+2 000+960=6 960（万元）

（6）确定需要增加的融资需求量。

外部融资需求量 =18 000−10 600−6 960=440（万元）

方法二：

外部融资需求量=新增销售额×（敏感性资产占销售额的百分比－敏感性负债占销售额的百分比）－预测销售额×销售净利率×留存利润比例

=20 000×20%×（50%−15%）−24 000×10%×40%

=440（万元）

业务三 掌握线性回归分析法

业务描述

掌握资金需要量预测方法中的线性回归分析法。

相关知识

资金习性预测法，是指根据资金习性预测未来资金需要量的一种方法，而线性回归分析法是资金习性分析法的具体运用。

一、资金习性分析

所谓资金习性，是指资金的变动同产销量变动之间的依存关系。按照资金同产销量之间的依存关系，可以把资金区分为不变资金、变动资金和半变动资金。

不变资金是指在一定的营业期内，不受产销业务量变动的影响而保持固定不变的那部分资金。这部分资金包括：为维持营业而需要的最低数额的现金，原材料的保险储备，必要的成品或商品储备，厂房、机器设备等固定资产占用的资金。

变动资金是指随产销业务量的变动而同比例变动的那部分资金。它一般包括直接构成产品实体的原材料、外购件等占用的资金。另外，在最低储备以外的现金、存货、应收账款等也具有变动资金的性质。

半变动资金是指虽然受产销业务量变化的影响，但不成同比例变动的资金，如一些辅助材料占用的资金。半变动资金可采用一定的方法划分为不变资金和变动资金两部分。

二、线性回归分析法的基本原理

线性回归分析法是假定资金需要量与业务量之间存在线性关系并建立数学模型，然后根据历史有关资料，用回归直线方程确定参数，预测资金需要量的一种方法。它从数量上掌握了资金同销售量之间的规律性，对准确地预测资金需要量有很大帮助。

三、线性回归分析法的基本步骤

1. 建立数学模型

$$Y = a + bX$$

式中，Y 为资金需要量；X 为业务量；a 为不变资金；b 为单位产销业务量所需的变动资金。

可见，只要求出 a 和 b，并知道预测期的产销业务量，就可以用上述公式测算资金需求情况。a 和 b 可用回归直线方程求出。

建立方程组，代入数据计算 a、b 的值。回归直线方程组为：

$$\begin{cases} \sum Y = na + b\sum X \\ \sum XY = a\sum X + b\sum X^2 \end{cases}$$

也可以采用高低点法确定 a、b 的值。

$$b = \frac{\text{最高销售额期资金占用额} - \text{最低销售额期资金占用额}}{\text{最高销售额} - \text{最低销售额}}$$

$$a = \text{最高销售额期资金占用额} - b \times \text{最高销售额}$$

或 $a=$ 最低销售额期资金占用额 $-b\times$ 最低销售额

2. 预测资金需求

根据历史资料在确定 a、b 数值的基础上，即可预测一定业务量 X 所需的资金量 Y。

应用线性回归法必须注意以下几个问题：①资金需要量与营业业务量之间线性关系的假定应符合实际情况；②确定 a、b 数值时，应利用连续若干年的历史资料，一般要有 3 年以上的资料；③应考虑价格等因素的变动情况。

【例 3-4】 齐鲁公司历年销售量和资金变化情况如表 3-2 所示，20×6 的预计销售量为 1 500 万件，试预测完成 20×6 年预计销售量所需要的资金量。

表 3-2 销售量与资金变化情况

年 度	销售量 X（万件）	资金需要量 Y（万元）
20×1	1 100	950
20×2	1 200	1 000
20×3	1 200	1 000
20×4	1 300	1 050
20×5	1 400	1 100

解：

第一步，建立数学模型。

根据相关资料计算的方程数据如表 3-3 所示。

表 3-3 资金需要量预测

年 度	销售量 X（万件）	资金需要量 Y（万元）	XY	X^2
20×1	1 100	950	1 045 000	1 210 000
20×2	1 200	1 000	1 200 000	1 440 000
20×3	1 200	1 000	1 200 000	1 440 000
20×4	1 300	1 050	1 365 000	1 690 000
20×5	1 400	1 100	1 540 000	1 960 000
$n=5$	$\sum X$=6 200	$\sum Y$=5 100	$\sum XY$=6 350 000	$\sum X^2$=7 740 000

将以上数据代入方程组：

$$\begin{cases}\sum Y = na + b\sum X \\ \sum XY = a\sum X + b\sum X^2\end{cases}$$

即

$$\begin{cases}5\,100 = 5a + 6\,200b \\ 6\,350\,000 = 6\,200a + 7\,740\,000b\end{cases}$$

求得 a、b 的值为：

a=400，b=0.5

代入模型得直线方程式为：

$Y = 400 + 0.5X$

第二步，根据 20×6 年的预计销售量 1 500 万件，计算 20×6 年的预计资金需要量。

$Y=400+0.5\times 1\,500$

$=1\,150$（万元）

因齐鲁公司 20×5 年年末已有资金 1 100 万元，因此，20×6 年该公司需要筹集资金 50 万元（1 150−1 100）。

任务六 掌握资本成本与资本结构

任务描述

理解资本结构管理的原理，掌握资金成本的计算，理解杠杆效应的概念，掌握杠杆效应的计算，理解资本结构的概念，掌握资本结构优化的方法。

企业的筹资管理，不仅要合理选择筹资方式，而且还要科学安排资本结构。资本结构优化是企业筹资管理的基本目标，也会对企业的生产经营安排产生制约性的影响。资本成本是资本结构优化的标准，不同性质的资本所具有的资本成本特性，带来了杠杆效应。

业务一 掌握资本成本的计算方法

业务描述

理解资本成本的概念，熟悉资本成本的种类，了解资本成本的作用和影响因素，掌握各种资本成本的计算方法。

相关知识

一、资本成本的概念

资本成本是指企业为筹集和使用资本而付出的代价，包括筹资费和用资费。从投资者的角度看，资本成本也是投资者要求的必要报酬和最低报酬。

在市场经济条件下，资本是一种特殊的商品，企业通过各种筹资渠道，采用各种筹资方式获得资本往往都是有偿的，需要承担一定的成本。资本成本与资本时间价值既有联系，又有区别。联系在于两者考察的对象都是资本。区别在于资本成本既包括资本时间价值，又包括投资风险价值。

1. 筹资费

筹资费，是指企业在筹集资本过程中为获得资本而付出的费用，如向银行支付的借款手续费，因发行股票、公司债券等有价证券而支付的发行费等。筹资费用通常在资本筹集时一次性发生，在资本使用过程中不再发生，因而属于固定性资本成本，可视为筹资数额的一项扣除。

2. 用资费

用资费，是指企业在资本使用过程中因占用资本而付出的费用，如向银行等债权人支付的利息、向股东分配的股利等。占用费用是因为占用了他人资本而必须支付的，其数额会因使用资本数量和时间长短而不同，因而属于固定性资本成本，是资本成本的主要内容。

3．资本成本具有广义和狭义之分

广义的资本成本既包括短期资本成本又包括长期资本成本；狭义的资本成本仅指长期资本成本。由于短期资本规模较小、时间较短、游离程度较高，其成本的高低对企业财务决策影响不大，因此，通常意义上的资本成本主要指狭义资本成本，即长期资本成本。

二、资本成本的种类

在企业筹资实务中，通常运用资本成本的相对数，即资本成本率。资本成本率是指企业用资费用与有效筹资额之间的比率，通常用百分比来表示。一般而言，资本成本有以下几种。

1．个别资本成本

个别资本成本是指企业各种长期资本的成本率，如长期借款资本成本、债券资本成本、股票资本成本。企业在比较各种筹资方式时，需要使用个别资本成本率。

2．平均资本成本

平均资本成本是指多元化融资方式下的综合资本成本，反映了企业资本成本整体水平的高低。企业在进行长期资本结构决策时，可以使用平均资本成本。

3．边际资本成本

边际资本成本是指企业追加长期资本的成本率。企业在追加筹资方案的选择中，需要运用边际资本成本。

三、资本成本的作用

资本成本是衡量资本结构优化程度的标准，也是对投资获得经济效益的最低要求。企业筹得的资本付诸使用以后，只有投资报酬率高于资本成本，才能表明所筹集的资本取得了较好的经济效益。资本成本的作用主要表现在以下几个方面。

1．个别资本成本是比较筹资方式、选择筹资方案的依据

各种资本的资本成本率，是比较、评价各种筹资方式的依据。在评价各种筹资方式时，一般会考虑的因素包括对企业控制权的影响、对投资者吸引力的大小、融资的难易和风险、资本成本的高低等，而资本成本是其中的重要因素。在其他条件相同时，企业筹资应选择资本成本最低的方式。

2．平均资本成本是衡量资本结构是否合理的依据

企业的财务管理目标是企业价值最大化，企业价值是企业资产带来的未来经济利益的现值。计算现值时采用的贴现率通常会选择企业的平均资本成本，当平均资本成本率最小时，企业价值最大，此时的资本结构是企业理想的最佳资本结构。

3．边际资本成本是选择追加筹资方案的依据

企业筹资数额越大，资本成本越高；当资本的边际成本超过企业的承受能力时，企业就不能再增加筹资数量。因此，可以通过计算边际资本成本的大小来选择是否追加筹资。

4．资本成本是评价投资项目可行性的主要标准

资本成本通常用相对数表示，它是企业对投入资本所要求的报酬率（或收益率），即最低必要报酬率。任何投资项目，如果它预期的投资报酬率超过该项目使用资本的资本成本率，则该项目在经济上就是可行的。因此，资本成本率是企业用以确定项目要求达到的投资报酬率的最低标准。

5. 资本成本是评价企业整体业绩的重要依据

一定时期企业资本成本的高低，不仅反映企业筹资管理的水平，还可作为评价企业整体经营业绩的标准。企业的整个经营业绩可以用企业全部投资的利润率来衡量，并可与企业全部资本的成本率相比较，如果利润率高于成本率，可以认为企业经营有盈利；反之，如果利润率低于成本率，可以认为企业经营不利，业绩不佳，需要改善经营管理，提高企业全部资本的利润率和降低成本率。

四、影响资本成本的因素

1. 总体经济环境

总体经济环境和状态决定企业所处的国民经济发展状况和水平，以及预期的通货膨胀。总体经济环境变化的影响，反映在无风险报酬率上。如果国民经济保持健康、稳定、持续增长，整个社会经济的资本供给和需求相对均衡且通货膨胀水平低，资本所有者投资的风险小，预期报酬率低，筹资的资本成本相应就比较低。相反，如果国民经济不景气或者经济过热，通货膨胀持续居高不下，投资者投资风险大，预期报酬率高，筹资的资本成本就高。

2. 资本市场条件

资本市场效率表现为资本市场上的资本商品的市场流动性。资本商品的流动性高，表现为容易变现且变现时价格波动较小。如果资本市场缺乏效率，证券的市场流动性低，投资者投资风险大，要求的预期报酬率高，那么通过资本市场筹集的资本其资本成本就比较高。

3. 企业经营状况和融资状况

企业内部经营风险是企业投资决策的结果，表现为资产报酬率的不确定性；企业融资状况导致的财务风险是企业筹资决策的结果，表现为股东权益资本报酬率的不确定性。两者共同构成企业总体风险，如果企业经营风险高，财务风险大，则企业总体风险水平高，投资者要求的预期报酬率高，企业筹资的资本成本相应就大。

4. 企业对筹资规模和时限的需求

在一定时期内，国民经济体系中的资本供给总量是一定的，资本是一种稀缺资源。因此企业一次性需要筹集的资本规模越大、占用资本时限越长，资本成本就越高。当然，融资规模、时限与资本成本的正向相关性并非线性关系。一般来说，融资规模在一定限度内，并不引起资本成本的明显变化；当融资规模突破一定限度时，才引起资本成本的明显变化。

五、资本成本计算的基本模式

资本成本可以用绝对数表示，也可以用相对数表示。资本成本用绝对数表示即资本总成本，它是筹资费用和用资费用之和。由于它不能反映用资多少，所以较少使用。资本成本用相对数表示即资本成本率，它是资本占用费与筹资净额的比率，一般讲资本成本多指资本成本率。

（一）一般模式

为了便于分析比较，资本成本通常用不考虑货币时间价值的一般通用模型计算，用相对数即资本成本率表达。计算时，将初期的筹资费用作为筹资额的一项扣除，扣除筹资费用后的筹资额称为筹资净额，通用的计算公式是：

$$资本成本率=\frac{年资本占用费}{筹资总额-筹资费用}\times 100\%$$

由于资本筹集费用一般以筹资总额的某一百分比计算，因此，上述计算公式也可表现为：

$$资本成本率=\frac{年资本占用费}{筹资总额\times(1-筹资费用率)}\times 100\%$$

式中，筹资费用率=筹资费用 ÷ 筹资总额×100%。

【温馨提示】

若资本来源为负债，还存在税前资本成本和税后资本成本的区别。计算税后资本成本需要从年资本占用费中减去资本占用费税前扣除导致的所得税节约额。

（二）贴现模式

对于金额大、时间超过一年的长期资本，更准确一些的资本成本计算方式是采用折现模式，即将债务未来还本付息或股权未来股利分红的折现值与目前筹资净额相等时的贴现率作为资本成本率。

由：

筹资净额现值- 未来资本清偿额现金流量现值=0

可得：

资本成本率=所采用的贴现率

六、个别资本成本的计算

企业以不同方式筹集的资本所付出的代价一般是不同的，企业总的资本成本是由各项个别资本成本及资本比重所决定的。我们对资本成本的计算必须从个别资本成本开始。

个别资本成本是指单一融资方式的资本成本，包括银行借款资本成本、公司债券资本成本、融资租赁资本成本、普通股资本成本、优先股资本成本和留存收益成本等，其中前三类是债权资本成本，后三类是权益资本成本。个别资本成本率可用于比较和评价各种筹资方式。

（一）债权资本成本的计算

债权资本成本包括银行借款资本成本、公司债券资本成本和融资租赁资本成本三种。根据企业所得税法的规定，企业的债务利息允许从税前利润中扣除，从而可以抵免企业所得税。因此，企业实际负担的债务资本成本率应当考虑所得税因素，公式如下：

$$资本成本率=\frac{年利息\times(1-所得税税率)}{债务筹资总额\times(1-债务筹资费率)}\times 100\%$$

在一般模式下，也可简化为：

$$资本成本率=年利率\times\frac{1-所得税税率}{1-借款手续费率}\times 100\%$$

1. 银行借款资本成本的计算

银行借款资本成本包括借款利息和借款手续费用。利息费用税前支付，可以起抵税作用，手续费用是筹资费用的具体体现。一般计算税后资本成本率，税后资本成本率与权益资本成本率具有可比性。银行借款的资本成本率按一般模式计算为：

$$银行借款资本成本率=\frac{长期借款本金\times年利率\times(1-所得税税率)}{长期借款本金\times(1-筹资费率)}\times100\%$$

$$=\frac{年利率\times(1-所得税税率)}{(1-筹资费率)}\times100\%$$

即

$$K_b=\frac{I\,(1-T)}{P_b(1-f)}\times100\%=\frac{i\,(1-T)}{1-f}\times100\%$$

式中，K_b为银行借款资本成本率；I为银行借款年利息；P_b为银行借款筹资总额；T为所得税税率；f为银行借款筹资费率；i为银行借款年利息率。

对于长期借款，考虑时间价值问题，还可以用折现模式计算资本成本率，公式如下：

$$M(1-f)=\sum_{t=1}^{n}\frac{I_t(1-T)}{(1+K_b)^t}+\frac{M}{(1+K_b)^n}$$

式中，M为债务面值或债务本金（名义借款额）；t为期限。

【例 3-5】 齐鲁公司取得 5 年期长期借款 300 万元，年利率 10%，每年付息一次，到期一次还本，借款费用率 0.1%，企业所得税税率 25%，计算该项借款的资本成本率。

解：

不考虑时间价值情况下：

$$K_b=\frac{10\%\times(1-25\%)}{1-0.1\%}=7.51\%$$

2. 公司债券资本成本的计算

公司债券资本成本包括债券利息和借款发行费用。债券可以溢价发行，也可以折价发行，其资本成本率按一般模式计算为：

$$公司债券资本成本率=\frac{债券面值\times票面利率\times(1-所得税税率)}{债券发行价格\times(1-筹资费率)}\times100\%$$

即

$$K_b=\frac{I(1-T)}{L(1-f)}\times100\%=\frac{B\cdot i(1-T)}{L(1-f)}$$

式中，K_b为公司债券资本成本率；I为公司债券年利息；T为所得税税率；L为公司债券发行价格，即公司债券筹资总额；f为公司债券筹资费率；B为公司债券面值总额；i为公司债券年利息率。

【例 3-6】 齐鲁公司以 1 100 元的价格，溢价发行面值为 1 000 元、期限为 5 年、票面利率为 7%的公司债券一批。每年付息一次，到期一次还本，发行费用率 3%，所得税税率 20%。计算该批债券的资本成本率。

解：

$$K_b=\frac{1\,000\times7\%\times(1-20\%)}{1100\times(1-3\%)}=5.25\%$$

考虑资金的时间价值，该项公司债券的资本成本率计算如下：

1 100×（1−3%）=1 000×7%×（1−20%）×（$P/A,K_b,5$）+1 000×（P/F, K_b,5）

按插值法计算，得：

$K_b=4.09\%$

3．融资租赁资本成本的计算

融资租赁各期的租金中，包含有本金每期的偿还和各期手续费用（租赁公司的各期利润），其资本成本率只能按贴现模式计算。

【例 3-7】齐鲁公司于 2013 年 1 月 1 日从租赁公司租入设备一台，该设备价值 60 万元，租期 6 年，租赁期满时预计残值 5 万元，归租赁公司。每年租金为 131 283 元，则有：

600 000−50 000×（$P/F,K_b,6$）=131 283×（$P/A,K_b,6$）

按插值法计算，得：$K_b=10\%$。

（二）权益资本成本的计算

权益资本成本包括普通股资本成本、优先股资本成本和留存收益资本成本三种。根据企业所得税法的规定，公司需以税后利润向股东分派股利，故没有抵税利益。

1．普通股资本成本的计算

普通股资本成本主要是向股东支付的各期股利。由于各期股利并不一定固定，随企业各期收益波动，因此普通股的资本成本具有更大的不确定性，其估算存在很大的困难。所以普通股成本估算与前三种有很大区别。其计算方法一般有三种：股利折现模型、资本资产定价模型和债券收益率加风险报酬率模型。此处，主要介绍前两种。

（1）股利折现模型。股利折现模型的基本公式为：

$$P_0(1-f)=\sum_{i=1}^{n}\frac{D_t}{(1+K_s)^t}$$

式中，P_0 为普通股目前市场价格（发行价格），即筹资总额；f 为普通股筹资费率；D_t 为普通股第 t 年的股利；K_s 为普通股资本成本率，即折现率。

在普通股价格已知的条件下，如果能确定普通股每年股利数就可以反求出普通股成本，而普通股年股利数额会因公司具体股利政策而有所不同。

① 固定股利模型。如果公司采用固定股利政策，即每年分派现金股利相等。假设为每期分派的股利相等，均等于本期支付的股利额 D 元，，则普通股资本成本公式为：

$$\text{普通股资本成本率}=\frac{\text{每年固定股利}}{\text{普通股发行价格}\times(1-\text{筹资费率})}\times100\%$$

即

$$K_s=\frac{D}{P_0(1-f)}\times100\%$$

式中，D 为普通股每期固定股利。

② 股利增长模型。如果公司采用固定股利增长率政策，即每年现金股利都会逐年成同比例递增，则普通股资本成本公式为：

$$K_s = \frac{D_1}{P_0(1-f)} + g$$

其中：$D_1 = D_0 \times (1+g)$。

式中，D_1为预期第 1 年普通股股利；g为普通股年股利增长率，P_0表示目前股票市场价格。

【例 3-8】 齐鲁公司普通股市价 50 元，筹资费用率 2%，本年发放现金股利每股 0.8 元，预期股利年增长率为 10%。则：$K_s = \frac{0.8 \times (1+10\%)}{50 \times (1-2\%)} + 10\% = 11.80\%$。

（2）资本资产定价模型。资本资产定价模型是指根据风险与收益存在的一般关系，普通股投资的必要报酬率等于无风险报酬率加上风险报酬率。投资者要求的报酬率相对于筹资者而言就是其付出的资本成本，因而普通股成本可用资本资产定价模型确定。

$$K_s = R_s = R_f + \beta(R_m - R_f)$$

式中，R_s为普通股资本成本率（风险报酬率）；R_f为无风险报酬率（可用国库券利率表示）；β为股票的系统性风险程度（股票贝塔系数）；R_m为市场平均报酬率（市场组合收益率）；$(R_m - R_f)$为市场风险溢酬。

【例 3-9】 齐鲁公司普通股β系数为 1.6，此时一年期国债利率为 6%，市场平均报酬率为 16%，则该普通股资本成本率为：$K_s = 6\% + 1.6 \times (16\% - 6\%) = 22\%$。

2．优先股资本成本的计算

优先股的股利通常是固定的，公司利用优先股筹资需要花费发行费用，因此，优先股资本成本的计算类似于普通股。计算公式是：

$$Ks = \frac{D}{P_0(1-f)}$$

式中，K_s为优先股资本成本率；D为优先股年股利额；P_0为优先股发行价格，f表示筹资费用率。

3．留存收益资本成本的计算

留存收益是企业税后净利形成的，是一种所有者权益，其实质是所有者向企业的追加投资。它包括盈余公积和未分配利润，其所有权属于普通股股东。从表面上看，企业利用留存收益筹资无须发生筹资费用，实际上，股东愿意将其留用于公司而不作为股利取出投资于别处，总是要求获得与普通股等价的报酬。因此，留存收益的资本成本率，表现为股东追加投资要求的报酬率，其计算方法与普通股成本相同，不同点在于留存收益资本成本不考虑筹资费用。

常用的计算方法是股利增长模型法，其计算公式为：

$$K_s = \frac{D_1}{P_0} + g = \frac{D_0(1+g)}{P_0} + g$$

式中，K_s 为留存收益资本成本，其余同普通股。

七、平均资本成本的计算

平均资本成本是指多元化融资方式下的综合资本成本，反映了企业资本成本整体水平的高低。企业筹资方式是多元化的，如果不考虑风险等其他因素影响，在衡量和评价单一融资方案时，需要计算个别资本成本；在衡量和评价企业筹资总体的经济性时，需要计算企业的平均资本成本，以便确立企业理想的资本结构。

企业平均资本成本，是以各项个别资本在企业总资本中的比重为权数，对各项个别资本成本率进行加权平均而得到的总资本成本率。计算公式为：

$$K_w = \sum_{j=1}^{n} K_j W_j$$

式中，K_w 为综合资本成本（加权平均资本成本）；K_j 为第 j 种资本的资本成本；W_j 为第 j 种资本占全部资本的比重。

平均资本成本的计算，存在着权数价值的选择问题，即各项个别资本按什么权数来确定资本比重。通常，可供选择的价值形式有账面价值、市场价值、目标价值等。

1. 账面价值权数

即以各项个别资本的会计报表账面价值为基础来计算资本权数，确定各类资本占总资本的比重。其优点是，资料容易取得，可以直接从资产负债表中得到，而且计算结果比较稳定。其缺点是，当债券和股票的市价与账面价值差距较大时，导致按账面价值计算出来的资本成本，不能反映目前从资本市场上筹集资本的现时机会成本，不适合评价现时的资本结构。

2. 市场价值权数

即以各项个别资本的现行市价为基础来计算资本权数，确定各类资本占总资本的比重。其优点是，能够反映现时的资本成本水平，有利于进行资本结构决策。其缺点是，现行市价处于经常变动之中，不容易取得，而且现行市价反映的只是现时的资本结构，不适用未来的筹资决策。

3. 目标价值权数

即以各项个别资本预计的未来价值为基础来确定资本权数，确定各类资本占总资本的比重。其优点是，对于公司筹措新资本，需要反映期望的资本结构时，目标价值是有益的，适用于未来的筹资决策。其缺点是，目标价值的确定难免具有主观性。

一般认为，以目标价值为基础计算资本权重，能体现期望的目标资本结构要求。目标价值权数的确定，可以选择未来的市场价值，也可以选择未来的账面价值。选择未来的市场价值，与资本市场现状联系比较紧密，能够与现时的资本市场环境状况结合起来，目标价值权数的确定一般以现时市场价值为依据。但市场价值波动频繁，可行方案是选用市场价值的历史平均值，如 30 日、60 日、120 日均价等。总之，目标价值权数是主观愿望和预期的表现，依赖于财务经理的价值判断和职业经验。

【例 3-10】齐鲁公司 20×5 年期末的长期资金账面总额为 2 000 万元，其中：银行长期贷款 800 万元，占 40%；长期债券 200 万元，占 10%；普通股 1 000 万元，占 50%。长期贷款、长期债券和普通股的个别资本成本分别为：5%、6%、9%。普通股市场价值为 1 800

万元，债务市场价值等于账面价值。计算该公司的平均资本成本。

解：

按账面价值计算：$K_w = 5\% \times 40\% + 6\% \times 10\% + 9\% \times 50\% = 7.1\%$

按市场价值计算：$K_s = \dfrac{5\% \times 800 + 6\% \times 200 + 9\% \times 1\,800}{800 + 200 + 1\,800} = 7.64\%$

八、边际资本成本的计算

边际资本成本是企业追加筹资的成本，即资本每增加一个单位而增加的成本。企业的个别资本成本和平均资本成本，是企业过去筹集的单项资本的成本和目前使用全部资本的成本。然而，企业在追加筹资时，不能仅仅考虑目前所使用资本的成本，还要考虑新筹集资本的成本，即边际资本成本。边际资本成本，是企业进行追加筹资的决策依据。筹资方案组合时，边际资本成本的权数采用目标价值权数。

下面举例说明建立边际资本成本率规划的过程与方法。

【例 3-11】 齐鲁公司现有资本 2 000 万元，其中长期借款 200 万元，长期债券 400 万元，普通股 1 400 万元。公司考虑扩大经营规模，拟筹集新的资本。公司经分析，认为目前的资本结构是最优的，希望筹集新资本后能保持目前的资本结构。

（一）确定目标资本结构

目标资本结构是筹资方筹集新资本后拟达到的资本结构，是企业确定的一种较为理想的资本结构。经计算，该公司的目标资本结构为长期借款 10%，长期债券 20%，普通股 70%。

（二）计算各种筹资方式的资本成本率

财务人员分析了资本市场状况和公司的筹资能力，认定随着公司筹资规模的扩大，各种筹资方式的资本成本率也会发生变动，计算结果表 3-4 所示。

表 3-4　齐鲁公司筹资资料

资本种类	目标资本结构	新筹资的数量范围（元）	个别资本成本
长期借款	10%	0 ~ 100 000	6%
		大于 100 000	7%
长期债券	20%	0 ~ 280 000	8%
		大于 280 000	9%
普通股	70%	0 ~ 420 000	10%
		420 000 ~ 630 000	11%
		大于 630 000	12%

（三）计算筹资总额的分界点（突破点）

根据目标资本结构和各种个别资本成本变化的分界点（突破点），计算筹资总额的分界点（突破点）。其计算公式为：

$$\mathrm{BP}_j = \frac{\mathrm{TF}_j}{W_j}$$

式中，BP_j 为筹资总额的分界点；TF_j 为第 j 种个别资本成本的分界点；W_j 为目标资本

结构中第 j 种资本的比重。

华东公司的筹资总额分界点如表 3-5 所示。

表 3-5 筹资总额分界点计算表

资本种类	个别资本成本	新筹资范围（元）	筹资总额分界点（元）	新筹资总额范围（元）
长期借款（10%）	6% 7%	0 ~ 100 000 大于 100 000	100 000/10%=1 000 000	0 ~ 1 000 000 大于 1 000 000
长期债券（20%）	8% 9%	0 ~ 280 000 大于 280 000	280 000/20%=1 400 000	0 ~ 1 400 000 大于 1 400 000
普通股（70%）	10% 11% 12%	0 ~ 420 000 420 000 ~ 630 000 大于 630 000	420 000/70%=600 000 630 000/70%=900 000	0 ~ 600 000 600 000 ~ 900 000 大于 900 000

筹资总额分界点是指引起某资本种类资本成本变化的分界点。如表 3-4 所示，长期借款，筹资总额不超过 100 万元，资本成本为 6%；超过 100 万元，资本成本就要增加到 7%。那么筹资总额在 100 万元左右时，尽量不要超过 100 万元。然而要维持原有资本结构，必然要多种资本按比例同时筹集，单考虑某个别资本成本是不成立的，必须考虑综合的边际资本成本。

（四）计算各筹资总额范围的边际资本成本（见表 3-6）

表 3-6 边际资本成本计算表

序 号	筹资总额范围（元）	资本种类	资本结构	资本成本	边际资本成本
1	0 ~ 600 000	长期借款	10%	6%	0.6%
		长期债券	20%	8%	1.6%
		普通股	70%	10%	7%
第一个筹资范围的边际资本成本=9.2%					
2	600 000 ~ 900 000	长期借款	10%	6%	0.6%
		长期债券	20%	8%	1.6%
		普通股	70%	11%	7.7%
第二个筹资范围的边际资本成本=9.9%					
3	900 000 ~ 1 000 000	长期借款	10%	6%	0.6%
		长期债券	20%	8%	1.6%
		普通股	70%	12%	8.4%
第三个筹资范围的边际资本成本=10.6%					
4	1 000 000 ~ 1 400 000	长期借款	10%	7%	0.7%
		长期债券	20%	8%	1.6%
		普通股	70%	12%	8.4%
第四个筹资范围的边际资本成本=10.7%					
5	1 400 000 以上	长期借款	10%	7%	0.7%
		长期债券	20%	9%	1.8%
		普通股	70%	12%	8.4%

第五个筹资范围的边际资本成本=10.9%

齐鲁公司可以按照表 3-6 的结果规划追加筹资，尽量不要由一段范围突破到另一段范围。

【想一想】

在进行筹资决策时，在什么情况下分别选择个别资本成本、加权平均资本成本或边际资本成本作为决策依据？

业务二　掌握杠杆效应的计算

业务描述

理解经营杠杆效应、财务杠杆效应和总杠杆效应的概念，掌握经营杠杆系数、财务杠杆系数和总杠杆系数的计算方法，分析杠杆效应与杠杆风险之间的关系。

相关知识

物理学中的杠杆效应，是指在合适的支点上，通过使用杠杆，可以用很小的力量移动较重物体的现象。财务管理中存在着类似于物理学中的杠杆效应，表现为：由于特定固定支出或费用的存在，导致当某一财务变量以较小幅度变动时，另一相关变量会以较大幅度变动。财务管理中的杠杆效应，包括经营杠杆、财务杠杆和总杠杆三种效应形式。

杠杆效应既可以产生杠杆利益，也可能带来杠杆风险。因此，企业的资本结构决策应当在杠杆利益与风险之间进行权衡。

一、经营杠杆效应

（一）经营杠杆的含义

经营杠杆，是指由于固定性经营成本的存在，而使得企业的资产报酬（息税前利润）变动率大于业务量变动率的现象。经营杠杆反映了资产报酬的波动性，用以评价企业的经营风险。

企业在生产经营中会有这么一种现象：在单价和成本水平不变的条件下，销售量的增长会引起息税前利润以更大的幅度增长，这就是经营杠杆效应。用息税前利润（EBIT）表示资产总报酬，则：

$$\text{EBIT}=S-V-F=(P-V_c)\ Q-F=M-F$$

式中，EBIT 是息税前利润；S 是销售额；V 是变动性经营成本；F 是固定性经营成本；P 是销售单价；V_c 是单位变动成本；Q 是产销业务量；M 是边际贡献。

上式中，影响 EBIT 的因素包括产品售价、产品需求、产品成本等因素。当产品成本中存在固定成本时，如果其他条件不变，产销业务量的增加会降低单位产品分摊的固定成本，从而提高单位产品利润，使息税前利润的增长率大于产销业务量的增长率，进而产生经营杠杆效应。但是当不存在固定性经营成本时，所有成本都是变动性经营成本，边际贡献等于息税前利润，此时息税前利润变动率与产销业务量的变动率完全一致。所以，只要企业存在固定成本，就存在经营杠杆效应。

（二）经营杠杆系数

测算经营杠杆效应程度，常用指标为经营杠杆系数。经营杠杆系数（DOL），也称经营杠杆率，是指息税前利润变动率与产销业务量变动率的比。为了反映营业杠杆的作用程度，估计营业杠杆利益的大小，评价营业风险的高低，需要计算经营杠杆系数。其计算公式为：

$$\text{经营杠杆系数（DOL）}=\frac{\text{息税前利润变动率}}{\text{产销业务量变动率}}=\frac{\Delta \text{EBIT}}{\text{EBIT}_0}\bigg/\frac{\Delta Q}{Q_0}$$

式中，DOL 是经营杠杆系数；ΔEBIT 是息税前利润变动额；ΔQ 是产销业务量变动值。

上式经整理，经营杠杆系数的计算也可以简化为：

$$\text{DOL}=\frac{\text{基期边际贡献}}{\text{基期息税前利润}}=\frac{M_0}{M_0-F_0}=\frac{\text{EBIT}_0+F_0}{\text{EBIT}_0}=\frac{M_0}{\text{EBIT}_0}$$

【例 3-12】齐鲁公司销售某服装，固定成本为 600 万元，变动成本率为 60%。20×2 年的年销售额为 6 000 万元，变动成本为 3 600 万元，息税前利润为 1 800 万元；20×3 年的年销售额为 7 500 万元，变动成本为 4 500 万元，息税前利润为 2 400 万元。

解：

$$\text{DOL}=\frac{\Delta \text{EBIT}}{\text{EBIT}_0}\bigg/\frac{\Delta Q}{Q_0}=\frac{600}{1\,800}\bigg/\frac{1\,500}{6\,000}=1.33$$

或

$$\text{DOL}=\frac{M_0}{\text{EBIT}_0}=\frac{6\,000-3\,600}{1\,800}=1.33$$

可以看出，该公司销售额增长了 25%，息税前利润增长了 33.33%，产生了 1.33 倍的经营杠杆效应。

（三）经营杠杆与经营风险

经营风险是指企业由于生产经营上的原因而导致的资产报酬波动的风险。

引起企业经营风险（资产报酬波动）的主要原因是市场需求、价格、成本等因素的不确定性，经营杠杆本身并不是资产报酬不确定的根源，只是资产报酬波动的表现。但是，经营杠杆放大了市场和生产等因素变化对利润波动的影响。经营杠杆系数越高，表明资产报酬等利润波动程度越大，经营风险也就越大。根据经营杠杆系数的计算公式，有：

$$\text{DOL}=\frac{\text{EBIT}_0+F_0}{\text{EBIT}_0}=1+\frac{F_0}{\text{EBIT}_0}=1+\frac{F_0}{(P-V_C)Q_0-F_0}$$

从上式可知，影响经营杠杆的因素包括：企业成本结构中的固定成本比重；息税前利润水平。其中，息税前利润水平又受产品销售数量、销售价格、成本水平（单位变动成本和固定成本总额）高低的影响。固定成本比重越高、成本水平越高、产品销售数量和销售价格水平越低，经营杠杆效应越大，反之亦然。

上式表明，在企业不发生经营性亏损、息税前利润为正的前提下，经营杠杆系数最低为 1，不会为负数；只要有固定性经营成本存在，经营杠杆系数总是大于 1，固定成本比例越高，经营杠杆系数越大。

【例 3-13】 某企业生产 A 产品，固定成本为 150 万元，变动成本率为 60%，当销售额分别为 1 200 万元、800 万元、375 万元时，经营杠杆系数分别为：

$$DOL_{1\,200}=\frac{1\,200-1\,200\times 60\%}{1\,200-1\,200\times 60\%-150}=1.45$$

$$DOL_{800}=\frac{800-800\times 60\%}{800-800\times 60\%-150}=1.88$$

$$DOL_{375}=\frac{375-375\times 60\%}{375-375\times 60\%-150}=\infty$$

上例计算结果表明：在其他因素不变的情况下，销售额越小，经营杠杆系数越大，经营风险也就越大，反之亦然。例如，销售额为 1 200 万元时，DOL 为 1.45；销售额为 800 万元时，DOL 为 1.88，显然后者的不稳定性大于前者，经营风险也大于前者。在销售额处于盈亏临界点 375 万元时，经营杠杆系数趋于无穷大，此时企业销售额稍有减少便会导致更大的亏损。

二、财务杠杆效应

（一）财务杠杆的含义

财务杠杆，是指由于固定性资本成本的存在，而使得企业的普通股收益（或每股收益）变动率大于息税前利润变动率的现象。财务杠杆反映了股权资本报酬的波动性，用以评价企业的财务风险。

用普通股收益或每股收益表示普通股权益资本报酬，则：

$$TE=(EBIT-I)(1-T)$$

$$EPS=TE/N=[(EBIT-I)(1-T)]/N$$

式中，TE 为全部普通股净收益，即净利润；EPS 为每股收益；I 为债务资本利息；T 为所得税税率；N 为普通股股数。

【温馨提示】

如果存在优先股股利的话，计算 TE 时，应将优先股股利扣除。计算如下：

$$TE=(EBIT-I)(1-T)-D$$

$$EPS=TE/N=[(EBIT-I)(1-T)-D]/N$$

上式中，影响普通股收益的因素包括资产报酬、资本成本、所得税税率等因素。当有固定利息费用等资本成本存在时，如果其他条件不变，息税前利润的增加虽然不改变固定利息费用总额，但会降低每一元息税前利润分摊的利息费用，从而提高每股收益，使得普通股收益的增长率大于息税前利润的增长率，进而产生财务杠杆效应。当不存在固定利息、股息等资本成本时，息税前利润就是利润总额，此时利润总额变动率与息税前利润变动率完全一致。如果两期所得税税率和普通股股数保持不变，每股收益的变动率与利润总额变动率也完全一致，进而与息税前利润变动率一致。

（二）财务杠杆系数

测算财务杠杆效应程度，常用指标为财务杠杆系数。财务杠杆系数（DFL），也称财务杠杆率，是每股收益变动率与息税前利润变动率的比。

只要企业融资方式中存在固定性资本成本，如固定利息、固定融资租赁费等，就会产生财务杠杆效应。其计算公式为：

$$\text{财务杠杆系数(DFL)}=\frac{\text{普通股每股收益变动率}}{\text{息税前利润变动率}}=\frac{\Delta \text{EPS}/\text{EPS}_0}{\Delta \text{EBIT}/\text{EBIT}_0}$$

式中，ΔEPS 为每股收益变动额。

上式经整理，财务杠杆系数的计算也可以简化为：

$$\text{DFL}=\frac{\text{基期息税前利润}}{\text{基期息税前利润}-\text{基期利息}}=\frac{\text{EBIT}_0}{\text{EBIT}_0-I_0}$$

【例 3-14】有甲、乙、丙三个公司，资本总额均为 1 000 万元，所得税税率均为 30%，每股面值均为 1 元。甲公司资本全部由普通股组成；乙公司为债务资金 300 万元（利率 10%）、普通股 700 万元；丙公司为债务资金 500 万元（利率 10.8%）、普通股 500 万元。三个公司 20×8 年的 EBIT 均为 200 万元，20×9 年的 EBIT 均为 300 万元，EBIT 增长了 50%。有关财务指标如表 3-7 所示。

表 3-7 普通股收益及财务杠杆的计算

利润项目		甲 公 司	乙 公 司	丙 公 司
普通股股数		1 000 万股	700 万股	500 万股
普通股收益（等于净利润）	20×8 年	140 万元	119 万元	102.2 万元
	20×9 年	210 万元	189 万元	172.2 万元
	增长率	50%	58.82%	68.49%
每股收益	20×8 年	0.14 元	0.17 元	0.20 元
	20×9 年	0.21 元	0.27 元	0.34 元
	增长率	50%	58.82%	68.49%
财务杠杆系数		1.000	1.176	1.370

可见，资本成本固定型的资金所占比重越高，财务杠杆系数就越大。甲公司资金全部由普通股组成，由于不存在固定资本成本的资金，没有财务杠杆效应；乙公司存在债务资金 300 万元，其普通股收益增长幅度是息税前利润增长幅度的 1.176 倍；丙公司存在债务资金 500 万元，并且债务资金的比重比乙公司高，其普通股收益增长幅度是息税前利润增长幅度的 1.370 倍。

（三）财务杠杆与财务风险

财务风险是指企业由于筹资产生的固定资本成本负担而导致的普通股收益波动的风险。

引起企业财务风险的主要原因是资产报酬（息税前利润）的不利变化和固定资本成本的负担。由于财务杠杆的作用，当企业的息税前利润下降时，企业仍然需要支付固定的资本成本，导致普通股剩余收益以更快的速度下降。财务杠杆放大了资产报酬变化对普通股收益的影响，财务杠杆系数越高，表明普通股收益的波动程度越大，财务风险也就越大。只要有固定性资本成本存在，财务杠杆系数总是大于 1。

根据财务杠杆系数的计算公式，有：

$$\text{DFL}=1+\frac{I_0}{\text{EBIT}_0-I_0}$$

从上式可知，影响财务杠杆的因素包括：企业资本结构中债务资本比重、普通股收益水平、所得税税率水平。其中，普通股收益水平又受息税前利润、固定资本成本（利息）高低的影响。债务成本比重越高、固定的资本成本支付额越高、息税前利润水平越低，财务杠杆效应越大，反之亦然。

【例 3-15】在例 3-14 中，三个公司 20×8 年的财务杠杆系数分别为：甲公司 1.000；乙公司 1.176；丙公司 1.370。这意味着，如果息税前利润下降时，甲公司的每股收益与之同步下降，而乙公司和丙公司的每股收益会以更大的幅度下降。导致各公司每股收益不为负数的息税前利润最大降幅如表 3-8 所示。

表 3-8 息税前利润降幅

公 司	财务杠杆系数	每股收益降低	息税前利润降低
甲	1.000	100%	100%
乙	1.176	100%	85.03%
丙	1.370	100%	72.99%

上述结果意味着，丙公司 20×9 年在 20×8 年的基础上，息税前利润降低 72.99%，普通股收益会出现亏损；乙公司息税前利润降低 85.03%，普通股收益会出现亏损；甲公司息税前利润降低 100%，普通股收益会出现亏损。显然，丙公司不能支付利息、不能满足普通股股利要求的财务风险远高于其他公司。

三、总杠杆效应

（一）总杠杆的含义

经营杠杆和财务杠杆可以独自发挥作用，也可以综合发挥作用，总杠杆是用来反映两者之间共同作用结果的，即权益资本报酬与产销业务量之间的变动关系。由于固定性经营成本的存在，产生经营杠杆效应，导致息税前利润的变动幅度大于产销业务量的变动幅度；同样，由于固定性资本成本的存在，产生财务杠杆效应，又导致每股收益的变动幅度大于息税前利润的变动幅度。两种杠杆共同作用，将导致产销业务量的变动引起普通股每股收益更大的变动，即总杠杆效应。

总杠杆，是指由于固定经营成本和固定资本成本的存在，导致普通股每股收益变动率大于产销业务量的变动率的现象。

（二）总杠杆系数

测算总杠杆效应程度，常用指标为总杠杆系数。总杠杆系数（DTL），又称综合杠杆系数，也称复合杠杆系数，是经营杠杆系数和财务杠杆系数的乘积，是普通股每股收益变动率相当于产销业务量变动率的倍数。

只要企业同时存在固定性经营成本和固定性资本成本，就存在总杠杆效应。产销量变动通过息税前利润的变动，传导至普通股收益，使得每股收益发生更大的变动。其计算公式为：

$$总杠杆系数=经营杠杆系数\times财务杠杆系数=\frac{普通股每股收益变动率}{产销业务量变动率}$$

即
$$\text{DTL}=\text{DOL}\times\text{DFL}=\frac{\Delta\text{EPS}}{\text{EPS}_0}\bigg/\frac{\Delta Q}{Q_0}$$

上式经整理，总杠杆系数的计算也可以简化为：

总杠杆系数=基期边际贡献/（基期息税前利润−基期利息）

=基期边际贡献/基期利润总额

即
$$\text{DTL}=\frac{\text{M}_0}{\text{M}_0-F_0-I_0}=\frac{\text{M}_0}{\text{EBIT}_0-I_0}$$

【例 3-16】某公司有关资料如表 3-9 所示，假设变动成本率为 60%，可以分别计算其 20X4 年的经营杠杆系数、财务杠杆系数和总杠杆系数。

表 3-9　杠杆效应计算表　　单位：万元

项　　目	20X4 年	20X5 年	变动率
销售收入	2 000	2 400	+20%
边际贡献（M）	800	960	+20%
固定成本	400	400	—
息税前利润（EBIT）	400	560	+40%
利息（I）	100	100	—
利润总额	300	460	+53.33%
净利润（税率 25%）	225	345	+53.33%
每股收益（300 万股，元）	0.75	1.15	+53.33%
经营杠杆（DOL）	M_0/EBIT$_0$ =800/400		2.000
财务杠杆（DFL）	EBIT$_0$/（EBIT$_0$−I_0）=400/（400−100）		1.333
总杠杆（DTL）	DOL × DFL= M_0/（EBIT$_0$−I_0）=800/（400−100）		2.667

（三）总杠杆与公司风险

公司风险包括企业的经营风险和财务风险。总杠杆系数反映了经营杠杆和财务杠杆之间的关系，用以评价企业的整体风险水平。在总杠 杆系数一定的情况下，经营杠杆系数与财务杠杆系数此消彼长。

总杠杆效应的意义在于：第一，能够说明产销业务量变动对普通股收益的影响，据以预测未来的每股收益水平；第二，揭示了财务管理的风险管理策略，即要保持一定的风险状况水平，需要维持一定的总杠杆系数，经营杠杆和财务杠杆可以有不同的组合。

一般来说，在企业初创阶段，产品市场占有率低，产销业务量小，经营杠杆系数大，此时企业筹资主要依靠权益资本，在较低程度上使用财务杠杆；在企业扩张成熟期，产品市场占有率高，产销业务量大，经营杠杆系数小，此时，企业资本结构中可扩大债务资本，在较高程度上使用财务杠杆。

一般来说，固定资产比重较大的资本密集型企业，经营杠杆系数高，经营风险大，企业筹资主要依靠权益资本，以保持较小的财务杠杆系数和财务风险；变动成本比重较大的劳动密集型企业，经营杠杆系数低，经营风险小，企业筹资主要依靠债务资本，保持较大的财务杠杆系数和财务风险。

【想一想】

物理学中的杠杆效应要有合适的支点，才能通过杠杆用很小的力量移动较重的物体。那么财务管理中，三种杠杆效应中的支点分别是什么？

业务三　掌握资本结构的优化方法

业务描述

理解资本结构的含义，了解资本结构决策的影响因素，掌握优化资本结构的方法。

相关知识

资本结构及其管理是企业筹资管理的核心问题。企业应综合考虑有关影响因素，运用适当的方法确定最佳资本结构，提升企业价值。如果企业现有资本结构不合理，应通过筹资活动优化调整资本结构，使其趋于科学合理。

一、资本结构的含义

资本结构是指企业资本总额中各种资本的构成及其比例关系。筹资管理中，资本结构有广义和狭义之分。

广义的资本结构包括全部资本的构成比率，它不仅包括长期资本，还包括短期资本，主要是短期债务资本。

狭义的资本结构是指企业各种长期资本的构成比率，尤其是指长期负债与股东权益资本的构成比率。狭义资本结构下，短期债务作为营运资本来管理。本书所指的资本结构通常仅是狭义的资本结构。

二、资本结构决策的影响因素

资本结构是一个产权结构问题，是社会资本在企业经济组织形式中的资源配置结果。资本结构的变化，将直接影响社会资本所有者的利益。

（一）企业经营状况的稳定性和成长性

企业销售的稳定程度对资本结构有重要影响。如果企业的销售比较稳定，则可较多地负担固定的财务费用，此时可选择债务比例较高的资本成本；如果企业处于初创阶段，则经营风险高，应控制债务资本的比重；如果企业处于成熟阶段，销售业务稳定持续增长，经营风险低，可适度增加债务资本的比重，发挥财务杠杆效应；如果企业处于收缩阶段，产品市场占有率下降，经营风险逐步加大，应逐步降低债务资本的比重，保证经营现金流量能够偿付到期债务，保持持续经营能力，降低财务风险。

（二）企业的财务状况和信用等级

企业财务状况越好，信用等级越高，筹资能力越强，债权人越愿意向企业提供信用，企业越容易获得债务资本。相反，如果企业财务情况欠佳，信用等级不高，债权人投资风险大，这样会降低企业获得信用的能力，加大债务资本筹资的资本成本。

（三）企业的资产结构

资产结构对企业资本结构的影响主要包括：拥有大量固定资产的企业主要通过长期负债和发行股票筹集资本；拥有较多流动资产的企业更多地依赖流动负债筹集资本；资产适用于抵押贷款的企业负债较多；以技术研发为主的企业则负债较少。

（四）企业所有者和管理当局的态度

资本结构决策最终由企业所有者（投资者）和管理当局做出，他们的态度对资本结构会产生重要影响。喜好冒险者，可能会安排较高的债务资本比重；反之，稳健者则会安排较低的债务资本比重。

（五）行业特征和企业规模

不同行业，资本结构差异很大。产品市场稳定的成熟产业，经营风险低，因此可提高债务资本比重，发挥财务杠杆作用；高新技术企业的产品、技术、市场尚不成熟，经营风险高，因此可降低债务资本比重，控制财务杠杆风险。

不同规模的企业，资本结构安排不同。一般而言，企业规模越大，筹资方式就越多，筹资能力就越强，债务资本比例较低；而一些中小企业筹资方式比较单一，主要依靠向银行借款来解决自身的资本需求，因而这些企业的债务资本比例较高，筹资能力较弱。

（六）税收政策和货币政策

资本结构决策必然要研究理财环境因素，特别是宏观经济状况。政府调控经济的手段包括财政税收政策和货币金融政策。当所得税税率较高时，债务资本的抵税作用大，企业选择倾向于债务筹资。货币金融政策影响资本供给，从而影响利率水平的变动，也会影响企业的资本结构，当国家执行紧缩的货币政策时，市场利率较高，企业债务资本成本增大。

三、资本结构的优化

资本结构优化，要求企业权衡负债的低资本成本和高财务风险的关系，确定合理的资本结构。资本结构优化的目标，是降低平均资本成本率或提高普通股每股收益。

（一）认知最佳资本结构

不同的资本结构会给企业带来不同的后果。企业利用债务资本进行举债经营具有双重作用，既可以发挥财务杠杆效应，也可能带来财务风险。因此企业必须权衡财务风险和资本成本的关系，确定最佳的资本结构。评价企业资本结构最佳状态的标准应该是能够提高股权收益或降低资本成本，最终目的是提升企业价值。股权收益，表现为净资产报酬率或普通股每股收益；资本成本，表现为企业的平均资本成本率。根据资本结构理论，当公司平均资本成本最低时，公司价值最大。

所谓最佳资本结构，是指在一定条件下使企业平均资本成本率最低、企业价值最大的资本结构。资本结构优化的目标，是降低平均资本成本率或提高普通股每股收益。

从理论上讲，最佳资本结构是存在的，但由于企业内部条件和外部环境的经常性变化，动态地保持最佳资本结构十分困难。因此在实践中，目标资本结构通常是企业结合自身实际进行适度负债经营所确立的资本结构。

（二）进行最佳资本结构决策

确定最佳资本结构的方法通常有平均资本成本比较法、每股收益无差别点分析法、企业价值分析法。

1. 平均资本成本比较法

平均资本成本比较法，是通过计算和比较加权平均资本成本的高低来确定资本结构的方法。加权平均资本成本最低的资本结构就是最合理的资本结构。这种方法侧重于从资本投入的角度对筹资方案和资本结构进行优化分析。其决策步骤如下。

第一步：计算各备选方案的个别资本成本和加权平均资本成本。

第二步：比较各备选方案的加权平均资本成本，选择最优资本结构。

该方法的优点是：计算简便，通俗易懂。缺点是：仅限于几种备选方案的比较，可能遗漏最优方案。

【例 3-17】齐鲁公司需筹集 100 万元长期资本，可以用长期借款、发行公司债券、发行普通股三种方式筹集，其个别资本成本已分别测定，有关资料如表 3-10 所示。

表 3-10 齐鲁公司资本成本与资本结构数据表

筹资方式	资本结构			个别资本成本
	第一种方案	第二种方案	第三种方案	
长期借款	30%	20%	40%	6%
公司债券	15%	20%	10%	8%
普 通 股	55%	60%	50%	9%
合 计	100%	100%	100%	

首先，分别计算三个方案的加权平均资本成本 K。

第一种方案：$K=30\%\times6\%+15\%\times8\%+55\%\times9\%=7.95\%$

第二种方案：$K=20\%\times6\%+20\%\times8\%+60\%\times9\%=8.2\%$

第三种方案：$K=40\%\times6\%+10\%\times8\%+50\%\times9\%=7.7\%$

其次，根据企业筹资评价的其他标准，考虑企业的其他因素，对各个方案进行修正之后，再选择其中成本最低的方案。本例中假设其他因素对方案选择的影响甚小，则第三种方案的综合资本成本最低。这样，该公司的资本结构为长期借款 40 万元，发行公司债券 10 万元，发行普通股 50 万元。

2. 每股收益无差别点分析法

每股收益无差别点法，也称 EBIT-EPS 分析法，是通过每股收益无差别点来进行资本结构决策的方法。所谓每股收益无差别点，是指不同筹资方式下每股收益都相等时的息税前利润或业务量水平。根据每股收益无差别点，可以分析判断在什么样的息税前利润水平或产销业务量水平前提下，适于采用何种筹资组合方式，进而确定企业的资本结构安排。该方法的计算步骤如下。

第一步：列出不同筹资方式下每股收益计算式。

$$\mathrm{EPS}=\frac{(\mathrm{EBIT}-I)\times(1-T)}{N}$$

式中，N 是普通股股数。

第二步：令两种筹资方式的每股收益相等，式中设息税前利润为未知数。

$$\frac{(\overline{\mathrm{EBIT}}-I_1)\times(1-T)}{N_1}=\frac{(\overline{\mathrm{EBIT}}-I_2)\times(1-T)}{N_2}$$

式中，$\overline{\mathrm{EBIT}}$ 是每股收益无差别点，即息税前利润平衡点；I_1、I_2 是两种筹资方式下的利息；N_1、N_2 是两种筹资方式下的普通股股数。

【温馨提示】

如果存在优先股股利 DP_1 和 DP_2 的话，则应从净利润中将优先股股利扣除。

$$\frac{(\overline{\mathrm{EBIT}}-I_1)\times(1-T)-\mathrm{DP}_1}{N_1}=\frac{(\overline{\mathrm{EBIT}}-I_2)\times(1-T)-\mathrm{DP}_2}{N_2}$$

第三步：求出息税前利润即每股收益无差别点。

$$\overline{\mathrm{EBIT}}=\frac{I_1\times N_2-I_2\times N_1}{N_2-N_1}$$

在每股收益无差别点上，无论是采用债务还是股权筹资方案，每股收益都是相等的。

第四步：决策筹资方案。

决策的基本原理是：

（1）当实际或预期息税前利润（或业务量水平）大于每股收益无差别点时，应当选择财务杠杆效应较大的筹资方案，即运用债务资本筹资方式可获得较高的每股收益。

（2）当实际或预期息税前利润（或业务量水平）小于每股收益无差别点时，应当选择财务杠杆效应较小的筹资方案，即运用权益资本筹资方式可获得较高的每股收益。

（3）当实际或预期息税前利润（或业务量水平）等于每股收益无差别点时，运用两种筹资方式获得的每股收益一致，此时选择两种方式均可。

【例 3-18】齐鲁公司目前资本结构为：总资本 2 000 万元，其中债务资本 800 万元（年利息 80 万元）；普通股资本 1 200 万元（1 200 万股，面值 1 元，市价 5 元）。企业由于有一个较好的新投资项目，需要追加筹资 600 万元，有两种筹资方案如下。

甲方案：向银行取得长期借款 600 万元，利息率 16%。

乙方案：增发普通股 200 万股，每股发行价 3 元。

（假设企业所得税税率为 25%）

解：

第一步：根据上述数据，代入无差别点公式。

$$\frac{(\overline{\text{EBIT}}-80)\times(1-25\%)}{1\,200+200}=\frac{(\overline{\text{EBIT}}-80-96)\times(1-25\%)}{1\,200}$$

第二步：计算。

$\overline{\text{EBIT}}$=752（万元）

EPS =0.384（元）

那么，$\overline{\text{EBIT}}$ 为 752 万元是两个筹资方案的每股收益无差别点。在此点上，两个方案的每股收益相等，均为 0.384 元。

第三步：做出决策筹资方案。

（1）当预期的 $\overline{\text{EBIT}}$ 大于 752 时，应选用甲方案，即运用债务筹资方式可获得较高每股收益。

（2）当预期的 $\overline{\text{EBIT}}$ 小于 752 时，应选用乙方案，即运用权益筹资方式可获得较高每股收益。

（3）当预期的 $\overline{\text{EBIT}}$ 等于 7752 时，选择两种方案均可，获得的每股收益一致。

3．企业价值分析法

以上两种方法都是从账面价值的角度进行资本结构优化分析，没有考虑市场反应，也没有考虑风险因素。

企业价值分析法，是在考虑市场风险的基础上，以企业市场价值为标准，进行资本结构优化。即能够提升公司价值的资本结构，就是合理的资本结构。这种方法主要用于对现有资本结构进行调整，适用于资本规模较大的上市公司。同时，在企业价值最大的资本结构下，公司的加权平均资本成本率也是最低的。

（1）确定企业市场价值模型。

$$V=S+B$$

式中，V 为公司价值；B 为债务资金价值；S 为权益资本价值。

（2）计算债务资金价值和权益资本价值。

为简化分析，假设公司各期的 EBIT 保持不变，债务资金的市场价值等于其面值。

权益资本的市场价值按公司未来净收益的折现现值测算，其计算公式为：

$$S=\frac{(\text{EBIT}-I)\times(1-T)}{K_s}$$

$$K_s=R_s=R_f+\beta(R_m-R_f)$$

（3）计算不同资本结构下的加权平均资本成本，其计算公式为：

$$K_w=K_b\frac{B}{V}(1-T)+K_s\frac{S}{V}$$

（4）做出决策。企业价值最高，且加权平均资本成本最低的资本结构为最合理的资本结构。

【例 3-19】 某公司息税前利润为 400 万元，资本总额账面价值为 1 000 万元。假设无风险报酬率为 6%，证券市场平均报酬率为 10%，所得税税率为 40%。经测算，不同债务水平下的权益资本成本率和债务资本成本率如表 3-11 所示。

表 3-11 不同债务水平下的债务资本成本率和权益资本成本率

债务市场价值 B（万元）	税前债务利息率 K_b	股票 β 系数	权益资本成本率 K_s
0	—	1.50	12.0%
200	8.0%	1.55	12.2%
400	8.5%	1.65	12.6%
600	9.0%	1.80	13.2%
800	10.0%	2.00	14.0%
1 000	12.0%	2.30	15.2%
1 200	15.0%	2.70	16.8%

（1）根据表 3-11 的资料，将以上数据分别代入公式：

$$S=\frac{(\text{EBIT}-I)\times(1-T)}{K_s}$$

计算不同债务市场价值下的股票市场价值：

当 $B=0$ 时，$S=\dfrac{(400-0)\times(1-40\%)}{12.0\%}=2\,000$（万元）

当 $B=200$ 时，$S=\dfrac{(400-200\times8.0\%)\times(1-40\%)}{12.2\%}=1889$（万元）

当 $B=400$ 时，$S=\dfrac{(400-400\times8.5\%)\times(1-40\%)}{12.6\%}\approx1\,743$（万元）

当 $B=600$ 时，$S=\dfrac{(400-600\times9.0\%)\times(1-40\%)}{13.2\%}\approx1\,573$（万元）

当 $B=800$ 时，$S=\dfrac{(400-800\times10.0\%)\times(1-40\%)}{14.0\%}\approx1\,371$（万元）

当 $B=1\,000$ 时，$S=\dfrac{(400-1000\times12.0\%)\times(1-40\%)}{15.2\%}\approx1105$（万元）

当 $B=1\,200$ 时，$S=\dfrac{(400-1200\times15.0\%)\times(1-40\%)}{16.8\%}\approx786$（(万元）

（2）计算不同资本结构下的企业总价值和综合资本成本，如表 3-12 所示。

表 3-12 公司价值和平均资本成本率　　单位：万元

债务市场价值	股票市场价值	公司总价值	税后债务资本成本	普通股资本成本	平均资本成本
0	2 000	2 000	—	12.0%	12.0%
200	1 889	2 089	4.80%	12.2%	11.5%
400	1 743	2 143	5.10%	12.6%	11.2%
600	1 573	2 173	5.40%	13.2%	11.0%
800	1 371	2 171	6.00%	14.0%	11.1%
1 000	1.105	2 105	7.20%	15.2%	11.4%
1 200	786	1 986	9.00%	16.8%	12.1%

（3）做出最优资本结构决策。

（1）通过以上计算可知，在没有债务资本的情况下，公司的总价值等于股票的账面价值。

（2）当公司增加债务资金时，财务杠杆开始发挥作用，股票市场价值大于其账面价值，公司总价值上升，平均资本成本下降。

（3）在债务达到600万元时，平均资本成本最低。

（4）债务超过600万元后，随着利息费用的不断上升，财务杠杆作用逐步减弱甚至呈现负作用，平均资本成本不断上升。

因此，债务为600万元时的资本结构是该公司的最优资本结构。

【议一议】

学习完了筹资管理的所有内容，同学们可以总结一下：企业应如何确定最佳的筹资方案？综合考虑的因素有哪些？

拓展阅读

银行贷款的贷款额度与信用条件

1. 信贷额度

信贷额度又称“信贷限额”，是借款人与银行在协议中规定的允许借款人的最高限额。但是这一规定并不具有法律约束力，如果银行缺乏信贷资金或客户财务状况较差，银行可根据情况改变信用限额或拒绝提供贷款。

通常在信贷额度内，企业可随时向银行申请借款。如果借款人超过规定限额继续向银行借款，银行则停止办理，银行并不承担提供全部信贷额度的义务。如果企业信誉恶化，即使银行曾经同意按信贷额度提供贷款，企业也可能得不到借款；这时，银行不会承担法律责任。同理，若企业在期限内没有使用完限额，也不会承担责任。信贷额度是银企之间的一种协议，不具有法律效力。

2. 周转信贷协定

周转信贷协定是银行与企业之间签订的最高贷款额度的协定。在协定的有效期内，只要企业借款总额未超过最高限额，银行必须满足企业任何时候提出的借款要求。而企业通常要对贷款限额的未使用部分向银行支付承诺费。

例如，甲公司与银行在贷款协议中规定的周转信贷额度为100 000万元，承诺费率为0.5%，该企业年度内累计借用了60 000万元。则该借款企业应向银行支付承诺费的金额为：承诺费$=(100\,000-60\,000)\times 0.5\%=200$（万元）。

3. 补偿性余额

补偿性余额是指银行为了降低自己的贷款风险，要求借款企业在银行中保留按贷款限额或实际借款额的一定百分比（通常为10%～20%）计算的最低存款余额。补偿性余额使企业实际得到的借款额减少，但利息并未因此而少付，所以补偿性余额在降低银行贷款风险的同时，提高了借款企业的实际利率，加重了企业的实际负担。实际利率的计算公式为：

$$\text{实际利率}=\frac{\text{名义利率}}{1-\text{补偿性余额比例}}\times 100\%$$

例如，甲公司向银行借款 100 万元，年利率 8%，银行要求保留 15%的补偿性余额，则该项借款的实际利率为：实际利率 $= \dfrac{8\%}{1-15\%} \times 100\% = 9.4\%$。

4. 借款抵押

银行向信誉不好、财务风险较大的企业发放贷款时，为了降低贷款风险，通常要求有抵押品作担保。借款的抵押品通常是借款企业的房地产、机器设备、股票、债券等。银行贷款金额通常为抵押品账面价值的 30%～50%。

项目小结

了解企业筹资的基本内容、筹资原则、企业的资本金制度，以及发行优先股筹资方式的主要内容；理解股权筹资和债权筹资的优缺点、资本结构管理的原理、杠杆效应的概念、资本结构的概念；熟知企业筹资的方式和分类方法，吸收直接投资、发行普通股股票和留存收益三种股权筹资方式的主要内容，以及银行借款筹资、发行公司债券筹资和融资租赁筹资三种债权筹资方式的主要内容；掌握融资租赁筹资方式中租金的计算方法、资金成本的计算方法、杠杆效应的计算方法，以及资本结构优化的方法。

主要概念

筹资	筹资渠道	筹资方式	股权筹资
债权筹资	混合筹资	资本金制度	可转换债券
认股权证	资本成本	经营杠杆	财务杠杆
总杠杆	资本结构	平均资本成本比较法	
每股收益	无差别点分析法	企业价值分析法	

推荐阅读

[1] 涂幕，郑茜月. 浅谈企业筹资风险成因与应对策略[J]. 技术与市场，2011（18）.

[2] 熊平安. 财政政策在通货膨胀治理中的作用[J]. 财政研究，2011（5）：6-10.

[3] 高梦沉，陈凌. 典当行为作为中小企业筹资方式的问题与对策[J]. 经济研究导航，2010（32）：115-121.

[4] 胡朝举. 治理中小企业筹资难问题的社会环境构建探讨[J]. 中国经贸导刊，2010（4）：68-69.

[5] 李霞. 筹资风险防范分析[J]. 现代商贸工业. 2009（12）：166-167.

[6] 吕强. 关于我国中小企业筹资渠道及金融品种创新的思考[D]. 上海：复旦大学，2008：29-32.
[7] 曾玉玲. 筹资租赁功能及其在中小企业筹资中的优势探析[J]. 金融理论与实践，2008（5）：66-68.
[8] 杨胜刚，胡海波. 不对称信息下的中小企业信用担保问题研究[J]. 金融研究，2006（1）：118-120.

习题与实训

一、单项选择题

1. 企业筹资管理的基本目标是（ ）。
A. 合理选择筹资方　　B. 资本结构优化
C. 取得较好的经济效益　　D. 带来杠杆效应
2. 下列权利中，不属于普通股股东权利的是（ ）。
A. 公司管理权　B. 收益分享权　C. 优先认股权　D. 优先分配剩余财产权
3. 关于留存收益，下列说法不正确的是（ ）。
A. 留存收益是企业资金的一种重要来源
B. 利用留存收益是企业将利润转化为股东对企业追加投资的过程
C. 由于留存收益筹资不用发生筹资费用，所以留存收益筹资是没有成本的
D. 在没有筹资费用的情况下，留存收益的成本计算与普通股是一样的
4. 按照有无特定的财产担保，可将债券分为（ ）。
A. 记名债券和无记名债券　　B. 可转换债券和不可转换债券
C. 信用债券和担保债券　　D. 不动产抵押债券和证券信托抵押债券
5. 当财务杠杆系数为 1 时，下列表述正确的是（ ）。
A. 息税前利润增长率为零　　B. 息税前利润为零
C. 利息与优先股股息为零　　D. 固定成本为零
6. 一般而言，企业资金成本最高的筹资方式是（ ）。
A. 发行债券　B. 长期借款　C. 发行普通股　D. 发行优先股
7. 最佳资本结构是指企业在一定时期最适宜其有关条件下的（ ）。
A. 企业利润最大的资本结构
B. 企业目标资本结构
C. 加权平均资金成本与风险适中的目标资本结构
D. 加权平均资金成本最低，企业价值最大的资本结构
8. 某企业本期财务杠杆系数为 1.5，本期息税前利润为 450 万元，则本期实际利息费用为（ ）。
A. 100 万元　B. 675 万元　C. 300 万元　D. 150 万元
9. 下列关于经营杠杆系数的说法，正确的是（ ）。

A. 在产销量的相关范围内，提高固定成本总额，能够降低企业的经营风险
B. 在相关范围内，产销量上升，经营风险加大
C. 在相关范围内，经营杠杆系数与产销量呈反方向变动
D. 对于某一特定企业而言，经营杠杆系数是固定的，不随产销量的变动而变动

10. 在息税前利润大于 0 的情况下，只要企业存在固定成本，那么经营杠杆系数必（　　）。

A. 大于 1　　B. 与销售量成正比
C. 与固定成本成反比　　D. 与风险成反比

11. 某企业资本总额为 150 万元，权益资金占 55%，负债利率为 12%，当前销售额为 100 万元，息税前盈余为 20 万元，则财务杠杆系数为（　　）。

A. 2.5　　B. 1.68　　C. 1.15　　D. 2.0

12. 若某一企业的经营处于保本状态（息税前利润为零）时，错误的说法是（　　）。

A. 此时销售额正处于销售收入线与总成本线的交点
B. 此时的经营杠杆系数趋近于无穷小
C. 此时的营业销售利润率等于零
D. 此时的边际贡献等于固定成本

二、多项选择题

1. 平均资本成本的计算，存在着权数价值的选择问题，即各项个别资本按什么权数来确定资本比重。通常，可供选择的价值形式有（　　）。

A. 账面价值　　B. 市场价值　　C. 目标价值　　D. 历史价值

2. 股权筹资的缺点主要有（　　）。

A. 资本成本负担较重　　B. 财务风险比较大
C. 容易分散公司控制权　　D. 信息沟通与披露成本较大

3. 相对于借款购置设备而言，融资租赁设备的主要优点有（　　）。

A. 能够迅速获得资产　　B. 资金成本较低
C. 到期还本负担重　　D. 免遭设备陈旧过时的风险

4. 与股权筹资相比，债务筹资的优点有（　　）。

A. 筹资弹性大　　B. 资本成本负担较轻
C. 可以利用财务杠杆　　D. 稳定公司的控制权

5. 下列关于资金成本的说法中，正确的是（　　）。

A. 资金成本的本质是企业为筹集和使用资金发生的代价
B. 资金成本并不是企业筹资决策中所要考虑的唯一因素
C. 资金成本的计算主要以年度的相对比率为计量单位
D. 资金成本可以视为项目投资或使用资金的机会成本

6. 比较资金成本法（　　）。

A. 根据加权平均资金成本的最低来确定最优资金结构
B. 考虑了风险因素
C. 根据每股利润最高来确定最优资金结构
D. 根据个别资金成本的高低来确定最优资金结构

7. 下列有关资金结构的表述正确的是（　　）。
A. 企业资金结构应同资产结构相适应
B. 资金结构变动不会引起资金总额的变动
C. 资金成本是市场经济条件下，资金所有权与使用权相分离的产物
D. 因素分析法是一种定性分析法
8. 下列因素中，影响资金结构的基本因素有（　　）。
A. 资产结构　　B. 利率水平的变动趋势
C. 企业的财务状况　　D. 企业规模
9. 融资决策中的复合杠杆具有的性质包括（　　）。
A. 复合杠杆能够起到财务杠杆和经营杠杆的综合作用
B. 复合杠杆能够表达企业边际贡献与息税前利润的比率
C. 复合杠杆能够估计出销售变动对每股利润的影响
D. 复合杠杆系数越大，企业经营风险越大
10. 企业财务风险主要体现在（　　）。
A. 增加了企业产销量大幅度变动的机会
B. 增加了普通股大幅度变动的机会
C. 增加了企业资金结构大幅度变动的机会
D. 增加了企业的破产风险

三、判断题

1. 在各种资金来源中，凡是须支付固定性用资费用的资金都能产生财务杠杆作用。（　　）
2. 企业最优资金结构是指在一定条件下使企业自有资金成本最低的资金结构。（　　）
3. 留存收益是企业利润所形成的，所以留存收益没有资金成本。（　　）
4. 经营杠杆是通过扩大销售来影响税前利润的，可以用边际贡献除以税前利润来计算，说明了销售额变动引起利润变化的幅度。（　　）
5. 如果企业负债筹资为零，则财务杠杆系数为 1。（　　）
6. 超过筹资总额分界点筹集资金，只要维持现有的资本结构，其资金成本率就不会增加。（　　）
7. 当息税前利润大于零、单位边际贡献不变时，除非固定成本为零或业务量无穷大，否则息税前利润的变动率总是大于边际贡献的变动率。（　　）
8. 财务费用账户的发生额可以大体上反映企业资金成本的实际数额。（　　）
9. 在计算加权平均资金成本时，可以按照债券、股票的市场价格确定其占全部资金的比重。（　　）
10. 企业的资金结构应协调一致，如固定资产比重大的企业应相应保持较高比重的长期资金。（　　）
11. 当企业的经营杠杆系数等于 1 时，则企业的固定成本为零，此时企业没有经营风险。（　　）

12. 每股利润无差别点法既考虑了资金结构对每股利润的影响，也考虑了资金结构对风险的影响。 （ ）

四、计算题

1. 某公司拟筹集资金 2 500 万元，采用如下三种方式：

①发行债券 1 000 万元，预计筹资费率为 2%，债券票面利率为 10%，以面值发行，公司适用的所得税税率为 33%。

②发行优先股 500 万元，年股息率为 7%，预计筹资费率为 3%。

③发行普通股 1 000 万元，预计筹资费率为 4%，预期第 1 年股利率为 10%，以后每年增长 4%。

要求：计算该筹资方案的综合资本成本。

2. 某企业目前拥有资本 1 000 万元，其结构为：债务资本比例 20%（年利息为 20 万元），普通股比例 80%（10 万股，每股面值 80 元）。现准备追加筹资 400 万元，有两种筹资方案可供选择：

①全部发行普通股，增发 5 万股，每股面值 80 元。

②全部筹措长期债务，利率为 10%，利息 40 万元。

企业追加筹资后息税前利润预计为 160 万元，所得税税率为 33%。要求：计算每股收益无差别点下的息税前利润、无差别点的每股收益，并做简要说明。

3. 某公司本年度只经营一种产品，息税前利润总额为 90 万元，变动成本率为 40%，债务筹资的成本总额为 40 万元，单位变动成本为 100 元，销售数量为 10 000 台。要求：计算该公司的经营杠杆系数、财务杠杆系数和总杠杆系数。

项目四

投资管理

学习目标

知识学习目标

1. 了解投资管理的特点；
2. 了解投资管理的分类；
3. 熟悉投资管理的原则；
4. 掌握项目投资决策中的现金流量；
5. 掌握项目投资评价方法的应用；
6. 掌握证券投资管理。

技能训练目标

1. 掌握项目投资决策中的现金流量，能够计算项目投资中各期现金流量；
2. 能熟练掌握项目投资决策的评价方法，会计算各个评价指标；
3. 能够运用项目投资评价指标，为企业项目投资提供决策依据；
4. 会对企业的证券投资进行管理。

导入案例

齐鲁公司对一座早已购置、目前正在出租的厂房的使用方案进行重新评价。该厂房最初的购置成本为 225 万元。公司可以继续向现有的租赁用户出租，每年获得 12 万元的租金。而且，现有租赁用户也表达了租赁该厂房至少 15 年的意愿。此外，公司也可以对现有厂房的结构进行改造以满足自身经营的需要，且改造后可以用于以下两种新产品生产流水线中任何一条，相关投资、成本和收益数据如表 4-1 所示。

表 4-1　新产品生产流水线方案的投资、成本和收益　　单位：万元

现金流量	产品 A	产品 B
厂房改造投资	36	54
设备初始投资	144	162
年税前现金收入（期限为 15 年）	105	127.5
年税前现金支出（期限为 15 年）	60	75

该厂房对产品 A 或产品 B 生产流水线的使用期限仅为 15 年。因为 15 年后，厂房规

模太小将不再适合任何生产线。到时，齐鲁公司准备再将厂房出租给类似于目前的租赁用户。为了便于再次出租，齐鲁公司需要在第 15 年年末对厂房进行再装修。估计如果采用产品 A 的生产流水线，厂房的再装修投资为 3.75 万元。估计如果采用产品 B 的生产流水线，厂房的再装修投资将高达 28.125 万元。这些付现投资支出将作为该年支出抵扣所得税。

无论采用何种方案，齐鲁公司都将把该厂房的购置价格 225 万元在 30 年内计提完折旧，期末残值为零。生产线寿命期为 15 年，采用直线折旧法。设公司所得税税率为 25%，对该投资所要求的收益率为 12%。

出于简化，假设所有现金流量均发生在年末。生产线设备购置的初始投资均发生在第 0 年年末，再装修成本发生在第 15 年年末。同样，假设齐鲁公司经营总体上都是盈利的。

思考：作为财务管理人员，在投资决策上你将会向公司管理层提出何种建议？

任务一 认知投资管理

任务描述

了解投资的概念、投资管理的特点，熟悉投资管理的分类和投资管理的原则，为企业的投资管理进行支持。

业务一 了解投资管理的特点

业务描述

了解投资管理的特点，明确企业的投资活动与经营活动是不相同的，投资属于企业的战略性决策，投资活动的结果对企业在经济利益上有较长期的影响。

相关知识

投资，广义地讲，是指特定经济主体（包括政府、企业和个人）以本金回收并获利为基本目的，将货币、实物资产等作为资本投放于某一个具体对象，以在未来较长期间内获取预期经济利益的经济行为。企业投资，简言之，是企业为获取未来长期收益而向一定对象投放资金的经济行为。例如，购建厂房设备、兴建电站、购买股票债券等经济行为，均属于投资行为。

企业的投资活动与经营活动是不相同的，投资活动的结果对企业在经济利益上有较长期的影响。企业投资涉及的资金多、经历的时间长，对企业未来的财务状况和经营活动都有较大的影响。与日常经营活动相比，企业投资的主要特点表现在以下几个方面。

一、属于企业的战略性决策

企业的投资活动一般涉及企业未来的经营发展方向、生产能力规模等问题，如厂房设备的新建与更新、新产品的研制与开发、对其他企业的股权控制等。

劳动力、劳动资料和劳动对象，是企业的生产要素，是企业进行经营活动的前提条件。企业投资主要涉及劳动资料要素方面，包括生产经营所需的固定资产的购建、无形资产的获取等。企业投资的对象也可能是生产要素综合体，即对另一个企业股权的取得和控制。这些投资活动，直接影响本企业未来的经营发展规模和方向，是企业简单再生产得以顺利进行并实现扩大再生产的前提条件。企业的投资活动先于经营活动，这些投资活动往往需要一次性地投入大量的资金，并在一段较长的时期内发生作用，对企业经营活动的方向产生重大影响。

二、属于企业的非程序化管理

企业有些经济活动是日常重复性进行的，如原材料的购买、人工的雇用、产品的生产制造、产成品的销售等，称为日常的例行性活动。这类活动经常性地重复发生，有一定的规律，可以按既定的程序和步骤进行。对这类重复性日常经营活动进行的管理，称为程序化管理。企业有些经济活动往往不会经常性地重复出现，如新产品的开发、设备的更新、企业兼并等，称为非例行性活动。非例行性活动只能针对具体问题，按特定的影响因素、相关条件和具体要求来进行审查和抉择。对这类非重复性特定经济活动进行的管理，称为非程序化管理。

企业的投资项目涉及的资金数额较大。这些项目的管理，不仅是一个投资问题，也是一个资金筹集问题。特别是对于设备和生产能力的购建、对其他关联企业的并购等，需要大量的资金。对于一个产品制造或商品流通的实体性企业来说，这种筹资和投资不会经常发生。

企业的投资项目影响的时间较长。这些投资项目实施后，将形成企业的生产条件和生产能力，这些生产条件和生产能力的使用期限长，将在企业多个经营周期内直接发挥作用，也将间接影响日常经营活动中流动资产的配置与分布。

企业的投资活动涉及企业的未来经营发展方向和规模等重大问题，是不经常发生的。投资经济活动具有一次性和独特性的特点，投资管理属于非程序化管理。每一次投资的背景、特点、要求等都不一样，无明显的规律性可遵循，管理时更需要周密思考，慎重考虑。

三、投资价值的波动性大

投资项目的价值，是由投资的标的物资产的内在获利能力决定的。这些标的物资产的形态是不断转换的，未来收益的获得具有较强的不确定性，其价值也具有较强的波动性。同时，各种外部因素，如市场利率、物价等的变化，也时刻影响着投资标的物的资产价值。因此，企业投资管理决策时，要充分考虑投资项目的时间价值和风险价值。

企业投资项目的变现能力是不强的，因为其投放的标的物大多是机器设备等变现能力较差的长期资产，这些资产的持有目的也不是变现，并不准备在一年或超过一年的一个营业周期内变现。因此，投资项目的价值也是不易确定的。

业务二　熟悉投资管理的分类和原则

业务描述

熟悉投资管理的分类和投资管理的原则，企业进行投资时要遵循投资管理的原则。

相关知识

一、投资管理的分类

将企业投资的类型进行科学的分类，有利于分清投资的性质，按不同的特点和要求进行投资决策，加强投资管理。

（一）直接投资和间接投资

按投资活动与企业本身的生产经营活动的关系，企业投资可以划分为直接投资和间接投资。

直接投资，是将资金直接投放于形成生产经营能力的实体性资产，直接谋取经营利润的企业投资。通过直接投资，购买并配置劳动力、劳动资料和劳动对象等具体生产要素，开展生产经营活动。

间接投资，是将资金投放于股票、债券等权益性资产上的企业投资。之所以称为间接投资，是因为股票、债券的发行方，在筹集到资金后，再把这些资金投放于形成生产经营能力的实体性资产，获取经营利润。而间接投资方不直接介入具体生产经营过程，通过股票、债券上所约定的收益分配权利，获取股利或利息收入，分享直接投资的经营利润。

（二）项目投资与证券投资

按投资对象的存在形态和性质，企业投资可以划分为项目投资和证券投资。

企业可以通过投资，购买具有实质内涵的经营资产，包括有形资产和无形资产，形成具体的生产经营能力，开展实质性的生产经营活动，谋取经营利润。这类投资，称为项目投资。项目投资的目的在于改善生产条件、扩大生产能力，以获取更多的经营利润。项目投资属于直接投资。

企业可以通过投资，购买具有权益性的证券资产，通过证券资产上所赋予的权利，间接控制被投资企业的生产经营活动，获取投资收益。这类投资，称为证券投资，即购买属于综合生产要素的权益性权利资产的企业投资。

证券，是一种金融资产，即以经济合同契约为基本内容、以凭证票据等书面文件为存在形式的权利性资产。如债券投资代表的是未来按契约规定收取债息和收回本金的权利，股票投资代表的是对发行股票企业的经营控制权、财务控制权、收益分配权、剩余财产追索权等股东权利。证券投资的目的，在于通过持有权益性证券，获取投资收益，或控制其他企业的财务或经营政策，并不直接从事具体生产经营过程。因此，证券投资属于间接投资。

直接投资与间接投资、项目投资与证券投资，两种投资分类方式的内涵和范围是一致的，只是分类角度不同。直接投资与间接投资强调的是投资的方式性，项目投资与证券投资强调的是投资的对象性。

（三）发展性投资与维持性投资

按投资活动对企业未来生产经营前景的影响，企业投资可以划分为发展性投资和维持性投资。

发展性投资，是指对企业未来的生产经营发展全局有重大影响的企业投资。发展性投资也可以称为战略性投资，如企业间兼并合并的投资、转换新行业和开发新产品的投资、大幅度扩大生产规模的投资等。发展性投资项目实施后，往往可以改变企业的经营方向和经营领域，或者明显地扩大企业的生产经营能力，或者实现企业的战略重组。

维持性投资，是为了维持企业现有的生产经营正常顺利进行，不会改变企业未来生产经营发展全局的企业投资。维持性投资也可以称为战术性投资，如更新替换旧设备的投资、配套流动资金投资、生产技术革新的投资等。维持性投资项目所需要的资金不多，对企业生产经营的前景影响不大，投资风险相对也较小。

（四）对内投资与对外技资

按投资活动资金投出的方向，企业投资可以划分为对内投资和对外投资。

对内投资，是指在本企业范围内部的资金投放，用于购买和配置各种生产经营所需的经营性资产。对外投资，是指向本企业范围以外的其他单位的资金投放。对外投资多以现金、有形资产、无形资产等资产形式，通过联合投资、合作经营、换取股权、购买证券资产等投资方式，向企业外部其他单位投放资金。

对内投资都是直接投资，对外投资主要是间接投资，也可能是直接投资。

（五）独立投资与互斥投资

按投资项目之间的相互关联关系，企业投资可以划分为独立投资和互斥投资。

独立投资是相容性投资，各个投资项目之间互不关联、互不影响，可以同时并存。例如，建造一个饮料厂和建造一个纺织厂，它们之间并不冲突，可以同时进行。对于一个独立投资项目而言，其他投资项目是否被采纳或放弃，对本项目的决策并无显著影响。因此，独立投资项目决策考虑的是方案本身是否满足某种决策标准。例如，可以规定凡提交决策的投资方案，其预期投资报酬率都要求达到20%才能被采纳。这里，预期投资报酬率达到20%，就是一种预期的决策标准。

互斥投资是非相容性投资，各个投资项目之间相互关联、相互替代，不能同时并存。如对企业现有设备进行更新，购买新设备就必须处置旧设备，它们之间是互斥的。对于一个互斥投资项目而言，其他投资项目是否被采纳或放弃，直接影响本项目的决策，其他项目被采纳，本项目就不能被采纳。因此，互斥投资项目决策考虑的是各方案之间的排斥性，也许每个方案都是可行方案，但互斥决策需要从中选择最优方案。

二、投资管理的原则

为了适应投资项目的特点和要求，实现投资管理的目标，做出合理的投资决策，需要制定投资管理的基本原则，据以保证投资活动的顺利进行。

（一）可行性分析原则

投资项目的金额大，资金占用时间长，一旦投资后具有不可逆转性，对企业的财务状况和经营前景影响重大。因此，在投资决策之时，必须建立严密的投资决策程序，进行科学的可行性分析。

投资项目可行性分析是投资管理的重要组成部分，其主要任务是对投资项目实施的可行性进行科学的论证，主要包括环境可行性、技术可行性、市场可行性、财务可行性等方面。项目可行性分析将对项目实施后未来的运行和发展前景进行预测，通过定性分析和定量分析比较项目的优劣，为投资决策提供参考。

环境可行性，要求投资项目对环境的不利影响最小，并能带来有利影响，包括对自然环境、社会环境和生态环境的影响。技术可行性，要求投资项目形成的生产经营能力，具有技术上的适应性和先进性，包括工艺、装备、地址等。市场可行性，要求投资项目形成的产品能够被市场所接受，具有市场占有率，进而才能带来财务上的可行性。

财务可行性，要求投资项目在经济上具有效益性，这种效益性是明显的和长期的。财务可行性是在相关的环境、技术、市场可行性完成的前提下，着重围绕技术可行性和市场可行性而开展的专门经济性评价。同时，一般也包含资金筹集的可行性。

财务可行性分析是投资项目可行性分析的主要内容，因为投资项目的根本目的是经济效益，市场和技术上可行性的落脚点也是经济上的效益性，项目实施后的业绩绝大部分表现在价值化的财务指标上。

财务可行性分析的主要方面和内容包括：收入、费用和利润等经营成果指标的分析；资产、负债、所有者权益等财务状况指标的分析；资金筹集和配置的分析；资金流转和回收等资金运行过程的分析；项目现金流量、净现值、内含报酬率等项目经济性效益指标的分析；项目收益与风险关系的分析等。

（二）结构平衡原则

由于投资往往是一个综合性的项目，不仅涉及固定资产等生产能力和生产条件的购建，还涉及使生产能力和生产条件正常发挥作用所需要的流动资产的配置。同时，由于受资金来源的限制，投资也常常会遇到资金需求超过资金供应的矛盾。如何合理配置资源，使有限的资金发挥最大的效用，是投资管理中资金投放所面临的重要问题。

可以说，一个投资项目的管理就是综合管理。资金既要投放于主要生产设备，又要投放于辅助设备；既要满足长期资产的需要，又要满足流动资产的需要。投资项目在资金投放时，要遵循结构平衡的原则，合理分布资金，具体包括固定资金与流动资金的配套关系、生产能力与经营规模的平衡关系、资金来源与资金运用的匹配关系、投资进度和资金供应的协调关系、流动资产内部的资产结构关系、发展性投资与维持性投资的配合关系、对内投资与对外投资的顺序关系、直接投资与间接投资的分布关系，等等。

投资项目在实施后，资金就较长期地固化在具体项目上，退出和转向都不太容易。只有遵循结构平衡的原则，投资项目实施后才能正常顺利地运行，才能避免资源的闲置和浪费。

（三）动态监控原则

投资的动态监控，是指对投资项目实施过程中的进程控制。特别是对于那些工程量大、工期长的建造项目来说，有一个具体的投资过程，需要按工程预算实施有效的动态投资控制。

投资项目的工程预算，是对总投资中各工程项目以及所包含的分步工程和单位工程造价规划的财务计划。建设性投资项目应当按工程进度，对分项工程、分步工程、单位工程的完成情况，逐步进行资金拨付和资金结算，控制工程的资金耗费，防止资金浪费。在项目建设完工后，通过工程决算，全面清点所建造的资产数额和种类，分析工程造价的合理性，合理确定工程资产的账面价值。

对于间接投资特别是证券投资而言，投资前首先要认真分析投资对象的投资价值，根据风险与收益均衡的原则合理选择投资对象。在持有金融资产过程中，要广泛收集投资对象和资本市场的相关信息，全面了解被投资单位的财务状况和经营成果，保护自身的投资权益。有价证券类的金融资产投资，其投资价值不仅由被投资对象的经营业绩决定，还受资本市场的制约。这就需要分析资本市场上资本的供求关系状况，预计市场利率的波动和变化趋势，动态地估算投资价值，寻找转让证券资产和收回投资的最佳时机。

任务二 掌握项目投资管理

任务描述

熟悉项目投资决策中的现金流量，掌握项目投资决策的评价方法，能够学会应用评价指标对投资项目做出决策。

业务一 掌握项目投资决策中的现金流量的计算

业务描述

了解投资方案在未来一定期间所发生的现金收支，掌握投资项目各个时期的现金流量的计算方法。

相关知识

现金流量是投资项目财务可行性分析的主要分析对象，净现值、内含报酬率、回收期等财务评价指标，均是以现金流量为对象进行可行性评价的。利润只是期间财务报告的结果，对于投资方案财务可行性来说，项目的现金流量状况比会计期间盈亏状况更为重要。一个投资项目能否顺利进行，有无经济上的效益，不一定取决于有无会计期间利润，而在于能否带来正现金流量，即整个项目能否获得超过项目投资的现金回收。

由一项长期投资方案所引起的在未来一定期间所发生的现金收支，叫作现金流量（Cash Flow）。其中，现金收入称为现金流入量，现金支出称为现金流出量，现金流入量与现金流出量相抵后的余额，称为现金净流量（Net Cash Flow，NCF）。

在一般情况下，投资决策中的现金流量通常指现金净流量。这里，所谓的现金既指库存现金、银行存款等货币性资产，也可以指相关非货币性资产（如原材料、设备等）的变现价值。

投资项目从整个经济寿命周期来看，大致可以分为三个时点阶段：投资期、营业期、终结期，现金流量的各个项目也可归属于各个时点阶段之中。

一、投资期

投资阶段的现金流量主要是现金流出量，即在该投资项目上的原始投资，包括在长期资产上的投资和垫支的营运资金。如果该项目的筹建费、开办费较高，也可作为初始阶段的现金流出量计入递延资产。在一般情况下，初始阶段中固定资产的原始投资通常在年内一次性投入（如购买设备），如果原始投资不是一次性投入（如工程建造），则应把投资归属于不同投入年份之中。

1. 长期资产投资

它包括在固定资产、无形资产、递延资产等长期资产上的购入、建造、运输、安装、试运行等方面所需的现金支出，如购置成本、运输费、安装费等。对于投资实施后导致固定资产性能改进而发生的改良支出，属于固定资产的后期投资。

2. 营运资金垫支

它是指投资项目形成了生产能力，需要在流动资产上追加的投资。由于扩大了企业生产能力，原材料、在产品、产成品等流动资产规模也随之扩大，需要追加投入日常营运资金。同时，企业营业规模扩充后，应付账款等结算性流动负债也随之增加，自动补充了一部分日常营运资金的需要。因此，为该投资垫支的营运资金是追加的流动资产扩大量与结算性流动负债扩大量的净差额。

二、营业期

营业阶段是投资项目的主要阶段，该阶段既有现金流入量，也有现金流出量。现金流入最主要是营运各年的营业收入，现金流出量主要是营运各年的付现营运成本。

另外，营业期内某一年发生的大修理支出，如果会计处理在本年内一次性作为收益性支出，则直接作为该年付现成本；如果跨年摊销处理，则本年作为投资性的现金流出量，摊销年份以非付现成本形式处理。营业期内某一年发生的改良支出是一种投资，应作为该年的现金流出量，以后年份通过折旧收回。

在正常营业阶段，由于营运各年的营业收入和付现营运成本数额比较稳定，因此营业阶段各年现金流量一般为：

营业现金净流量（NCF）=营业收入−付现成本

=营业利润+非付现成本

式中，非付现成本主要是固定资产年折旧费用、长期资产摊销费用、资产减值准备等。其中，长期资产摊销费用主要有跨年的大修理摊销费用、改良工程折旧摊销费用、筹建开办费摊销费用，等等。

所得税是投资项目的现金支出，即现金流出量。考虑所得税对投资项目现金流量的影响，投资项目正常营运阶段所获得的营业现金流量，可按下列公式进行测算：

营业现金净流量（NCF）=营业收入−付现成本−所得税

或 =税后营业利润+非付现成本

或 =收入×（1−所得税税率）−付现成本×（1−所得税税率）+非付现成本×所得税税率

三、终结期

终结阶段的现金流量主要是现金流入量，包括固定资产变价净收入和垫支营运资金的收回。

1. 固定资产变价净收入

投资项目在终结阶段，原有固定资产将退出生产经营，企业对固定资产进行清理处置。固定资产变价净收入，是指固定资产出售或报废时的出售价款或残值收入扣除清理费用后的净额。

2. 垫支营运资金的收回

伴随着固定资产的出售或报废，投资项目的经济寿命结束，企业将与该项目相关的存货出售，应收账款收回，应付账款也随之偿付。营运资金恢复到原有水平，项目开始垫支的营运资金在项目结束时得到回收。

在实务中，对某一投资项目在不同时点上现金流量数额的测算，通常通过编制“投资项目现金流量表”进行。通过该表，能测算出投资项目相关现金流量的时间和数额，以便进一步进行投资项目可行性分析。

【例 4-1】齐鲁公司某投资项目需要 3 年建成，每年年初投入建设资金 90 万元，共投入 270 万元。建成投产之时，需投入营运资金 140 万元，以满足日常经营活动需要。项目投产后，估计每年可获净利润 60 万元。固定资产使用年限为 7 年，使用后第 5 年预计进行一次改良，估计改良支出为 80 万元，分两年平均摊销。资产使用期满后，估计有残值净收入 11 万元，采用年限法折旧。项目期满时，垫支营运资金全额收回。

根据以上资料，编制成“投资项目现金流量表”如表 4-2 所示。

表 4-2 投资项目现金流量表* 单位：万元

项目＼年份	0	1	2	3	4	5	6	7	8	9	10	总计
固定资产价值	(90)	(90)	(90)									(270)
固定资产折旧					37	37	37	37	37	37	37	259
改良支出									(80)			(80)
改良支出摊销										40	40	80
净利润					60	60	60	60	60	60	60	420
残值净收入											11	11
营运资金				(140)							140	0
总计	(90)	(90)	(90)	(140)	97	97	97	97	17	137	288	420

注：*表 4-2 中的数字，带有括号的为现金流出量，表示负值；没有带括号的为现金流入量，表示正值。

在投资项目管理的实践中，由于所得税的影响，营业阶段现金流量的测算比较复杂，需要在所得税基础上考虑税后收入、税后付现成本，以及非付现成本抵税对营业现金流量的影响。

【例 4-2】齐鲁公司计划增添一条生产流水线，以扩充生产能力。现有甲、乙两个方案可供选择。甲方案需要投资 500 000 元，乙方案需要投资 750 000 元。两方案的预计使用寿命均为 5 年，折旧均采用直线法，甲方案预计残值为 20 000 元，乙方案预计残值为 30 000 元。甲方案预计年销售收入为 1 000 000 元，第一年付现成本为 660 000 元，以后在此基础上每年增加维修费 10 000 元。乙方案预计年销售收入为 1 400 000 元，年付现成本为 1 050 000 元。项目投入营运时，甲方案需垫支营运资金 200 000 元，乙方案需垫支营运资金 250 000 元。公司所得税税率为 20%。

根据上述资料，两方案的现金流量计算如表 4-3 和表 4-4 所示。表 4-3 列示的是甲方案营业期间现金流量的具体测算过程，乙方案营业期间的现金流量比较规则，其现金流量的测算可以用公式直接计算。

表 4-3 营业期现金流量计算表 单位：元

项目 \ 年份	1	2	3	4	5
甲方案					
销售收入（1）	1 000 000	1 000 000	1 000 000	1 000 000	100 000
付现成本（2）	660 000	670 000	680 000	690 000	700 000
折旧（3）	96 000	96 000	96 000	96 000	96 000
营业利润（4）=（1）-（2）-（3）	244 000	234 000	224 000	214 000	204 000
所得税（5）=（4）×20%	48 800	46 800	44 800	42 800	40 800
税后营业利润（6）=（4）-（5）	195 200	187 200	179 200	171 200	163 200
营业现金净流量（7）=（3）+（6）	291 200	283 200	275 200	267 200	259 200

乙方案营业现金净流量=税后营业利润+非付现成本

=（1 400 000−1 050 000−144 000）×（1−20%）+144 000

= 308 800（元）

或 =收入×（1−所得税税率）−付现成本×（1−所得税税率）+非付现成本×所得税税率

= 1 400 000×80%−1 050 000×80%+144 000×20%

= 308 800（元）

表 4-4 投资项目现金流量计算表 单位：元

项目 \ 年份	0	1	2	3	4	5
甲方案：						
固定资产投资	−500 000					
营运资金垫支	−200 000					
营业现金流量		291 200	283 200	275 200	267 200	259 200
固定资产残值						20 000
营运资金收回						200 000
现金流量合计	−700 000	291 200	283 200	275 200	267 200	479 200
乙方案：						
固定资产投资	−750 000					
营运资金垫支	−250 000					
营业现金流量		308 800	308 800	308 800	308 800	308 800
固定资产残值						30 000
营运资金收回						250 000
现金流量合计	−1 000 000	308 800	308 800	308 800	308 800	588 800

业务二 掌握项目投资评价的基本方法

业务描述

掌握项目投资评价的基本方法，在对投资项目进行评价时能够计算出各个评价指标。

相关知识

一、静态评价指标

（一）投资回收期（PP）

投资回收期（Payback Period），是指投资项目的未来现金净流量与原始投资额相等时所经历的时间，即原始投资额通过未来现金流量回收所需要的时间。静态回收期没有考虑货币时间价值，直接用未来现金净流量累计到原始投资数额时所经历的时间作为回收期。

投资者希望投入的资本能以某种方式尽快地收回来，收回的时间越长，所担风险就越大。因而，投资方案回收期的长短是投资者十分关心的问题，也是评价方案优劣的标准之一。用回收期指标评价方案时，回收期越短越好。

1．经营期年现金流量相等

其计算公式为：

$$投资回收期=\frac{投资总额}{年净现金流量}$$

【例 4-3】齐鲁公司有一投资项目，在第一年年初，固定资产的投资额为 100 万元，假设有 2 年的建设期，在第二年年末项目完工投产时需要垫付流动资金 50 万元，项目预计的使用年限是 4 年，假设每年的现金流量都是 50 万元。要求：计算项目的投资回收期。

解：

不包括建设期的投资回收期=150/50=3（年）

包括建设期的投资回收期=3+2=5（年）

2．经营期年净现金流量不相等

在这种情况下，应把未来每年的现金净流量逐年加总，根据累计现金流量来确定回收期。

【例 4-4】齐鲁公司有一投资项目，需投资 150 000 元，使用年限为 5 年，每年的现金流量不相等，资本成本率为 5%，有关资料如表 4-5 所示。要求：计算该投资项目的回收期。

表 4-5　项目现金流量表　　单位：元

年　份	现金净流量	累计现金净流量
1	30 000	30 000
2	35 000	65 000
3	60 000	125 000
4	50 000	175 000
5	40 000	215 000

解：

从表中的累计现金净流量栏中可以看出，该投资项目的回收期在第 3 年与第 4 年之间。为了计算较为准确的回收期，采用以下方法：

$$项目回收期=3+\frac{150\,000-125\,000}{50\,000}=3.5（年）$$

静态投资回收期的优点是：能够直观地反映原始投资的返本期限；便于理解，静态指标的计算简单，容易掌握；可以直观地利用回收期之前的净现金流量信息。

缺点是：没有考虑时间价值因素；不能正确反映投资方式的不同对项目的影响；不考虑回收期满后继续发生的净现金流量。

（二）投资报酬率（ROI）

投资报酬率又称投资收益率，是指项目投资方案的年平均利润额占平均投资总额的百分比。投资报酬率的决策标准是：投资项目的投资报酬率越高越好，低于无风险投资报酬率的方案为不可行方案。

投资报酬率的计算公式为：

$$投资报酬率=\frac{年平均利润额}{平均投资总额}\times 100\%$$

式中，分子是年平均利润额，不是现金净流量，不包括折旧等；分母可以用投资总额的 50%来简单计算平均投资总额，一般不考虑固定资产的残值。

【例 4-5】齐鲁公司有一工业项目，原始投资额为 800 万元，建设期 2 年，建设期发生与构建固定资产有关的资本化利息 200 万元，项目运营期 5 年，项目投产后每年获息税前利润分别为 100 万元、200 万元、250 万元、300 万元、250 万元。要求：计算该项目的投资报酬率指标。

解：

$$投资报酬率=\frac{(100+200+250+300+250)/5}{800+200}\times 100\%=22\%$$

因为投资回收期和投资报酬率两个指标没有考虑资金的时间价值，因此这两个指标又称为次要指标或辅助指标。

二、动态评价指标

（一）净现值（NPV）

1. 基本原理

一个投资项目，其未来现金净流量现值与原始投资额现值之间的差额，称为净现值（Net Present Value）。计算公式为：

净现值（NPV）=未来现金净流量现值－原始投资额现值

计算净现值时，要按预定的贴现率对投资项目的未来现金流量和原始投资额进行贴现。预定贴现率是投资者所期望的最低投资报酬率。净现值为正，方案可行，说明方案的实际报酬率高于所要求的报酬率；净现值为负，方案不可取，说明方案的实际投资报酬率低于所要求的报酬率。

当净现值为零时，说明方案的投资报酬刚好达到所要求的投资报酬，方案也可行。所以，净现值的经济含义是投资方案报酬超过基本报酬后的剩余收益。其他条件相同时，净现值越大，方案越好。采用净现值法来评价投资方案，一般有以下步骤。

第一，测定投资方案各年的现金流量，包括现金流出量和现金流入量。

第二，设定投资方案采用的贴现率。

确定贴现率的参考标准可以是：

（1）以市场利率为标准。资本市场的市场利率是整个社会投资报酬率的最低水平，可以视为一般最低报酬率要求。

（2）以投资者希望获得的预期最低投资报酬率为标准。这就考虑了投资项目的风险补偿因素以及通货膨胀因素。

（3）以企业平均资本成本率为标准。企业投资所需要的资金，都或多或少地具有资本成本，企业筹资承担的资本成本率水平，给投资项目提出了最低报酬率要求。

第三，按设定的贴现率，分别将各年的现金流出量和现金流入量折算成现值。

第四，将未来的现金净流量现值与投资额现值进行比较，若前者大于或等于后者，方案可行；若前者小于后者，方案不可行，说明方案达不到投资者的预期投资报酬率。

【例 4-6】 齐鲁公司购入设备一台，价值为 30 000 元，按直线法计提折旧，使用寿命 6 年，期末无残值。预计投产后每年可获得利润 4 000 元，假定贴现率为 12%。要求：计算该项目的净现值。

解：

NCF_0=−30 000（元）

每年折旧额=30 000/6=5 000（元）

$NCF_{1\sim6}$=4 000+5 000=9 000（元）

NPV=9 000 ×（*P*/*A*，12%，6）−30 000

=9 000 × 4.111 4−30 000

=7 002.6（元）

2. 对净现值法的评价

净现值法简便易行，其主要的优点在于：

第一，适用性强，能基本满足项目年限相同的互斥投资方案的决策。如有 A、B 两个项目，资本成本率为 8%，A 项目投资 80 000 元可获净现值 20 000 元，B 项目投资 30 000 元可获净现值 10 000 元。尽管 A 项目投资额大，但在计算净现值时已经考虑了实施该项目所承担的还本付息负担，因此净现值大的 A 项目优于 B 项目。

第二，能灵活地考虑投资风险。净现值法在所设定的贴现率中包含投资风险报酬率要求，就能有效地考虑投资风险。例如，某投资项目期限 15 年，资本成本率 18%，由于投资项目时间长，风险也较大，所以投资者认定，在投资项目的有效使用期限 15 年中第一个五年期内以 18%折现，第二个五年期内以 20%折现，第三个五年期内以 25%折现，以此来体现投资风险。

净现值也具有明显的缺陷，主要表现在：

第一，所采用的贴现率不易确定。如果两方案采用不同的贴现率贴现、采用净现值法不能够得出正确结论。同一方案中，如果要考虑投资风险，要求的风险报酬率不易确定。

第二，不适宜于独立投资方案的比较决策。如果各方案的原始投资额现值不相等，有时无法做出正确决策。独立投资方案，是指两个以上投资项目互不依赖，可以同时并存。如对外投资购买甲股票或购买乙股票，它们之间并不冲突。在独立投资方案比较中，尽管某项目净现值大于其他项目，但所需投资额大，获利能力可能低于其他项目，而该项目与其他项目又是非互斥的，因此只凭净现值大小无法决策。

第三，净现值有时也不能对寿命期不同的互斥投资方案进行直接决策。某项目尽管净现值小，但其寿命期短；另一项目尽管净现值大，但它是较长的寿命期内取得的。两项目由于寿命期不同，因而净现值是不可比的。要采用净现值法对寿命期不同的投资方案进行决策，需要将各方案均转化为相等寿命期进行比较。

（二）净现值率（NPVR）

净现值率是指投资项目的净现值占原始投资现值总和的百分比。净现值率的计算公式为：

$$\text{净现值率}=\frac{\text{投资项目净现值}}{\text{原始投资现值}}\times 100\%$$

当净现值率大于等于0，则项目可行；当净现值率小于0，则项目不可行。

【例4-7】齐鲁公司某投资项目建设期为1年，经营期为5年，其净现金流量如表4-6所示，贴现率为10%。要求：计算该项目的净现值率，并评价其可行性。

表4-6 某投资项目净现金流量表 单位：万元

年份	0	1	2	3	4	5
NCF_i	−100	−50	80	80	80	80

解：

从表4-5中可以看出，经营期的净现金流量相等，其净现值可以采用年金的方法计算：

$$NPV=-100-50\times(P/F,10\%,1)+80\times(P/A,10\%,5)\times(P/F,10\%,1)$$

$$=-100-50\times 0.909+80\times 3.791\times 0.909$$

$$=130.23\text{（万元）}$$

$$\text{则 } NPVR=\frac{130.23}{100+50\times(P/F,10\%,1)}\times 100\%=89.6\%$$

该项目的净现值率大于0，所以可以投资。

净现值率的优点是：考虑了资金时间价值；可以动态反映项目投资的资金投入与产出之间的关系。其缺点是：一是不能直接反映投资项目的实际收益率；二是在资本决策过程中可能导致片面追求较高的净现值率，在企业资本充足的情况下，有降低企业投资利润总额的可能。

（三）现值指数（PVI）

现值指数（Present Value Index）是投资项目的未来现金净流量现值与原始投资额现值之比。计算公式为：

$$\text{现值指数}=\frac{\text{未来现金净流量现值}}{\text{原始投资额现值}}$$

$$\text{现值指数}=1+\text{净现值率}$$

从现值指数的计算公式可见，现值指数的计算结果有三种：大于1，等于1，小于1。若现值指数大于或等于1，方案可行，说明方案实施后的投资报酬率高于或等于预期报酬率；若现值指数小于1，方案不可行，说明方案实施后的投资报酬率低于预期报酬率。现值指数越大，方案越好。

【例 4-8】齐鲁公司有两个独立投资方案，有关资料如表 4-7 所示。

表 4-7 净现值计算表　　单位：元

项　目	方案 A	方案 B
原始投资额现值	50 000	4 000
未来现金净流量现值	51 500	5 200
净现值	1 500	1 200

从净现值的绝对数来看，方案 A 大于方案 B，似乎应采用方案 A；但从投资额来看，方案 A 的原始投资额现值大大超过了方案 B。所以，在这种情况下，如果仅用净现值来判断方案的优劣，就难以做出正确的比较和评价。按现值指数法计算：

$$A方案现值指数=\frac{51\,500}{50\,000}=1.03$$

$$B方案现值指数=\frac{5\,200}{4\,000}=1.30$$

计算结果表明，方案 B 的现值指数大于方案 A，应当选择方案 B。

现值指数法也是净现值法的辅助方法，在各方案原始投资额现值相同时，实质上就是净现值法。由于现值指数是未来现金净流量现值与所需投资额现值之比，是一个相对数指标，反映了投资效率，所以，用现值指数指标来评价独立投资方案，可以克服净现值指标不便于对原始投资额现值不同的独立投资方案进行比较和评价的缺点，从而使对方案的分析评价更加合理、客观。

（四）内含报酬率（IRR）

1. 基本原理

内含报酬率（Internal Rate of Return），是指对投资方案未来的每年现金净流量进行贴现，使所得的现值恰好与原始投资额现值相等，从而使净现值等于零时的贴现率。

内含报酬率法的基本原理是：在计算方案的净现值时，以预期投资报酬率作为贴现率计算，净现值的结果往往大于零或小于零，这就说明方案的实际可能达到的投资报酬率大于或小于预期投资报酬率；而当净现值为零时，说明两种报酬率相等。根据这个原理，内含报酬率法就是要计算出使净现值等于零时的贴现率。用内含报酬率评价项目可行的必要条件是内含报酬率大于或等于基准折现率。

（1）未来每年现金净流量相等时。每年现金净流量相等是一种年金形式，通过查年金现值系数表，可计算出未来现金净流量现值，并令其净现值为零，有：

$$未来每年现金净流量\times年金现值系数-原始投资额现值=0$$

计算出净现值为零时的年金现值系数后，通过查年金现值系数表，即可找出相应的贴现率 i，该贴现率就是方案的内含报酬率。

【例 4-9】齐鲁公司准备购入一台新型的设备，购价为 160 万元，使用年限 10 年，无残值。该方案的最低投资报酬率要求为 12%（以此作为贴现率）。使用该新型设备后，估计每年产生现金净流量 30 万元。要求：用内含报酬率指标评价该方案是否可行。

解：

令：300 000×年金现值系数−1 600 000=0

得：年金现值系数=5.333 3

现已知方案的使用年限为 10 年，查年金现值系数表，可查得：时期 10，系数 5.333 3，所对应的贴现率在 12%～14%。采用插值法求得，该方案的内含报酬率为 13.46%，高于最低投资报酬率 12%，所以该方案可行。

（2）未来每年现金净流量不相等时。如果投资方案的未来每年现金净流量不相等，各年现金净流量的分布就不是年金形式，不能采用直接查年金现值系数表的方法来计算内含报酬率，而需采用逐次测试法。

逐次测试法的具体做法是：根据已知的有关资料，先估计一次贴现率，来试算未来现金净流量的现值，并将这个现值与原始投资额现值相比较，如净现值大于零，为正数，表示估计的贴现率低于方案实际可能达到的投资报酬率，需要重估一个较高的贴现率进行试算；如果净现值小于零，为负数，表示估计的贴现率高于方案实际可能达到的投资报酬率，需要重估一个较低的贴现率进行试算。如此反复试算，直到净现值等于零或基本接近于零，这时所估计的贴现率就是希望求得的内含报酬率。

【例 4-10】齐鲁公司有一套投资方案，需要一次性投资 120 000 元，使用年限为 4 年，每年现金净流量分别为 30 000 元、40 000 元、50 000 元、35 000 元。要求：计算该投资方案的内含报酬率，并据以评价该方案是否可行。

解：

由于该方案每年的现金净流量不相同，因此需逐次测试计算方案的内含报酬率。测算过程如表 4-8 所示。

表 4-8 净现值的逐次测试 单位：元

年 份	每年现金净流量	第一次测算 8%		第一次测算 12%		第一次测算 10%	
1	30 000	0.926	27 780	0.893	26 790	0.909	27 270
2	40 000	0.857	34 280	0.797	31 880	0.826	33 040
3	50 000	0.794	39 700	0.712	35 600	0.751	37 550
4	35 000	0.735	25 725	0.636	22 260	0.683	23 905
未来现金净流量现值合计			127 485		116 530		121 765
减：原始投资额现值			120 000		120 000		120 000
净现值			7 485		（3 470）		1 765

2．对内含报酬率法的评价

内含报酬率法的主要优点在于：

第一，内含报酬率反映了投资项目可能达到的报酬率，易于被高层决策人员所理解。

第二，对于独立投资方案的比较决策，如果各方案原始投资额现值不同，可以通过计算各方案的内含报酬率，反映各独立投资方案的获利水平。

内含报酬率法的主要缺点在于：

第一，计算复杂，不易直接考虑投资风险大小。

第二，在互斥投资方案决策时，如果各方案的原始投资额现值不相等，有时无法做出正确的决策。某一方案原始投资额低，净现值小，但内含报酬率可能较高；而另一方案原始投资额高，净现值大，但内含报酬率可能较低。

因为净现值、净现值率、现值指数和内含报酬率这四个指标考虑资金的时间价值，因此动态评价指标又称为主要指标。对投资项目进行评价时，首先考虑主要指标，其次是次要指标。

【想一想】

如何运用投资项目的评价指标对投资项目的可行性进行分析？

业务三 掌握项目投资评价方法的应用

业务描述

掌握投资项目的各个评价指标，学会应用投资项目的评价指标，利用项目投资的评价方法在不同的投资项目之间做出决策。

相关知识

计算评价指标的目的，是进行项目投资方案的对比与优选，使它们在方案的对比与优选中正确地发挥作用，为项目投资方案提供决策的定量依据。但投资方案对比与选优的方法会因项目投资方案的不同而有区别。

一、独立投资项目的财务可行性分析

在财务管理中，将一组相互分离、互不排斥的方案称为独立方案。在独立方案中，选择某一方案并不排斥选择另一方案。

对于这方面的决策就是要判断某一个方案是否具备财务可行性。

不同的指标评价结果可能会不一致，这样就会出现评价的财务可行性程度的差异。根据差异的程度，方案的财务可行性有4种情况。

（1）完全具备财务可行性。如果某一投资项目的评价指标同时满足以下条件：净现值（NPV）≥0、净现值率（NPVR）≥0、现值指数（PI）≥1、内部收益率（IRR）≥基准折现率、包括建设期的静态投资回收期（PP）≤$n/2$（项目计算期的一半）、不包括建设期的静态投资回收期（PP '）≤$P/2$（运营期的一半）、投资收益率（ROI）≥基准投资收益率（i），则可以断定该投资项目无论从哪个方面看完全具备财务可行性，应当接受此投资方案。

（2）基本具备财务可行性。若主要指标结论可行，而次要指标结论不可行，则基本具备财务可行性。

（3）基本不具备财务可行性。若主要指标结论不可行，而次要指标结论可行，则基本不具备财务可行性。

（4）完全不具备财务可行性。若主要指标结论不可行，次要指标结论也不可行，则完全不具备财务可行性。

二、互斥方案的对比与优选

项目投资决策中的互斥方案是指在决策时涉及的多个相互排斥、不能同时实施的投资方案。互斥方案决策过程就是在每一个入选方案已具备项目可行性的前提下，利用具体决策方法比较各个方案的优劣，利用评价指标从各个备选方案中最终选出一个最优方案的过程。由于各个备选方案的投资额、项目计算期不相一致，因而要根据各个方案的试用期、投资额相等与否，采用不同的方法做出选择。

1. 投资额、项目计算期均相同

互斥方案的投资额、项目计算期均相同时，可采用净现值法或内含报酬率法，分别通过净现值指标的大小和内含报酬率指标的大小来选择最优方案。净现值或内含报酬率最大的方案为优。

【例 4-11】齐鲁公司某个固定资产项目需要原始投资 100 万元，有 A、B、C、D 四个互相排斥的备选方案可供选择，各方法的净现值指标分别为 228 万元、117 万元、206 万元和 162 万元。A、B、C、D 四个方案的项目计算期相同。要求：（1）评价每一个方案的财务可行性；（2）按净现值法进行决策比较。

解：

（1）因为 A、B、C、D 每个备选方案的 NPV 均大于零，所以这些方案均具有财务可行性。

（2）因为 $NPV_A>NPV_C>NPV_D>NPV_B$，所以，A 方案最优，其次为 C 方案，再次为 D 方案，最差为 B 方案。

2. 投资额不相同，项目计算期相同

互斥方案的投资额不相同，但项目计算期相同时，可采用差额法。所谓差额法，是指在两个投资总额不同方案的差额净现金流量的基础上，计算出差额净现值或差额内含报酬率，并据以判断方案孰优孰劣的方法。

在此方法下，一般以投资额大的方案减投资额小的方案，当 $\triangle NPV\geqslant 0$ 或 $\triangle IRR\geqslant i$ 时，投资额大的方案较优；反之，则投资额小的方案为优。

差额净现值△NPV 或差额内含报酬率△IRR 的计算过程和计算技巧同净现值 NPV 或内含报酬率 IRR 完全一样，只是所依据的是△NCF。

【例 4-12】齐鲁公司有甲、乙两个投资方案可供选择，甲方案的投资额为 100 000 元，每年现金净流量均为 30 000 元，可使用 5 年；乙方案的投资额为 70 000 元，每年现金净流量分别为 10 000 元、15 000 元、20 000 元、25 000 元、30 000 元，使用年限也为 5 年。甲、乙两方案建设期均为零年，假设贴现率为 10%。要求：对甲、乙方案做出选择。

解：

因为两方案的项目计算期相同，但投资额不相同，所以可采用差额法来评判。

$\triangle NCF_0=-100\,000-(-70\,000)=-30\,000$（元）

$\triangle NCF_1=30\,000-10\,000=20\,000$（元）

$\triangle NCF_2=30\,000-15\,000=15\,000$（元）

$\triangle NCF_3=30\,000-20\,000=10\,000$（元）

$\triangle NCF_4$=30 000−25 000=5 000（元）

$\triangle NCF_5$=30 000−30 000=0（元）

$\triangle NPV_{甲-乙}$=20 000×（P/F，10%，1）+15 000×（P/F，10%，2）+10 000×（P/F，10%，3）+5 000×（P/F，10%，4）−30 000=11 506（元）

用 i=28%，测算△NPV：

△NPV=20 000×（P/F，28%，1）+15 000×（P/F，28%，2）+10 000×（P/F，28%，3）+5 000×（P/F，28%，4）−30 000=1 412.5（元）

再用 i=32%，测算△NPV：

△NPV=20 000×（P/F，32%，1）+15 000×（P/F，32%，2）+10 000×（P/F，32%，3）+5 000×（P/F，32%，4）−30 000=−244.5（元）

用插值法计算△IRR：

$$\Delta IRR = 28\% + \frac{1412.5 - 0}{1412.5 - (-244.5)} \times (32\% - 28\%) = 31.41\%$$

计算表明，差额净现值为 11 506 元，大于零；差额内含报酬率为 31.41%，大于贴现率 10%，应该选择甲方案。

3. 投资额不相同，项目计算期也不同

互斥方案的投资额不相同，项目计算期也不相同时，可采用年回收额法。年回收额法，是指通过比较所有投资方案的年等额净现值指标的大小来选择最优方案的决策方法。在此法下，年等额净现值最大的方案为最优。

年回收额法的计算步骤如下。

（1）计算各方案的净现值 NPV。

（2）计算各方案的年等额净现值。若贴现率为 i，项目计算期为 n，则：

$$年等额净现值=\frac{净现值}{年金现值系数}$$

【例 4-13】齐鲁公司拟投资建设一条新生产线。现有 3 个方案可供选择：A 方案的原始投资为 1 250 万元，项目计算期为 11 年，净现值为 958.7 万元；B 方案的原始投资为 1 100 万元，项目计算期为 10 年，净现值为 920 万元；C 方案的净现值为−12.5 万元。行业基准折现率为 10%。要求：（1）判断每个方案的财务可行性；（2）用年等额净现值法做出最终的投资决策。

解：

（1）因为 A 方案和 B 方案的净现值均大于零，所以这两个方案具有财务可行性。因为 C 方案的净现值小于零，所以该方案不具有财务可行性。

（2）A 方案的年等额净现值=958.7/（P/A，10%，11）= 147.6（万元）

B 方案的年等额净现值=920/（P/A，10%，10）= 149.7（万元）

因为 149.7>147.6，所以 B 方案优于 A 方案。

【议一议】

如果企业中固定资产落后，需要对固定资产更新改造，那么是对固定资产更新改造合适还是重新购置合适？

任务三 掌握证券投资管理

任务描述

了解证券投资，掌握各种证券投资方式，为企业证券投资管理提供支持。

业务一 掌握债券投资

业务描述

了解债券投资的要素，掌握债券价值的计算方法，明确债券投资的优缺点。

相关知识

证券资产是企业进行金融投资所形成的资产。证券投资不同于项目投资，项目投资的对象是实体性经营资产，经营资产是直接为企业生产经营服务的资产，如固定资产、无形资产等，它们往往是一种服务能力递减的消耗性资产。证券投资的对象是金融资产，金融资产是一种以凭证、票据或者合同合约形式存在的权利性资产，如股票、债券及其衍生证券等。

一、债券要素

债券是依照法定程序发行的约定在一定期限内还本付息的有价证券，它反映证券发行者与持有者之间的债权债务关系。债券一般包含以下几个基本要素。

1. 债券面值

债券面值，是指债券设定的票面金额，它代表发行人借入并且承诺于未来某一特定日偿付债券持有人的金额，债券面值包括两方面的内容：① 票面币种。即以何种货币作为债券的计量单位，一般而言，在国内发行的债券，发行的对象是国内有关经济主体，则选择本国货币，若在国外发行，则选择发行地国家或地区的货币或国际通用货币（如美元）作为债券的币种。② 票面金额。票面金额对债券的发行成本、发行数量和持有者的分布具有影响，票面金额小，有利于小额投资者购买，从而有利于债券发行，但发行费用可能增加；票面金额大，会降低发行成本，但可能减少发行量。

2. 债券票面利率

债券票面利率，是指债券发行者预计一年内向持有者支付的利息占票面金额的比率。票面利率不同于实际利率，实际利率是指按复利计算的一年期的利率，债券的计息和付息方式有多种，可能使用单利或复利计算，利息支付可能半年一次、一年一次或到期一次还本付息，这使得票面利率可能与实际利率发生差异。

3. 债券到期日

债券到期日，是指偿还债券本金的日期，债券一般都有规定到期日，以便到期时归还本金。

二、债券的价值

将在债券投资上未来收取的利息和收回的本金折为现值，即可得到债券的内在价值。债券的内在价值也称为债券的理论价格，只有债券价值大于其购买价格时，该债券才值得投资。影响债券价值的因素主要有债券的面值、期限、票面利率和所采用的贴现率等因素。

1. 债券估价基本模型

典型的债券类型，是有固定的票面利率、每期支付利息、到期归还本金的债券，这种债券模式下债券价值计量的基本模型是：

$$V_b = \sum_{t=1}^{n} \frac{I_t}{(1+R)^t} + \frac{M}{(1+R)^n}$$

式中，V_b 表示债券的价值，I_t 表示债券各期的利息，M 表示债券的面值，R 表示债券价值评估时所采用的贴现率即所期望的最低投资报酬率。一般来说，经常采用市场利率作为评估债券价值时所期望的最低投资报酬率。

从债券价值基本计量模型中可以看出，债券面值、债券期限、票面利率、市场利率是影响债券价值的基本因素。

【例 4-14】某公司债券面值 10 000 元，期限为 10 年，每年支付一次利息，到期归还本金。以市场利率作为评估债券价值的贴现率，目前的市场利率为 10%，如果票面利率分别为 8%、10%和 12%，则有：

V_b=800×（P/A，10%，10）+10 000×（P/F，10%，10）=8 770.68（元）

V_b=1 000×（P/A，10%，10）+10 000×（P/F，10%，10）=10 000（元）

V_b=1 200×（P/A，10%，10）+10 000×（P/F，10%，10）=11 228.52（元）

2. 一次还本付息且不计复利的债券估价模型

我国很多债券属于一次还本付息且不计复利债券估价模型，其估价计算公式为：

$$V_b = \frac{M(1+i \times n)}{(1+R)^n}$$

式中，符号含义同前式。

【例 4-15】某公司拟购买一家企业发行利随本清、期限为 10 年的企业债券，该债券面值 10 000 元，票面利率 12%，不计复利，当前市场利率为 10%。要求：计算该债券发行价格为多少时才有投资价值。

解：

V_b=（10 000+12 000）×（P/F，10%，10）=8 481（元）

即该债券价格低于 8 481 元时，该公司才能购买。

3. 折现发行时债券的估价模型

有些债券以折现方式发行，没有票面利率，到期按面值偿还，这些债券的估价模型为

$$V_b = \frac{M}{(1+R)^n}$$

【例 4-16】某债券面值为 1 000 元，期限为 10 年，以折现方式发行，期内不计利息，按到期值偿还，当时市场利率为 10%。要求：计算该债券的价格为多少时，企业才能购买。

解：

V_b=1 000×（P/F，10%，10）=385.5（元）

即该债券的价格只有低于 385.5 元时，企业才能购买。

三、债券的优缺点

1. 债券投资的优点

（1）安全性较高。与股票相比，债券投资风险比较小，政府发行的债券有国家财力作为后盾，其安全性较高，通常视为无风险证券；企业债券的持有者拥有优先求偿权，即当企业破产时，优先于股东分得企业资产，因此，其发生损失的可能性较小。

（2）收入稳定性强。债券面值一般都标有固定利息率，债券的发行人有按时支付利息的法定义务。因此，在正常情况下，投资于债券都能获得比较稳定的收入。

（3）市场流通性好。许多债券都具有较好的流动性。政府及大企业发行的债券一般都可以在金融市场上迅速出售，流通性很好。

2. 债券投资的缺点

（1）购买力风险较大。债券的面值和利息发行时就已确定，如果投资期间的通货膨胀率比较高，则本金和利息的购买力将不同程度地受到侵蚀，在通货膨胀率非常高时，投资者虽然名义上有收益，但实际上却有损失。

（2）没有经营管理权。投资于债券只是获得收益的手段，无权对债券发行单位施加影响和控制。

业务二　掌握股票投资

业务描述

掌握股票价值的计算方法，为企业进行股票投资提供支持。

相关知识

股票是股份公司发给股东的所有权凭证，是股东借以取得股利的一种证券。股票持有者即该公司的股东，对该公司的财产有要求权。股票可以按不同的方法和标准分类：按股东所享有的权利，可分为普通股和优先股；按票面是否表明持有者姓名，分为记名股票和不记名股票；按股票票面是否记名入股金额，分为有面值股票和无面值股票；按能否向股份公司赎回自己的财产，分为可赎回股票和不可赎回股票。

一、股票的价值

投资于股票预期获得的未来现金流量的现值，即股票的价值或内在价值、理论价格。股票是一种权利凭证，它之所以有价值，是因为它能给持有者带来未来的收益，这种未来的收益包括各期获得的股利、转让股票获得的价差收益、股份公司的清算收益等。价格小于内在价值的股票，是值得投资者投资购买的。股份公司的净利润是决定股票价值的基础。股票给持有者带来未来的收益一般是以股利形式出现的，因此也可以说股利决定了股票价值。

1. 股票估价基本模型

从理论上说，如果股东不中途转让股票，股票投资没有到期日，投资于股票所得到的未来现金流量是各期的股利。假定某股票未来各期股利为 D_t，（t 为期数），R_s 为估价所采用的贴现率即所期望的最低收益率，股票价值的估价模型为：

$$V_s=\frac{D_1}{(1+R_s)^1}+\frac{D_2}{(1+R_s)^2}+\ldots+\frac{D_n}{(1+R_s)^n}+\ldots=\sum_{t=1}^{\infty}\frac{D_t}{(1+R_s)^t}$$

优先股是特殊的股票，优先股股东每期在固定的时点上收到相等的股利，优先股没有到期日，未来的现金流量是一种永续年金，其价值计算为：

$$V_s=\frac{D}{R_s}$$

2. 常用的股票估价模式

与债券不同的是，持有期限、股利、贴现率是影响股票价值的重要因素。如果投资者准备永久持有股票，未来的贴现率也是固定不变的，那么未来各期不断变化的股利就成为评价股票价值的难题。为此，我们不得不假定未来的股利按一定的规律变化，从而形成几种常用的股票估价模式。

（1）固定增长模式。一般来说，公司并没有把每年的盈余全部作为股利分配出去，留存的收益扩大了公司的资本额，不断增长的资本会创造更多的盈余，进一步又引起下期股利的增长。如果公司本期的股利为 D_0，未来各期的股利按上期股利的一定百分比（g）呈几何级数增长，根据股票估价基本模型，股票价值 V_s 为：

$$V_s=\sum_{t=1}^{\infty}\frac{D_0(1+g)^t}{(1+R_s)^t}$$

因为 g 是一个固定的常数，上式可以化简为：

$$V_s=\frac{D_1}{R_s-g}$$

【例 4-17】假定某投资者准备购买甲公司的股票，准备长期持有，并要求达到 10%的收益率。该公司今年每股股利 1 元，预计未来股利会以 6%的速度增长，则甲股票的价值为：$V_s=\frac{1\times(1+6\%)}{10\%-6\%}=26.5$（元）。

如果甲股票目前的购买价格低于 26.5 元，那么该公司的股票是值得购买的。

（2）零增长模式。如果公司未来各期发放的股利都相等，并且投资者准备永久持有，那么这种股票与优先股是相类似的。或者说，当固定增长模式中 g=0 时，有：

$$V_s=\frac{D}{R_s}$$

【例 4-18】承【例 4-17】，如果 g=0，甲股票的价值为：$V_s=1\div10\%=10$（元）。

二、股票投资的收益率

1. 股票收益的来源

股票投资的收益由股利收益、股利再投资收益、转让价差收益三部分构成。并且，只要按货币时间价值的原理计算股票投资收益，就无须单独考虑再投资收益的因素。

2. 股票的内部收益率

股票的内部收益率，是使得股票未来现金流量贴现值等于目前的购买价格时的贴现率，也就是股票投资项目的内含报酬率。股票的内部收益率高于投资者所要求的最低报酬率时，投资者才愿意购买该股票。在固定增长股票估价模型中，用股票的购买价格 P_0 代替内在价值 V_s，有：

$$R = \frac{D_1}{P_0} + g$$

从上式可以看出，股票投资内部收益率由两部分构成：一部分是预期股利收益率 D_1/P_0，另一部分是股利增长率 g。

如果投资者不打算长期持有股票，将股票转让出去，则股票投资的收益由股利收益和资本利得（转让价差收益）构成。这时，股票内部收益率 R 是使股票投资净现值为零时的贴现率，计算公式为：

$$\text{NPV} = \sum_{t=1}^{n} \frac{D_t}{(1+R)^t} + \frac{P_t}{(1+R)^n} - P_0 = 0$$

业务三　掌握基金投资

业务描述

了解投资基金的分类，掌握基金价值的计算方法，为企业进行基金投资提供支持。

相关知识

投资基金，在美国称为共同基金（mutual fund），在英国称为信托单位（trust unit），它是一种利益共享、风险共担的集合投资形式，由基金发起人以发行收益证券的形式汇集一定数量的具有共同投资目的的投资者的资金，委托由投资专家组成的专门投资机构进行各种分散的投资组合，投资者按出资的比例分享投资收益，并共同承担投资风险。

投资基金作为一种集合投资制度，它的创立和运行主要涉及四个当事人：投资人、发起人、管理人和托管人。投资人是出资人也是受益人，它可以是自然人或法人。发起人根据政府主管部门批准的基金章程或基金证券发行办法筹集资金而设立投资基金，将基金委托于管理人管理和运营，委托于托管人保管和进行财务核算。发起人与管理人、托管人之间的权利与义务通过信托契约来规定。

一、投资基金的分类

1. 按组织形态划分，投资基金可分为公司型投资基金和契约型投资基金

公司型投资基金是依据公司法成立，以营利为目的，主要投资对象为有价证券的投资机构。公司型投资基金本身就是投资公司，它主要通过发行股票的方式来筹集资金，投资者购买了该公司股票就成为公司的股东，凭股票领取股利，分享投资收益。公司型投资基

金由股东大会选举出董事会和监事会，再由董事会选举出公司的总经理，负责管理公司的投资业务。美国的投资基金大多数是公司型投资基金。

契约型投资基金，又称信托型投资基金，是依据信托法、投资信托法设立，通过发行受益凭证而组成的投资机构。该基金一般由基金管理公司、基金托管人及投资者三方当事人订立信托契约。基金管理公司是基金的发起人，通过发行受益凭证将资金筹集起来组成信托财产，并依据信托契约进行投资。基金托管人一般由银行担任，根据契约，负责保管信托财产，具体办理证券、现金管理及有关的代理业务等。投资者是受益凭证的持有人，通过购买受益凭证，参与基金投资，享有投资收益。契约型投资基金广泛流行于英国、日本、韩国、新加坡等国家，目前我国的基金也均为这一类型。

公司型投资基金与契约型投资基金的主要区别是：①公司型投资基金具有独立的法人资格，每一个基金的创立都要求是一个基金公司，基金公司仅以单个基金为全部运行资本，基本上无其他债权债务；而契约型投资基金则不具备独立法人资格，它是由基金管理公司发起并通过发行受益证券方式募集基金的。一个基金管理公司可以发起或接受多个投资基金，每个基金通过与托管人签订信托契约，单独开设保管账户，单独运作，单独核算。②公司型投资基金发行的证券为股票，基金持有者为股东，可以参与持有人大会，行使股东权利；契约型投资基金发行的证券为受益凭证，投资者不是股东，只有收益分配请求权。③公司型投资基金依据投资公司章程进行招股、运作与管理，而契约型投资基金是依据单个基金的信托契约来进行募集、经营与管理的。

2. 按所发行的证券是否可赎回，投资基金可分为封闭型投资基金和开放型投资基金

封闭型投资基金，是指基金资本总额及发行份数在未发行之前就已经确定下来，在发行完毕后和规定的期限内，不论出现何种情况，基金的资本总额及发行份数都固定不变的投资基金。由于封闭型投资基金的股票或受益凭证不能被追加、认购或赎回，投资者在不满意其收益时，只能通过证券经纪商在市场上将其持有的基金股票或受益凭证卖出，以收回投资。

开放型投资基金，是指基金的资本总额及发行份数不是固定不变的，而是可以随时根据市场供求状况发行新份额或被投资人赎回的投资基金。由于这种投资基金的资本总额可以随时追加，又称为追加型投资基金，这是投资基金与一般股票的不同之处。投资者可以根据自己的意愿，向发行人请求按目前基金净资产价值扣除一定的手续费收回相应股份或受益凭证，投资者获得等值现金，这样基金的份数就要相应减少，从而引起基金投资组合中的资产变动。同样的，投资者也可按基金净资产价值加上一定的手续费申购股份或受益凭证，这样就会增加投资基金的资本总额。

封闭型投资基金与开放型投资基金的主要区别是：

（1）封闭型投资基金股票或受益凭证因不得要求发行人买回，故资金数量比较稳定，便于管理者稳定运用。而开放型投资基金股票或受益凭证资金数量不稳定，要求有更高的投资技巧。一般情况下，只有投资于变现力极好的证券的投资基金才采取开放型。

（2）封闭型投资基金的单位价格虽然以基金净资产价值为基础，但并不必然反映基金净资产价值，它更多地会随证券市场供求关系的变化而变化，或高于基金净资产价值（称为溢价），或低于净资产价值（称为折价）。对于封闭型投资基金，一般要求定期（如每季度）核算并公布单位基金的净资产。开放型基金的买卖价格是由基金的净资产价值加一定手续费确定的。由于基金的资本总额根据市场供求关系的变化而变化，并且一般要求每天营业终了后核算并公布其资产净值，因而基金的买卖价格必然反映基金的净资产价值，净资产价值成为基金买卖价格的基准，故开放型基金的价格波动幅度在一定期间内不会很大。

3．按投资基金的投资对象不同，可以分为证券投资基金和股权式投资基金

证券投资基金是指以投资于已经公开发行上市的股票和债券为主的投资基金。这种投资基金的流动性较好，容易变现，可以采用开放式投资基金。我国 2004 年 6 月 1 日起施行的《证券投资基金法》中的投资基金就属于证券投资基金。

股权式投资基金是指以合资或参股的形式投资于实业，以获取投资收益为主要目的的投资基金，它可以参与被投资企业的经营，但一般不起控制支配作用。股权式投资基金的流动性和变现能力较差，一般要求采用封闭式投资基金。

4．按投资风险与收益的目标不同，可以分为积极成长型投资基金、成长型投资基金、成长加收益型投资基金、平衡型投资基金和收益型投资基金

积极成长型投资基金追求高风险、高报酬率，其收益主要来自股票买卖的差价收入。所选择的投资对象多为具有高成长潜力和高风险的股票及其他证券，或可能被兼并的公司或股价暂时受到压抑、运营状况暂时困难的公司股票，以期能引起股票价格的快速上涨。这种基金获利能力强，但投机性相当高，很适合风险爱好型的投资者。

成长型投资基金与积极成长型基金相类似，追求以高风险获取资本的长期利得，而不是短期收入。它以未来成长型的公司，如高科技行业、新型行业中的中小公司的证券作为重要投资对象，但也会把一部分资金投向一些信誉较好的大公司股票。

成长加收益型投资基金则兼顾资本利得和股息收入两种目标，力图把资本的长期增值与股息的稳定收入结合起来。这类基金的投资策略要比成长型基金保守些，它只限于在股价波动较小的股票中进行投资。基金经理人多将资金投入派息较多而成长前景尚佳的股票及可转换公司债券上。

平衡型投资基金通常有三个投资目标：一是保存投资者的原始本金；二是获取当期收入；三是促进本金和收入的长期增长。为此它通常会把 25% ~ 50%的资金投向优先股和债券，以确保资金的安全性，其余的资金则投向普通股票。为保证安全性，还会确定投资股票的限制比例。至于股票和债券投资的实际比例高低，基本上取决于经理人对资本市场前景的预测，可以做出一定的变动。一般来说，平衡型基金所承担的风险比成长型基金要小，特别是在股市下跌时，其表现比单独投资股票的基金好。

收益型投资基金的追求目标是稳定的、最大的当期收入，而不强调资本的长期利得和成长，也就是注重目前收益性，而未来的成长性则在其次，并希望能保住本金。其投资组合主要包括利息较高的债券、优先股和普通股，以及某些货币市场上的证券，如专门投资于债券的债券基金和用于短期货币工具投资的货币市场基金。

二、基金的价值与报价

基金作为一种证券，其内在价值和其他证券一样，也是指在基金投资上所能带来的现金净流量。但是，基金内在价值的具体确定依据与股票、债券等其他证券又有很大的区别。

1．基金价值的内涵

决定债券和股票价值的不是现在的现金流量而是未来的现金流量。而基金的价值却取决于目前能给投资者带来的现金流量，这种目前的现金流量用基金的净资产价值来表达。

基金的价值取决于基金净资产的现在价值，其原因在于：股票的未来收益是可以预测的，而投资基金的未来收益是不可预测的。由于投资基金不断变换投资组合对象，再加上资本利得是投资基金收益的主要来源，变幻莫测的证券价格波动，使得对投资基金未来收益的准确预计变得不大现实。既然未来不可预测，投资者把握的就是“现在”，即基金资产的现有市场价值。

2. 基金单位净值（NAV）

基金单位净值也称为单位净资产值或单位资产净值。基金的价值取决于基金净资产的现在价值，因此基金单位净值是评价基金业绩最基本和最直观的指标，也是开放型基金申购价格、赎回价格以及封闭型基金上市交易价格确定的重要依据。

基金单位净值是在某一时点每一基金单位所具有的市场价值，计算公式为：

基金单位净值=基金净资产价值总额/基金单位总份数

其中，基金净资产价值=基金总资产价值–基金负债总额。

在基金净资产价值的计算中，基金的负债除了以基金名义对外的融资借款以外，还包括应付投资者的分红、基金应付给基金经理公司的首次认购费、经理费用等各项基金费用。相对来说，基金的负债金额是固定的，基金净资产的价值主要取决于基金总资产的价值。这里，基金总资产的价值并不是指资产总额的账面价值，而是指资产总额的市场价值。

3. 基金的报价

从理论上说，基金的价值决定了基金的价格，基金的交易价格是以基金单位净值为基础的，基金单位净值高，基金的交易价格也高。封闭型基金在二级市场上竞价交易，其交易价格由供求关系和基金业绩决定，围绕着基金单位净值上下波动。开放型基金的柜台交易价格则完全以基金单位净值为基础，通常采用两种报价形式：认购价（卖出价）和赎回价（买入价）。开放型基金柜台交易价格的计算方式为：

基金认购价=基金单位净值+首次认购费

基金赎回价=基金单位净值 – 基金赎回费

基金认购价也就是基金经理公司的卖出价，卖出价中的首次认购费是支付给基金经理公司的发行佣金。基金赎回价也就是基金经理公司的买入价，赎回价低于基金单位净值是由于减去了基金赎回费，以此提高赎回成本，防止投资者的售回，保护基金资产的稳定性。收取首次认购费的基金，一般不再收取赎回费。

三、基金回报率

基金回报率用以反映基金增值的情况，它通过基金净资产的价值变化来衡量。基金净资产的价值是以市价计量的，基金资产的市场价值增加，意味着基金的投资收益增加，基金投资者的权益也随之增加。基金回报率的计算公式为：

基金回报率=（年末持份数×年末 NAV–年初持份数×年初 NAV）/（年初持份数×年初 NAV）

式中，“持份数”是指基金单位的持有份数。如果年末和年初基金单位的持有份数相同，基金回报率就简化为基金单位净值在本年内的变化幅度。

年初 NAV 相当于是购买基金的本金投资，基金回报率相当于一种简便的投资回报率。

业务四 熟悉证券投资组合

业务描述

了解证券投资组合的概念，掌握投资组合的策略和方法，为企业证券投资组合提供技术支持。

相关知识

一、证券投资组合的概念

证券投资组合又称为证券组合，是指在进行证券投资时，不将所有的资金都投向单一的某种证券，而是有选择地投向一组证券。这种同时投资多种证券的做法称为证券的投资组合。

证券投资的营利性吸引了众多投资者，但证券投资的风险性又使许多投资者望而却步。如何能够有效地解决这一难题呢？科学地进行证券的投资组合就是一个比较好的方法。通过有效地进行证券投资组合，便可削减证券风险，达到降低风险的目的。

投资风险存在于各个国家的各种证券中，它们随经济环境的变化而不断发生变化，时大时小，此起彼伏。简单地把资金全部投向一种证券，便要承担巨大的风险，一旦失误，就会全盘皆输。因此，证券市场上经常可听到这样一句名言：不要把全部鸡蛋放在同一个篮子里。证券投资组合是证券投资的重要武器，它可以帮助投资者全面捕捉获利机会，降低投资风险。

二、证券投资组合的风险与收益率

由于证券投资组合能够降低风险，因此绝大多数法人投资者都同时投资于多种证券。即使是个人投资者，一般也应持有多种证券而不只是投资于某一个公司的股票或债券。所以，企业财会人员必须了解证券投资组合的风险与收益率。

三、证券投资组合的策略和方法

1. 证券投资组合的策略

在证券组合理论的发展过程中，形成了各种各样的派别，从而也形成了不同的组合策略，常见的有以下几种：

（1）保守型策略。这种策略认为，最佳证券投资组合策略是要尽量模拟市场现状，将尽可能多的证券包括进来，以便分散掉全部可分散风险，得到与所有证券的平均收益同样的收益。这种投资组合的好处是能分散掉全部可分散风险；不需要高深的证券投资的专业知识；证券投资的管理费比较低。但这种组合获得的收益不会高于证券市场上所有证券的平均收益。因此，此种策略属于收益不高、风险不大的策略，故称为保守型策略。

（2）冒险型策略。这种策略认为，与市场完全一样的组合不是最佳组合，只要投资组合做得好，就能击败市场、超越市场，取得远远高于平均水平的收益。在这种组合中，一些成长性的股票比较多，而那些低风险、低收益的证券不多。另外，其组合的随意性强，变动频繁。采用这种策略的人都认为，收益就在眼前。对于追随市场的保守派，他们是不屑一顾的。这种策略收益高、风险大，因此称为冒险型策略。

（3）适中型策略。这种策略介于保守型和冒险型策略之间，采用这种策略的投资者一般都善于对证券进行分析。通过分析选择高质量的股票或债券组成投资组合。他们认为，股票价格是由企业经营业绩决定的，市场价格的一时沉浮，并不重要。这种投资策略风险不大，收益却比较高。但进行这种组合投资的人必须具备丰富的投资经验及证券投资的各种专业知识。

2．证券投资组合的方法

（1）选择足够数量的证券进行组合。这是一种最简单的证券投资组合方法。在采用这种方法时，不是进行有目的的组合，而是随机选择证券。随着证券数量的增加，可分散风险会逐步减少。当数量足够时，大部分可分散风险都能分散掉。

（2）选择风险大、风险中等、风险小的证券放在一起进行组合。这种组合方法又称为1/3法，是指把全部资金的1/3投资于风险大的证券；1/3投资于风险中等的证券；1/3投资于风险小的证券。一般而言，风险大的证券对经济形势的变化比较敏感，当经济处于繁荣时期，风险大的证券获得高额收益，但当经济衰退时，风险大的证券却会遭受巨额损失；相反，风险小的证券对经济形势的变化则不十分敏感，一般都能获得稳定收益，而不致遭受损失。因此，这种1/3投资组合方法，是一种进可攻、退可守的组合法，虽不会获得太高的收益，但也不会冒巨大风险，是常见的组合方式。

（3）把投资收益呈负相关的证券放在一起进行组合。一种股票收益上升而另一种股票收益下降的两种股票，称为负相关股票。把收益呈负相关的股票组合在一起，能有效地分散风险。例如，某企业同时持有一家钢铁企业的股票和一家建筑公司的股票。当钢铁价格大幅上升时，这两种股票呈负相关。因为钢铁价格上涨，钢铁企业的收益会增加；但是钢铁价格上涨，会影响房地产的销售，使建筑公司的收益降低。只要选择得当，这样的组合对降低风险有十分重要的意义。

四、证券组合投资决策

投资者进行证券组合投资与单项投资一样，都要求对承担的风险进行补偿，风险越大，要求的收益率越高。但是证券组合投资要求补偿的风险只是不可分散风险，而不要求对可分散风险进行补偿。因此，证券组合的风险收益是投资者因承担不可分散风险而要求的，超过时间价值的那部分额外收益。

证券组合投资的收益率可以用资本资产定价模型表示，其公式为：

$$K = R_f + \beta_i(R_m - R_f)$$

式中，K为某证券或证券组合的必要报酬率；R_f为无风险报酬率；β_i为某证券或证券组合的β系数；R_m为所有证券的平均报酬率。

资本资产定价模型既可以用于计算组合投资的预期收益率，又可以用来计算单个资产投资的预期收益率。

【例4-19】某公司股票β系数为1.5，现行短期国债收益率为6%，所有证券投资的平均收益率是12%，则该股票的预期报酬率为：K=6%+1.5×（12%−6%）=6%+9%=15%。

计算结果说明，股票预期报酬率的大小，取决于无风险收益率和风险收益率的高低，而风险收益率的高低，取决于股票的市场风险β系数和市场上所有股票的平均收益率与无风险收益率的差额。上例中，无风险收益率为6%，风险收益率为12%，预期收益率合计为15%。

项目小结

学习完本节，应该能够了解投资管理的特点、分类和原则；明确项目投资和证券投资的类型；熟知项目投资决策中的现金流量，掌握项目投资评价的各种方法；熟知证券投资的各种方法；根据实际情况，能够指导企业进行项目投资和证券投资。

主要概念

投资管理	现金流量	投资回收期	投资报酬率
净现值	净现值率	现值指数	内含报酬率
债券投资	股票投资	基金投资	证券投资组合

推荐阅读

[1] 张鸣，陈震. 投资管理[M]. 大连：东北财经大学出版社，2006.

[2] 庄新田，金秀，高莹. 投资管理[M]. 北京：机械工业出版社，2007.

[3] 张艳娇. 浅析企业利用闲置资金理财风险及控制[J]. 财经界，2013（4）：118-121.

[4] 张益祥. 企业投资管理现存问题及对策分析[J]. 商业经济，2011.

[5] 杨长汉. 中国企业年金投资运营研究（第一版）[M]. 北京：经济管理出版社，2010. 67-79.

[6] 刘鸿儒. 中国基金业快速发展的基本经验及其面临的挑战[J]. 经济研究参考，2010（3）：28-30.

[7] 赵磊，吴前煜. 证券投资基金治理结构之法理分析[J]. 西南金融，2014.

习题与实训

一、单项选择题

1. 对投资项目内部收益率的大小不产生影响的因素是（　　）。

A. 投资项目的原始投资　　B. 投资项目的现金流入量

C. 投资项目的有效年限　　D. 投资项目的预期报酬率

2. 当贴现率为 10%时，某项目的净现值为 500 万元，则说明该项目的内含报酬率（　　）。

A. 高于10%　　B. 低于10%　　C. 等于10%　　D. 无法确定

3. 如果其他因素不变，一旦折现率提高，则下列指标中其数值将会变小的是（　　）。

A. 净现值　　B. 投资利润率　　C. 内部收益率　　D. 投资回收期

4. 某投资方案年营业收入240万元，年销售成本170万元，其中折旧70万元，所得税税率40%，则该方案年营业现金净流量为（　　）。

A. 70万元　　B. 112万元　　C. 140万元　　D. 84万元

5. 获利指数与净现值指标相比，其优点是（　　）。

A. 便于投资额相同的方案的比较

B. 便于进行独立投资机会获利能力的比较

C. 考虑了现金流量的时间价值

D. 考虑了投资风险性

6. 评价投资方案经济效果的方法中，（　　）是属于非贴现的现金流量法。

A. 净现值法　　B. 静态的投资回收期法

C. 内部收益率法　　D. 获利能力指数法

7. 一般认为，企业进行长期债券投资的主要目的是（　　）。

A. 获得稳定收益　　B. 增强资产流动性

C. 控制被投资企业　　D. 调剂现金余额

8. 某企业准备购入A股票，预计3年后出售可得2 200元，该股票3年中每年可获股利收入160元，预期报酬率为10%。该股票的价格为（　　）元。

A. 2 050.76　　B. 3 078.57　　C. 2 552.84　　D. 3 257.68

9. 基金的价值取决于（　　）。

A. 基金净资产账面价值

B. 基金净资产的现在价值

C. 基金资产未来能给投资者带来的现金流量

D. 基金净资产能给投资者带来的未来现金流量的现值

10. 企业对外进行债券投资，从其产权关系来看属于（　　）。

A. 债权投资　　B. 股权投资　　C. 证券投资　　D. 实物投资

二、多项选择题

1. 采用获利指数进行投资项目经济分析的决策标准是（　　）。

A. 获利指数大于或等于1，该方案可行

B. 获利指数小于1，该方案可行

C. 几个方案的获利指数均小于1，指数越小方案越好

D. 几个方案的获利指数均大于1，指数越大方案越好

2. 已知甲、乙、丙三个互斥方案的原始投资额相同，如果决策结论是“无论从什么角度看，甲方案均优于乙方案”，则必然存在的关系有（　　）。

A. 甲方案的净现值大于乙方案

B. 甲方案的获利能力指数大于乙方案

C. 甲方案的投资回收期大于乙方案

D. 甲方案的内含报酬率大于乙方案

3. 下列几个因素中影响内含报酬率的有（　　）。

A. 银行存款利率　　B. 银行贷款利率

C. 投资项目有效年限　　D. 原始投资额

4. 评价投资方案的投资回收期指标的主要缺点是（　　）。

A. 不可能衡量企业的投资风险　　B. 没有考虑资金时间价值

C. 没有考虑回收期后的现金流量　　D. 仅能衡量投资方案投资报酬的高低

5. 在完整的工业投资项目中，经营期期末（终结点）发生的净现金流量包括（　　）。

A. 回收流动资金　　B. 回收固定资产余值

C. 原始投资　　D. 经营期末营业净现金流量

6. 一项固定资产投资方案的现金流出量应包括（　　）。

A. 固定资产投资　　B. 各年固定资产的折旧

C. 流动资产投资　　D. 固定资产的修理及维护费用

7. 下列说法正确的是（　　）。

A. 净现值法能反映各种投资方案的净收益率

B. 净现值法不能反映投资方案的实际报酬

C. 平均报酬率法简明易懂，但没有考虑资金的时间价值

D. 获利指数法有利于在投资额不同的投资方案之间进行对比

8. 相对于股票投资而言，债券投资的优点有（　　）。

A. 投资收益高　B. 本金安全性高　C. 投资风险小　D. 市场流动性好

9. 投资基金按照能否赎回，可以分为（　　）。

A. 封闭型投资基金　　B. 开放型投资基金

C. 契约型投资基金　　D. 公司型投资基金

10. 契约型基金和公司型基金的主要区别是（　　）。

A. 资金的性质不同　　B. 投资者的地位不同

C. 基金的期限不同　　D. 基金的运营依据不同

三、判断题

1. 只有增量的现金流量才是与投资项目相关的现金流量。（　　）

2. 所谓净现值是指特定方案未来各年现金流入与现金流出差额现值之和。（　　）

3. 当评价两个相互排斥的投资方案时应该着重比较其各自的内含报酬率，而把其净现值放在次要地位。（　　）

4. 获利指数大于1就表明该项目具有正的净现值，对企业有利。（　　）

5. 在多个项目组合排队时，如果投资总额不受限制，则一般先上净现值最大的项目。（　　）

6. 静态投资回收期法虽然考虑了货币时间价值因素，但没有考虑回收期满后继续发生的现金流量的变化情况，故存在一定弊端。（　　）

7. 股票的价值是指其实际股利所得和资本利得所形成的现金流入量的现值之和。（　　）

8. 开放型基金资产不能全部用来进行长期投资。 ( )

9. 企业进行股票投资的目的主要是获利和控股。 ( )

10. 封闭式基金的交易价格取决于基金的每单位资产净值的大小，基本不受市场供求影响。 ( )

四、计算题

1. 某企业购入设备一台，价值为 60 000 元，无建设期，按直线法计提折旧，使用寿命 6 年，期末无残值。预计投产后每年可获得净利润 8 000 元，假定贴现率为 10% 。要求：计算该项目的净现值。

2. 某投资项目第一年年初投资 3 200 万元，第一年开始经营，预计第一年至第五年各年经营过程中的净现金流量依次为 600 万元、900 万元、1 100 万元、1 000 万元、800 万元。现有甲乙两个决策者对上述项目进行决策，甲投资者的期望报酬率为 9%，而乙投资者的期望报酬率为 12%。通过计算后回答：

（1）甲、乙两个投资者对该项目是否可行的评价结果是否相同？

（2）用插值函数法近似计算该投资项目的内含报酬率。（精确到 0.01%）

3. 甲企业计划利用一笔长期资金投资购买股票。现有 A 公司股票和 B 公司股票可供选择，甲企业只准备投资一家公司股票。已知 A 公司上年税后利润 4 500 万元，上年现金股利发放率为 20%，普通股股数为 6 000 万股、A 股票现行市价为每股 7 元，预计以后股利每年以 6%的增长率增长。B 公司股票现行市价为每股 9 元，上年每股股利为 0.6 元，股利分配政策将一贯坚持固定股利政策。甲企业所要求的投资必要报酬率为 8%。要求：

（1）计算 A 股票上年每股股利。

（2）利用股票估价模型，分别计算 A、B 公司股票价值，并为甲企业做出股票投资决策。

（3）若甲企业购买 A 公司股票，每股价格为 6.5 元，一年后卖出，预计每股价格为 7.3 元，同时每股可获现金股利 0.5 元，计算 A 股票的收益率。

项目五

营运资金管理

学习目标

知识学习目标

1. 熟悉营运资金的概念及其在企业经营中的重要性；
2. 熟悉营运资金的管理策略；
3. 了解企业持有现金的动机及各种动机对企业现金需求量的影响；
4. 掌握最佳现金持有量的方法；
5. 了解应收账款的作用和成本；
6. 掌握企业信用政策制定的方法；
7. 熟悉企业应收账款的日常管理措施；
8. 掌握存货的成本构成和最优存货量的确定；
9. 掌握短期借款和商业信用的融资方式。

技能训练目标

1. 会判断企业营运资金管理策略中流动资产投资和流动资产筹资各采取的策略，评价其收益和风险；
2. 会用最佳现金持有量的方法预测企业的现金需要量；
3. 用现金日常管理方法和现金管理模式指导企业的现金管理；
4. 能够结合企业销售情况制定合理的应收账款信用政策；
5. 有效管理企业的应收账款；
6. 会运用最优存货量的确定，管理和控制企业存货；
7. 会管理流动负债。

导入案例

齐鲁公司 2016 年召开年度财务总结会议，财务经理在会议上对本年财务工作进行了总结，他说："今年的财务工作总体上按照原定计划完成，为了配合今年公司扩大生产，我们今年实施了新的财政政策。资金筹集方面，通过各种筹集方式，资金筹集总量同比增长了 10%。其中，流动资金借款比上年同比增长了 15%，不仅满足了流动资金的需要，还购买了一部分机器设备。"

"销售方面：销售收入同比增长了 20%，其中赊销同比增长了 30%，利润总额同比增长了15%。但同时财务方面的一些问题也逐渐暴露了出来，主要是企业流动资金的周转速度放慢了。原因有两个：一是为了保证生产，增加了现金、存货的准备；二是为了扩大销售额放宽了赊销的信用政策，导致应收账款的增加，回收率同比下降了3%。这样一来，公司虽然利润增加了，但是现金增加却很少。”

“明年是公司的还款高峰期，如果不进行财务政策的改革，保持较好的财务政策，即使公司的产品很受欢迎，订单很多，也将面临前所未有的财务困境，所以要求大家积极发表自己的见解，提供合理化的建议和意见，使公司尽快地渡过难关……”

如果你是公司的财务人员，通过财务经理的讲话，你能说出这个公司目前在营运资金管理中存在的问题吗？你能提出合理化的建议吗？

任务一 认知营运资金管理

任务描述

认识营运资金的内涵、特点、营运资金的周转和管理原则，能够判断企业营运资金管理策略的流动资产投资和流动资产筹资采取的策略，以及风险和收益。

业务一 认识营运资金

业务描述

认识营运资金的内涵、特点、营运资金的周转和管理原则。

相关知识

营运资金管理是企业对流动资产及流动负债的管理，一个企业要想维持正常的运转就必须拥有适量的营运资金。因此，营运资金管理是企业日常财务管理的重要组成部分，通过高效的营运资金管理可以最大限度地提高企业资金的使用效率和资产收益率，并最大限度地降低企业的经营风险和财务风险。营运资金管理通常主要包括现金管理、应收账款管理、存货管理三部分内容。

一、营运资金的内涵

营运资金（又称营运资本）是指企业投入日常经营活动（营运活动）的资本。营运资金有狭义和广义之分，狭义的营运资金是指企业流动资产减去流动负债后的余额；广义的营运资金是指企业生产经营过程中占用在流动资产上的资金，是企业流动资产的总额。经营中，营运资金通常指的是狭义的营运资金概念。用公式表示如下：

营运资金=流动资产−流动负债

流动资产是指企业能够在一年以内或者超过一年的一个营业周期内实现或者运用的资产，流动资产具有周转快、易变现和企业占用周期短的特点。因为流动资产易变现和周转快的特点，拥有较多流动资产的企业，比同类拥有较少流动资产的企业具有较低的财务风险。流动资产主要包括货币资金、交易性金融资产、应收票据、应收账款和存货等项目。

流动负债是指需要在一年或者超过一年的一个营业周期内偿还的债务。流动负债又称短期负债，具有低成本、偿还期短的特点，需要合理的规划管理。否则，会因企业资金链断裂，给企业带来较大的财务风险。流动负债主要包括短期借款、应付票据、应付账款、应付职工薪酬、应交税费等项目。

二、营运资金的特点

1. 营运资金周转期较短

企业占用在流动资产上的资本通常会在一年或一个营业周期内收回，说明营运资金可以通过商业信用、银行短期借款等短期筹资方式来获取。

2. 营运资金数量的波动性

企业流动资产或流动负债容易受到经营中内外部条件的影响，在经营周期中，营运资金数量的波动往往较大。

3. 营运资金筹集来源具有多样性

营运资金的需求保障既可以通过短期筹资方式，也可以通过长期筹资方式解决，如银行短期借款、商业信用、应交税费、应付职工薪酬、预收账款等。

4. 营运资金的实物形态具有变动性和易变现性

企业营运资金的实物形态按照现金、材料、在产品、产成品、应收账款、现金的顺序经常发生变化。并且，非现金形态的营运资金如存货、应收账款、短期有价证券等流动资产也具有较强的变现能力。

三、营运资金的周转

营运资金的周转，是指企业的营运资金从现金投入生产经营开始，到最终转化为现金为止的过程。按照企业生产要素的形式，主要包括以下三个方面。

（1）应收账款周转期，是指将应收账款转化为现金所需要的时间。

（2）存货周转期，是指将原材料转化成产成品并出售所需要的时间。

（3）应付账款周转期，是指从收到尚未付款的材料开始到现金支出之间所用的时间。

四、营运资金的管理原则

1. 合理确定营运资金的需要数量

企业营运资金的需要数量与企业生产经营活动直接相关，当企业处于经营的繁荣期时，流动资产和流动负债都会相应地增加；当企业产销量较少时，流动资产和流动负债也会相应减少。因此，企业财务人员要根据企业经营周期的发展规律，认真分析企业的生产经营状况，采用科学的方法预测营运资金的需要数量，便于提高企业营运资金的运营效率。

2. 合理筹划营运资金的使用效率

在营运资金的日常管理中，企业必须正确处理生产经营需要和合理节约使用资金二者之间的关系。要在保证企业正常生产经营需要的前提下，遵守勤俭节约的原则，挖掘资金潜力，精打细算地使用资金，提高营运资金运营效率。企业在经营中可以采取缩短营业周期的方式，加速变现过程，加快营运资金周转。企业通过千方百计地加速存货、应收账款等流动资产的周转，使用有限的资金，获取最优的经济效益。

3. 确保企业足够的短期偿债能力

流动资产、流动负债及二者的关系能较好地反映企业的短期偿债能力。流动负债是在短期内需要偿还的债务，而流动资产是企业在短期内可以转化为现金的资产。因此，当企业的营运资金为正时，企业具有较强的短期偿债能力；反之，表明企业短期偿债能力较弱。假如企业的流动资产太多，流动负债太少，就会因流动资产闲置而导致流动负债利用不足的后果。根据惯例，流动资产是流动负债的一倍是比较合理的。因此，在营运资金管理中，企业要合理安排流动资产和流动负债的比例关系，在保证企业足够偿债能力的情况下，节约使用资金。

业务二　熟悉营运资金管理策略

业务描述

掌握流动资产投资策略和流动资产筹资策略的运用。

相关知识

企业需要评估营运资金管理中的风险与收益，制定流动资产的投资策略和融资策略。财务管理人员在营运资金管理方面主要需要确定企业需要拥有的流动资产以及如何为需要的流动资产融资。在企业的经营实践中，两项决策同时进行，相互影响。营运资金管理策略包括流动资产的投资策略和流动资产的筹资策略。

一、流动资产的投资策略

营运资金持有量的高低，影响着企业的收益和风险。确定营运资金的持有量，就是在收益和风险之间进行权衡与选择。具体来说，就是要确定一个既能维持企业正常生产经营活动，又能在减少或不增加风险的前提下，给企业带来尽可能多利润的营运资金水平。

营运资金持有量表现为实现一定数量的销售额所要求的营运资金数量。不同的营运资金数量体现不同的风险与收益的关系。企业营运资金投资策略可以划分为以下三种(见图 5-1)。

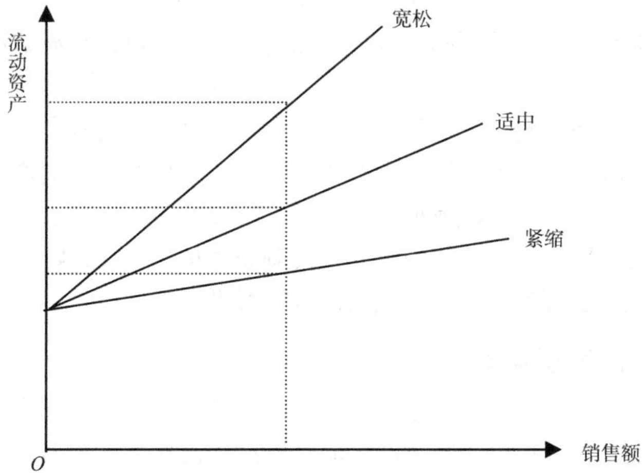

图 5-1　营运资金投资策略

1. 紧缩的流动资产投资策略

紧缩的流动资产投资策略，是指企业用尽可能低的现金和小额的有价证券投资；保持较低的存货量；采取严格的销售信用政策或者禁止赊销。紧缩的流动资产投资战略，表现为较低的流动资产与销售收入比率，但同时伴随着较高的运营风险。在企业维持低水平的流动资产与销售收入比率时，只要预期时间无法损坏公司流动性以致导致严重的问题，该战略就能够为企业带来较高的收益。

2．宽松的流动资产投资策略

宽松的流动资产投资策略，是指企业持有较多的现金和有价证券、充足的存货，提供给客户宽松的付款条件并保持较高的应收账款水平。宽松的流动资产投资战略，表现为安排较高的流动资产与销售收入比率，企业的运营风险较小，但同时也带来了较低的运营效率。

3．适中的流动资产投资策略

适中的流动资产投资策略，是指按照预期的流动资产周转天数、销售额及其增长、成本水平和通货膨胀等因素确定的最优投资规模，合理安排流动资产投资。企业如何选择流动资产投资策略，取决于企业关键的决策者对企业风险和收益的权衡。

制定流动资产投资策略时，首先，需要权衡的是资产的收益性与风险性。增加流动资产投资会增加流动资产的持有成本，降低资产的收益性，但会提高资产的流动性。反之，减少流动资产投资会降低流动资产的持有成本，增加资产的收益性，但资产的流动性会降低，短缺成本会增加。因此，从理论上来说，最优的流动资产投资应该是使流动资产的持有成本与短缺成本之和最低。

其次，制定流动资产投资策略时应充分考虑企业经营的内外部环境。通常，银行和其他借款人对企业流动性水平非常重视，因为流动性是金融机构确定信用额度和借款利率的主要依据之一。它们还会考虑应收账款和存货的质量，尤其是当这些资产被用来当作一项贷款的抵押品时。

此外，企业的流动资产投资策略往往还受产业因素的影响。在销售边际毛利较高的产业，如果从额外销售中获得的利润超过额外应收账款所增加的成本，宽松的信用政策可能为企业带来更为可观的收益。流动资产占用具有明显的行业特征。在机械行业，存货居于流动资产项目中的主要位置，通常占用全部流动资产的 50% 左右。其他行业的流动资产占用往往与机械行业会有重大的不同。例如，在商业零售行业，其流动资产占用要超过机械行业。

流动资产投资策略还受到企业正常决策者的影响。保守的决策者更倾向于宽松的流动资产投资策略，而风险承受能力较强的决策者则倾向于紧缩的流动资产投资策略。运营经理通常喜欢高水平的原材料，以便满足生产所需。销售经理喜欢高水平的产成品存货以便满足顾客的需要，而且喜欢宽松的信用政策以便刺激销售。相反，财务管理人员喜欢使存货和应收账款最小化，以便使流动资产融资的成本最低。

二、流动资产的筹资策略

企业对流动资产的需求数量，一般会随着产品销售情况的变化而变化。例如，产品销售季节性很强的企业，当销售处于旺季时，流动资产的需求就会很多，有可能是平时的几倍；当销售处于淡季时，流动资产需求减弱，可能是平时的很少一部分；即使当销售处于最低水平时，也存在对流动资产最基本的需求。在企业经营状况不发生大的变化的情况下，流动资产最基本的需求具有一定的刚性和相对稳定性，将这部分相对稳定的流动资产称为永久性流动资产，主要指满足企业长期最低需求的流动资产，其占有量相对稳定；而对于那些由于季节性或临时性的原因而形成的流动资产，其占用量随当时的需求而波动称为波动性流动资产或临时性流动资产。

企业的流动负债根据负债形成的性质可以分为临时性流动负债和自发性流动负债。临时性流动负债，又称筹资性流动负债，是指为了满足临时性流动资金需要所发生的负债，如商业零售企业春节前为满足节日销售需要，超量购入货物而举借的短期银行借款。临时性负债一般只能供企业短期使用。自发性负债，又称经营性流动负债，是指直接产生于企业持续经营中的负债，如商业信用筹资和日常运营中产生的其他应付款，以及应付职工薪酬、应付利息、应交税费等，自发性负债可供企业长期使用。

通常，永久性流动资产相对稳定，需要通过长期负债融资或权益性资金融通；而波动性部分的融资则相对灵活，最经济的办法是通过低成本的短期融资解决，如采用 1 年期以内的短期借款或发行短期融资券等融资方式。融资决策主要取决于管理者的风险导向。此外，它还受短期、中期、长期负债的利率差异的影响。根据资产的期限结构与资金来源的期限结构的匹配程度差异，流动资产的筹资策略可以划分为期限匹配型筹资策略、保守型筹资策略和激进型筹资策略三种基本类型。

1. 期限匹配型筹资策略

期限匹配型筹资战略，是指企业在筹资中尽可能贯彻筹资的匹配原则，即长期投资由长期资金筹集，短期投资由短期资金筹集。筹资的匹配原则，不仅适用于流动资金筹资，也适用于长期资本筹资，具有普遍的适应性。企业的融资数量反映了当时的流动资产的波动性，流动资产的持有数量，以及收益和风险居中。

2. 保守型筹资策略

保守型筹资战略，是指企业在筹资中短期负债只满足部分临时性流动资产的资金需要，另一部分临时性流动资产和长期资产，则由长期资金来支持。通常最小限度地使用短期融资，流动比率较高，具有较高融资成本，收益与风险较低，如果长期负债以固定利率为基础，而短期融资方式以浮动或可变利率为基础，则利率风险可能降低，因此，保守型的筹资战略是一种风险和收益均较低的筹资战略。

3. 激进型筹资策略

激进型筹资战略，是指短期负债不但要满足临时性流动资产的资金需要，还要解决部分长期性支持的资金需要。该战略使用更多的短期融资，更低的成本，具有较低的流动比率和更高的流动性风险。因此，激进型筹资战略是一种收益性和风险性均较高的筹资战略。

当企业遇到经济衰退、竞争环境恶化、业绩惨淡的经营年度，企业的销售下跌时，存货将不会那么快地转换为现金，从而产生现金短缺，无法按时支付应付账款，销售下降，企业利润降低。在这种情况下，企业希望通过与银行重新签订短期融资协议，银行可能会向企业索要更高的利率，从而导致企业在关键时刻难以筹集到急需的资金。当企业依靠大量的短期负债来解决资金困难时，会导致每年都必须更新短期负债协议，产生更大的风险。通过协议弱化这种风险，企业可以采用多年期（通常 3~5 年）滚动信贷协议，允许企业以短期为基础进行借款，这种借款协议不像传统的短期借款那样会降低流动比率。此外，企业还可以利用衍生融资产品来对紧缩投资政策的风险进行套期保值。

任务二 掌握现金管理

任务描述

了解企业持有现金的动机及它们对企业现金需求量的影响；掌握确定最佳现金持有量的方法；熟悉现金的日常管理和现金管理模式。

业务一 认识现金持有动机

业务描述

认识企业持有现金的动机，对三种动机进行比较分析。

相关知识

现金管理的目的是在保证企业生产经营活动所需现金的同时，节约使用资金，在资产的流动性和盈利能力之间做出抉择，以获取更大的长期利润。通常，企业的库存现金是没有收益的，而企业银行存款利息率也远远低于企业的资金利润率。现金节余过多，会降低企业的收益；但现金太少，又有可能会出现现金短缺，影响生产经营活动。现金管理应力求做到在较少闲置资金的基础上，增加收益，降低风险。

【议一议】

企业经营过程中为什么要保留一定量的现金？现金持有量多少才合适，是否越少越好？

一、交易性动机

交易性动机，也称支付性动机，是指满足企业日常交易目的而持有现金，如用于支付职工工资、购买原材料、缴纳税款、支付股利、偿还到期债权等。企业在日常经营活动中，每天发生的现金流入量与现金流出量在数量上通常都存在一定的差额，因此，企业必须持有一定数量的现金才能满足企业日常交易活动的正常运行。

二、预防性动机

预防性动机，是指出于应付意外事件而持有的现金。例如，为了应付自然灾害、生产事故、意外发生的财务困难等原因而持有的现金。持有一定数量的预防性现金，可以减少企业的财务风险。预防性现金持有量的多少依据以下三个因素进行估计：①现金收支预测的准确程度；②企业承担风险的程度；③企业筹措临时资金的能力。

三、投机性动机

投机性动机，是指出于投机获利的目的而持有现金。例如，在证券市场价格剧烈波动时进行证券投机所需要的现金，为了能随时购买到偶然出现的廉价原材料或资产而准备的现金等。投机是为了获利，同时也会承担较大的风险，所以企业应当在正常的现金需要量基础上追加一定数量的投机性现金余额，不能用企业正常交易活动所需的现金进行投机活动。投机性现金的持有量主要取决于企业对待投机的态度以及企业在市场上投机机会的多少。

企业的现金持有量一般小于三种需求下的现金持有量之和，为某一需求持有的现金还可以用于满足其他需求。

业务二　掌握最佳现金持有量

业务描述

掌握确定最佳现金持有量的方法。

相关知识

最佳现金持有量又称最佳现金余额，是指现金既能满足生产经营需要，又能使现金使用效率和效益最高时的现金最低持有量。即能够使现金管理的机会成本与转换成本之和保持最低的现金持有量。确定最佳现金持有量的模式主要有成本分析模式、存货模式和随机模式等。

一、成本分析模式

成本分析模式是根据持有现金的有关成本，分析预测其总成本最低时现金持有量的一种方法。企业持有的现金主要由三种成本构成。

1. 机会成本

企业持有现金是一项资金占用，是有代价的，这种代价就是现金的机会成本。现金的流动性很强，但盈利性最差。企业持有现金，将丧失其投入生产经营活动获取收益的能力。企业为了维持正常的经营活动，必须持有一定的现金，以应付现金的需要。但是，如果现金拥有量过多，机会成本大幅度上升，对企业来说就不经济了。

2. 管理成本

企业持有现金，会发生与之相关的管理费用，如管理人员工资、安全措施费等。这些费用是因管理现金而产生的成本。管理成本是一种固定成本，一般与现金持有量之间无明显的比例关系。

3. 短缺成本

现金的短缺成本，是指企业因缺乏必要的现金，难以应对业务需要，而不得不使企业蒙受损失或为此付出的代价。现金的短缺成本随现金持有量的增加而下降，随现金持有量的减少而上升。

成本分析模式是根据现金相关成本，分析预测其总成本最低时现金持有量的一种方法。其计算公式为：

最佳现金持有量下的现金相关成本=min（管理成本+机会成本+短缺成本）

运用成本分析模式确定最佳现金持有量时，只考虑企业因持有一定量的现金而产生的管理成本、机会成本及短缺成本，而不予考虑转换成本。管理成本具有固定成本的性质，与现金持有量不存在明显的线性关系；机会成本与现金持有量呈正相关变动；短缺成本同现金持有量呈负相关变动。这些成本同现金持有量之间的关系可以通过图 5-2 来表示。

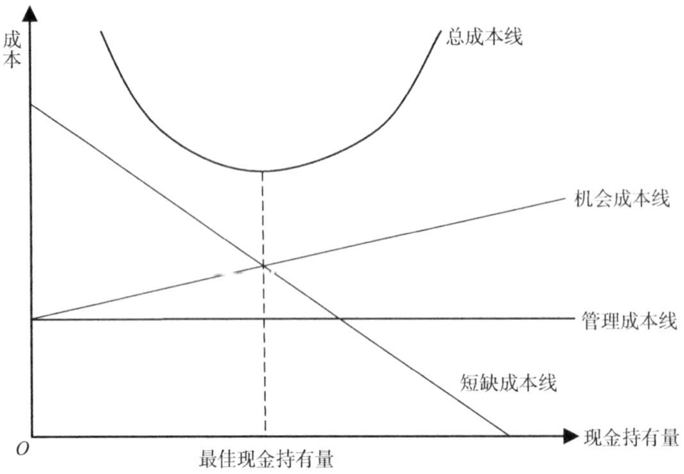

图 5-2　成本分析模式

从图 5-2 中可以看出，由于机会成本、管理成本和短缺成本与现金持有量的变动关系不同，使得现金持有总成本呈抛物线形。抛物线的最低点为成本最低点，该点为最佳现金持有量。具体步骤为：

（1）根据不同现金持有量测算并确定有关成本数值。

（2）按照不同现金持有量及其有关成本资料编制最佳现金持有量测算表。

（3）在测算表中找出总成本最低时的现金持有量，即最佳现金持有量。

在这种模式下，最佳现金持有量，就是持有现金而产生的机会成本与短缺成本之和最小时的现金持有量。

在成本分析模式下，减少现金持有量，则会增加短缺成本；如果增加现金持有量，则会增加机会成本。改进上述关系的方法是，当企业拥有多余现金时，将现金转换为有价证券；当现金不足时，将有价证券转换成现金。但现金和有价证券之间的转换需要成本，称为转换成本。转换成本是指企业用现金购入有价证券以及用有价证券换取现金时付出的交易费用，即现金同有价证券之间相互转换的成本，如买卖佣金、手续费、证券过户费、印花税、实物交割费等。转换成本可以分为两类：一是与委托金额相关的费用，如买卖佣金、印花税等；二是与委托金额无关，只与转换次数有关的费用，如委托手续费、过户费等。证券转换成本与现金持有量即有价证券变现额的多少，必然对有价证券的变现次数产生影响，即现金持有量越少，进行证券变现的次数越多，相应的转换成本就越大。

【例 5-1】某公司现有 A、B、C、D 四种现金持有方案，有关成本资料如表 5-1 所示。

表 5-1　现金持有方案　　单位：元

方　　案	现金持有量	机会成本率	管理成本	短缺成本
A	10 000	12%	2 000	4 500
B	20 000	12%	2 000	3 500
C	30 000	12%	2 000	1 000
D	40 000	12%	2 000	0

这四种方案的总成本计算结果如表 5-2 所示。

表 5-2 最佳现金持有量测算表

单位：元

方　案	现金持有量	机会成本	管理成本	短缺成本	总成本
A	10 000	1 200	2 000	4 500	7 700
B	20 000	2 400	2 000	3 500	7 900
C	30 000	3 600	2 000	1 000	6 600
D	40 000	4 800	2 000	0	6 800

通过分析比较各方案的总成本可知，C 方案的总成本最低，因此 30 000 元是该企业的最佳现金持有量。

二、存货模式

存货模式，是将存货经济订货批量模型原理用于确定目标现金持有量，其着眼点也是现金相关成本之和最低。

运用存货模式确定最佳现金持有量时，是以下列假设为前提的：

（1）企业所需要的现金可通过证券变现取得，且证券变现的不确定性很小。

（2）企业预算期内现金需要总量可以预测。

（3）现金的支出过程比较稳定、波动较小，而且每当现金余额降至零时，均通过部分证券变现得以补足。

（4）证券的利率或报酬率以及每次固定性交易费用可以获悉。

如果这些条件基本得到满足，企业便可以利用存货模式来确定最佳现金持有量。

最佳现金持有量即现金管理总成本最低的现金持有量。设 T 为一定时期内现金需求总量；F 为每次有价证券转换的固定成本；Q 为最佳现金持有量；K 为有价证券利息率；TC 为现金管理总成本；则：

现金管理总成本=机会成本+固定转换成本

其中　机会成本=平均现金持有量×有价证券利率（或报酬率）

$$=(Q/2)\cdot K$$

固定转换成本 $=(T/Q)\cdot F$

即　$$TC=(Q/2)\cdot K+(T/Q)\cdot F$$

现金管理总成本与持有现金的机会成本和转换成本关系如图 5-3 所示。

从图 5-3 中可知，总成本受现金持有量的影响，企业持有现金越多，机会成本越高，有价证券的转换次数越少，转换成本越低；反之，持有现金越少，机会成本越低，有价证券的转换次数越多，转换成本越高。由此可知，机会成本与现金持有量成正比，转换成本与现金持有量成反比。

当机会成本=固定转换成本时，$(Q/2)\cdot K=(T/Q)\cdot F$，相关总成本最低。

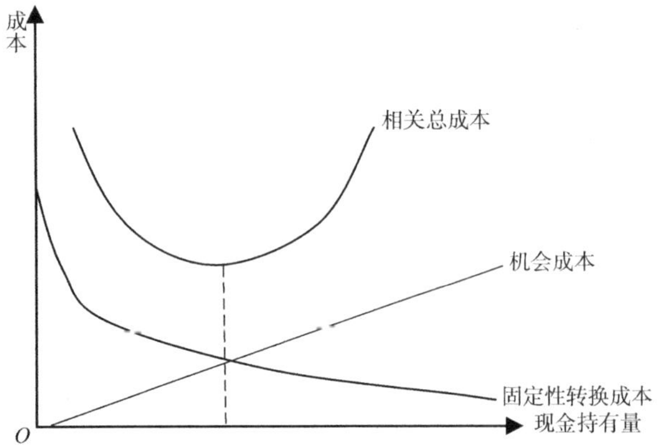

图 5-3 存货模式

整理可得：

$$最佳现金持有量 Q=\sqrt{(2TF)/K}$$

$$有价证券的交易次数 N=\sqrt{(TK)/2F}$$

$$相关总成本 \mathrm{TC}=\sqrt{2TFK}$$

$$有价证券交易间隔时间=360/N$$

【例 5-2】齐鲁公司现金收支平稳，预计全年需要量（以 360 天计）40 万元，现金与有价证券每实现一次转换发生费用 200 元，有价证券年收益率为 10%。要求利用存货模式确定最佳现金持有量、最低相关成本及有价证券交易周期。

解：

（1）最佳现金持有量 $=\sqrt{(2TF)/K}=\sqrt{(2\times400\,000\times200)/10\%}=40\,000$（元）

（2）最低相关成本 $=\sqrt{2TFK}=\sqrt{2\times400\,000\times200\times10\%}=4\,000$（元）

转换成本=（T/Q）· F=（400 000/40 000）×200=2 000（元）

机会成本=（$Q/2$）· K=（40 000/2）×10%=20 000×10%=2 000（元）

转换次数=400 000/40 000=10（次）

（3）交易间隔周期=360/10=36（天）

存货模式确定最佳现金持有量建立于未来期间现金流量稳定均衡且呈周期性变化的基础之上。实际工作中，准确预测现金流量不易做到。通常，在预测值与实际发生值相差不是太大时，实际持有量可在上述公式确定的最佳现金持有量基础上，稍微再提高一些。

【练一练】

元天公司预计全年需要现金 400 000 元，每次通过与有价证券进行转换需支付的固定性交易费用为 15 元，投资者要求的投资报酬率为 12%，则最佳现金持有量是多少？此时的现金管理相关总成本是多少？

三、随机模式

企业经营中的现金流量往往具有很大的不确定性。假定每日现金流量的分布接近正态分布，每日现金流量可能低于也可能高于期望值，其变化是随机的。由于现金流量波动是随机的，只能对现金持有量确定一个控制区域，定出上限和下限。当企业现金余额在上限和下限之间波动时，表明企业现金持有量处于合理的水平，无须进行调整。当现金余额达到上限时，则将部分现金转换为有价证券；当现金余额下降到下限时，则卖出部分证券。

图 5-4 显示了随机模型（米勒—奥尔模型），该模型有两条控制线和一条回归线。最低控制线 L 取决于模型之外的因素，其数额是由现金管理部门在综合考虑短缺现金的风险程度、企业借款能力、企业日常周转所需资金、银行要求的补偿性余额等因素的基础上确定的。回归线 R 可按下列公式计算：

$$R=\sqrt[3]{\frac{3b\delta^2}{4i}}+L$$

式中，b 表示证券转换为现金或现金转换为证券的成本；δ 表示企业每日现金流量变动的标准差；i 表示以日为基础计算的现金机会成本。

最高控制线 H 的计算公式为：

$$H=3R-2L$$

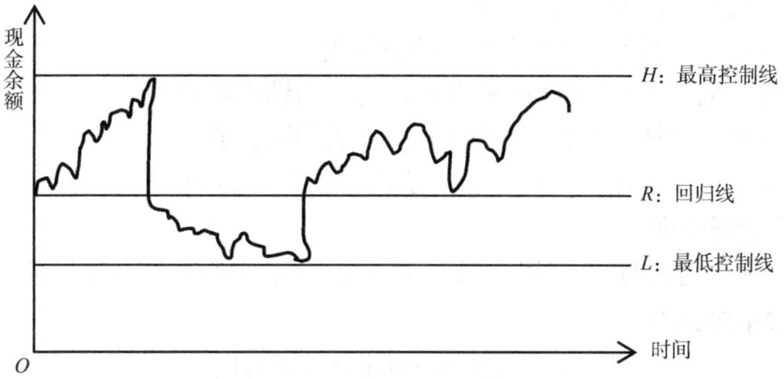

图 5-4 米勒—奥尔模型

【例 5-3】某企业确定其持有现金最低值应为 10 000 元，预估计企业现金流量标准差 δ 为 1 000 元，持有现金的年机会成本为 10%，转换为以日为基础则为 0.003，证券转换现金的成本为 100 元。根据该模型，可求得：

$$R=\sqrt[3]{\frac{3b\delta^2}{4i}}+L=\sqrt[3]{\frac{3\times100\times1\,000^2}{4\times0.003}}+10\,000=2\,924+10\,000=12\,924（元）$$

$H=3R-2L=3\times12\,924-2\times10\,000=18\,772$（元）

该企业目标现金余额为 12 924 元。若现金持有额达到 18 772 元，则买进 5 848 元的证券；若现金持有额降至 10 000 元，则卖出 2 924 元的证券。

运用随机模型求现金最佳持有量符合随机思想，即企业现金支出是随机的，流入是无法预知的，所以，适用于所有企业现金最佳持有量的测算。另外，随机模型建立在企业的现金未来需求总量和收支不可预测的前提下，计算出来的现金持有量较保守。

业务三　熟悉现金管理模式和方法

业务描述

熟悉企业的现金日常管理和现金管理模式。

相关知识

一、现金日常管理

（一）现金周转期

现金周转模式是以现金周转期来确定最佳现金持有量的模式。它是现金从投入生产经营到最终再转化为现金的一个全过程，为准确地计算存货资金周转期提供了有效的依据。企业的经营周期是指从取得存货开始到销售存货并收回现金为止的时期。其中，从收到原材料，加工原材料，形成产成品，到将产成品卖出的这一期间，称为存货周转期；产品卖出后到收到顾客支付的货款的这一时期，称为应收账款周转期或收账期。同时，企业购买原材料并不用立即付款，这一延迟的付款时间段就是应付账款周转期或收账期。现金周转期，是指介于企业支付现金与收到现金之间的时间段，它等于经营周期减去应付账款周转期。

影响现金周转期的因素主要有三点：

（1）存货周转期=存货平均余额/每天的销货成本。

（2）应收账款周转期=应收账款平均余额/每天的销货收入。

（3）应付账款周转期=应付账款平均余额/每天的购货成本。

现金周转期可以用来计算最佳现金持有量，主要步骤如下。

1. 确定现金周转期

现金周转期=存货周转期+应收账款周转期−应付账款周转期

2. 确定现金周转率

现金周转率=360/现金周转期

3. 确定最佳现金持有量

最佳现金持有量=年现金总需求量/现金周转率

【例 5-4】假设某公司预计全年需要资金 900 万元，预计存货周转期为 80 天，应收账款周转期为 40 天，应付账款周转期为 40 天，如何确定现金持有量。

解：

现金周转期=80+40−40=80（天）

现金周转次数=360 ÷ 80=4.5（次）

最佳现金持有量=900 ÷ 4.5=20（万元）

（二）收款管理

1. 收款成本

一个高效率的收款系统能够使收款成本和收款浮动期达到最小，同时能够保证与客户汇款及其他现金流入来源相关的信息的质量。

收款成本包括浮动期成本，管理收款系统的相关费用（如银行手续费）及第三方处理费用或清算相关费用。在获得资金之前，应收款在途项目使企业无法利用这些资金，也会产生机会成本。信息的质量包括收款方得到的付款人的姓名、付款的内容和付款时间。信息要求及时、准确地到达收款方，以便收款人及时处理资金，做出发货的安排。

2. 收款浮动期

收款浮动期是指从支付开始到企业收到资金的时间间隔。收款浮动期主要是由纸基支付工具导致的，它有下列三种类型。

（1）邮寄浮动期：从付款人寄出支票到收款人或收款人的处理系统收到支票的时间间隔。

（2）处理浮动期：支票的接受方处理支票和将支票存入银行以收回现金所花的时间。

（3）结算浮动期：通过银行系统进行支票结算所需的时间。

（三）付款管理

现金支出管理的主要任务和目标是在合理合法的范围内，在不损害企业信誉的情况下，尽可能延缓现金的支出时间。

1. 使用现金浮游量

现金浮游量是指由于企业提高收款效率和延长付款时间所产生的企业账户上的现金余额和银行账户上的企业存款余额之间的差额。

2. 推迟应付款的支付

推迟应付款的支付，是指企业在不影响自己信誉的前提下，充分运用供货方所提供的信用优惠，尽可能地推迟应付款的支付期。

3. 汇票代替支票

支票支付方式基本上等价于现金支付，而采用汇票支付（汇票分为商业承兑汇票和银行承兑汇票），承兑汇票一般并不是见票即付，这样可以推迟企业支付汇票的时间。因此，供应商并不喜欢汇票的付款方式，银行也不喜欢处理汇票，与支票相比，汇票通常会消耗更多的人力，银行会收较高的手续费。

4. 改进员工工资支付模式

企业为支付工资可以专门设立一个工资账户，通过银行直接向员工支付工资。为了尽可能地减少工资账户的存款余额，按照工资支付的具体时间向银行账户拨付款项。

5. 透支

企业开出支票的金额大于活期存款余额。它实际上是银行向企业提供的信用。透支的限额，由银行和企业共同商定。

6. 争取现金流出与现金流入同步

企业应尽量使现金流出与流入同步，这样，就可以降低交易性现金余额，同时可以减少有价证券转换为现金的次数，提高现金的利用效率，节约转换成本。

7. 使用零余额账户

即企业与银行合作，保持一个主账户和一系列子账户。企业只在主账户保持一定的安全储备，而在一系列子账户不需要保持安全储备。当从某个子账户签发的支票需要现金时，所需要的资金立即从主账户划拨过来，从而使更多的资金可以用作他用。

二、现金管理模式

（一）收支两条线的管理模式

1. 企业实行收支两条线管理模式的目的

企业作为追求价值最大化的营利组织，实施“收支两条线”主要出于两个目的：第一，对企业范围内的现金进行集中管理，减少现金持有成本，加速资金周转，提高资金使用效率；第二，以实施收支两条线为切入点，通过高效的价值化管理来提高企业效益。

2. 收支两条线资金管理模式的构建

构建企业“收支两条线”资金管理模式，可从规范资金的流向、流量和流程三个方面入手。

（二）集团企业资金集中管理模式

企业集团下属机构多，地域分布广，如果子、分公司多头开户，资金存放分散，会大大降低资金的使用效率。通过资金的集中管理，统一筹集、合理分配、有序调度，能够降低融资成本，提高资金使用效率，确保集团战略目标的实现，实现整体利益的最大化。

资金集中管理，也称司库制度，是指集团企业借助商业银行网上银行功能及其他信息技术手段，将分散在集团各所属企业的资金集中到总部，由总部统一调度、统一管理和统一运用。它主要包括资金集中、内部结算、融资管理、外汇管理、支付管理等内容，资金集中是基础。现行的资金集中管理模式大致可以分为统收统支模式、拨付备用金模式、结算中心模式、内部银行模式、财务公司模式等几种。

1. 统收统支模式

统收统支模式，指企业的一切现金收入都集中在集团总部的财务部门，各分支机构或子企业不单独设立账号，一切现金支出都通过集团总部财务部门付出，现金收支的批准权高度集中。统收统支模式有利于企业集团实现全面收支平衡，提高资金的周转效率，减少资金沉淀，监控现金收支，降低资金成本。但是该模式不利于调动成员企业开源节流的积极性，影响成员企业经营的灵活性，以致降低整个集团经营活动和财务活动的效率，而且在制度的管理上欠缺一定的合理性，总部财务部门的工作量很大。该模式，适用于规模比较小的企业。

2. 拨付备用金模式

拨付备用金模式是指集团按照一定的期限统拨给所有所属分支机构或子企业备其使用的一定数额的现金。各分支机构或子企业发生现金支出后，持有关凭证到集团财务部门报销以补足备用金。拨付备用金模式相比统收统支模式具有一定的灵活性，但这种模式也通常适用于那些经营规模比较小的企业。

3. 结算中心模式

结算中心通常是企业集团内部设立的，办理内部各成员现金收付和往来结算业务的专门机构。结算中心通常设于财务部门内，是一个独立运行的职能机构。结算中心是企业集团发展到一定阶段，应企业内部资金管理需求而生的一个内部资金管理机构，是根据集团财务管理和控制的需要在集团内部设立的，为成员企业办理资金融通和结算，以降低企业成本、提高资金使用效率的服务机构。结算中心帮助企业集中管理各分、子公司的现金收入和支出。分、子公司收到现金后就直接转账存入结算中心在银行开立的账户。当需要资金的时候，再进行统一的拨付，有助于企业监控资金的流向。

4. 内部银行模式

内部银行是将社会银行的基本职能与管理方式引入企业内部管理机制而建立起来的一种内部资金管理机构，它将企业管理、金融信贷和财务管理三者融为一体，一般是将企业的自有资金和商业银行的信贷资金统筹运作，在内部银行统一调剂、融通运用。通过吸纳企业下属各单位闲散资金，调剂余缺，减少资金占用，加速资金周转速度，提高资金使用效率、效益。内部银行通常具有三大职能：结算、融资信贷和监督控制。内部银行一般适用于具有较多责任中心的企事业单位。

5. 财务公司模式

财务公司是一种经营部分银行业务的非银行金融机构，它一般是集团公司发展到一定水平后，需要经过人民银行审核批准才能设立的。其主要职责是开展集团内部资金集中结算，同时为集团成员企业提供包括存贷款、融资租赁、担保、信用鉴证、债券承销、财务顾问等在内的全方位金融服务。集团设立财务公司是把一种市场化的企业关系或银企关系引入集团资金管理中，使得集团各子公司具有完全独立的财权，可以自行经营自身的现金，对现金的使用行使决策权。另外，集团对各子公司的现金控制是通过财务公司进行的，财务公司对集团各子公司进行专门约束，而且这种约束建立在各自具有独立的经济利益基础上。集团公司经营者（或最高决策机构）不再直接干预子公司的现金使用和取得。

三、现金管理方面

1. 制度管理

企业在进行现金管理中，首先要遵守国家现金管理的有关规定。国家关于现金的管理制度主要包括现金的使用范围、库存现金的限额、现金的存取规定等。其次要建立企业内部关于现金管理的制度。企业内部现金管理制度包括专人管理制度、现金登记制度、内部审计制度。

2. 预算管理

以现金预算作为管理现金活动的标准，主要包括现金收入管理、现金支出管理、现金余额管理等内容。利用预算管理能够提高企业的整体管理水平。

3. 收支管理

收支管理主要包括两方面内容：一是加速收款，采取一些技术手段尽量使现金回收的时间缩短；二是控制现金支出，在不影响企业信誉的情况下，尽可能推迟款项的支付，利用银行存款的浮游量。

任务三 掌握应收账款管理

任务描述

了解应收账款的作用和成本，掌握企业信用政策制定的方法，熟悉企业应收账款的日常管理措施。

业务一　了解应收账款的作用和成本

业务描述

理解企业赊销业务形成应收账款的作用和与应收账款相关的三种重要相关的成本：机会成本、管理成本和坏账成本。

相关知识

应收账款是指企业对外销售商品、提供劳务等所形成的应收未收的销售款，是企业流动资产的重要组成部分。企业通过提供商业信用，采取赊销、分期付款等方式扩大销售，增强竞争力，获取利润。应收账款作为企业扩大销售和盈利的一项投资，会发生一定的成本，企业在经营中需要对应收账款增加的盈利和所增加的成本之间做出权衡，对于应收账款的管理主要是分析企业赊销的条件，使赊销带来的盈利增加大于应收账款投资产生的成本增加，最终使企业现金收入增加，提升企业价值。

一、应收账款的作用

1. 融资功能

应收账款可以作为企业流动资金贷款的基本条件，根据其大小及应收企业性质可以向银行申请流动资金贷款，用于企业的扩大经营与生产，可以采用应收账款抵押融资、应收账款让售、应收账款证券化等方式。

2. 扩大销售

赊销是激烈市场竞争环境下的一种促销方式，开展赊销业务的企业，实际上是向客户提供了两项交易：向顾客销售产品；在一定的时间内向顾客提供资金。虽然赊销仅仅是影响销售量的因素之一，但在银根紧缩、市场疲软、资金匮乏的情况下，赊销的促销作用是十分明显的。特别是在企业销售新产品、开拓新市场时，赊销对促进企业销售具有重要意义。

3. 减少库存

企业持有过多的产成品存货，需要追加管理费、仓储费和保险费等支出；相反，企业持有应收账款，则没有上述支出。因此，当企业产成品存货较多时，一般都可以采用较为优惠的信用条件进行赊销，把存货转化为应收账款，减少产成品存货，节约相关的开支。

二、应收账款的成本

应收账款具有积极的促进销售和减少存货的功能，同时，也要付出相应的成本。其主要内容包括机会成本、管理成本、坏账成本。

1. 机会成本

应收账款会占用企业一定量的资金，如果企业没有把部分资金投放在应收账款上，就可以用于其他投资并可能获得收益，如投资债券获得利息收入。企业因把资金投放于应收账款而放弃其他投资机会带来收益的成本，即企业的机会成本。机会成本，因企业把资金投放在应收账款上而丧失了其他收入，该成本的大小通常与企业维持赊销业务所需要的资金数量（应收账款投资额）、资金成本率有关。

2. 管理成本

管理成本是指企业对应收账款进行管理时所发生的费用支出。它主要包括对客户的资信调查费用；收集各种信息的费用；应收账款账簿记录费用；催收账款所发生的费用；其他用于应收账款的管理费用。

3．坏账成本

在企业的赊销业务中，债务人由于种种原因无力偿还债务，企业因应收账款无法收回而发生的损失，即坏账成本。该成本一般与应收账款数量同方向变动，即应收账款越多，坏账成本也越多。因此，为避免坏账发生给企业生产经营活动带来的不利影响，企业应提取合理的坏账准备。

业务二　掌握企业信用政策制定的方法

业务描述

熟悉企业的信用标准、信用条件的确定，掌握应收账款信用期间机会成本的核算，熟悉应收账款的监控方法。

相关知识

经营状况、产品定价、产品质量和信用政策等都是影响企业应收账款水平的主要因素。但除了信用政策外，其他因素基本上都不是财务经理所能控制的。信用政策包括信用标准、信用条件、信用期间、现金折扣政策和收账政策，其中最重要的是信用标准的确定。

一、信用标准

信用标准是指顾客获得企业交易信用所应具备的条件。如果顾客达不到信用标准，便不能享受企业的信用或只能享受较低的信用优惠。

（一）5C 信用评价系统

企业评价客户信用标准时，通常是通过“5C”系统来进行的，“5C”系统是评估顾客信用品质的五个方面。其具体包括：

（1）品质（Character），指顾客的信誉，履行偿债义务的可能性。

（2）能力（Capacity），指顾客的偿债能力，即其流动资产的数量与质量以及与流动负债的比例。

（3）资本（Capital），是指顾客的财务实力和财务状况，表明顾客可能偿还债权的背景。

（4）抵押（Collateral），是指顾客付款或无力支付款时能被用作抵押的资产。

（5）条件（Condition），是指可能影响顾客付款能力的经济环境。

（二）信用标准的制定

在收集、整理客户的信用资料后，即可采用“5C”系统分析客户的信用程度。为避免信用评价人员的主观性，在对客户信用状况进行定性分析的基础上，还有必要对客户的信用风险进行定量分析。具体可以采用多项判断法，其具体步骤如下。

1．设立信用标准

首先查阅客户以前若干年的信用资料，找出具有代表性、能说明偿债能力和财务状况的比率，作为评判信用风险的指标；然后根据最近几年内“信用好”和“信用差”两个客户相同比率的平均值，作为评价该客户的信用标准。

2. 计算客户的风险系数

利用客户财务报表，计算相关指标，并与标准值进行比较。当客户的某项指标等于或低于最坏信用标准时，客户的风险系数增加 10%；当某项指标介于好的信用标准与差的信用标准之间时，则客户的风险系数增加 5%；当某客户的某项指标等于或高于好的信用标准，则客户的风险系数为 0，即无信用风险。各项指标比较后，即可累计客户的风险系数。

3. 风险排序

企业按上述方法分别计算出各客户的累计风险系数，即可按风险系数的大小进行排序：系数小的排在前面，系数大的排在后面，由此便可根据风险程度由小到大选择客户。

二、信用条件

信用条件是企业要求顾客支付赊销款项的条件，包括信用期限、折扣期限和现金折扣。提供比较优惠的信用条件能增加销售量，但也会带来额外的负担，如会增加应收账款的机会成本、坏账成本、现金折扣成本等。

三、信用期间

信用期间是企业允许顾客从购货到付款之间的时间，或者说是企业给予顾客的付款期间。例如，某企业允许顾客在购货后的 50 天内付款，则信用期间为 50 天。信用期过短，不足以吸引顾客，在竞争中会使销售额下降；信用期放长，对销售额增加固然有利，但只顾及销售增长而盲目增加信用期间，所得的收益有时会被增长的费用抵消，甚至造成利润减少。因此，企业必须慎重研究，规定出恰当的信用期。

信用期的确定，主要是分析改变现行信用期对收入和成本的影响。延长信用期，会使销售额增加，产生有利影响；与此同时应收账款的机会成本、管理成本和坏账损失增加，产生不利影响。当前者大于后者时，可以延长信用期，否则不宜延长。如果缩短信用期，情况与此相反。

其中，应收账款机会成本可通过以下公式计算得出：

应收账款机会成本=应收账款占用资金（赊销业务所需资金）×资金成本率

赊销业务所需资金=应收账款平均余额×变动成本率

应收账款平均余额=平均每日赊销额×平均收账天数

式中，平均收账天数一般按客户各自赊销额占总赊销额比重为权数的所有客户收账天数的加权平均数计算；资金成本率一般可按有价证券利息率计算。

【例 5-5】齐鲁公司预测年度赊销额为 6 000 000 元，应收账款收账天数为 30 天，变动成本率为 70%，资金成本率为 10%，则该公司应收账款的机会成本可计算如下：

应收账款平均余额=6 000 000 ÷ 360 × 30=500 000（元）

维持赊销业务所需资金量=500 000 × 70%=350 000（元）

应收账款的机会成本=350 000 × 10%=35 000（元）

【例 5-6】齐鲁公司应收账款采用 30 天按发票金额付款的信用政策，拟将信用期放宽至 50 天，仍按发票付款，没有现金折扣。假如，其风险投资的最低报酬率为 12%，其他有关数据如表 5-3 所示。

表 5-3　齐鲁公司信用期放宽的有关资料表

项目　　信用期	30 天	50 天
销售量（件）	100 000	120 000
销售额（元）（单价 5 元）	500 000	600 000
销售成本（元）		
变动成本（元）（每件 4 元）	400 000	480 000
固定成本（元）	50 000	50 000
毛利（元）	50 000	70 000
可能发生的收账费用（元）	3 000	4 000
可能发生的坏账损失（元）	5 000	9 000

在分析时，先假设放宽信用期得到的收益，然后计算增加的成本，最后根据两者的结果做出判断。

1. 收益的增加

收益的增加=销售量的增加×单位边际贡献

=（120 000−100 000）×（5−4）=20 000（元）

2. 应收账款占用资金的应计利息增加

$$30天信用期应计利息=\frac{500\ 000}{360}\times 30\times\frac{400\ 000}{500\ 000}\times 12\%=4\ 000(元)$$

$$50天信用期应计利息=\frac{600\ 000}{360}\times 50\times\frac{480\ 000}{600\ 000}\times 12\%=8\ 000(元)$$

应计利息增加=8 000−4 000=4 000（元）

3. 收账费用和坏账损失增加

收账费用增加=4 000−3 000=1 000（元）

坏账损失增加=9 000−5 000=4 000（元）

4. 改变信用期的税前损益

改变信用期的税前损益=收益增加−成本费用增加

=20 000−（4 000+1 000+4 000）=11 000（元）

由于收益的增加大于成本的增加，故应采用 50 天的信用期。

四、现金折扣政策

现金折扣是企业对顾客在商品价格上所做的扣减。向顾客提供这种价格上的优惠，主要目的在于吸引顾客为享受优惠而提前付款，缩短企业的平均收账期。另外，现金折扣也能招揽一些视折扣为减价出售的顾客前来购货，借此扩大销售额。

现金折扣通常采用“5/10，3/20，*n*/30”的形式，5/10 表示 10 天内付款，可享受 5%的价格优惠，只需支付原价的 95%。如原价为 10 000 元，只需支付 9 500 元。3/20 表示在 10 天到 20 天之间付款的话，可享受 3%的价格优惠，即只需支付原价的 97%。如原价为 10 000 元，只需支付 9 700 元。*n*/30 表示付款的最后期限为 30 天，此时付款无优惠，即按全价付款。

企业采用什么形式的现金折扣，要与信用期间结合起来考虑。不论是信用期间还是现金折扣，都能给企业带来收益，但也会增加成本。当企业给予顾客某种现金折扣时，应当对折扣所能带来的收益与成本进行权衡，择优决断。

五、收账政策

收账政策是指信用条件被违反时，企业采取的收款政策。企业如果采取较积极的收账政策，可能会减少应收账款投资，减少坏账损失，但会增加收账成本。如果采取较消极的收账政策，则会增加应收账款投资和坏账损失，但会减少收账费用。实际工作中，企业可参照测算信用标准、信用条件的方法来制定信用政策。

六、应收账款的监控

实施信用政策时，企业需监督和控制每一笔应收账款和应收账款总额。例如，可以运用应收账款周转天数衡量企业需要多长时间收回应收账款，可以通过账龄分析表追踪每一笔应收账款，可以采用 ABC 分析法来确定重点监控的对象等。监督每一笔应收账款的理由是：第一，在开票或收款过程中可能会发生错误或延迟；第二，有些客户可能故意拖欠到企业采取追款行动才付款；第三，客户财务状况的变化可能会改变其按时付款的能力，并且需要缩减该客户未来的赊销额度。企业也必须对应收账款的总体水平加以监督，因为应收账款的增加会影响企业的流动性，还可能导致额外融资的需要。此外，应收账款总体水平的显著变化可能表明业务方面发生了改变，这可能影响企业的融资需要和现金水平。企业管理部门需要分析这些变化以确定其起因并采取纠正措施。可能引起重大变化的事件包括销售量的变化、季节性、信用标准政策的修改、经济状况的波动以及竞争对手采取的促销等行动。最后，对应收账款总额进行分析还有助于预测未来现金流入的金额和时间。

（一）应收账款周转天数

应收账款周转天数或平均收账期是衡量应收账款管理状况的一种方法。应收账款周转天数提供了一个简单的指标，将企业当前的应收账款周转天数与规定的信用期限、历史趋势以及行业正常水平进行比较，可以反映企业整体的收款效率。然而，应收账款周转天数可能会被销售量的变动趋势和剧烈的销售季节性所破坏。

【例 5-7】齐鲁公司 20×7 年 3 月底应收账款平均余额为 280 000 元，信用条件为在 50 天内按全额付清货款。过去三个月的赊销情况为：

1 月：80 000 元

2 月：100 000 元

3 月：120 000 元

应收账款周转天数的计算：

平均日销售额=（80 000+100 000+120 000）/90=3 333.33（元）

应收账款周转天数=应收账款平均余额/平均日销售额=280 000/3 333.33=84（天）

平均逾期天数的计算：

平均逾期天数=应收账款周转天数–平均信用期天数=84–50=34（天）

（二）账龄分析表

账龄分析表将应收账款划分为未到信用期的应收账款和以 30 天为间隔的逾期应收账款。企业既可以按照应收账款总额进行账龄分析，也可以分顾客进行账龄分析。账龄分析法可以确定逾期应收账款，随着逾期时间的增加，应收账款收回的可能性变小。假定信用期限为 30 天，表 5-4 中的账龄分析表反映出 30%的应收账款为逾期账款。

表 5-4　账龄分析表

账龄（天）	应收账款余额（元）	占应收账款总额的百分比（%）
0 ~ 30	750 000	62.5
31 ~ 60	250 000	20.83
61 ~ 90	125 000	10.42
91 以上	75 000	6.25
合计	1 200 000	100

账龄分析表比应收账款周转天数更能揭示应收账款变化趋势，因为账龄分析表给出了应收账款分布的模式，而不仅仅是个平均数。应收账款周转天数有可能与信用期限相一致，但是有一些账户可能拖欠很严重。因此，应收账款周转天数不能明确地表现出账款拖欠情况。当各个月之间的销售额变化很大时，账龄分析表和应收账款周转天数都可能发出类似的错误信号。

（三）应收账款账户余额的模式

账龄分析表可以用于进一步建立应收账款余额的模式，是一项重要的现金流预测工具。应收账款账户余额的模式反映一定期间（如一个月）的赊销额，在发生赊销的当月月末及随后的各月尚未偿还的百分比。企业收款的历史决定了其正常的应收账款余额的模式，企业管理部门通过将当前的模式和过去的模式进行对比来评价应收账款余额模式的任何变化。企业还可以运用应收账款账户余额的模式来计划应收账款金额水平，衡量应收账款的收账效率以及预测未来的现金流。

【例 5-8】齐鲁公司 1 月的销售在 3 月末尚未收回的应收账款为 50 000 元，如表 5-5 所示。

表 5-5　各月销售及收款情况　　单位：元

1 月销售：		500 000
1 月收款（销售额 10%）	0.1 × 500 000	50 000
2 月收款（销售额的 50%）	0.5 × 500 000	250 000
3 月收款（销售额的 30%）	0.3 × 500 000	150 000
收款合计：		450 000
1 月的销售尚未收回的应收账款	（1−0.1−0.5−0.3）× 500 000	50 000

（四）ABC 分析法

ABC 分析法是现代经济管理中广泛应用的一种“抓重点、照顾一般”的管理方法，又称重点管理法，类似于存货的 ABC 管理法。它将企业的所有欠款客户按其金额的多少进行分类排队，然后分别采用不同的收账策略的一种方法。它一方面能加快应收账款收回，另一方面能将收账费用与预期收益联系起来。它先按所有客户应收账款逾期金额的多少分类排队，并计算出逾期金额所占比重。对这三类不同的客户，应采取不同的收款策略。例如，逾期金额较大、时间较长的 A 类客户，可以发出措词较为严厉的信件催收，或派专人催收，或委托收款代理机构处理，甚至可通过法律解决；对 B 类客户则可以多发几封信函催收，或打电话催收；对于逾期金额较小、时间较短的 C 类客户只需要发出通知其付款的信函即可。

业务二 了解应收账款的日常管理

业务描述

熟悉应收账款保理业务和应收账款的日常管理策略。

相关知识

一、应收账款保理

应收账款保理，是指销售方将其现在或将来的其与买方（债务人）订立的货物销售（服务）合同所产生的应收账款转让给保理商，由保理商提供下列服务中的至少两项：贸易融资、销售账户管理、应收账款的催收、信用风险控制与坏账担保。保理是一项综合性的金融服务方式，与单纯的融资或收账管理有本质区别。

应收账款保理是企业将赊销形成的未到期应收账款，在满足一定条件的情况下转让给保理商，以获得流动资金，加快资金的周转。保理可以分为有追索权保理（非买断型）和无追索权保理（买断型）、明保理和暗保理、折扣保理和到期保理。

有追索权保理指供应商将债权转让给保理商，供应商向保理商融通货币资金后，如果购货商拒绝付款或无力付款，保理商有权向供应商要求偿还预付的货币资金，如购货商破产或无力支付，只要有关款项到期未能收回，保理商都有权向供应商进行追索，因而保理商具有全部“追索权”，这种保理方式在我国采用较多。无追索权保理是指保理商将销售合同完全买断，并承担全部的收款风险。

明保理是指保理商和供应商需要将销售合同被转让的情况通知购货商，并签订保理商、供应商、购货商之间的三方合同。暗保理是指供应商为了避免让客户知道自己因流动资金不足而转让应收账款，并不将债权转让情况通知客户，货款到期时仍由销售商出面催款，再向银行偿还借款。

折扣保理又称为融资保理，即在销售合同到期前，保理商将剩余未收款部分先预付给销售商，一般不超过全部合同额的 70% ~ 90%。到期保理是指保理商并不提供预付账款融资，而是在赊销到期时才支付，届时不管货款是否收到，保理商都必须向销售商支付货款。

应收账款保理对于企业而言，其财务管理作用主要体现在以下几个方面。

（1）融资功能。应收账款保理，其实质也是一种利用未到期应收账款这种流动资产作为抵押从而获得银行短期借款的一种融资方式。对于那些规模小、销售业务少的企业来说，向银行贷款将会受到很大的限制，而自身的原始积累又不能支撑企业的高速发展，通过保理业务进行融资可能是企业较为明智的选择。

（2）减轻企业应收账款的管理负担。推行保理业务是市场分工思想的运用，面对市场的激烈竞争，企业可以把应收账款让与专门的保理商进行管理，使企业从应收账款的管理之中解脱出来，由专业的保理企业对销售企业的应收账款进行管理，他们具备专业技术人员和业务运行机制，会详细地对销售客户的信用状况进行调查，建立一套有效的收款政策，及时收回账款，使企业减轻财务管理负担，提高财务管理效率。

（3）减少坏账损失、降低经营风险。企业只要有应收账款就有可能发生坏账，以往应收账款的风险都是由企业单独承担，而采用应收账款保理后，一方面可以提供信用风险控制与坏账担保，帮助企业降低其客户违约的风险；另一方面可以借助专业的保理商去催收账款，能够在很大程度上降低坏账发生的可能性，有效地控制坏账风险。

（4）改善企业的财务结构。应收账款保理业务是将企业的应收账款与货币资金进行置换。企业通过出售应收账款，将流动性稍弱的应收账款置换为具有高度流动性的货币资金，增强了企业资产的流动性，提高了企业的债务清偿能力。

二、应收账款的日常管理

1. 应收账款的跟踪评价

应收账款一旦形成，企业就必须考虑如何按时足额收回欠款而不是消极地等待对方付款，应该经常对所持有的应收账款进行动态跟踪分析。加强日常监督和管理，要及时了解赊销者的经营情况、偿付能力，以及客户的现金持有量与调剂程度能否满足兑现的需要，必要时企业可要求客户提供担保。

2. 加强销售人员的回款管理

销售人员应具有以下习惯：货款回收期限前一周，电话通知或拜访客户，预先通知其结款日期；回收期限前三天与客户确定结款日期；结款日当天一定按时通知或前往拜访。企业在制定营销政策时，应将应收账款的管理纳入对销售人员考核的项目之中，即个人利益不仅要和销售挂钩，也要和应收账款的管理联系在一起。

3. 定期对账，加强应收账款的催收力度

企业要形成定期的对账制度，每隔三个月或半年就必须同客户核对一次账目，并对因产品品种、回款期限、退换货等原因导致单据、金额等方面出现的误差进行核实。对过期的应收账款，应按其拖欠的账龄及金额进行排队分析，确定优先收账的对象。同时应分清债权人拖延还款是否属故意拖欠，对故意拖欠的应考虑通过法律途径加以追讨。

4. 控制应收账款发生，降低企业资金风险

在购销活动中，要尽可能地减少赊销业务。一般宁可采取降价销售，也不要选择大额的赊销，企业可选择购货方承兑汇票支付方案、货款回收担保方案及应收账款风险比较选择方案。企业要尽量压缩应收账款发生的频率与额度，降低企业资金风险。一般情况下应要求客户还清前欠款项后，才允许有新的赊欠。如果发现欠款过期未还或欠款额度加大，企业应果断采取措施，通知有关部门停止供货。

5. 计提减值准备，控制企业风险成本

按照现行会计准则和会计制度的规定，企业根据谨慎性原则的要求，应当在期末或年终对应收账款和存货进行检查，合理预计可能发生的损失，对可能发生的各项资产损失计提减值准备和坏账损失，以便减少企业风险成本。

6．建立健全公司机构内部监控制度

完善的内部控制制度是控制坏账的基本前提，其内容应包括：建立销售合同责任制，即对每项销售都应签订销售合同，并在合同中对有关付款条件做明确的说明；设立赊销审批职能权限，企业内部规定业务员、业务主管可批准的赊销额度，限额以上须经领导人审批的职级管理制度；建立货款和货款回笼责任制，可采取谁销售谁负责收款，并据以考核其工作绩效。企业应针对应收账款在赊销业务中的每一个环节，健全应收账款的内部控制制度，努力形成一整套规范化的应收账款的事前、事中、事后控制程序。

任务四 掌握存货管理

任务描述

认识存货管理的目标和存货的成本；掌握最优存货量经济订货模型和保险储备模型；熟悉存货的控制系统。

业务一 认识存货管理的目标和存货的成本

业务描述

了解存货管理的目标和存货成本的构成内涵。

相关知识

存货是指企业在正常生产经营过程中持有以备出售的产成品或商品，仍然处于生产过程中的产品，在生产过程或提供劳务过程中消耗的材料、物料等。存货是反映企业流动资金运作情况的晴雨表，往往成为少数人用来调节利润、偷逃国家税费基金的调节器。其在企业营运资本中占有很大比重，而且又是流动性较差的流动资产。

存货管理是对企业的存货进行管理，主要包括存货的信息管理和在此基础上的决策分析，最后进行有效控制，实现通过存货管理提高企业经济效益的目的。进行存货管理的主要目的是要控制存货水平，在充分发挥存货功能的基础上，降低存货成本。

一、存货管理的目标

1．保证生产经营活动正常进行

生产过程中需要的原材料和在产品，是生产的物质保证。为保障生产的正常进行，必须储备一定量的原材料，否则可能会造成生产中断、停工待料的现象。尽管当前部分企业的存货管理已经实现计算机自动化管理，但要实现存货为零的目标实属不易。

2．利于销售

存货储备能够增加企业在生产和销售方面的机动性和适应市场变化的能力。当企业市场需求量增加时，若产品储备不足就有可能失去销售良机。同时，由于顾客为节约采购成本和其他费用，一般可能成批采购；企业为了达到运输上的最优批量也会组织成批发运。所以保持一定量的存货是有利于市场销售的。

3. 适当储存原材料和产成品，便于组织均衡生产

有些企业产品属于季节性产品或者需求波动较大的产品，若根据需求状况组织生产，则可能有时生产能力得不到充分利用，有时又超负荷生产，造成产品成本的上升。为了降低生产成本，实现均衡生产，就要储备一定的产成品存货，并应相应地保持一定的原材料存货。

4. 降低存货取得成本

当企业进行采购时，进货总成本与采购物资的单价和采购次数有密切关系。而许多供应商为鼓励客户多购买其产品，往往在客户采购量达到一定数量时，给予价格折扣，所以企业通过大批量集中进货，既可以享受价格折扣，降低购置成本，也因减少订货次数，降低了订货成本，使总的进货成本降低。

5. 防止意外事件的发生

企业在采购、运输、生产和销售过程中，都可能发生意料之外的事故，保持必要的存货保险储备，可以避免和减少意外事件的损失。

二、存货的成本

存货成本是指存货所耗费的总成本，是企业为存货所发生的一切支出。其主要包括采购成本、取得成本、存储成本、缺货成本等部分。

1. 采购成本

存货的采购成本，包括购买价款、相关税费、运输费、装卸费、保险费以及其他可归属于存货采购成本的费用。

（1）存货的相关税费：包括进口关税、消费税、资源税、不能抵扣的增值税进项税额和相应的教育费附加等。

（2）其他可归属于存货采购成本的费用：仓储费、包装费、运输途中的合理损耗、入库前的挑选整理费用等。

（3）商品流通企业在采购商品过程中发生的运输费、装卸费、保险费以及其他可归属于存货采购成本的费用等进货费用，应当计入存货采购成本，也可以先进行归集，期末根据所购商品的存销情况进行分摊。

【例 5-9】齐鲁公司为增值税一般纳税企业。本月购进原材料 210 吨，货款为 6 000 万元，增值税为 1 020 万元；发生的保险费为 350 万元，入库前的挑选整理费用为 130 万元；收入库时发现数量短缺 7.5 吨，实际收到 202.5 吨。经核查属于运输途中合理损耗。齐鲁公司该批原材料实际单位成本为每吨多少万元？

解：

购入原材料的实际总成本=6 000+350+130=6 480（万元）

该批原材料实际单位成本=6 480/202.5=32（万元/吨）

2. 取得成本

取得成本包括订货成本和购置成本。订货成本又称进货费用，是指从发出订单到收到存货整个过程中所付出的成本，如订单处理成本（包括办公成本和文书成本）、运输费、保险费以及装卸费等。订货成本主要包括固定成本和变动成本两部分。

（1）固定成本。订货成本有一部分与订货次数无关，如常设采购机构的基本开支等，称为订货的固定成本，用 F_1 表示。

（2）变动成本。与订货次数有关的成本，即发出采购订单去向外部供应商购买物料而发生的成本，主要有办公费、差旅费、邮资、电话电报费、运输费、检验费、入库搬运费等。这些支出称为订货的变动成本。向内部工厂发出订单而发生的成本，如向工厂订制一批物料时，所发生的文书工作的成本、机器调整费、新调整后首次生产带来的开工废品以及其他取决于订货或生产的批数的一次性费用也包含在内。每次订货的变动成本用 K 表示，年需要量为 D，每次进货量为 Q，计算公式为：

$$订货次数=D/Q=年需要量/每次进货量$$

$$订货成本=F_1+订货次数\times K=F_1+(D/Q)K$$

（3）购置成本。购置成本指为购买货物本身所支付的成本，即存货本身的价值，经常用数量与单价的乘积来确定。年需要量用 D 来表示，单价用 U 表示，于是购置成本为 DU。

存货的取得总成本 TC_a 等于订货的固定成本、变动成本和购置成本的和。其公式可表达为：

$$取得成本=订货成本+购置成本=订货固定成本+订货变动成本+购置成本$$

$$TC_a=F_1+(D/Q)K+DU$$

3．储存成本

储存成本，是指企业为储存存货而发生的各种费用支出，包括仓储费、保管费、搬运费、保险费、存货占用资金支付的利息费、存货残损和变质损失等。通常用 TC_c 表示。

储存成本可以按照与储存数额的关系分为变动性储存成本和固定性储存成本两类。其中，固定性储存成本总额的大小随存货数量和储存时间的变动而变动，与存货储存数额的多少没有直接联系，这类成本属于决策的无关成本，如仓库折旧、仓库职工的固定月工资等，常用 F_2 表示；而变动性储存成本则与存货储存数额成正比例变动关系，这类成本属于决策的相关成本，如存货资金的应计利息、存货的破损和变质损失、存货的保险费用等，单位成本用 K_c 表示，假设储存单位存货的变动成本是固定的，则储存成本与订货批量同方向变化，而与订货次数成反方向变化。储存成本的计算公式为：

$$储存成本=储存固定成本+储存变动成本$$

$$TC_c=F_2+K_c(Q/2)$$

4．缺货成本

缺货成本，是指由于存货储备不足而给公司造成的损失，如由于原材料储备不足造成的停工损失、由于商品储备不足造成销售中断的损失等。存货的短缺成本与存货的储备数量呈反向变化。缺货成本一般按照管理人员的经验加以估计。

缺货成本用 TC_s 表示。

如果以 TC 来表示持有存货的总成本，它的计算公式为：

$$TC=TC_a+TC_c+TC_s=F_1+(D/Q)K+DU+F_2+K_c(Q/2)+TC_s$$

业务二　掌握最优存货量的确定

业务描述

掌握最优存货量经济订货模型和保险储备模型。

相关知识

一、经济订货模型

经济订货模型的假设包括：①存货总需求量是已知常数；②订货提前期是常数；③货物是一次性入库；④单位货物成本为常数，无批量折扣；⑤库存持有成本与库存水平呈线性关系；⑥货物是一种独立需求的物品，不受其他货物影响；⑦不允许出现缺货。其存货水平与订货如图 5-5 所示。

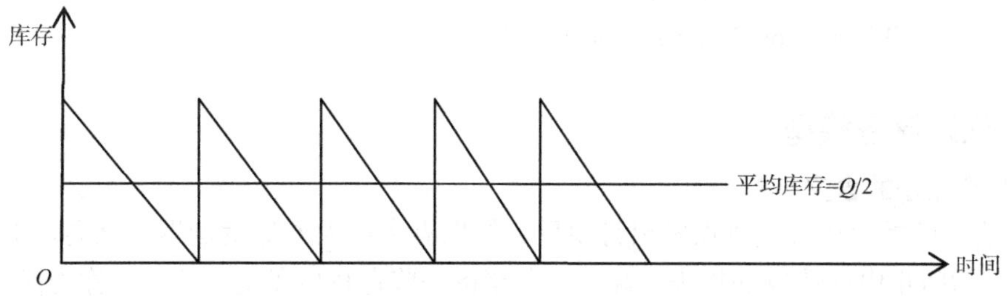

图 5-5　存货水平与订货

在上述假定条件下，由于存货单价不变（不存在数量折扣），与购置成本无关；不允许存在缺货，与缺货成本无关。这样，相关成本只有变动性订货成本和变动性储存成本。

Min（存货总成本）=min（变动订货成本+变动储存成本）

变动订货成本=年订货次数×每次订货成本=（D/Q）×K

变动储存成本=年平均库存×单位储存成本=（$Q/2$）×K_c

上述相关成本与进货批量的关系如图 5-6 所示。

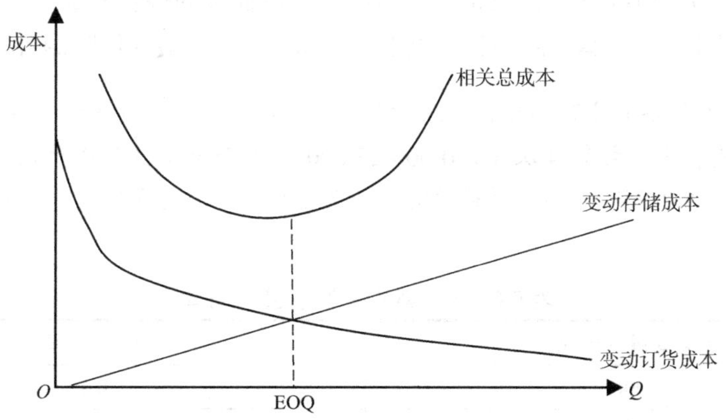

图 5-6　存货总成本与订货批量的关系

由于变动订货成本与订货量是反方向变化，变动储存成本与订货量是正方向变化的，因此，令二者相等，即可得出经济订货量的基本公式。

$$经济订货批量=\sqrt{(2KD)/K_c}$$

$$最小存货成本=\sqrt{2KDK_c}$$

$$年度最佳进货批次\ N=\sqrt{(DK_c)/2K}$$

$$存货进货间隔期=360/N$$

【例 5-10】齐鲁公司每年需消耗甲材料 720 千克，该材料的单位采购成本为 20 元，单位储存成本为 4 元，平均每次进货费用为 40 元，则：

经济订货批量=$\sqrt{(2KD)/K_c}=\sqrt{(2\times720\times40)/4}$=120（千克）

最小存货成本=$\sqrt{2KDK_c}=\sqrt{2\times720\times40\times4}$=480（元）

年度最佳进货批次$(N)=\sqrt{(DK_c)/2K}=\sqrt{(720\times4)/(2\times40)}=6$（次）

存货的进货间隔期=360/N=360/6=60（天）

二、保险储备模型

1. 保险储备的含义

按照某一订货量和再订货点发出订单后，如果需求增大或送货延迟，就会发生缺货或供货中断。为防止由此造成的损失，就需要多储备一些存货以备应急之需，称为保险储备。

2. 考虑保险储备的再订货点

R=预计交货期内的需求+保险储备

=交货时间×平均日需求量+保险储备

3. 保险储备确定的方法：使保险储备的持有成本与缺货损失之和最小

保险储备的持有成本=保险储备×单位持有成本

缺货损失=一次订货期望缺货量×年订货次数×单位缺货损失

相关总成本=保险储备的持有成本+缺货损失

最佳保险储备=Min（缺货损失+保险储备的持有成本）

比较不同保险储备方案下的相关总成本，选择最低者为最优保险储备。

【例 5-11】齐鲁公司计划年度耗用乙材料 100 000 千克，材料单价为 50 元，经济订货量为 25 000 千克，全年订货 4 次（100 000/25 000），订货点为 1 200 千克。单位材料年储存成本为材料单价的 25%，单位材料缺货损失为 24 元。在交货期内，生产需要量及其概率如表 5-6 所示。

表 5-6　乙材料的生产需要量和概率

生产需要量（千克）	概　　率
1 000	0.1
1 100	0.2
1 200	0.4

续表

生产需要量（千克）	概　率
1 300	0.2
1 400	0.1

该企业最佳保险储备的计算如表 5-7 所示。

表 5-7　保险储备分析金额　　单位：元

保险储备量（千克）	缺货量（千克）	缺货概率	缺货损失	保险储备的储存成本	总成本
0	0	0.1	0		
	0	0.2	0		
	0	0.4	0		
	100	0.2	4×100×0.2×24=1 920		
	200	0.1	4×200×0.1×24=1 920		
			缺货损失期望值=3 840	0	3 840
100	0	0.1	0		
	0	0.2	0		
	0	0.4	0		
	0	0.2	0		
	100	0.1	4×100×0.1×24=960		
			缺货损失期望值=960	100×50×0.25=1 250	2 210
200	0	0.1	0		
	0	0.2	0		
	0	0.4	0		
	0	0.2	0		
	0	0.1	0		
			缺货损失期望值=0	200×50×0.25=2 500	2 500

注：缺货损失=每年订货次数×缺货数量×缺货概率×单位缺货损失。

从表 5-7 可以看出，当保险储备为 100 千克时，缺货损失与储存成本之和最低。因此，该企业保险储备量为 100 千克比较合适。

业务三　熟悉存货的控制系统

业务描述

熟悉存货的 ABC 控制系统和适时制库存控制系统。

相关知识

存货管理不仅需要各种模型帮助确定适当的存货水平，还需要建立相应的存货控制系统。传统的存货控制系统有定量控制系统和定时控制系统两种。定量控制系统是指当存货下降到一定存货水平时即发出订货单，订货数量是固定的和事先决定的。定时控制系统是每隔一定的固定时期，无论现有存货水平多少，即发出订货申请。这两种系统都较简单和易于理解，但不够精确。现在许多大型企业都已采用了计算机存货控制系统。当存货数据输入计算机后，计算机即对这批货物开始跟踪。此后，每当有该货物取出时，计算机就及时做出记录并修正库存余额。当存货下降到订货点时，计算机自动发出订单，并在收到订货时记下所有的库存量。计算机系统能对大量种类的存货进行有效管理，这也是大型企业愿意采用这种系统的原因之一。对于大型企业，其存货种类数以万计，要使用人力及传统方法来对如此众多的库存进行有效管理，及时调整存货水平，避免出现缺货或浪费现象简直是不可能的，但计算机系统能做出迅速有效的反应。

伴随着业务流程重组的兴起以及计算机行业的发展，存货管理系统也得到了很大的发展。从 MRP（物料资源规划）发展到 MRP-II（制造资源规划），再到 ERP（企业资源规划），以及后来的柔性制造和供应链管理，甚至外包（out-sourcing）等管理方法的快速发展，都大大提高了企业存货管理方法的发展。这些新的生产方式把信息技术革命和管理进步融为一体，提高了企业的整体运作效率。ABC 控制系统和适时制库存控制系统是两个典型的存货控制系统。

一、ABC 控制系统

ABC 分类管理，就是按照一定的标准，将企业的存货划分为 A、B、C 三类，分别实行分品种重点管理、分类别一般控制和按总额灵活掌握的存货管理方法。ABC 控制系统分类标准及其管理方法如表 5-8 所示。

表 5-8 ABC 控制系统分类标准及其管理方法

项目	特征	分类标准		管理方法
		金额（%）	品种数量（%）	
A 类	金额巨大，品种数量较少	50 ~ 70	10 ~ 15	分品种重点管理
B 类	金额一般，品种数量相对较多	15 ~ 20	20 ~ 25	分类别一般控制
C 类	品种数量繁多，价值金额却很小	10 ~ 35	60 ~ 70	按总额灵活掌握

分类标准主要有两个：一是金额标准；二是品种数量标准。其中金额标准是最基本的，品种数量标准仅作为参考。

二、适时制库存控制系统

适时制库存控制系统是指制造企业事先与供应商和客户协调好，只有当制造企业在生产过程中需要原料或零件时，供应商才会将原料或零件送来；而每当产品生产出来就交付给客户，从而使制造企业的库存水平大大下降。目前，已有越来越多的公司利用适时制库存控制系统减少甚至消除对库存的需求，即实行零库存管理，如沃尔玛、丰田、海尔等。适时库存控制系统进一步的发展被应用于企业整个生产管理过程中，集开发、生产、库存和分销于一体，大大提高了企业运营管理效率。

任务五 熟悉流动负债管理

任务描述

掌握短期借款的融资方式，并会正确计算资金成本；了解我国短期融资券的发行情况；能够合理应用商业信用的融资方式；熟悉流动负债的利与弊。

业务一 掌握短期借款的融资方式

业务描述

熟悉短期借款的信用条件和资金成本。

相关知识

流动负债主要由短期借款、商业信用和应付款项（应付账款和其他应付款）三种方式，各种方式具有不同的获取速度、灵活性、成本和风险。短期借款可以随企业的需要安排，便于灵活使用，但其突出的缺点是短期内要归还，且可能会附带很多附加条件。

一、短期借款的概念

短期借款是指企业向银行或其他金融机构借入的期限在 1 年或一个营业周期的款项。

目前，我国短期借款按照目的和用途分为生产周转借款、临时借款、结算借款、票据贴现借款等。按照国际惯例，短期借款往往按偿还方式不同分为一次性偿还借款和分期偿还借款；按利息支付方式不同分为收款法借款、贴现法借款和加息法借款；按有无担保分为抵押借款和信用借款。

二、短期借款的信用条件

银行等金融机构对企业贷款时，通常会附带一定的信用条件。短期借款所附带的一些信用条件主要有以下几种。

1. 信贷额度

信贷额度及贷款额度，是借款企业与银行在协议中规定的借款最高限额，信贷额度的有效期限通常为 1 年。一般情况下，在信贷额度内，企业可以随时按需要使用借款。但是，银行并不承担必须贷款的义务。如果企业信誉恶化，即使在信贷额度内，企业也可能借不到款项。此时，银行不会承担法律责任。

2. 周转信贷协定

周转信贷协定是银行具有法律义务地承诺不超过某一最高限额的贷款协定。在协定的有效期内，只要企业借款总额未超过最高限额，银行必须满足企业任何时候提出的借款要求。企业要享用周转信贷协定，通常要对贷款限额的未使用部分付给银行一笔承诺费。

【例 5-12】某企业与银行商定的周转信贷额度为 6 000 万元，年度内实际使用了 3 000 万元，承诺率为 0.5%，企业应向银行支付的承诺费为：信贷承诺费=（6 000−3 000）×0.5%=15（万元）。

周转信贷协定的有效期常超过 1 年，但实际上贷款每几个月发放一次，所以这种信贷具有短期和长期借款的双重特点。

3．补偿性余额

补偿性余额是银行要求借款企业在银行中保持按贷款限额或实际借款额一定比例计算的最低存款余额。对于银行来说，补偿性余额有助于降低贷款风险，补偿其可能遭受的风险。补偿性余额提高了企业借款的实际利率，加重了企业的负担。

【例 5-13】齐鲁公司向银行借款 1 000 万元，利率为 6%，银行要求保留 10%的补偿性余额，则企业实际可动用的贷款为 900 万元，该借款的实际利率为：借款实际利率=（1 000 × 6%）/900=6.67%。

4．借款抵押

为了降低风险，银行发放贷款时往往需要有抵押品担保。短期借款的抵押品主要有应收账款、存货、应收票据、债券等。银行将根据抵押品面值的 30% ~ 90%发放贷款，具体比例取决于抵押品的变现能力和银行对风险的态度。

5．偿还条件

贷款的偿还有到期一次偿还和在贷款期内定期（每月、季）等额偿还两种方式。一般来讲，企业不希望采用后一种偿还方式，因为这会提高借款的实际年利率；而银行不希望采用前一种偿还方式，是因为这会加重企业的财务负担，增加企业的拒付风险，同时会降低实际贷款利率。

6．其他承诺

银行有时还要求企业为取得贷款而做出其他承诺，如及时提供财务报表、保持适当的财务水平（如特定的流动比率）等。如企业违背所做出的承诺，银行可要求企业立即偿还全部贷款。

三、短期借款的成本

短期借款成本主要包括利息、手续费等。短期借款成本的高低主要取决于贷款利率的高低和利息的支付方式。短期贷款利息的支付方式有收款法、贴现法和加息法三种，付息方式不同，短期借款成本计算也有所不同。

1．收款法

收款法是在借款到期时向银行支付利息的方法。银行向企业贷款一般都采用这种方法收取利息。采用收款法时，短期贷款的实际利率就是名义利率。

2．贴现法

银行借款利息的支付方式一般为利随本清法，又称收款法，即在借款到期时向银行支付利息。但有时银行要求采用贴现法，即银行向企业发放贷款时，先从本金中扣除利息，而到期时借款企业再偿还全部本金。采用该种方法，企业可利用的贷款额只有本金扣除利息的差额部分，从而提高了贷款的实际利率。

【例 5-14】齐鲁公司从银行取得借款 100 万元，期限 1 年，利率 8%，利息 8 万元。按贴现法付息，企业实际可动用的贷款为 92 万元，该借款的实际利率为：借款实际利率=100

×8%/92=8%/（1−8%）=8.7%。

3. 加息法

加息法是银行发放分期等额偿还贷款时采用的利息收取方法。在分期等额偿还贷款情况下，银行将根据名义利率计算的利息加到贷款本金上，计算出贷款的本息和，要求企业在贷款期内分期偿还本息之和的金额。由于贷款本金分期均衡偿还，借款企业实际上只平均使用了贷款本金的一半，却支付了全额利息。这样企业所负担的实际利率便要高于名义利率大约1倍。

【例5-15】齐鲁公司借入名义年利率为6%的贷款100 000元，分12个月等额偿还本息。该项借款的实际年利率为：实际年利率=100 000×6%/（100 000/2）=12%。

【比一比】

短期借款不同的信用条件和付息方式对短期贷款实际利率有什么影响？

业务二　了解短期融资券

业务描述

了解我国短期融资券的发行情况，在企业经营中能够合理应用。

相关知识

一、短期融资券及其分类

短期融资券，是由企业依法发行的无担保短期本票。在我国，短期融资券是指企业依照《银行间债券市场非金融企业债务融资工具管理办法》的条件和程序在银行间债券市场发行和交易的，约定在期限不超过1年内还本付息的有价证券。中国人民银行对融资券的发行、交易、登记、托管、结算、兑付进行监督管理。短期融资券按照不同标准可做不同分类。

（1）按发行人，分为金融企业融资券和非金融企业融资券。在我国，目前发行和交易的主要是非金融企业的融资券。

（2）按发行方式分类，分为经纪人承销的融资券和直接销售的融资券。非金融企业发行融资券一般采用间接承销方式进行，金融企业发行融资券一般采用直接发行方式进行。

二、发行短期融资券的相关规定

（1）发行人为非金融企业，发行企业均应经过在中国境内工商注册且具备债券评级能力的评级机构的信用评级，并将评级结果向银行间债券市场公示。

（2）发行和交易的对象是银行间债券市场的机构投资者，不向社会公众发行和交易。

（3）融资券的发行由符合条件的金融机构承销，企业不得自行销售融资券，发行融资券募集的资金用于本企业的生产经营。

（4）融资券采用实名记账方式在中央国债登记结算有限责任公司登记托管，结算公司负责提供有关服务。

（5）债务融资工具发行利率、发行价格和所涉费率以市场化方式确定，任何商业机构不得以欺诈、操纵市场等行为获取不正当利益。

三、短期融资券的发行程序

（1）公司制定发行短期融资券的决策。

（2）办理发行短期融资券的信用评级。

（3）向有关审批机构（中国人民银行）提出发行申请。

（4）审批机关对企业提出的申请进行审查和批准。

（5）正式发行短期融资券，取得资金。

四、发行短期融资券筹资的特点

（1）短期融资券的筹资成本较低。相对于发行公司债券筹资而言，发行短期融资券的筹资成本较低。

（2）短期融资筹资数额比较大。相对于银行借款筹资而言，短期融资券一次性的筹资数额比较大。

（3）发行短期融资券的条件比较严格。必须是具备一定信用等级的实力强的企业，才能使用短期融资券筹资。

业务三　掌握商业信用融资的方式

业务描述

掌握企业商业信用融资的方式，了解商业信用筹资的优缺点。

相关知识

商业信用是指企业在进行商品或者劳务交易中，以延期付款或预收货款方式进行购销活动而形成的借贷关系，是企业之间的直接信用行为，获得短期资金的重要来源。商业信用产生于企业生产经营的商品、劳务的交易中，是一种“自发性”筹资。

一、商业信用的形式

1. 应付账款

应付账款是供应商给企业提供的一种商业信用。由于购买者往往在到货一段时间后才付款，因此商业信用是企业获取短期资金的来源。如企业规定对所有账单均见票后多少日付款，商业信用就形成了企业随生产周期而变化的一项内在的资金来源。当企业扩大生产规模，其进货和应付账款相应增长，商业信用就提供了增产需要的部分资金。当企业需要扩大生产规模时，如果能够延长进货和应付账款的付款时间，则企业就能够利用商业信用进行融通企业发展所需要的部分资金。

商业信用条件主要包括有信用期、无现金折扣或者既有信用期又有现金折扣的。一般供应商在一定的信用条件下规定现金折扣时，目的主要是加速资金的回收。企业在决定是否采取现金折扣时，应仔细考虑。通常，现金折扣的资金成本都非常高。

（1）放弃现金折扣的信用成本。购货方在供应商规定的折扣期内付款，可以获得免费信用，但企业无法享受现金折扣的优惠，从而付出代价。例如，企业某项应付账款的信用条件是“1/10，*n*/30”，指购货方在 10 天内付款，可以获得 1%的现金折扣；若在 10 天至 30 天付款，则无折扣；允许购货方付款期限最长是 30 天。

【例 5-16】齐鲁公司按“1/10，*n*/30”的付款条件购入货物 30 万元。如果企业在 10 天内付款，就可以获得 0.3 万元（30×1%）的现金折扣，信用额为 29.7 万元（30–0.3）。放弃现金折扣的信用成本为：

$$\text{齐鲁公司放弃折扣的信用成本率}=\frac{\text{折扣率}}{1-\text{折扣率}}\times\frac{360}{\text{付款期（借用期）}-\text{折扣期}}$$

$$=\frac{1\%}{1-1\%}\times\frac{360}{30-10}$$

$$=18.18\%$$

通过计算可知，齐鲁公司放弃现金折扣的资金成本率是 18.18%，该信用成本率与折扣百分比大小、折扣期长短和付款期长短有关系，与货款额和折扣额没有关系。在企业放弃现金折扣的情况下，推迟付款的时间越长，其信用成本越小，但是不按照信用期限付款会导致企业信誉恶化、信用度严重下降，有可能给企业购买货物带来更严格的付款条件。

（2）放弃现金折扣的信用决策。当企业资金暂时缺乏或者存在比享受现金折扣所带来的更好的短期投资机会时，企业就会放弃现金折扣。当企业将应付账款额用于短期投资，所获得的投资报酬率高于放弃现金折扣的信用成本率时，企业应当选择放弃现金折扣。

【例 5-17】齐鲁公司购买一批原材料，形成的应付账款为 20 万元，供应商的信用条件为“2/10，1/20，*n*/30”。企业用于支付账款的资金要在 30 天时才能周转回来，在 30 天内付款，只能通过短期资金融通解决。如果自己短期融通的资本成本为 12%，试确定公司原材料采购款的付款时间和价格。

解：

$$\text{公司10天内付款的信用成本率为}=\frac{\text{折扣率}}{1-\text{折扣率}}\times\frac{360}{\text{付款期（借用期）}-\text{折扣期}}$$

$$=\frac{2\%}{1-2\%}\times\frac{360}{30-10}=36.73\%$$

$$\text{公司20天内付款的信用成本率为}=\frac{\text{折扣率}}{1-\text{折扣率}}\times\frac{360}{\text{付款期（借用期）}-\text{折扣期}}$$

$$=\frac{1\%}{1-1\%}\times\frac{360}{30-20}$$

$$=36.36\%$$

由于公司 10 天和 20 天付款的信用成本率都高于短期资金融通的资本成本 12%，所以初步判定企业应当取得现金折扣，借入银行借款以偿还货款。

10 天付款，得折扣 4 000 元，用资 196 000 元，借款 20 天，利息 1 306.67 元，净收益为 2 693.33 元；20 天付款，得折扣 2 000 元，用资 198 000 元，借款 10 天，利息 660 元，净收益为 1 340 元。

结论，在第 10 天付款是最佳方案，其净收益最大。

2. 应付票据

应付票据是指企业在商品购销活动和对工程价款进行结算中，因采用商业汇票结算方式而产生的商业信用。商业汇票是指由付款人或存款人（或承兑申请人）签发，由承兑人承兑，并于到期日向收款人或被背书人支付款项的一种票据，它包括商业承兑汇票和银行承兑汇票。应付票据按是否带息分为带息应付票据和不带息应付票据两种。

3. 预收账款

预收账款，是企业按照销售合同或者协议的规定，在发出货物之前向购货单位预先收取部分或全部货款的信用行为。购买单位对于紧俏商品往往乐于采用这种方式购货；企业对于生产周期长、造价较高的商品，往往采用预收货款的方式销货，以缓解企业的资金占用成本。

4. 应计未付款

应计未付款是企业在生产经营和利润分配过程中已经计提但尚未以货币支付的款项，主要包括应付工资、应交税费、应付利润或应付股利等。这些应付项目，在已经计提而没有支付这段时间，形成企业的应计未付款，相当于利益相关者给予企业的一个信用。企业的应计未付款随着企业规模的扩大而增加，使用这些企业经营过程中自然形成的资金企业无须付出任何代价。当然，对于这些款项，企业必须保证在一定的时间内进行支付。

二、商业信用筹资的优缺点

1. 商业信用筹资的优点

（1）容易获取。商业信用是因企业的购销行为产生的，企业经营中，总会存在供需关系并且又相互信任的基础客户。对于，绝大多数企业，应付账款和预收账款都是自然的、持续的信贷形式。商业信用的提供方一般不会对企业的经营状况和风险做出严格的考察，企业在销售货物过程中一般自然地就可以获得商业信用，而不需要向办理银行贷款那样复杂，有利于企业应对生产经营中暂时的资金紧张。

（2）具有较大灵活性。企业能够根据需要，选择决定筹资的金额大小和期限长短，同样要比银行借款等其他方式灵活得多。如果在规定的期限内实在难以付款或交货时，一般还可以与客户协商，延长时限。

（3）一般不需要提供担保。企业通过商业信用筹得的资金不需要第三方提供担保，也不会要求筹资企业用资产进行担保。同样，在企业出现逾期付款或交货的情况下，可以像银行借款那样面临抵押资产被处置的风险，不影响企业生产经营。

（4）及时回笼资金，节约收账成本。企业通过对应收票据进行贴现和保理，可以避免引起赊销造成的现金流量不足，及时回笼资金。同时，还可以利用银行等专业的金融机构，帮助回收账款，减少坏账损失。

2. 商业信用筹资的缺点

（1）筹资成本高。尽管商业信用的筹资成本仅是一种机会成本，但由于属于临时性筹资，其筹资成本比银行信用要高。

（2）容易恶化企业的信用水平。商业信用的期限短，还款压力大，对企业现金流量管理的要求很高。如果长期和经常性地拖欠账款，会造成企业的信誉恶化。

（3）受外部环境影响较大。商业信用筹资受外部环境影响较大，稳定性较差，即使不考虑机会成本，也是不能无限制利用的。当商品供大于求时，卖方可能会终止提供商业信用；当市场资金供应紧张或有更好的投资方向时，商业信用筹资有可能会遇到障碍。

业务四 了解流动负债的利与弊

业务描述

了解流动负债的经营优势和劣势。

相关知识

一、流动负债的经营优势

流动负债容易获得，具有灵活性，能有效地为季节性信贷需要进行融资，实现了需要融资和获得融资之间的同步性。此外，短期借款一般比长期借款具有更少的约束性条款。如果仅在一个短期内需要资金，以短期为基础进行借款可以使企业维持未来借款决策的灵活性。如果采用长期借款协议，协议规定了约束性条款、大量的预付成本或信贷合约的初始费用，流动负债将丧失灵活性。

流动负债的一个主要使用方面是为季节性行业的流动资产进行融资。为了满足企业增长的需要，一个季节性企业必须增加存货和应收账款。流动负债是为流动资产中的临时性的、季节性的增长进行融资的主要工具。

二、流动负债的经营劣势

流动负债的流动性，造成其会经常发生变化，所以需要进行持续的重新谈判或滚动安排负债。贷款人由于企业财务状况的变化，或整体经济环境的变化，可能在到期日不愿滚动贷款，或重新设定贷款额度。提供信贷额度的贷款人一般要求，用于为短期营运资金缺口而筹集的贷款，必须每年支付至少1～3个月的全额款项，这1～3个月被称为结清期。贷款人这样处理的目的，是确认企业是否存在在长期负债是合适的融资来源时仍使用流动负债。实践表明，使用短期贷款为永久性流动资产融资是存在很大风险的。

项目小结

学完本项目，应了解营运资金的内涵及在企业经营中的重要性，熟悉营运资金的管理策略；掌握最佳现金持有量的方法，了解公司如何决定应收账款投资政策以及信用政策；了解企业持有存货的原因以及如何进行存货管理；掌握流动负债的管理。

主要概念

营运资金	流动资产投资策略	资金管理	流动资产筹资策略
机会成本	现金最佳持有量	管理成本	信用标准
坏账成本	现金折扣	储存成本	存货模式
商业信用	应收账款保理		

推荐阅读

[1] 孙莹，王竹泉，张先敏，杜瑞，程六兵. 中国上市公司营运资金管理调查：2014[J]. 会计研究，2015（12）：67-73+97.
[2] 徐晓慧，朱和平. 营运资金管理效率与公司绩效相关性研究——以江浙制造业中小板上市公司为例[J]. 会计之友，2015（4）：101-104.
[3] 韩沚清，张李妍. 企业营运资金管理绩效评价研究述评[J]. 财会通讯，2015（3）：79-82.
[4] 王秀华. 渠道管理、关系资本与农业类企业营运资金管理绩效——星河生物案例研究及启示[J]. 财会月刊，2015（4）：67-70.
[5] 白铁伦. 应对营运资金短缺的策略[J]. 企业管理，2015（11）：96-99.
[6] 王秀华，王竹泉，秦书亚. 供应链核心企业营运资金管理绩效的情境研究[J]. 财会月刊，2013（7）：3-7.
[7] 周瑞卿. 我国企业应收账款管理研究[J]. 中国注册会计师，2012（2）：109-112.
[8] 张月玲，洪慧林，邢小培，陈莉，陈露. 我国企业营运资金管理研究现状及展望[J]. 会计之友，2012（11）：17-21.
[9] 彭家钧，王竹泉. 海尔集团营运资金管理体系的构建与运行[J]. 财务与会计，2012（3）：36-38.
[10] 王竹泉，张先敏. 基于渠道管理的营运资金管理绩效评价体系设计[J]. 财会月刊，2012（13）：11-13.
[11] 秦娟娟，白晓健，张琛. VMI 模式下考虑商业信用的供应链协调机制研究[J]. 管理评论，2016（3）：207-220.

习题与实训

一、单项选择题

1. 下列关于营运资金管理的说法中不正确的有（　　）。

A. 企业占用在流动资产上的资金，会在一年内收回

B. 流动资产的数量会随着企业内外条件的变化而变化，波动很大

C. 营运资金的管理既包括流动资产的管理，也包括流动负债的管理

D. 流动资产是指可以在一年以内或超过一年的一个营业周期内变现或运用的资产

2. 某企业年销售收入为 1 000 万元，信用条件为“1/10，*n*/50”时，预计有 20%的客户选择享受现金折扣，其余客户在信用期付款，变动成本率为 60%，资金成本率为 8%，则应收账款的机会成本为（　　）元。（1 年按 360 天计算）

A. 56 000　　B. 65 000　　C. 78 000　　D. 93 333.33

3. 在应收账款管理中，下列说法中不正确的是（　　）。

A. 应收账款的主要功能是增加销售和减少存货

B. 监管逾期账款和催收坏账的成本会影响公司的利润

C. 信用期的确定，主要是分析改变现行信用期对成本的影响

D. 应收账款的成本主要包括机会成本、管理成本和坏账成本

4. 甲企业使用5C信用评价系统，其中对客户的流动比率和现金流预测特别关注。这说明其特别关注客户的（　　）。

A. 品质　　B. 能力　　C. 抵押　　D. 资本

5. 下列各项成本中与现金的持有量成正比例关系的是（　　）。

A. 管理成本　　B. 短缺成本

C. 固定性转换成本　　D. 企业持有现金放弃的再投资收益

6. 在现金持有量的成本分析模式和存货模式中均需要考虑的因素包括（　　）。

A. 管理成本　　B. 转换成本　　C. 短缺成本　　D. 机会成本

7. 某企业年赊销额300万元（一年按360天计算），应收账款周转率为10次，变动成本率60%，资金成本率10%，则企业的应收账款机会成本为（　　）万元。

A. 1.2　　B. 1.8　　C. 2.4　　D. 3.6

8.（　　）反映了客户的经济实力与财务状况的优劣，是客户偿付债务的最终保证。

A. 资本　　B. 抵押品　　C. 信用品质　　D. 偿付能力

9. 在对存货实行ABC分类管理的情况下，ABC三类存货的金额比重大致为（　　）。

A. 0.1：0.2：0.7　　B. 0.7：0.2：0.1

C. 0.2：0.3：0.5　　D. 0.5：0.3：0.2

10. 某企业销售商品，年赊销额为500万元，信用条件为（2/10，1/20，*n*/40），预计将会有60%客户享受2%的现金折扣，30%的客户享受1%的现金折扣，其余的客户均在信用期付款，则企业应收账款平均收账天数为（　　）天。

A. 14　　B. 15　　C. 16　　D. 无法计算

二、多项选择题

1. 在现金管理中，下列说法正确的有（　　）。

A. 企业持有现金的目的只是应付日常的业务活动

B. 除了交易性需求、预防性需求和投机性需求外，许多公司持有现金是作为补偿性余额

C. 拥有足够的现金对于降低企业风险，增强企业资产的流动性和债务的可清偿性有重要意义

D. 一个希望尽可能减少风险的企业倾向于保留大量的现金余额，以应付其交易性需求和大部分预防性资金需求

2. 信用条件是指销货企业要求赊购客户支付货款的条件，其构成要素包括（　　）。

A. 信用期限　　B. 信用标准　　C. 信用期间　　D. 现金折扣

3. 现金折扣是企业对顾客在商品价格上的扣减。向顾客提供这种价格上的优惠，可以达到的目的有（　　）。

A. 减少成本　　B. 增加收益　　C. 扩大销售量　　D. 缩短企业的平均收款期

4. 下列关于信用政策的说法中，正确的有（　　）。
A. 公司的信用条件决定了其应收账款的水平
B. 企业现金折扣的确定，要与信用期间结合起来考虑
C. 如果企业执行的信用标准过于严格，可能会限制公司的销售机会
D. 如果企业执行的信用标准过于宽松，可能会增加随后还款的风险并增加坏账费用
5. 下列各项中，影响企业流动资产投资战略选择的是（　　）。
A. 产业因素
B. 影响企业政策的决策者
C. 企业对风险和收益的权衡
D. 利率在短期、中期、长期负债之间的差异的影响
6. 下列关于营运资金管理原则的说法，不正确的有（　　）。
A. 保持足够的偿债能力是营运资金的管理原则之一
B. 加速资金周转是提高资金使用效率的主要手段之一
C. 企业要千方百计加速存货、应收账款等流动资产的周转
D. 营运资金的管理必须把提高资金使用效率作为首要任务
7. 在存货管理中，与持有存货有关的成本包括（　　）。
A. 取得成本　B. 储存成本　C. 缺货成本　D. 短缺成本
8. 对信用标准进行定量分析，能够解决的问题是（　　）。
A. 降低销售成本　B. 扩大销售收入
C. 确定坏账损失率　D. 具体确定客户的信用等级
9. 下列各项中属于应收账款管理成本的是（　　）。
A. 客户资信调查费用资金　B. 应收账款收账费用
C. 应收账款无法收回带来的损失　D. 因投资应收账款丧失的其他收入
10. 存货的短缺成本包括（　　）。
A. 丧失销售机会的损失　B. 延误发货造成的信誉损失
C. 材料供应中断造成的停工损失　D. 替代材料紧急采购的额外开支

三、判断题

1. 在存货管理中，与持有存货有关的成本，包括取得成本和储存成本。（　　）
2. 应收账款具有增加销售和减少存货的功能。（　　）
3. 在5C信用评价系统中，能力是指如果企业或个人当前的现金流不足以还债，他们在短期和长期内可供使用的财务资源。（　　）
4. 在流动资产的三种融资战略中，使用短期融资最多的是激进融资战略。（　　）
5. 在应收账款管理中，信用政策必须明确地规定三个内容即信用标准、信用期间和折扣条件。（　　）
6. 企业营运资金越多，则企业的风险越大，收益率越高。（　　）
7. 信用条件是客户获得企业商业信用所应具备的最低条件，通常以预期的坏账损失率表示。（　　）
8. 企业现金管理的目的首先是使现金获得最大的收益，其次是保证日常生产经营业

务的现金需求。 （ ）

9. 存货进价又称进货成本，是指存货本身的价值，等于采购单价与采购数量的乘积。 （ ）

10. 如果某企业存货周转期为50天，应收账款周转期为20天，应付账款周转期为30天，则现金周转期=50+20−30=40（天）。 （ ）

四、计算题

1. 甲公司现金收支状况比较稳定，预计全年（按360天计算）需要现金300 000元，现金与有价证券的转换成本为每次600元，有价证券的年利率为10%。要求：

（1）计算最佳现金持有量。

（2）计算最佳现金持有量下的全年现金管理总成本、全年现金转换成本和全年现金持有机会成本。

（3）计算最佳现金持有量下的全年有价证券交易次数和有价证券交易间隔期。

2. A公司每年需要耗用甲种原材料10 816千克，单位材料年储存成本为10元，平均每次订货费用为500元，该材料全年平均单价为1 000元。假设不存在数量折扣，不会出现陆续到货和缺货的现象。要求（计算结果保留整数）：

（1）计算甲材料的经济订货批量。

（2）计算甲材料的年度订货批数。

（3）计算甲材料的相关储存成本。

（4）计算甲材料的相关订货成本。

（5）计算甲材料的经济订货批量平均占用资金。

（6）计算与经济订货量相关的总成本。

3. 甲公司欲购进原材料1 000吨，已知每吨价格1 000元。该公司有以下方案解决本次购货所需资金问题：

（1）与客户商定的付款条件为（1/10，*n*/50）。

（2）从A银行贷款，利率为8%，银行要求保留10%的补偿性余额。

（3）从B银行贷款，利率为7%，银行要求按贴现法付息。

要求：通过计算确定华强股份有限公司应选择哪个方案。

五、综合题

A企业20×6年销售收入为4 500万元，总成本为3 300万元，其中固定成本为600万元。20×7年该企业有甲、乙两种信用政策可供选用：两种方案下预计销售收入均为5 400万元，甲方案下平均收账天数为40天，其机会成本、坏账损失、收账费用合计为130万元，无现金折扣；乙方案的信用政策为（2/20，*n*/60），将有40%的货款于第20天收到，60%的货款于第60天收到，其中第60天收到的款项有1%的坏账损失率，收账费用为20万元。20×7年变动成本率保持不变，固定成本保持20×6年的水平，企业的资金成本率为8%，一年按360天计算。要求：

（1）计算A企业20×7年的变动成本率。

（2）计算乙方案的下列指标。

①应收账款平均收账天数。

②应收账款平均余额。

③应收账款机会成本。

④坏账损失。

⑤现金折扣。

（3）分析并判断该企业该采取哪种信用政策。

项目六

利润管理

学习目标

知识学习目标

1. 了解公司利润分配的原则；
2. 了解公司利润分配的制约因素；
3. 熟悉股利政策与公司价值的关系；
4. 掌握公司利润分配的顺序；
5. 掌握股利支付形式与程序；
6. 掌握公司股票分割与股票回购方式。

技能训练目标

1. 能掌握公司股利分配政策，根据实际情况，运用相关原理，为企业确定利润分配政策提供可行性建议；
2. 能掌握利润管理的原则和流程，会设计和制订公司股利分配方案；
3. 会实施公司股利分配方案；
4. 会进行股票分割和股票回购等股东权益的核算。

导入案例

乐视网信息技术（北京）股份有限公司，于2010年8月12日在创业板成功上市。公司主要从事信息传输、软件和信息技术服务业——互联网和相关服务。公司专注于互联网视频及手机电视等网络视频技术的研究、开发和应用，主要经营网络视频基础服务和视频平台增值服务业务。

乐视网2013—2015年主要会计数据和财务指标分别如表6-1和表6-2所示，乐视网2010—2015年分红情况如表6-3所示。

表6-1　乐视网2013—2015年主要财务数据　　单位：元

年　度	2015-12-31	2014-12-31	2013-12-31
营业总收入	13 016 725 124.12	6 818 938 622.38	2 361 244 730.86
营业总成本	13 026 051 728.75	6 771 077 207.46	2 123 181 947.21
营业利润	69 422 832.97	47 866 453.36	236 707 644.84

续表

年　　度	2015-12-31	2014-12-31	2013-12-31
利润总额	74 169 222.09	72 899 104.84	246 400 883.23
净 利 润	573 027 173.33	364 029 509.12	255 009 694.82
每股收益	0.31	0.44	0.32

表 6-2　乐视网 2010—2012 年主要财务数据　　单位：元

年　　度	2012-12-31	2011-12-31	2010-12-31
营业总收入	1 167 307 146.72	598 555 886.31	238 258 165.65
营业总成本	969 895 918.13	437 194 116.19	165 332 063.83
营业利润	197 411 228.59	161 361 770.12	72 926 101.82
利润总额	228 011 728.59	164 244 470.12	74 836 620.57
净 利 润	194 194 142.39	131 121 130.75	70 099 429.37
每股收益	0.46	0.6	0.84

表 6-3　乐视网 2010—2015 年分红情况

年份	公告日	分红（每 10 股）	送股（每 10 股）	转增股（每 10 股）	登记日	除权日
2015	2016-03-18	0.31	—	—	—	—
2014	2015-03-31	0.46	—	12.00	2015-05-12	2015-05-13
2013	2014-03-22	0.31	—	—	2014-05-29	2014-05-30
2012	2013-02-28	0.50	—	9.00	2013-06-04	2013-06-05
2011	2012-03-09	0.73	—	9.00	2012-06-12	2012-06-13
2010	2011-03-16	1.50	2.00	10.00	2011-05-17	2011-05-18

思考：乐视网 2010—2015 年的盈利情况与股利分配的关系。

任务一　认知利润管理

任务描述

了解企业利润分配的原则、掌握企业利润分配的顺序，为企业利润分配活动的开展提供支持。

业务一　了解利润分配原则

业务描述

了解公司在从事利润分配活动过程中应遵守的基本原则。

相关知识

公司的利润管理是指公司对利润分配相关工作及有关的财务关系的组织和协调活动，是把公司一定会计期间创造的经营成果合理地在公司内外部利益相关者之间进行有效分配的管理活动。公司的利润分配分为广义和狭义两种概念，广义的利润分配包含对公司收入和净利润两个层次内容的分配；狭义的利润分配仅指对公司净利润的分配。本项目介绍的利润分配是对公司净利润的分配。

利润分配作为公司财务管理中的重要活动，应当遵循以下原则。

一、依法分配原则

公司的利润分配活动必须依法进行。为了规范公司的利润分配行为，维护公司各利益相关者的合法权益，国家制定了相应的法律法规，对公司利润分配的基本要求、业务程序和分配比例等方面做出了具体规定。公司在从事利润分配活动时要认真执行，不得违反。

二、分配与积累并重原则

公司在利润分配中要坚持积累与分配并重的原则。公司通过经营活动获取的利润，首先要保证公司经营活动简单再生产的持续进行，又要为公司积累扩大再生产储备资金。公司能够有效处理分配与积累的关系，保留适当比例的净利润以备未来生产经营之需，既可以增强公司抵抗风险的能力，同时，又可以提高公司经营的稳定性和安全性。

三、兼顾各利益相关者利益的原则

公司在利润分配中必须兼顾利益相关方利益的原则。公司是经济社会活动的基本单元，公司的利润分配涉及国家、股东、债权人和职工等多方面的利益。公司在利润分配时，要统筹兼顾，正确处理各利益相关者之间的合法权益，协调矛盾，对公司的可持续发展具有重要意义。

四、投资与利润对等原则

公司在进行利润分配时充分体现“谁投资谁受益”、“利润大小与投资比例相对等”的原则，是正确处理投资者与利润分配关系的关键。公司在向投资者分配利润时，在公平一致的原则下，按照投资者投资额的比例进行分配，实现利润分配的公开、公平和公正，保护投资者的合法权益。

业务二　掌握利润分配的顺序

业务描述

掌握公司利润分配的顺序，按照有关法律规定，指导公司实施利润分配。

相关知识

利润是公司收入弥补成本费用后的余额。由于公司成本费用包括的内容与表现的形式不同，利润所包含的内容与形式也存在一定的差别。未扣除利息和所得税的利润为公司的息税前利润；扣除了利息而未扣除所得税的利润为利润总额；扣除了利息和所得税的利润形成公司的净利润。

利润分配是公司进行净利润的分配过程。根据我国公司法及相关法律制度的规定，公司在进行净利润的分配时应遵照以下顺序进行。

一、弥补以前年度亏损

公司在进行利润分配前，首先应当弥补以前年度亏损。《公司法》规定公司的年度亏损可以用下一年度的税前利润弥补，下一年度不足弥补的，可以在五年之内用税前利润连续弥补，连续五年未弥补的亏损则需用税后利润弥补。其中，税后利润弥补亏损可以用当年实现的净利润，也可以使用盈余公积。

【温馨提示】
公司可以在五年内用税前利润连续弥补亏损。

二、提取法定盈余公积金

公司提取法定盈余公积金的目的是增加公司的内部积累，帮助公司实现扩大再生产。按照《公司法》规定，公司法定盈余公积金的提取比例应当按照当年税后利润（弥补亏损后）的10%提取。当法定盈余公积的累积额达到注册资本的50%时，可以不再提取。法定盈余公积金，根据公司的需要可以用于弥补亏损或转增资本。但是，公司用盈余公积金转增资本的，法定盈余公积金余额不得低于转增前公司注册资本的25%。

三、提取任意盈余公积金

按照《公司法》规定，公司从税后利润中提取法定盈余公积金后，为了满足公司经营管理活动的需要，适度控制公司向投资者分配利润的水平，以及合理调整公司各年度的利润分配活动，经股东会或股东大会决议，还可以从税后利润中提取任意盈余公积金。

四、向股东（投资者）分配股利（利润）

按照《公司法》规定，公司在弥补亏损、提供公积金后的税后利润，可以向股东（投资者）分配股利（利润）。其中，有限责任公司股东按照实缴的出资比例分取红利，全体股东约定不按照出资比例分取红利的除外；股份有限公司按照股东持有的股份比例分配，但股份有限公司章程规定不按照持股比例分配的除外。

任务二 掌握利润分配政策

任务描述

熟悉实施不同的股利政策与企业价值的关系，了解利润分配的制约因素，熟悉股利的支付形式和股票股利的支付程序，掌握公司股票分割和股票回购的原理和方法，指导企业利润分配活动的具体实施。

业务一 熟悉股利政策与公司价值的关系

业务描述

了解不同的股利理论，掌握公司不同生命周期的发展阶段和盈利情况应该采用何种股利政策，以及不同的股利政策对企业价值的影响。

相关知识

股利政策是指公司在法律允许的范围内是否发放股利，发放多少股利以及何时发放股利的策略。采取何种股利政策是由实现公司价值的最大化的目标来确定的。公司的股利政策向市场传递了公司经营是否稳定、是否持续增长等有关企业发展的信息，是投资者推测公司基本经营状况、发展前景优劣的依据。因此，公司采用何种股利政策与公司在市场上的表现、在投资者中的形象密切相关，成功的股利政策有利于提高公司的市场价值。

一、股利分配理论

股利分配理论是指人们对股利分配的客观规律的科学认识与总结，其核心问题是股利政策与公司价值的关系问题。公司股利分配方案的制订既取决于公司的股利政策，同时又取决于公司的决策者对股利分配的理解与认识。不管公司采取什么样的股利政策，都要服务于公司的财务管理目标。有关股利分配和财务管理目标之间的关系主要有两种较为流行的观点。

1. 股利无关理论

股利无关理论认为，在完全资本市场理论下，市场具有强式效率，不存在任何公司或个人所得税和筹资费用，公司的投资决策与股利决策彼此独立的情况下，公司采取的股利政策不会对公司的价值或股票的价格产生任何影响，投资者也就不会关心公司股利的分配。公司市场价值的高低，是由公司投资决策的获利能力和风险组合所决定的，与公司的利润分配政策无关。

公司对投资者的分配是盈利减去投资后的差额，公司分红主要采取现金和股份回购等方式。因此，在完全资本市场下，股利政策的变化仅能够引起利润在现金股利和资本利得之间分配的变化。假设投资者都是理性的经济人，分配的变化不会影响公司的市场价值和股东的财富。

2. 股利相关理论

与股利无关理论相对应，股利相关理论认为，公司的股利政策会影响股票价格和公司价值。其主要观点有以下几种。

（1）“手中鸟”理论。该理论认为，公司用留存利润继续投资获取利润具有很大的不确定性，并且投资的风险随着时间的推移会进一步加大。因此，风险厌恶型投资者相对偏好确定的股利，而不愿将利润留存在公司内部过多地承担公司未来投资的风险。该理论主要的观点是公司的股利政策与公司价值是密切相关的，当公司采取较高的股利支付率时，股票价格会随之上升，公司价值也将得到提高。

（2）信号传递理论。该理论认为，在信息不对称的情况下，公司可以通过股利政策向市场传递有关公司未来获利能力的信息，从而影响公司股价。通常，公司预期未来获利能力较强时，往往愿意通过相对较高的股利支付率吸引更多的投资者。对于市场的投资者来讲，股利政策的差异成为反映公司预期获利能力的有价值的信号。如果公司能够连续保持较为稳定的股利支付水平，投资者就会对公司未来的盈利能力和现金流量水平持有较为乐观的预期。如果公司的股利支付水平突然波动，股票市场也会对波动做出及时的反映。

（3）所得税差异理论。该理论认为，由于公司税率和纳税时间的差异，资本利得收入比股利收入更有助于实现公司利润最大化的目标，公司应当采用低股利政策。通常，政府对资本利得收入的税率要低于股利收入的税率。此外，即使二者没有税率上的差异，而投资者对资本利得纳税时间选择上具有更多的弹性，投资者仍然可以享受通过延迟纳税带来的利润差异。

（4）代理理论。该理论认为，股利政策有助于减少管理者与股东之间的代理冲突，即股利政策是协调股东与管理者之间代理关系的一种约束机制。该理论认为，股利的支付能够有效地降低管理者的代理成本。首先，支付股利减少了管理者对自由现金流量的支配权，在一定程度上可以抑制公司管理者过度投资或在职消费行为，从而保护投资者的利益；其次，较多的采取现金股利，减少了公司的内部融资，迫使公司通过资本市场寻求外部融资，公司将接受资本市场上更全面的严格监督，投资者通过资本市场对公司的监督降低企业的代理成本。因此，高水平的股利支付率可以有效降低公司的代理成本，但同时增加了公司外部融资的成本，最佳股利政策应使此两种成本之和最小。

二、股利政策

公司需按照国家法律法规的规定，根据公司的价值目标和经营发展策略进行制定。股利政策要保持相对的稳定，又要与公司的财务目标和发展目标相互契合。在实施中，主要有以下几种常见的股利政策可供选择。

1. 剩余股利政策

剩余股利政策是指公司根据其投资的资金需求，按照目标资本结构，测算出公司投资所需的权益资本金额，优先从企业盈余中留存资金，剩余部分的盈余才用来进行股利分配。企业的净利润优先满足公司经营发展的资金需求，只有在存在剩余的情况下，才进行股利发放；如果没有剩余，则不再进行股利分配。剩余股利政策依据 MM 股利无关理论，在完全理想状态下的资本市场中，公司的股利政策与普通股每股价值无关。因此，公司在制定股利政策时只需根据公司的投融资策略进行制定。公司在采用剩余股利政策时，需要遵循以下四个步骤。

（1）先确定公司的目标资本结构，在该资本结构下，使公司的加权平均资本达到最优水平。

（2）根据公司的最佳资本预算，确定公司在目标资本结构下预计资金需求应增加的权益资本数额。

（3）公司最大可能地使用留存利润来满足资金需求中所需增加的权益资本数额。

（4）留存利润在满足公司权益资本增加的需求之后，如果还有剩余则用来发放现金股利。

剩余股利政策的优点：公司的留存利润首先要保证企业再投资的需要，有助于降低企业再投资的资金成本，保持公司资本结构的最佳，实现公司长期价值的最大化。

剩余股利政策的缺陷：公司如果完全遵守剩余股利政策，股利支付额会随着每年投资机会和盈利水平的波动而波动。在盈利水平较为稳定的情况下，股利支付额与投资机会的多少呈反方向变动；在投资机会维持不变的情况下，股利支付额将与公司盈利状况同方向波动。剩余股利政策不利于投资者安排投资的收入和支出，较难树立持续发展的公司形象，因此适用于初创阶段的公司。

【例 6-1】齐鲁公司 20×7 年税后净利润为 1 000 万元，20×8 年的投资计划需要资金 1 200 万元，公司的目标资本结构为权益资本占 50%，债务资本占 50%。

按照目标资本结构的要求，公司投资方案所需的权益资本数额为：

1 200 × 50% = 600（万元）

公司当年全部可用于分派的盈利为 1 000 万元，除了满足上述投资方案所需的权益资本数额外，还有剩余可用于发放股利。20×7 年，公司可以发放的股利额为：

1 000−600 = 400（万元）

假设该公司当年流通在外的普通股为 800 万股，那么，每股股利为：

400 ÷ 800 = 0.5（元/股）

2. 固定或稳定增长的股利政策

固定或稳定增长的股利政策是指公司将每年派发的股利支付额固定在某一特定水平或维持在某一固定比率逐年稳定增长。公司只有在预期盈利不会发生逆转时才会选用固定或稳定持续增长的股利政策。该政策下，公司首先确定股利支付额，并且确保股利支付额一般不会随资金需求的波动而波动。

固定或稳定增长股利政策的优点：①稳定和持续增长的股利向市场传递公司正常发展的信息，有利于树立公司的良好形象，增强投资者对公司的信心，稳定公司的股票价格；②固定和稳定增长的股利支付额有助于投资者安排投资的收入和支出，有利于吸引进行长期投资并对股利有较高依赖性的股东；③固定和稳定增长的股利政策一般不符合公司的剩余股利理论，但股票市场会受到股东心理状态和其他要求等多种因素的影响，为了维持固定和持续增长的股利政策，即使推迟公司的某些投资方案或暂时偏离公司的目标资本结构，也许会比降低股利或股利支付率，对树立公司持续增长的企业形象更为有利。

固定或稳定增长股利政策的缺点：股利的支付与公司盈利的关系相互脱节，无论公司的盈利状况如何，均需要支付固定的或按固定比率增长的股利，有可能会造成公司资金紧张，财务状况恶化。另外，公司在无利可分的情况下，若仍然实施固定或稳定增长的股利政策，与《公司法》是相违背的。

公司采用固定或稳定增长的股利政策，对公司未来的盈利和支付能力的准确判断提出很高的要求。通常情况下，公司确定的固定股利数额不宜太高，以免将公司陷入无力支付的被动局面。固定或稳定增长的股利政策主要适用于经营比较稳定或正处于成长期的公司，且很难被长期采用。

3. 固定股利支付率政策

固定股利支付率政策是指公司净利润的一定固定百分比作为股利分派给投资者。该固定比率称为股利支付率，比率一经确定，一般不得随意变更。该股利政策下，公司的净利润确定了，所派发的股利也就确定了。

固定股利支付率的优点：①固定股利支付率政策使公司的股利与盈余紧密结合，充分体现了“多盈多分、少盈少分、无盈不分”的股利分配原则；②按照固定股利支付率股利政策，公司每年分配的股利会随着公司盈利能力的变动而变动。固定股利支付率股利政策，公司每年按固定的比例从税后利润中支付现金股利，从公司支付能力的角度来看是一种稳定的股利政策。

固定股利支付率的缺点：①公司的年度利润很难保持稳定不变，从而会导致公司各年度的股利支付额波动较大。由于股利的信号传递作用，股利的波动很容易给投资者带来经营状况不稳定、投资风险大的不良影响。②固定股利支付率容易使公司陷入较大的财务压力。公司实现的盈利多，并不一定代表公司有足够的现金流用来支付较多的股利额。③确定恰当固定股利支付率的难度很大。

公司各年度面临的投资机会和筹资渠道会有很大的不同，这些都是影响公司股利分配的重要因素，固定股利支付率政策主要适用于处于稳定发展且财务状况也较稳定的公司，实际并不多见。

【例 6-2】齐鲁公司长期采取固定股利支付率政策进行股利分配，确定的股利支付率为 20%。20×7 年税后净利润为 800 万元，如果公司继续执行固定股利支付率政策，本年度需要支付的股利为：

800 × 20% =160（万元）

假如公司本年度有较大的投资需求，计划采用剩余股利政策。公司下一年度的投资预算为 1 200 万元，公司的目标资本结构为权益资本占 60%。按照目标资本结构的要求，公司投资方案需要的权益资本金为：

1 200 × 60% = 720（万元）

公司 20×7 年度可以发放的股利为：

800−720 = 80（万元）

4. 低正常股利加额外股利政策

低正常股利加额外股利政策，指公司首先设定一个较低的正常股利额，每年除了按正常股利向股东发放股利外，在公司盈余较多、资金较为充裕的年份向股东发放额外的股利。但是，额外股利并不固定化，因此并不意味着公司永久地提高了股利支付率。

可以采用以下公式表示：

$$Y=a+bX$$

式中，Y 代表每股股利；X 代表每股利润；a 代表低正常股利；b 代表额外股利支付比率。

低正常股利加额外股利政策的优点：①对于公司的股利支付政策赋予了较大的灵活性和财务弹性，使公司在股利发放上留有余地。公司根据每年的盈利情况，选择不同的股利发放水平，以稳定和提高股价，进而实现公司价值最大化。②该股利政策使依靠股利度日的股东每年至少可以得到虽然较低但比较稳定的股利收入，从而吸引这部分股东。

低正常股利加额外股利政策的缺点：①由于公司不同年份盈利的波动会使额外股利经常发生变化，造成每年的股利分配不同，从而使投资者产生利润不稳定的感觉。②当公司持续较长时间发放额外股利时，可能会被股东误认为是“正常股利”，一旦取消，传递出的信号可能会使股东误认为是公司财务状况恶化的表现，从而导致公司股价下跌。一般来说，对于公司盈利随经济周期波动较大的公司或者盈利和现金流量不很稳定的时候，低正常股利加额外股利政策是一种不错的选择。

【想一想】

公司在生命周期的不同阶段（发展、成长、成熟、衰退）各应采用什么样的股利政策？

业务二　熟悉利润分配的制约因素

业务描述

熟悉公司在利润分配时受到哪些方面因素的影响和制约，在制定利润分配政策时充分考虑有关各方面因素的影响。

相关知识

公司的利润分配活动涉及与公司有关的各利益相关者的切身利益，受到很多不确定因素的影响，在确定公司利润分配政策时，应当综合考虑法律、公司、股东以及其他各种相关因素的影响。

一、法律因素

为了保护股东和债权人的利益，法律规定对公司的利润分配活动做出以下规定。

（1）资本保全约束。《公司法》规定公司不得用资本（实收资本、股本、资本公积）发放股利，目的是维持公司资本的完整性，保护公司完整的产权基础，保障债权人的合法权益。

（2）资本积累约束。公司必须按照《公司法》确定的比例和基数提取盈余公积金，只能从公司可供分配的利润中支付股利。可供分配的利润包含公司当期的净利润按照规定提取各种公积金后的余额和以前年度累积的未分配利润。此外，在进行利润分配时，一般应当贯彻“无利不分”的原则，即当公司出现年度亏损时，一般不进行利润分配。

（3）超额累积利润约束。由于法律对资本利得和股利收入税率的要求不一致，假如公司为了避税而保留大量的盈余从而远远超过了公司投资需要，将会被加征额外的税款。

（4）偿债能力约束。公司在进行股利分配时，要考虑现金股利的分配对公司偿债能力的影响，需要确保在进行股利分配完毕之后，仍能够保持较强的偿债能力，维持公司的信誉和偿债能力，保证公司资金链的正常运转。

二、公司因素

公司根据日常经营和长期发展需要的考虑，在确定利润分配政策时，需要重点关注以下因素。

（1）现金流量。由于会计核算方法选择的不同，公司的净利润与现金流量难以实现完全同步，净利润的增加不一定意味着可供分配现金流量的增加。公司在进行利润分配时，首先要保证正常经营活动对现金的需求，维持公司资金链的正常运转，企业的生产活动有序进行。

（2）资产的流动性。公司在进行利润分配时，现金股利的支付会减少其现金持有量，降低资产的流动性，然而保持资产一定的流动性是公司正常运转的必备条件。

（3）盈余的稳定性。通常情况下，公司的盈余越稳定，其股利支付水平相对就越高。

（4）投资机会。当公司的投资机会比较多时，对资金的需求量相对较大，公司就很可能会采取低股利支付水平的分配政策。同时，当公司的投资机会较少时，对资金的需求量较小，公司倾向于采用较高的股利支付政策。此外，当公司使用留存利润再投资取得的报酬低于投资者将股利收入投资于其他投资机会所得的收益时，公司就不应该多留利润，而应该多发股利，这样才有利于股东价值的最大化。

（5）筹资因素。当公司的筹资能力比较强时，随时能够筹集到企业经营发展的资金，公司就具有较强的股利支付能力。此外，企业的留存利润是公司内部筹集资金的重要方式，与发行新股和举债相比，不会发生任何的筹资费用，并且增加了公司权益资本的比重，降低企业的财务风险，有利于低成本地获取债务资本。

（6）其他因素。由于股利存在信号传递作用，因此公司不宜经常改变股利分配政策。保持一定的连续性和稳定性，有利于树立公司良好的形象，使企业获得一个合理的市场估值。另外，公司的利润分配政策还会受到同行业其他公司的影响，处于不同发展阶段和不同行业的公司股利支付比例会有一定的差异，要求公司在进行股利分配政策选择时要考虑企业的发展阶段和所在行业状况的影响。

三、股东因素

投资者控制权、收入和税赋等方面也会对公司的利润分配政策产生影响。

（1）控制权。投资者往往将股利政策作为维持其控制地位的工具。公司支付较高的股利往往导致留存利润的减少。当公司为具有较高盈利预期的投资机会筹集资金时，采取发行新股的可能性增大。但是，新股东的加入增加了公司控制权的稀释，此时，股东往往会希望采用较低的股利支付水平，便于从内部的留存利润中获取发展所需资金。

（2）稳定的收入。如果投资者通过现金股利维持生活，此时往往要求公司能够支付稳定的股利，而反对过多的留存收益。

（3）避税。由于法律规定的股利收入的税率要高于资本利得的税率，高股利收入和股东从避税的角度考虑往往倾向于选择较低的股利支付水平。

四、其他因素

（1）债务契约。通常公司的股利支付水平越高，留存的利润也就越少，公司用于保障债权人利益的权益资本也就减少，公司的破产风险增加。因此，债权人为了保障自身利益不受侵害，通常会在债务契约、租赁合同中加入借款公司股利支付政策的限制条款。

（2）通货膨胀。通货膨胀会带来货币购买力水平下降，导致公司进行固定资产重置时的资金不足。此时，公司往往需要考虑留存一定的利润，来弥补由于资金购买力下降带来的固定资产重置的资金缺口。因此，在通货膨胀时期，公司往往偏好于采取偏紧的利润分配政策。

【议一议】

我国上市公司主要采用的股利政策有哪些？采用该种股利政策受到了哪些因素的影响？

业务三　掌握股利支付形式与程序

业务描述

掌握股利的支付形式，会核算股票股利对股东权益的影响，熟悉股票股利的支付程序。

相关知识

一、股利支付的主要形式

股利支付形式主要分为以下四种。

1. 现金股利

现金股利是以现金支付的股利，是股利支付的最常见的形式。公司在选择发放现金股利时除了要有足够的留存利润外，还要有足够的现金。现金是否充足是公司是否发放现金股利的重要制约因素。

【查一查】

中国证监会对我国上市公司现金分红进行了一系列规定，讨论一下这些制度出台的背景是什么？

2. 财产股利

财产股利是以现金以外的其他资产支付的股利，主要是以公司所拥有的其他公司的股票和债权等有价证券，作为股利支付给股东。

3. 负债股利

负债股利是以负债方式支付的股利，通常以公司的应付票据或发行公司债券的方式给股东支付股利。

财产股利和负债股利在我国公司实务中很少使用，实际上是对现金股利的一种替代。

4. 股票股利

股票股利是公司通过增发股票的方式支付股利。支付股票股利对公司来说，既没有现金流出公司，也不会导致公司财产的减少，只是将公司的留存利润转化为股本。但是，股票权利会增加公司流通在外的股票数量，降低股票的每股价值，不会改变公司股东权益的总额，但会影响股东权益的构成。

【例 6-3】齐鲁公司在 20×6 年发放股票股利前，其资产负债表上的股东权益账户情况如表 6-4 所示。

表 6-4　齐鲁公司股东权益表　　单位：万元

普通股（面值 1 元，发行在外 3 000 万股）	3 000
资本公积	1 000
盈余公积	1 000
未分配利润	2 000
股东权益合计	7 000

假设该公司宣布发放 10%的股票股利，现有股东每持有 10 股，即可获赠 1 股普通股。若该股票当时市价为 5 元，那么随着股票股利的发放，需从“未分配利润”项目划转出的资金为：

$3\,000 \times 10\% \times 5 = 1\,500$（万元）

由于股票面值（1 元）不变，发放 300 万股，“普通股”项目只应增加 300 万元，其余的 1 200 万元（1 500−300）应作为股票溢价转至“资本公积”项目，而公司的股东权益总额并未发生改变，仍是 7 000 万元，股票股利发放后的资产负债表上的股东权益部分如表 6-5 所示。

表 6-5　齐鲁公司股东权益表　单位：万元

普通股（面值 1 元，发行在外 3 300 万股）	3 300
资本公积	2 200
盈余公积	1 000
未分配利润	500
股东权益合计	7 000

假设某股东在公司派发股票股利之前持有公司的普通股 90 万股，那么，他所拥有的股权比例为：

90 ÷ 3 000 × 100%=3%

派发股利之后，他所拥有的股票数量和股份比例为：

90 ×（1+10%）=99（万股）

99 ÷ 3 300 × 100%=3%

【议一议】

如果例 6-3 中的股利分配方案中的 10 送 1，改成 10 转 1，那么齐鲁公司的股东权益会发生怎样的变化？

因此，公司发放股票股利不会对公司股东权益总额产生影响，股票股利派发前后每一位股东的持股比例也不会发生变化，但会引起各股东权益项目资金的再分配。公司发放股票股利虽不能直接增加股东的财富，也不会增加公司的价值，但对股东和公司都有特殊意义。

对股东，股票股利的优点主要有：

（1）派发股票股利后，从理论上每股市价应该按照比例下降，但实际情况并非如此。在公司发放股票股利时，市场和投资者会普遍认为公司会有较大的发展和成长。该种信号传递作用，会稳定股价使股价下降比例减少甚至不降反升，从而使股东获得股票价值相对上升的好处。

（2）由于税法对股利收入和资本利得税率规定的差异，股东把股票股利出售，可以带来资本利得纳税上的好处。

对公司，股票股利的优点主要有：

（1）公司发放股票股利不需要向股东支付现金，在再投资机会较多的情况下，公司可以通过留存盈利为公司提供低成本的资金，从而有助于公司的发展。

（2）公司发放股票股利可以降低公司股票的市场价格，有利于促进股票的交易和流通，从而吸引更多的投资者成为公司股东，使公司的股权分散化，有效防止公司被恶意控制。

（3）股票股利的发放可以向外界传递公司未来发展前景良好的信号，从而增强投资者的信心，在一定程度上稳定股票价格。

二、股利支付程序

公司股利的发放必须遵守相关法律法规的要求，按照规定日程进行。通常，先由董事会提出分配预案，然后提交股东大会决议通过才能进行分配。股东大会决议通过分配预案后，要向股东宣布股利分配方案，并确定股权登记日、除息日和股利支付日。

（1）股利宣告日，即股东大会决议通过并由董事会将股利支付情况予以公告的日期。公告中将宣布每股应支付的股利、股权登记日、除息日以及股利支付日。

（2）股权登记日，即有权领取本期股利的股东资格登记的截止日期。凡是在此指定日期收盘之前取得该公司股票，都可以作为股东享受公司分派的股利。

（3）除息日，是指股利所有权与股票本身分离的日期，将股票中含有的股利分配权利予以解除，即在除息日当日及以后买入的股票不再享有本次股票分配的权利。我国上市公司的除息日通常是在登记日的下一个交易日。由于丧失了获取利息的权利，除息日的股票价格通常会下跌，也就是通常所说的“除权日”。

（4）股利支付日，即公司按照公布的分红方案通过资金清算系统或其他方式向股权登记日在册的股东实际支付股利的日期。

【例 6-4】 齐鲁公司于 20×7 年 3 月 10 日公布 20×6 年度的分红方案，其公告如下：“20×7 年 3 月 9 日在济南召开的股东大会，通过了董事会关于每 10 股可派发现金股息 1 元（不考虑股息需缴纳的个人所得税）的 20×6 年股息分配方案。股权登记日为 3 月 24 日，除息日为 3 月 25 日，现金股利的发放日为 4 月 10 日。特此公告。”

该公司的股利支付程序如图 6-1 所示。

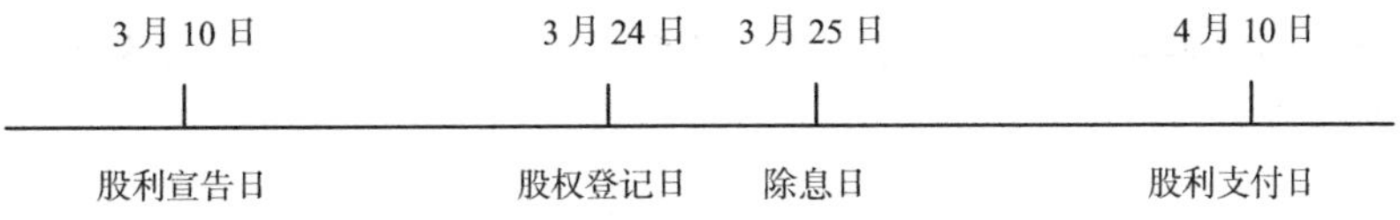

图 6-1　股利支付程序

业务四　掌握公司股票分割与股票回购

业务描述

掌握公司股票分割和股票回购的原理和方法，会核算股票分割和股票回购对公司股东权益的影响。

相关知识

一、股票分割

股票分割又称拆股，是将一股股票拆分为多股股票的行为。股票分割只会增加公司发行在外的股票的总数，并不会对公司的资本结构产生任何影响。股票分割与股票股利的原理类似，都能够在不增加股东权益的情况下增加公司股份的数量。不同的是，股票分割股东权益总额和内部结构都不会发生任何变化，变化的只是股票面值；而股票股利仅能保持股东权益总额的不改变，股东权益的内部结构会发生相应的变化。

股票分割在公司经营中主要发挥两方面的作用：①降低股票价格。股票分割能够使每股市价降低，使买卖该股票所需的资金数量减少，从而可以促进股票的流通和交易。流通性的提高和股东数量的增加，能够在一定程度上加大对公司股票恶意收购的难度。此外，股票价格降低还可以为公司发行新股做准备，吸引更多的投资者，因为公司股价太高会使许多潜在投资者力不从心而不敢轻易对公司股票进行投资。②可以向市场和投资者传递公司发展前景良好的信号，有助于提高投资者对公司的信心。

与股票分割相对，如果公司认为其股票价格过低，不利于建立市场声誉和企业未来的再筹资，为提高股票的价格，可以采取股票合并的措施，将多股股票合并为一股股票。股票合并与股票分割相对应，会降低股票的流通性，增加公司股票投资的门槛，往往向市场传递公司发展不利的信息，因此，股票合并较少有公司采用。

【例 6-5】齐鲁公司在 20×5 年年末资产负债表上的股东权益账户情况如表 6-6 所示。

表 6-6　齐鲁公司 20×5 年年末股东权益情况　　单位：万元

普通股（面值 5 元，发行在外 400 万股）	2 000
资本公积	2 000
盈余公积	2 000
未分配利润	1 000
股东权益合计	7 000

（1）假设股票市价为 10 元，该公司宣布发放 10%的股票股利，即现有股东每持有 10 股即可获赠 1 股普通股。发放股票股利后，股东权益有何变化？每股净资产是多少？

（2）假设该公司按照 1∶2 的比例进行股票分割。股票分割后，股东权益有何变化？每股净资产是多少？

解：

（1）发放股票股利后股东权益情况如表 6-7 所示。

表 6-7　齐鲁公司发放股票股利后股东权益情况　　单位：万元

普通股（面值 5 元，发行在外 440 万股）	2 200
资本公积	2 200
盈余公积	2 000
未分配利润	600
股东权益合计	7 000

每股净资产为：7 000÷（400+40）=15.91（元/股）

（2）股票分割后股东权益情况如表 6-8 所示。

表 6-8　齐鲁公司股票分割后股东权益情况　　单位：万元

普通股（面值 2.5 元，发行在外 800 万股）	2 000
资本公积	2 000
盈余公积	2 000
未分配利润	1 000

续表

股东权益合计	7 000

每股净资产为：7 000÷（400×2） =8.75（元/股）

二、股票回购

1. 股票回购的内涵

股票回购是上市公司出资将其发行在外的普通股以一定价格购买回来予以注销或作为库存股的一种资本运作方式。公司不得随意回购本公司的股份，只有当满足相关法律规定的情形时才可以进行股票回购。

股票回购主要包括公开市场回购、要约回购和协议回购三种方式。公开市场回购是指公司在公开交易市场上以当前市场价格回购股票；要约回购是指公司在特定期间向股东发出的以高出当前市场价格回购既定数量股票的要约；协议回购是指公司以协议价格直接向一个或几个主要股东回购股票的行为。

2. 股票回购的动机

（1）现金股利的替代。公司采用现金股利政策会对公司产生未来的派现压力，实施股票回购会造成公司当期现金的流出。当公司现金流量比较充裕时，可以通过回购股东所持有的股票将现金分配给股东，股东可自行选择继续持有股票或出售获取现金。

（2）改变公司的资本结构。公司无论是采用现金回购还是举债回购股票，都会提高公司的财务杠杆水平，改变公司的资本结构。当公司认为其权益资本在资本结构中所占比例较大时，为了调整资本结构而进行股票回购，可以在一定程度上降低整体资金成本。

（3）传递公司信息。由于信息不对称和预期差异的影响，公司在证券市场上的股票价格可能会被低估，股票价格过低会对公司的市场估值产生负面的影响。投资者通常会认为，股票回购是对公司股票价值低估而采取的应对措施。

（4）巩固控制权。控股股东为了保持其控制权，通常会通过直接或间接回购股票，从而巩固其公司的控制权。此外，股票回购使公司流通在外的股份减少，股价上升，可以有效防止敌意收购。

3. 股票回购的影响

（1）公司进行股票回购需要支付大量的资金，从而造成资金紧张，降低公司资产的流动性，对公司未来的经营活动产生影响。

（2）股票回购相当于股东退股和公司出资的减少，可能会引起公司股东重点关注当期利润的实现，这在一定程度上削弱了公司对债权人利益的保护，而忽视公司长远的发展，从而损害公司的根本利益。

（3）股票回购容易导致公司操纵股价。公司回购股票容易导致其利用内幕信息进行炒作，影响公司经营的规范化，从而损害投资者的利益。

拓展阅读

公司分红方案中股票的派、转、送、配的解析

上市公司在宣布分红方案时，如果遇到10派1转5送5，这又是什么意思呢？

派：指派息，上市公司直接用未分配利润发放现金，这种分配方式需要缴纳个人所得税。每10股派1元的意思就是每10股分现金股利1元，这种分配方式可以自动进入股东账户，当然是已经扣除所得税后的余额。

转：指转增股本，上市公司将资本公积转化为股本，转增的股本并没有改变股东权益的总额，但改变了股本结构的构成，增加了股本规模，实际结果和送股类似。每10股转增5股，股东以前有10股股票，转增之后变成15股，股东权益总数并没有变化，只是股权结构中部分资本公积转成了股本。

送：指送股，上市公司将未分配利润以红股的方式分配给股东使股东所持股份增加而获得投资收益。每10股送5股，股东以前有10股变成了15股，股东权益的总数也没有发生变化，只是结构上由未分配利润转入了股本。

转增股和送股的区别：转增是从资本公积转到股本中，可以不受公司本年度可供分配利润多少和时间的限制，只需减少部分资本公积转增股本，从某种意义上了来说，转增股本并不是对股东分红的回报。送股是从未分配利润转到股本中，只有当公司有盈余的情况下，才能实施送股。转增股和送股从本质上对股东来说，都是无偿获得上市公司的股票，两种情况股东权益都没有变化。

配：指配股。配股不是分红。上市公司根据经营发展的需要，依据有关规定和相应程序，向现有股东发行新股，属于筹集资金的行为，股东要按配股价格和配股数量缴纳配股款，完全不同于公司对股东的分红。按照惯例，公司配股时新股的认购权按照原有股权比例在原股东之间分配，即原股东拥有优先认购权。配股操作如同平时买股票，只要按照配股价和应配股数，填写买单即可。如果某股票又分红又配股，可以只取红利，而不配股，只要在配股缴款期不买入，配股权就被放弃。

项目小结

学习完本项目，应该能够了解公司利润的构成，以及股票分割、股票回购的基本含义；明确利润分配的原则、利润分配的顺序；熟知股利分配方案的制订过程，掌握股利分配政策；根据实际情况，指导企业利润分配方案的制订和实施。

主要概念

剩余股利政策	固定或稳定增长的股利政策		
固定股利支付率政策	低正常股利加额外股利政策		
现金股利	财产股利	负债股利	股票股利
股权登记日	除息日	股利支付日	

推荐阅读

[1] 张玮倩，徐寿福，辛琳. 连续现金分红与股票错误定价研究[J]. 证券市场导报，2016（3）：4-10.

[2] 王文兵，干胜道. 公司利润分配能力评价研究[J]. 财会月刊，2015（31）：3-5.

[3] 吴晓红. 我国国有企业利润分配制度的历史、现状及其完善[J]. 学术界，2015（5）：60-72.

[4] 李胜坤. 基于股利理论的上市公司现金分红制度研究[J]. 河南师范大学学报（哲学社会科学版），2014（4）：63-67.

[5] 谢德仁. 企业分红能力之理论研究[J]. 会计研究，2013（2）：22-32.

[6] 李晓慧，李超. 对公司利润分配依据的思考[J]. 中国注册会计师，2013（8）：101-105.

[7] 雷燕，沈志刚，冉培红，黄朝生. 上市公司股利分配政策问题探讨[J]. 财会通讯，2012（35）：70-72.

习题与实训

一、单项选择题

1. 在确定企业的收益分配政策时，应当考虑相关因素的影响，其中“偿债能力约束”属于（　　）。

A. 法律因素　　B. 公司因素　　C. 股东因素　　D. 债务契约因素

2. 以下关于利润分配的描述中，正确的是（　　）。

A. 公司不能从税后利润中提取盈余公积金

B. 公司在提取法定公积金之前，应当先用当年利润弥补亏损

C. 法定盈余公积的提取比例为当年税后利润（弥补亏损后）的20%

D. 有限责任公司和股份有限公司股东都按照实缴的出资比例分取红利

3. 下列关于股票回购的说法不正确的是（　　）。

A. 公司可以根据资本运作的需要自主确定是否需要回购股票

B. 公司在股票的公开交易市场上按照公司股票当前市场价格回购

C. 协议回购是公司以协议价格直接向一个或几个主要股东回购股票

D. 公司在特定期间向市场发出以高于股票当前市场价格的某一价格回购既定数量股票的要约

4. 以下股利分配政策中，最有利于股价稳定的是（　　）。

A. 剩余股利政策　　B. 固定股利支付率政策

C. 固定或稳定增长的股利政策　　D. 低正常股利加额外股利政策

5. 京通股份有限公司的盈利水平具有随着经济周期而波动较大的特点，其适用的股利分配政策为（　　）。

A. 剩余股利政策　　B. 固定股利政策

C. 固定股利支付率政策　　D. 低正常股利加额外股利政策

6. 某公司正在讨论股利分配问题。公司的一名高管认为，为了有效实施明年的配股方案，公司应当采用高现金股利政策。该高管的观点体现的是（　　）。

A. 代理理论　　B. "手中鸟"理论　　C. 股利无关理论　D. 所得税差异理论

7. 某企业在选择股利政策时，以代理成本和外部融资成本之和最小化为标准。该企业所依据的股利理论是（　　）。

A. 代理理论　　B. "手中鸟"理论　　C. 信号传递理论　D. 所得税差异理论

8. 某公司近年来经营业务不断拓展，目前处于成长阶段，预计现有的生产经营能力能够满足未来 10 年稳定增长的需要，公司希望其股利与公司盈余紧密配合。基于以上条件，最为适宜该公司的股利政策是（　　）。

A. 剩余股利政策　　B. 固定股利政策

C. 固定股利支付率政策　　D. 低正常股利加额外股利政策

9. 下列企业股利政策中，基于股利无关论的是（　　）。

A. 剩余股利政策　　B. 固定股利政策

C. 固定股利支付率政策　　D. 低正常股利加额外股利政策

10. 在下列股利分配政策中，能保持股利与收益之间一定的比例关系，并体现多盈多分、少盈少分、无盈不分原则的是（　　）。

A. 剩余股利政策　　B. 固定或稳定增长股利政策

C. 固定股利支付率政策　　D. 低正常股利加额外股利政策

11. 某公司 2015 年税后净利润为 2 000 万元，2016 年投资计划需要资金 2 200 万元。如果该公司采用剩余股利政策，2015 年发放的股利为 680 万元，则该公司目标资本结构中权益资本所占的比例为（　　）。

A. 40%　　B. 50%　　C. 60%　　D. 68%

12. 在下列各项中，能够增加普通股股票发行在外股数，但不改变公司资本结构的行为是（　　）。

A. 股票分割　　B. 股票回购　　C. 增发普通股　　D. 支付现金股利

二、多项选择题

1. 以下属于股利无关论中完全市场理论的假设条件的有（　　）。

A. 不存在任何筹资费用　　B. 市场具有半强式效率

C. 不存在任何公司和个人所得税　　D. 公司的投资决策与股利决策有一定联系

2. 企业的收益分配应当遵循的原则包括（　　）。

A. 投资与收益对等　　B. 成本与效益原则

C. 兼顾各方面利益　　D. 分配与积累并重

3. 下列股利理论中属于股利相关论的是（　　）。

A. MM 理论　　B. "手中鸟"理论　　C. 信号传递理论　D. 所得税差异理论

4. 按照资本保全约束的要求，企业发放股利所需资金的来源包括（　　）。

A. 股本　　B. 原始投资　　C. 当年利润　　D. 留存收益

5. 在影响利润分配政策的法律因素中，我国相关法律做出规定的是（　　）。

A. 偿债能力约束　　B. 资本积累约束
C. 资本保全约束　　D. 超额累积利润约束
6. 下列属于影响利润分配政策的股东因素的是（　　）。
A. 税赋　　B. 偿债能力　　C. 筹资成本　　D. 稳定收入
7. 下列属于影响利润分配政策的公司因素的是（　　）。
A. 税赋　　B. 投资需求　　C. 筹资成本　　D. 偿债能力
8. 股票分割可以（　　）。
A. 改善企业资本结构
B. 增加对并购方的吸引力
C. 可能会增加股东的现金股利
D. 使公司每股市价降低，促进股票的流通和交易
9. 对公司来讲，股票股利的优点包括（　　）。
A. 促进公司股票的交易和流通
B. 可以有效防止公司被恶意控制
C. 发放股票股利可以增强投资者的信心
D. 有派发股利之"名"，而无派发股利之实
10. 是否对股东派发股利及股利支付率高低的确定，需要对（　　）进行权衡。
A. 企业的投资机会　　B. 投资者的具体要求
C. 股利的信号传递功能　　D. 企业的筹资能力及筹资成本

三、判断题

1. 信号传递理论认为，在信息对称的情况下，公司可以通过股利政策向市场传递有关公司未来获利能力的信息，从而会影响公司的股价。（　　）

2. 代理理论认为，高水平的股利政策增加了企业的代理成本，同时降低了外部融资成本，理想的股利政策应当使两种成本之和最小。（　　）

3. 在除息日购入公司股票的投资者不能享有已宣布发放的股利。（　　）

4. 剩余股利政策能保持理想的资本结构，使企业价值长期最大化，其依据是股利相关论。（　　）

5. 在其他条件不变的情况下，股票分割会使发行在外的股票总数增加，进而降低公司资产负债率。（　　）

6. 低正常股利加额外股利政策颇受投资者和公司的欢迎。（　　）

7. 发放股票股利和进行股票分割都不会对股东权益总额产生影响，股东权益内部结构保持不变。（　　）

8. 公司采取剩余股利政策分配利润可以保持最佳资本结构，实现企业价值的长期最大化，从而有利于公司树立良好的形象。（　　）

9. 股东为防止控制权稀释，会倾向于较高的股利支付水平。（　　）

10. 股票回购的形式有三种，即公开市场回购、要约回购和协议回购。其中，要约回购赋予所有股东向公司出售其所持股票的均等机会。（　　）

11. 所得税差异理论认为，企业应当采用低股利政策。（　　）

四、计算题

1. 中达股份有限公司 2014 年、2015 年税后利润分别为 1 500 万元和 1 800 万元，公司于 2015 年 3 月 20 日向股东分配现金红利 900 万元。2016 年年初，公司扩大生产规模，拟上一新项目，经测算，新项目需资金 2 000 万元。该公司资本结构为“权益：负债=3：2”。请分别回答以下问题：

（1）若该公司执行固定股利支付率政策，权益资金在 2015 年的基础上上升 5 个百分点，资本结构不变，计算公司为上新项目需要筹集多少权益资金。

（2）若该公司执行固定股利政策，资本结构不变，计算公司为上新项目需要筹集多少权益资金。

（3）若该公司执行剩余股利政策，目标资本结构变为“权益：负债=1：1”，计算 2016 年可以发放多少现金股利。

2. 某公司 20×6 年拟投资 4 000 万元购置一台生产设备以扩大生产能力，该公司目标资本结构下权益乘数为 2。该公司 20×5 年度税前利润为 4 000 万元，所得税税率为 25%。要求：

（1）计算 20×5 年度的净利润。

（2）按照剩余股利政策计算企业分配的现金股利。

（3）如果该企业采用固定股利支付率政策，固定的股利支付率是 40%。在目标资本结构下，计算 20×6 年度该公司为购置该设备需要从外部筹集自有资金的数额。

（4）如果该企业采用的是固定或稳定增长的股利政策，稳定的增长率为 5%，20×5 年支付的股利为 1 200 万元。在目标资本结构下，计算 20×6 年度该公司为购置该设备需要从外部筹集自有资金的数额。

（5）如果该企业采用的是低正常股利加额外股利政策，低正常股利为 1 000 万元，额外股利为净利润超过 2 000 万元的部分的 10%，在目标资本结构下，计算 20×6 年度该公司为购置该设备需要从外部筹集自有资金的数额。

3. 某公司年终分配股利前（已提取盈余公积）的股东权益项目资料如表 6-9 所示。

表 6-9 该公司股东权益情况 单位：万元

股本—普通股（每股面值 2 元，200 万股）	400
资本公积	160
盈余公积	200
未分配利润	640
股东权益合计	1 400

公司股票的每股现行市价为 14 元，计划发放 10%的股票股利并按发放股票股利后的股数派发每股现金股利 0.2 元。要求：

（1）如果股票股利的金额按现行市价计算，计算完成这一方案后股东权益各项目的数额。

（2）如果股票股利的金额按股票面值计算，计算完成这一方案后股东权益各项目的数额。

（3）如果发放股利前，甲投资者的持股比例为 1%，计算完成这一方案后甲投资者持有的股数。

（4）如果发放股利之后“每股市价/每股股东权益”的数值不变，计算发放股利之后的每股市价。

（5）如果发放股利之后“每股市价/每股股东权益”的数值不变，只要满足每股市价不低于 10 元即可，计算最多可以发放多少现金股利（假设有足够的可供分配利润）。

项目七

预算管理

学习目标

知识学习目标

1. 理解预算的概念、作用；
2. 掌握预算编制的程序；
3. 理解固定预算与弹性预算等的优缺点及应用条件；
4. 掌握日常业务预算、财务预算的内容。

技能训练目标

1. 能够进行日常业务预算各项具体内容的编制；
2. 能够进行现金预算、预计资产负债表、预计利润表的编制；
3. 能够对预计的财务报表进行财务分析。

导入案例

齐鲁公司为了能充分发挥现有资源的作用，明确各部门的奋斗目标，制定各部门的考核标准，全面掌握企业未来一年的财务状况、经营成果以及现金流转情况，拟编制公司财务预算。那么齐鲁公司应如何开展下一年度的财务预算的编制工作?

财务预算具体包括现金预算、预计利润表、预计资产负债表等内容。而现金预算必须要以业务预算和资本预算为基础编制，因此，必须先组织好业务预算、资本预算后才能完成现金预算，才能为预计利润表、预计资产负债表提供数据。

任务一 认知预算管理

任务描述

掌握全面预算的内容，了解全面预算的业务流程。

相关知识

预算是企业合理配置资源的一种方法，也是各部门明确目标、沟通协调、绩效评价的工具。

一、全面预算的内容

全面预算是根据企业目标所编制的经营、资本、财务等年度收支计划，即以货币及其他数量形式反映的有关企业未来一段期间内各项经营活动目标的行动计划及相应措施的数量说明，具体包括特种决策预算、日常业务预算和财务预算。

日常业务预算是反映预算期内企业可能形成现金收付的生产经营活动（或营业活动）的预算，一般包括销售或营业预算、生产预算、制造费用预算、产品成本预算、营业成本预算、采购预算、期间费用预算等，企业可根据实际情况具体编制。

特种决策预算是指企业为不经常发生的、需要根据特定决策临时编制的一次性预算，主要包括经营决策预算和投资决策预算两种类型，如固定资产投资预算、债券投资预算和权益性资本投资预算等。

财务预算是指一系列专门反映企业未来一定期限内预计财务状况和经营成果，以及现金收支等价值指标的各种预算的总称，也称总预算。具体包括现金预算、预计利润表、预计资产负债表和预计现金流量表等内容。

图 7-1 是一个简化了的例子，包括一个企业预算编制的基本内容，反映了各种预算之间的主要联系。

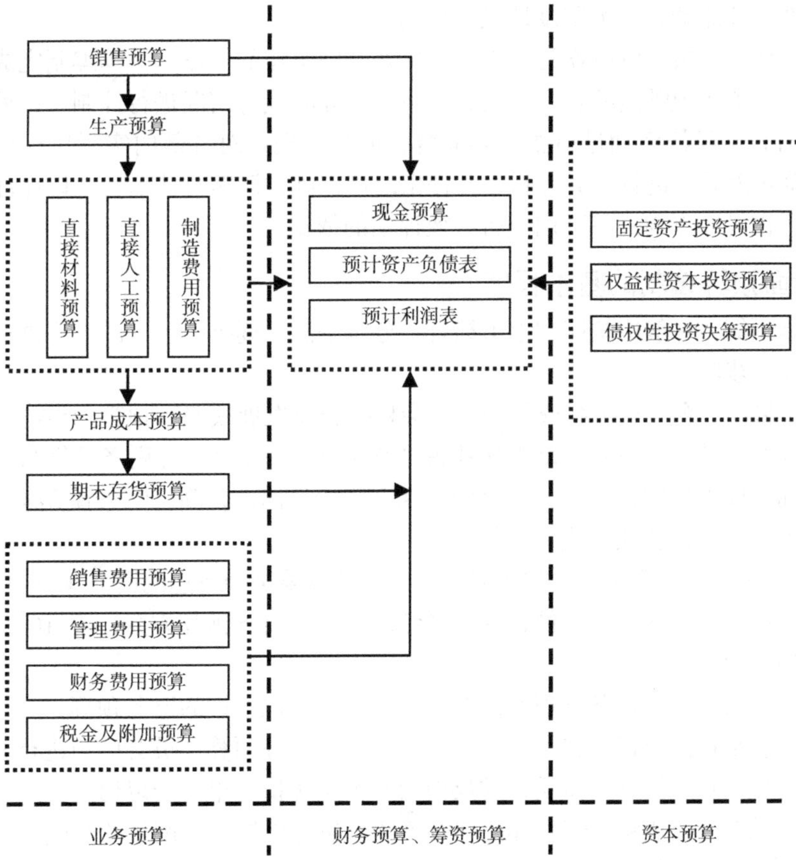

图 7-1　全面预算内容及编制流程

企业编制财务预算应当按照先业务预算、资本预算、筹资预算，后财务预算的流程进行。销售预算是业务预算的编制起点，根据“以销定产”的原则确定生产预算，以及其他各项预算。财务预算一般按年度编制，业务预算、资本预算、筹资预算分季度、月份落实。

二、全面预算的作用

全面预算反映了企业各级各部门工作的目标，它具有以下作用。

（1）规划作用。预算作为企业的全面计划，规定了企业在一定时期内总的经营目标和各部门的具体目标。这就使各部门能够了解本部门的经济活动与整个企业经营目标的关系，明确各自的职责，也使得管理阶层在制订经营计划时更具前瞻性。

（2）协调作用。预算是协调企业内部职能的重要工具。由于企业内部各级各部门所承担的任务不同，职责不同，往往会出现许多不协调的现象，通过预算的编制和综合平衡，可以促使企业各部门之间互相了解、协调实现企业总目标。例如，按照销售部门制订的销售计划来执行，生产部门可能没有足够的生产能力；按照生产部门的生产计划来执行，销售部门却可能无法将产品销售出去；销售和生产部门都认为应当扩大生产能力，但财务部门可能认为无法筹集到必要的资金。通过预算的编制，可以使各级各部门的工作目标协调一致。

（3）分配作用。由于企业资源有限，通过预算可将资源在企业内部有效配置，使得资源在企业内部合理流动，最大限度地发挥作用。

（4）控制作用。预算可以作为控制和考核各部门工作的依据。预算编制完成后，就进入执行阶段。为了实现既定的目标利润，必须对预算的执行情况进行控制。这种控制作用不仅表现在对日常经济活动进行指导和监督，而且表现在对各部门实际执行结果进行计量、比较，确定差异，进行差异分析，并提出改进措施，调整经济活动，以保证各项预算指标的实现，也可以作为对各部门进行绩效评估的依据。

三、全面预算编制的基本程序

企业编制预算，一般应按照“上下结合、分级编制、逐级汇总”的程序进行。一般需要经过以下几个步骤。

（1）下达目标。企业董事会或经理办公会根据企业发展战略和预算期经济形势的初步预测，在决策的基础上，一般于每年 9 月底以前提出下一年度企业财务预算目标，包括销售或营业目标、成本费用目标、利润目标和现金流量目标，并确定财务预算编制的政策，由财务预算委员会下达各预算执行单位。

（2）编制上报。各预算执行单位按照企业财务预算委员会下达的财务预算目标和政策，结合自身特点以及预测的执行条件，提出详细的本单位财务预算方案，于 10 月底前上报企业财务管理部门。

（3）审查平衡。企业财务管理部门对各预算执行单位上报的财务预算方案进行审查、汇总，提出综合平衡的建议。在审查、平衡过程中，财务预算委员会应当进行充分协调，对发现的问题提出初步调整的意见，并反馈给有关预算执行单位予以修正。

（4）审议批准。企业财务管理部门在有关预算执行单位修正调整的基础上，编制出企业预算方案，报预算委员会讨论。对于不符合企业发展战略或者预算目标的事项，企业预算委员会应当责成有关预算执行单位进一步修订、调整。在讨论、调整的基础上，企业财务管理部门正式编制企业年度财务预算草案，提交董事会或经理办公会审议批准。

（5）下达执行。企业财务管理部门对董事会或经理办公会审议批准的年度总预算，一般在次年 3 月底以前，分解成一系列的指标体系，由预算委员会逐级下达各预算执行单位执行。

【想一想】

若由你负责预算编制，你将如何安排财务预算编制工作？

任务二 掌握财务预算的编制

任务描述

理解固定预算与弹性预算、增量预算与零基预算、定期预算与滚动预算的优缺点及应用条件，并针对企业情况编制不同的预算；掌握日常业务预算，完成预算资产负债表和预算表的编制。

业务一 掌握预算的编制方法

业务描述

掌握固定预算与弹性预算、增量预算与零基预算、定期预算与滚动预算的编制方法。

相关知识

企业可以根据不同的预算项目，分别采用固定预算、弹性预算、增量预算、零基预算、定期预算和滚动预算等方法编制各种预算。

一、固定预算与弹性预算编制方法

（一）固定预算编制方法

固定预算，又称静态预算，是根据预算期内正常的、可实现的某一既定业务量水平为基础来编制的预算。一般适用于固定费用或者数额比较稳定的预算项目。

固定预算的缺点表现在：一是过于呆板，因为编制预算的业务量基础是实现假定的某个业务量。在这种方法下，不论预算期内业务量水平实际可能发生哪些变动，都只按事先确定的某一个业务量水平作为编制预算的基础。二是可比性差。当实际的业务量与编制预算所依据的业务量发生较大差异时，有关预算指标的实际数与预算数就会因业务量基础不同而失去可比性。例如，齐鲁公司预计业务量为销售 100 000 件产品，按此业务量给销售部门的预算费用为 5 000 元。如果该销售部门实际销售量达到 120 000 件，超出了预算业务量，固定预算下的费用预算仍为 5 000 元。

（二）弹性预算编制方法

弹性预算是在按照成本（费用）习性分类的基础上，根据量、本、利之间的依存关系，考虑到计划期间业务量可能发生的变动，编制出一套适应多种业务量的费用预算，以便分别反映在不同业务量的情况下所应支出的成本费用水平。该方法是为了弥补固定预算的缺陷而产生的。编制弹性预算所依据的业务量可能是生产量、销售量、机器工时、材料消耗量和直接人工工时等。

弹性预算的优点表现在：一是预算范围宽；二是可比性强。弹性预算一般适用于与预算执行单位业务量有关的成本（费用）、利润等预算项目。

弹性预算的编制，可以采用公式法，也可以采用列表法。

1. 公式法

公式法是假设成本和业务量之间存在线性关系，成本总额、固定成本总额、业务量和单位变动成本之间的变动关系可以表示为：

$$Y=a+bx$$

式中，Y 是成本总额，是该项目固定成本总额和变动成本总额之和；a 是不随业务量变动而变动的那部分固定成本；b 是单位变动成本，x 是业务量。这种方法要求按上述成本与业务量之间的线性假定，将企业各项目成本总额分解为变动成本和固定成本两部分。

【例 7-1】 齐鲁公司的制造费用项目单位变动费用和固定费用资料如表 7-1 所示。

表 7-1 齐鲁公司制造费用项目单位变动费用和固定费用资料

费用明细项目	单位变动费用（元/工时）	费用明细项目	固定费用（元）
变动费用：		固定费用：	
间接人工	0.5	维护费用	12 000
间接材料	0.6	折旧费用	30 000
维护费用	0.4	管理费用	20 000
水电费用	0.3	保险费用	10 000
机物料	0.2	财产税	5 000
小计	2.0	小计	77 000

假设该企业预算期可能的预算工时变动范围为 49 000～51 000 工时，制造费用弹性预算如表 7-2 所示。

表 7-2 齐鲁公司制造费用弹性预算表（公式法）

工时变动范围：49 000～51 000 小时　　　　单位：元

项　目	*a*	*b*
固定部分		
维护费用	12 000	—
折旧费用	30 000	—
管理费用	20 000	—
保险费用	10 000	—
财产税	5 000	—
小　计	77 000	—
变动部分		
间接人工	—	0.5
间接材料	—	0.6

续表

项　　目	*a*	*b*
维护费用	—	0.4
水电费用	—	0.3
机物料	—	0.2
小　　计	—	2.0
总　　计	77 000	2.0

公式法的优点是在一定范围内预算可以随业务量变动而变动，可比性和适应性强，编制预算的工作量相对较小；缺点是按公式进行成本分解比较麻烦，对每个费用子项目甚至细目逐一进行成本分解，工作量很大。

2．列表法

列表法是指通过列表的方式，将与各种业务量对应的预算数列示出来的一种弹性预算编制方法。

【例 7-2】假定有关资料同表 7-1。预算期企业可能的直接人工工时分别为 49 000 工时、49 500 工时、50 000 工时、50 500 工时和 51 000 工时。用列表法编制制造费用弹性预算如表 7-3 所示。

表 7-3　齐鲁公司制造费用弹性预算表（列表法）　　单位：元

费用明细项目	单位变动费用	业 务 量				
		49 000	49 500	50 000	50 500	51 000
变动费用：						
间接人工	0.5	24 500	24 750	25 000	25 250	25 500
间接材料	0.6	29 400	29 700	30 000	30 300	30 600
维护费用	0.4	19 600	19 800	20 000	20 200	20 400
水电费用	0.3	14 700	14 850	15 000	15 150	15 300
机物料	0.2	9 800	9 900	10 000	10 100	10 200
小　计	2.0	98 000	99 000	100 000	101 000	102 000
固定费用：						
维护费用		12 000	12 000	12 000	12 000	12 000
折旧费用		30 000	30 000	30 000	30 000	30 000
管理费用		20 000	20 000	20 000	20 000	20 000
保险费用		10 000	10 000	10 000	10 000	10 000
财产税		5 000	5 000	5 000	5 000	5 000
小　计		77 000	77 000	77 000	77 000	77 000
制造费用合计		175 000	176 000	177 000	178 000	179 000

列表法的主要优点是可以直接从表中查得各种业务量下的成本费用预算，不用再另行计算，因此直接、简便；缺点是编制工作量较大，而且由于预算数不能随业务量变动而任意变动，弹性仍然不足。

二、增量预算与零基预算编制方法

（一）增量预算编制方法

增量预算是指以基期成本费用水平为基础，结合预算期业务量水平及有关降低成本的措施，通过调整有关费用项目而编制预算的方法。增量预算以过去的费用发生水平为基础，主张无须在预算内容上做较大的调整，它的编制遵循如下假定：

第一，企业现有业务活动是合理的，不需要进行调整。

第二，企业现有各项业务的开支水平是合理的，在预算期予以保持。

第三，以现有业务活动和各项活动的开支水平，确定预算期各项活动的预算数。

【例 7-3】齐鲁公司上年的制造费用为 50 000 元，考虑到本年生产任务增大 10%，按增量预算编制计划年度的制造费用：

计划年度制造费用预算=50 000×（1+10%）=55 000（元）

增量预算编制方法的缺陷是可能导致无效费用开支项目无法得到有效控制，因为不加以分析地保留或接受原有的成本费用项目，可能使原来不合理的费用继续开支而得不到控制，形成不必要开支的合理化，造成预算上的浪费。

【案例分析】

各部门的成本费用的增量预算

每届预算年度开始，各部门以上年实际支出为基础，再增列一笔金额，巧妙装饰后，作为新计划提交最高领导层审批。主持预算审批的领导，明知预算中的“水分”，但因不能透彻了解情况，只得不分良莠，一律砍掉 30%（或更多），随后开始一个争吵过程；经过一段时间后，预算编制完成。几乎所有的申请单位都意见纷纷，大家都感到这套办法必须改革，但年复一年，仍不见有多少起色。这种不分青红皂白砍一刀的做法，使有经验的预算人员有意把预算造得大大超过实际需要，以便“砍一刀”后还能满足需要，而对那些实事求是地编制预算者来说则叫苦不迭。

请问：该公司对成本费用采用什么预算方法，该方法有何缺点？

分析提示：该公司对成本费用采用的是增量预算编制方法，该方法由于在原有的开支基础上进行，对原有的开支项目一般难以压缩。而且从部门局部利益出发，编制者往往会从高编制预算，事实上，这些行为违背了职业道德与会计伦理的要求。

（二）零基预算编制方法

零基预算的全称为“以零为基础的编制计划和预算方法”，它是在编制费用预算时，不考虑以往会计期间所发生的费用项目或费用数额，而是一切以零为出发点，从实际需要逐项审议预算期内各项费用的内容及开支标准是否合理，在综合平衡的基础上编制费用预算的方法。

零基预算的程序如下：

第一，企业内部各级部门的员工，根据企业的生产经营目标，详细讨论计划期内应该发生的费用项目，并对每一费用项目编写一套方案，提出费用开支的目的以及需要开支的费用数额。

第二，划分不可避免费用项目和可避免费用项目。在编制预算时，对不可避免费用项目必须保证资金供应；对可避免费用项目，则需要逐项进行成本与效益分析，尽量控制将不可避免项目纳入预算当中。

第三，划分不可延缓费用项目和可延缓费用项目。在编制预算时，应根据预算期内可供支配的资金数额在各费用之间进行分配。应优先安排不可延缓费用项目的支出。然后，再根据需要，按照费用项目的轻重缓急确定可延缓项目的开支。

零基预算的优点表现在：①不受现有费用项目的限制；②不受现行预算的束缚；③能够调动各方面节约费用的积极性；④有利于促使各基层单位精打细算，合理使用资金。

【例 7-4】 齐鲁公司对管理费用预算的编制采用零基预算的编制方法。经多次讨论，预算编制人员确定的预算年度开支水平如表 7-4 所示。

表 7-4　齐鲁公司预计费用项目及开支金额　　　　单位：万元

费用项目	预算金额
业务招待费	150
广告费	190
办公费	100
保险费	60
职工福利费	60
合计	560

假定公司预算年度对上述费用可动用的资源只有 500 万元，经过充分论证，认为上述费用中办公费、保险费和职工福利费必须得到全额保证，业务招待费、广告费可以适当压缩。那么，齐鲁公司将如何安排预算资金？

分析提示：首先计算扣除需全额保证预算资金后的可供分配资金，然后将可供分配的资金按成本与效益的关系予以分配。

根据历史资料得出的业务招待费、广告费的成本效益关系如表 7-5 所示。

表 7-5　齐鲁公司成本效益关系表　　　　单位：万元

费用项目	成本金额	收益金额	分配比例
业务招待费	1	2	40.00%
广告费	1	3	60.00%
合计		5	100.00%

（1）不可避免的项目预算金额=100+60+60=220（万元）

（2）可分配的预算资金=500−220=280（万元）

（3）按成本与效益权重将可分配的资金数额在业务招待费、广告费之间进行分配。其中：

业务招待费可分配资金=280×（2÷5）=112（万元）

广告费可分配资金=280×（3÷5）=168（万元）

三、定期预算与滚动预算编制方法

（一）定期预算编制方法

定期预算是指在编制预算时，以不变的会计期间（如日历年度）作为预算期的一种编制预算的方法。这种方法的优点是能够使预算期间与会计期间相对应，便于将实际数与预算数进行对比，也有利于对预算执行情况进行分析和评价。但这种方法固定以一年为预算期，在执行一段时期之后，往往使管理人员只考虑剩下来的几个月的业务量，缺乏长远打算，导致一些短期行为的出现。

（二）滚动预算编制方法

滚动预算又称连续预算，是指在编制预算时，将预算期与会计期间脱离开，随着预算的执行不断地补充预算，逐期向后滚动，使预算期始终保持为一个固定长度（一般为 12 个月）的一种预算方法。

滚动预算的基本做法是使预算期始终保持 12 个月，每过 1 个月或 1 个季度，立即在期末增列 1 个月或 1 个季度的预算，逐期往后滚动，因而在任何一个时期都使预算保持为 12 个月的时间长度，故又叫连续预算或永续预算。这种预算能使企业各级管理人员对未来始终保持整整 12 个月时间的考虑和规划，从而保证企业的经营管理工作能够稳定而有序地进行。

按月滚动的滚动预算编制方式如图 7-2 所示。

滚动预算的编制还采用了长期计划、短期安排的方法进行，那就是在基期编制预算时，先按年度分季，并将其中第一季度按月划分，建立各月的明细预算数字，以便监督预算的执行；至于其他三个季度的预算可以粗略一些，只列各季总数。到第一季度结束后，再将第二季度的预算按月细分，第三、四季度以及增列的下一年度的第一季度的预算只列出各季度的总数……以此类推。采用这种方法编制的预算有利于管理人员对预算资料做经常性的分析研究，并根据当时预算的执行情况及时加以调整。

2017 年度预算					
第一季度			第二季度	第三季度	第四季度
1 月	2 月	3 月	预算总数	预算总数	预算总数

↓ 预算执行与调整

2017 年度预算				2018 年	
第二季度			第三季度	第四季度	第一季度
4 月	5 月	6 月	预算总数	预算总数	预算总数

↓ 预算执行与调整

2017 年度预算				2018 年	
第三季度			第四季度	第一季度	第二季度
7 月	8 月	9 月	预算总数	预算总数	预算总数

图 7-2　按月滚动的滚动预算编制方式

业务二　掌握全面预算的编制

业务描述

会根据企业实际情况编制日常业务预算、专门决策预算，并编制预算资产负债表及利润表。

相关知识

通过目标利润预算确定利润目标以后，即可以此为基础，编制全面预算。全面预算的编制应以销售预算为起点，根据各种预算之间的钩稽关系，按顺序从前往后逐步进行，直至编制出预计财务报表。

一、销售预算

销售预算是在销售预测的基础上，根据企业年度目标利润确定的预计销售量、销售单价和销售收入等参数编制的，用于规划预算期销售活动的一种业务预算。在编制过程中，应根据年度内各季度市场预测的销售量和单价，确定预计销售收入，并根据各季现销收入与收回前期的应收账款反映现金收入额，以便为编制现金收支预算提供资料。根据销售预测确定的销售量和销售单价确定各期销售收入，并根据各期销售收入和企业信用政策，确定每期的销售现金流量，是销售预算的两个核心问题。

由于企业其他预算的编制都必须以销售预算为基础，因此，销售预算是编制全面预算的起点。

【例 7-5】齐鲁公司 20××年（计划年度）只生产和销售一种产品，每季的产品销售货款有 60%于当期收到现金，有 40%属赊销于下一个季度收到现金。上一年（基期）年末的应收账款为 175 000 元。该公司计划年度的销售预算如表 7-6 所示。

表 7-6　齐鲁公司销售预算表

20××年度　　　　金额单位：元

项　目	第 1 季度	第 2 季度	第 3 季度	第 4 季度	全　年
预计销量（件）	2 000	2 500	3 000	2 500	10 000
单价	250	250	250	250	250
预计销售收入	500 000	625 000	750 000	625 000	2 500 000
应收账款期初	175 000				175 000
第 1 季度销售实现	300 000	200 000			500 000
第 2 季度销售实现		375 000	250 000		625 000
第 3 季度销售实现			450 000	300 000	750 000
第 4 季度销售实现				375 000	375 000
现金收入合计	475 000	575 000	700 000	675 000	2 425 000

【想一想】
你需要收集哪些基础资料来编制销售预算？

二、生产预算

生产预算是规划预算期生产数量而编制的一种业务预算，它是在销售预算的基础上编制的，并可以作为编制材料采购预算和生产成本预算的依据。编制生产预算的主要依据是预算期各种产品的预计销售量及存货期初期末资料。具体计算公式为：

预计生产量=预计销售量+预计期末结存量−预计期初结存量

生产预算的要点是确定预算期的产品生产量和期末结存产品数量，前者为编制材料预算、人工预算、制造费用预算等提供基础，后者是编制期末存货预算和预计资产负债表的基础。

【例 7-6】假设齐鲁公司 20××年年初结存产成品 300 件，本年各季末结存产成品分别为：第一季度末 500 件，第二季度末 550 件，第三季度末 500 件，第四季度末 400 件，预计销售量如表 7-6 所示。齐鲁公司生产预算如表 7-7 所示。

表 7-7 齐鲁公司生产预算表

20××年度　　　　单位：件

项　目	第 1 季度	第 2 季度	第 3 季度	第 4 季度	全　年
预计销量	2 000	2 500	3 000	2 500	10 000
加：预计期末结存	500	550	500	400	400
预计需要量	2 500	3 050	3 500	2 900	10 400
减：期初结存量	300	500	550	500	300
预计生产量	2 200	2 550	2 950	2 400	10 100

三、材料采购预算

材料采购预算是为了规划预算期材料消耗情况及采购活动而编制的，用于反映预算期各种材料消耗量、采购量、材料消耗成本和材料采购成本等计划信息的一种业务预算。依据预计产品生产量和材料单位耗用量，确定生产需要耗用量，再根据材料的期初期末结存情况，确定材料采购量，最后根据采购材料的付款，确定现金支出情况。

某种材料耗用量=产品预计生产量×单位产品定额耗用量

某种材料采购量=某种材料耗用量+该种材料期末结存量−该种材料期初结存量

材料采购预算的要点是反映预算期材料消耗量、采购量和期末结存数量，并确定各预算期材料采购现金支出。材料期末结存量的确定可以为编制期末存货预算提供依据，现金支出的确定可以为编制现金预算提供依据。

【例 7-7】假设齐鲁公司计划年度期初材料结存量 720 千克，本年各季末结存材料分别为：一季度末 820 千克，二季度末 980 千克，三季度末 784 千克，四季度末 860 千克，每季度的购料款于当季支付 40%，剩余 60%于下一季度支付，应付账款年初余额为 120 000

元。其他资料如表 7-6 和表 7-7 所示。齐鲁公司计划年度材料采购预算如表 7-8 所示。

表 7-8 齐鲁公司材料采购预算表

20××年度 金额单位：元

项 目	第 1 季度	第 2 季度	第 3 季度	第 4 季度	全 年
预计生产量（件）	2 200	2 550	2 950	2 400	10 100
材料定额单耗（千克）	5	5	5	5	5
预计生产需要量（千克）	11 000	12 750	14 750	12 000	50 500
加：期末结存量	820	980	784	860	860
预计需要量合计	11 820	13 730	15 534	12 860	51 360
减：期初结存量	720	820	980	784	720
预计材料采购量	11 100	12 910	14 554	12 076	50 640
材料计划单价	20	20	20	20	20
预计购料金额	222 000	258 200	291 080	241 520	1 012 800
应付账款年初余额	120 000				120 000
第 1 季度购料付现	88 800	133 200			222 000
第 2 季度购料付现		103 280	154 920		258 200
第 3 季度购料付现			116 432	174 648	291 080
第 4 季度购料付现				96 608	96 608
现金支出合计	208 800	236 480	271 352	271 256	987 888

四、直接人工预算

直接人工预算是一种既反映预算期内人工工时消耗水平，又规划人工成本开支的业务预算。这项预算是根据生产预算中的预计生产量以及单位产品所需的直接人工小时和单位小时工资率进行编制的。在通常情况下，企业往往要雇用不同工种的人工，必须按工种类别分别计算不同工种的直接人工小时总数；然后将算得的直接人工小时总数分别乘以各该工种的工资率，再予以合计，即可求得预计直接人工成本的总数。

有关数据具体计算公式如下。

1．预计产品生产直接人工工时总数

某种产品直接人工总工时=单位产品定额工时×该产品预计生产量

产品定额工时是由产品生产工艺和技术水平决定的，由产品技术和生产部门提供定额标准；产品预计生产量来自生产预算。

2．预计直接人工总成本

某种产品直接人工总成本=单位工时工资率×该种产品直接人工工时总量

单位工时工资率来自企业人事部门工资标准和工资总额。

编制直接人工预算时，一般认为各预算期直接人工都是直接以现金发放的，因此不再特别列示直接人工的现金支出。另外，按照我国现行制度规定，在直接工资以外，还需要计提应付福利费，此时应在直接人工预算中根据直接工资总额进一步确定预算期的预计应付福利费，并估计应付福利费的现金支出。为简便，本处假定应付福利费包括在直接人工

总额中并全部以现金支付。

直接人工预算的要点是确定直接人工总成本。

【例 7-8】假设齐鲁公司单位产品耗用工时为 6 小时，单位工时的工资率为 5 元，齐鲁公司计划年度人工工资预算如表 7-9 所示。

表 7-9 齐鲁公司直接人工预算表

20××年度 金额单位：元

项目	第 1 季度	第 2 季度	第 3 季度	第 4 季度	全年
预计生产量（件）	2 200	2 550	2 950	2 400	10 100
单耗工时（小时）	6	6	6	6	6
直接人工小时数	13 200	15 300	17 700	14 400	60 600
单位工时工资率	5	5	5	5	5
预计直接人工成本	66 000	76 500	88 500	72 000	303 000

由于工资一般都要全部支付现金，因此，直接人工预算表中预计直接人工成本总额就是现金预算中的直接人工工资支付额。

五、制造费用预算

制造费用预算是反映生产成本中除直接材料、直接人工以外的一切不能直接计入产品制造成本的间接制造费用的预算。这些费用必须按成本习性划分为固定费用和变动费用，分别编制固定制造费用预算和变动制造费用预算。编制制造费用预算时，应以计划期的一定业务量为基础来规划各个费用项目的具体预算数字。另外，在制造费用预算表下还要附有预计现金支出表，以方便编制现金预算。

变动制造费用预算部分，应区分不同费用项目，逐一项目根据单位变动制造费用分配率和业务量（一般是直接人工总工时或机器工时等）确定各项目的变动制造费用预算数。其中：

$$\text{某项目变动制造费用分配率}=\frac{\text{该项目变动制造费用预算总额}}{\text{业务量预算总数}}$$

固定制造费用预算部分，也应区分不同费用项目，逐一项目确定预算期的固定费用预算。

在编制制造费用预算时，为方便现金预算编制，还需要确定预算期的制造费用预算的现金支出部分。为方便，一般将制造费用中扣除折旧费后的余额，作为预算期内的制造费用现金支出。

制造费用预算的要点是确定各个变动和固定制造费用项目的预算金额，并确定预计制造费用的现金支出。

【例 7-9】根据前面所编各预算表的资料，编制齐鲁公司制造费用预算表如表 7-10 所示。

表 7-10　齐鲁公司制造费用预算表

20××年度　　　　　　　　　　　　　　　　　　　　　　　　　　　　金额单位：元

变动费用项目	金　额	固定费用项目	金　额
间接人工	0.2 × 60 600 = 12 120	维护费用	4 000
间接材料	0.1 × 60 600 = 6 060	折旧费用	73 200
维护费用	0.15 × 60 600 = 9 090	管理费用	35 000
水电费用	0.25 × 60 600 = 15 150	保险费用	6 000
机物料	0.05 × 60 600 = 3 030	财产税	3 000
小计	0.75 × 60 600 = 45 450	小计	121 200
变动费用现金支出		45 450	
固定费用合计		121 200	
减：折旧费用		73 200	
固定费用现金支出		48 000	
制造费用全年现金支出		93 450	
制造费用第 1 季度现金支出		25 000	
制造费用第 2 季度现金支出		25 000	
制造费用第 3 季度现金支出		24 000	
制造费用第 4 季度现金支出		19 450	

六、单位生产成本预算

单位生产成本预算是反映预算期内各种产品生产成本水平的一种业务预算。成本预算是在生产预算、直接材料消耗及采购预算、直接人工预算和制造费用预算的基础上编制的，通常应反映各产品单位生产成本。

单位产品预计生产成本=单位产品直接材料成本+单位产品直接人工成本+单位产品制造费用

上述资料分别来自直接材料采购预算、直接人工预算和制造费用预算。

以单位产品成本预算为基础，还可以确定期末结存产品成本，公式如下：

期末结存产品成本=期初结存产品成本+本期产品生产成本−本期销售产品成本

公式中的期初结存产品成本和本期销售成本，应该根据具体的存货计价方法确定。确定期末结存产品成本后，可以与预计直接材料期末结存成本一起，一并在期末存货预算中予以反映。本章中期末存货预算略去不做介绍，期末结存产品的预计成本合并在单位产品生产成本中列示。

单位产品生产成本预算的要点，是确定单位产品预计生产成本和期末结存产品预计成本。

【例 7-10】假设齐鲁公司采用制造成本法计算成本，生产成本包括变动生产成本和固定生产成本。根据前面已编制的各种业务预算表的资料，编制齐鲁公司单位产品生产成本预算表，如表 7-11 所示。

表 7-11　齐鲁公司单位生产成本预算表

20××年度　　　　　　　　　　　　　　　　　　　　　　　　　金额单位：元

成本项目	单位用量	单位价格	单位成本
直接材料	5 千克	20 元/千克	100
直接人工	6 小时	5 元/小时	30
变动制造费用	6 小时	0.75 元/小时	4.5
单位变动生产成本	—		134.5
单位固定成本	（121 200 ÷ 60 600）×6 = 12		12
单位生产成本	—		146.5
期末存货预算	期末存货数量		400 件
	单位生产成本		146.5
	期末存货成本		58 600

七、销售及管理费用预算

销售及管理费用预算是以价值形式反映整个预算期内为销售产品和维持一般行政管理工作而发生的各项目费用支出预算。该预算与制造费用预算一样，需要划分固定费用和变动费用列示，其编制方法也与制造费用预算相同。在该预算表下也应附列计划期间预计销售和管理费用的现金支出计算表，以便编制现金预算。

销售及管理费用预算的要点是确定各个变动及固定费用项目的预算数，并确定预计的现金支出。

【例 7-11】假设齐鲁公司销售和行政管理部门根据计划期间的具体情况，合并编制销售与管理费用预算表，如表 7-12 所示。

表 7-12　齐鲁公司销售及管理费用预算表

20××年度　　　　　　　　　　　　　　　　　　　　　　　　　金额单位：元

费用明细项目		预算金额
变动费用	销售佣金　0.1 × 60 600	6 060
	办公费用　0.4 × 30 600	12 240
	运输费用　0.2 × 60 600	12 120
	……	……
	变动费用小计	42 420
固定费用	广告费用	80 000
	管理人员工资	125 000
	保险费用	8 000
	折旧费用	50 000
	财产税	4 000
	……	……
	固定费用小计	287 000

续表

费用明细项目		预算金额
预计现金支出计算表	销售及管理费用总额	329 420
	减：折旧费用	50 000
	销售及管理费用现金支出总额	279 420
	每季度销售及管理费用现金支出	69 855

八、专门决策预算

专门决策预算主要是长期投资预算，又称资本支出预算，通常是指与项目投资决策相关的专门预算，它往往涉及长期建设项目的资金投放与筹集，并经常跨越多个年度。编制专门决策预算的依据，是项目财务可行性分析资料，以及企业筹资决策资料。

专门决策预算的要点是准确反映项目资金投资支出与筹资计划，它同时也是编制现金预算和预计资产负债表的依据。

【例 7-12】假设齐鲁公司决定于20××年上马一条新的生产线，年内安装完毕，并于年末投入使用，有关投资与筹资预算如表 7-13 所示。

表 7-13　齐鲁公司专门决策预算表

20××年度　　金额单位：元

项　目	第 1 季度	第 2 季度	第 3 季度	第 4 季度	全　年
投资支出预算	50 000	40 000	70 000	80 000	240 000
借入长期借款	40 000			80 000	120 000

九、现金预算

现金预算是以业务预算和专门决策预算为依据编制的、专门反映预算期内预计现金收入与现金支出，以及为满足理想现金余额而进行现金投融资的预算。

现金预算由现金收入、现金支出、现金余缺、现金投放与筹措四部分构成。其中：

现金收入−现金支出=现金余缺

财务管理部门应根据现金余缺与期末现金余额的比较，来确定预算期现金投放或筹措。当现金余缺大于期末现金余额时，应将超过期末余额以上的多余现金进行投资；当现金余缺小于现金余额时，应筹措现金，直到现金总额达到要求的期末现金余额。

四个部分之间应该满足如下关系：

现金收入−现金支出+现金筹措（现金不足时）=期末现金余额

或　　现金收入−现金支出−现金投放（现金多余时）=期末现金余额

现金预算的四个组成部分，就是构成现金预算的核心内容。

【例 7-13】根据前面编制的各业务预算表和决策预算表的资料，编制现金预算。该公司年初现金余额为 80 000 元，每季支付各种流转税 35 000 元，前三季度预缴所得税 50 000 元，年末汇缴 89 440 元，年末支付股利 250 000 元。最低现金持有量为 50 000 元。齐鲁公司的现金预算表如表 7-14 所示。

表 7-14 齐鲁公司现金预算表

20××年度　　　　金额单位：元

项　目	第 1 季度	第 2 季度	第 3 季度	第 4 季度	全　年
期初现金余额	80 000	80 000	80 000	80 000	80 000
经营性现金收入	475 000	575 000	700 000	675 000	2 425 000
经营性现金支出	208 800	236 480	271 352	271 256	987 888
直接材料采购					
直接人工支出	66 000	76 500	88 500	72 000	303 000
制造费用	25 000	25 000	24 000	19 450	93 450
销售及管理费用	69 855	69 855	69 855	69 855	279 420
支付流转税	35 000	35 000	35 000	35 000	140 000
预缴所得税	50 000	50 000	50 000	89 440	239 440
分配股利				250 000	250 000
资本性现金支出	50 000	40 000	70 000	80 000	240 000
现金余缺	50 345	122 165	171 293	（132 001）	（211 802）
长期借款	40 000			80 000	120 000
支付利息	（15 345）	（15 165）	（13 293）	（11 999）	（55 802）
取得短期借款	5 000			20 000	25 000
偿还短期借款		（5 000）			（5 000）
进行短期投资		（22 000）	（78 000）		（10 000）
出售短期投资				100 000	100 000
期末现金余额	80 000	80 000	80 000	56 000	56 000

十、预计利润表

预计利润表用来综合反映企业在计划期的预计经营成果，是企业最主要的财务预算表之一。编制预计利润表的依据是各业务预算、专门决策预算和现金预算。

【例 7-14】以前面所编制的各种预算为资料来源，假设每季预提的财务费用为 20 000 元，编制齐鲁公司预计利润表如表 7-15 所示。

表 7-15 齐鲁公司预计利润表

20××年度　　　　金额单位：元

项　目	第 1 季度	第 2 季度	第 3 季度	第 4 季度	全　年
销售收入	500 000	625 000	750 000	625 000	2 500 000
减：销售成本	273 000	341 250	409 500	341 250	1 365 000
销售毛利	227 000	283 750	340 500	283 750	1 135 000
减：销售及管理费用	82 355	82 355	82 355	82 355	329 420
财务费用	20 000	20 000	20 000	20 000	80 000

续表

项　目	第1季度	第2季度	第3季度	第4季度	全　年
营业利润	124 645	181 395	238 145	181 395	725 580
减：所得税	50 000	50 000	50 000	89 440	239 440
净利润	74 645	131 395	188 145	91 955	486 140

十一、预计资产负债表

预计资产负债表用来反映企业在计划期末预计的财务状况。它的编制需以计划期开始日的资产负债表为基础，结合计划期间各项业务预算、专门决策预算、现金预算和预计利润表进行编制。它是编制全面预算的终点。

【例 7-15】根据齐鲁公司期初资产负债表及计划期各项预算中的有关资料进行调整，编制出 20××年年末的预计资产负债表如表 7-16 所示。

表 7-16　齐鲁公司预计资产负债表

20××年 12 月 31 日　　金额单位：元

资　产	金　额	负债及权益	金　额
流动资产：		流动负债：	
现金	56 000	短期借款	20 000
应收账款	250 000	应付账款	144 912
存货	75 800	应付税金	10 000
流动资产合计	381 800	预提费用	24 198
长期资产：		流动负债合计	199 110
固定资产	800 000	长期负债	120 000
减：累计折旧	200 000	股东权益：	
固定资产净额	600 000	股本	500 000
在建工程	240 000	资本公积	100 000
无形资产	184 200	留存收益	486 890
长期资产合计	1 024 200	权益合计	1 086 890
资产总计	1 406 000	负债及权益总计	1 406 000

【想一想】

预计资产负债表中的应收账款、应付账款、存货、固定资产、未分配利润项目需要根据哪些预算资料分析填列？为什么？

业务三　熟悉预算的执行与考核

业务描述

掌握预算如何执行，以及执行过程中出现问题如何进行调整，同时对执行过程进行分析与考核。

相关知识

一、执行预算

企业预算一经批复下达，各预算执行单位就必须认真组织实施，将预算指标层层分解，从横向到纵向落实到内部各部门、各单位、各环节和各岗位，形成全方位的预算执行责任体系。

企业应当将预算作为预期内组织、协调各项经营活动的基本依据，将年度预算细分为月份和季度预算，通过分期预算控制，确保年度预算目标的实现。

企业应当强化现金流量的预算管理，按时组织预算资金的收入，严格控制预算资金的支付，调节资金收付平衡，控制支付风险。

对于预算内的资金拨付，按照授权审批程序执行。对于预算外的项目支出，应当按预算管理制度规范支付程序。对于无合同、无凭证、无手续的项目支出，不予支付。

企业应当严格执行销售、生产和成本费用预算，努力完成利润指标。在日常控制中，企业应当健全凭证记录，完善各项管理规章制度，严格执行生产经营月度计划和成本费用的定额、定率标准，加强适时监控。对预算执行中出现的异常情况，企业有关部门应及时查明原因，提出解决办法。

企业应当建立预算报告制度，要求各预算执行单位定期报告预算的执行情况。对于预算执行中发现的新情况、新问题及出现偏差较大的重大项目，企业财务管理部门以至预算委员会应当责成有关预算执行单位查找原因，提出改进经营管理的措施和建议。

企业财务管理部门应当利用财务报表监控预算的执行情况，及时向预算执行单位、企业预算委员会以至董事会或经理办公会提供财务预算的执行进度、执行差异及其对企业预算目标的影响等财务信息，促进企业完成预算目标。

二、调整预算

企业正式下达执行的预算，一般不予调整。预算执行单位在执行中由于市场环境、经营条件、政策法规等发生重大变化，致使预算的编制基础不成立，或者将导致预算执行结果产生重大偏差的，可以调整预算。

企业应当建立内部弹性预算机制，对于不影响预算目标的业务预算、资本预算、筹资预算之间的调整，企业可以按照内部授权批准制度执行，鼓励预算执行单位及时采取有效的经营管理对策，保证预算目标的实现。

企业调整预算，应当由预算执行单位逐级向企业预算委员会提出书面报告，阐述预算执行的具体情况、客观因素变化情况及其对预算执行造成的影响程度，提出预算指标的调整幅度。

企业财务管理部门应当对预算执行单位的预算调整报告进行审核分析，集中编制企业年度预算调整方案，提交预算委员会以至企业董事会或经理办公会审议批准，然后下达执行。

对于预算执行单位提出的预算调整事项，企业进行决策时，一般应当遵循以下要求：

（1）预算调整事项不能偏离企业发展战略。

（2）预算调整方案应当在经济上能够实现最优化。

（3）预算调整重点应当放在预算执行中出现的重要的、非正常的、不符合常规的关键性差异方面。

三、分析与考核预算

企业应当建立预算分析制度，由预算委员会定期召开预算执行分析会议，全面掌握预算的执行情况，研究、解决预算执行中存在的问题，纠正预算的执行偏差。

开展预算执行分析，企业管理部门及各预算执行单位应当充分收集有关财务、业务、市场、技术、政策、法律等方面的信息资料，根据不同情况分别采用比率分析、比较分析、因素分析、平衡分析等方法，从定量与定性两个层面充分反映预算执行单位的现状、发展趋势及其存在的潜力。

针对预算的执行偏差，企业财务管理部门及各预算执行单位应当充分、客观地分析产生的原因，提出相应的解决措施或建议，提交董事会或经理办公会研究决定。

企业预算委员会应当定期组织预算审计，纠正预算执行中存在的问题，充分发挥内部审计的监督作用，维护预算管理的严肃性。

预算审计可以采用全面审计或者抽样审计。在特殊情况下，企业也可组织不定期的专项审计。审计工作结束后，企业内部审计机构应当形成审计报告，直接提交预算委员会以至董事会或经理办公会，作为预算调整、改进内部经营管理和财务考核的一项重要参考。

预算年度终了，预算委员会应当向董事会或者经理办公会报告预算执行情况，并依据预算完成情况和预算审计情况对预算执行单位进行考核。

企业内部预算执行单位上报的预算执行报告，应经本部门、本单位负责人按照内部议事规范审议通过，作为企业进行财务考核的基本依据。企业预算按调整后的预算执行，预算完成情况以企业年度财务会计报告为准。

企业预算执行考核是企业绩效评价的主要内容，应当结合年度内部经济责任制进行考核，与预算执行单位负责人的奖惩挂钩，并作为企业内部人力资源管理的参考。

项目小结

通过本项目的学习，熟悉预算的构成内容；掌握增量预算、零基预算、固定预算、弹性预算等预算编制方法；掌握业务预算和专门决策预算的编制程序和方法；熟悉预算的执行和考核。

主要概念

全面预算体系	业务预算	专门决策预算	财务预算
现金预算	预计财务报表	增量预算	零基预算
固定预算	弹性预算	定期预算	滚动预算

推荐阅读

[1] 高晨，汤谷良. 交互预算：应对战略不确定性契合管理控制的新机制——基于天津一汽丰田公司的案例分析[J]. 会计研究，2010（9）：51-58.

[2] 程新生，罗艳梅，马竞超，李宏飞. 参与式环境下紧控制、棘轮对预算影响的实验研究[J]. 当代财经，2011（1）：74-84.

[3] 郭剑花，杜兴强. 政治联系、预算软约束与政府补助的配置效率——基于中国民营上市公司的经验研究[J]. 金融研究，2011（2）：114-128.

习题与实训

一、单项选择题

1. 在下列各项中，属于业务预算的是（　　）。

A. 预计资产负债表　　B. 预计利润表

C. 现金预算　　D. 销售预算

2. 下列有关弹性预算的说法正确的是（　　）。

A. 弹性预算又称静态预算

B. 弹性预算的可比性差

C. 弹性预算是为了弥补定期预算的缺陷而产生的

D. 弹性预算的预算范围宽

3. 某企业编制“材料采购预算”，预计第四季度期初存量456千克，季度生产需用量2 120千克，预计期末存量为350千克，材料单价为10元，若材料采购货款有50%在本季度内付清，另外50%在下季度付清，假设不考虑其他因素，则该企业预计资产负债表年末“应付账款”项目为（　　）元。

A. 11 130　　B. 14 630　　C. 10 070　　D. 13 560

4. 下列各项预算中，综合性最强的是（　　）。

A. 销售预算　　B. 预计利润表　　C. 现金预算　　D. 资本支出预算

5. 下列说法中正确的是（　　）。

A. 开展预算执行分析，有关部门要收集有关信息资料，根据不同情况采用一些方法，从定量的层面反映预算执行单位的现状、发展趋势及其存在的潜力

B. 预算审计可以采用全面审计或者抽样审计

C. 企业预算按调整前的预算执行，预算完成情况以企业年度财务会计报告为准

D. 企业正式下达执行的预算，不可以调整

6. 定期预算编制方法的缺点是（　　）。

A. 缺乏长远打算，导致短期行为出现

B. 工作量大

C. 形成不必要的开支合理化，造成预算上的浪费

D. 可比性差

7. 下列预算中只使用实物量作为计量单位的是（　　）。

A. 现金预算　B. 预计资产负债表　C. 生产预算　D. 销售预算

8. 下列预算中不是在生产预算的基础上编制的是（　　）。

A. 材料采购预算　B. 直接人工预算

C. 单位生产成本预算　D. 管理费用预算

9. 下列各项预算中，最先编制的预算应该是（　　）。

A. 销售预算　B. 生产预算　C. 预计利润表　D. 预计资产负债表

10. 增量预算编制方法的缺陷是（　　）。

A. 可比性弱

B. 工作量很大

C. 有利于促使各基层单位精打细算

D. 可能导致无效费用开支项目无法得到有效控制

二、多项选择题

1. 采用比例预算法测算目标利润时，常用的方法有（　　）。

A. 销售净利率法　B. 利润增长百分比法

C. 销售成本率法　D. 投资资本回报率法

2. 下列各项中，属于财务预算的有（　　）。

A. 销售预算　B. 现金预算　C. 预计利润表　D. 预计资产负债表

3. 在下列各项中，属于经营预算的有（　　）。

A. 销售预算　B. 现金预算　C. 生产预算　D. 管理费用预算

4. 在编制现金预算的过程中，可作为其编制依据的有（　　）。

A. 业务预算　B. 预计利润表

C. 预计资产负债表　D. 专门决策预算

5. 静态预算的缺点包括（　　）。

A. 过于呆板　B. 可比性差　C. 编制比较麻烦　D. 透明性差

6. 下列各项中，可能会列示在现金预算表中的有（　　）。

A. 直接材料采购　B. 制造费用

C. 资本性现金支出　D. 经营性现金支出

7. 下列选项中一般不属于长期预算的有（　　）。

A. 销售预算　B. 财务预算　C. 管理费用预算　D. 资本支出预算

8. 编制预计利润表的依据包括（　　）。

A. 各业务预算　B. 专门决策预算　C. 现金预算　D. 预计资产负债

9. 某期现金预算中假定出现了正值的现金余缺数，且超过额定的期末现金余额，单纯从财务预算调剂现金余缺的角度看，该期可以采用的措施有（　　）。

A. 偿还部分借款利息　B. 偿还部分借款本金

C. 出售短期投资　D. 进行短期投资

三、判断题

1. 弹性预算可能会使预算期间与会计期间相分离。 ( )

2. 针对预算的执行偏差，企业预算委员会应当充分、客观地分析产生的原因，提出相应的解决措施或建议，提交董事会或经理办公会研究决定。 ( )

3. 编制生产预算时，关键是正确地确定预计销售量。 ( )

4. 单位生产成本预算通常应反映各产品单位生产成本。 ( )

5. 预算必须与企业的战略或目标保持一致是预算最主要的特征。 ( )

6. 专门决策预算间接反映相关决策的结果，是实际中选方案的进一步规划。 ( )

7. 在财务预算的编制过程中，编制预计财务报表的正确程序是：先编制预计资产负债表，然后再编制预计利润表。 ( )

8. 连续预算能够使预算期间与会计年度相配合。 ( )

四、计算题

某企业生产和销售A种产品，计划期2017年四个季度预计销售数量分别为1 000件、1 500件、2 000件和1 800件；A种产品预计单位售价为100元。假设2016年每季度销售收入中，本季度收到现金50%，下个季度收到40%，另外10%要到下下季度才能收回，上年年末应收账款余额为62 000元（假定在2012年第一季度全部收现）。要求：

（1）编制2017年销售预算（见表7-17）。

表7-17 该企业2017年销售预算 单位：元

季 度	1	2	3	4	全 年
销售数量					
销售单价（元/件）					
销售收入					
上年应收账款					
第一季度销售实现					
第二季度销售实现					
第三季度销售实现					
第四季度销售实现					
现金流入合计					

（2）确定2017年年末应收账款余额。

五、案例题

A公司生产和销售甲产品，其6月现金收支的预计资料如下：

（1）6月1日的现金余额为520 000元。

（2）产品售价117元/件，4月销售10 000件，5月销售12 000件，6月预计销售15 000件，7月预计销售20 000件。根据经验，商品售出后当月可收回货款的40%，次月收回30%，再次月收回25%，另外5%为坏账。

（3）材料采购单价为 2.34 元/千克，产品消耗定额为 5 千克；材料采购货款当月支付 70%，下月支付 30%。编制预算时月底产成品存货为次月销售量的 10%。5 月底的实际产成品存货为 1 200 件，应付账款余额为 30 000 元。5 月底的材料库存量为 2 000 千克，预计 6 月末的材料库存量为 1 500 千克。

（4）6 月需要支付的直接人工工资为 650 000 元，管理人员工资 280 000 元，其中有 60 000 元是生产管理人员工资；需要支付其他的管理费用 45 000 元，制造费用 12 000 元，需要支付销售费用 64 000 元。

（5）支付流转税 120 000 元。

（6）预计 6 月将购置设备一台，支出 650 000 元，须当月付款。

（7）预缴所得税 20 000 元。

（8）现金不足时可以从银行借入，借款额为 10 000 元的倍数，利息在还款时支付。期末现金余额不少于 500 000 元。

要求：

（1）预计 6 月的生产量。

（2）预计 6 月的材料需用量和材料采购量。

（3）预计 6 月的采购金额。

（4）预计 6 月的采购现金支出。

（5）预计 6 月的经营现金收入。

（6）编制 6 月的现金预算，填入表 7-18 中。

表 7-18　6 月现金预算　　单位：元

项　　目	金　　额
期初现金余额	
经营现金收入	
可运用现金合计	
经营现金支出	
采购现金支出	
支付直接人工	
支付制造费用	
支付销售费用	
支付管理费用	
支付流转税	
预缴所得税	
资本性现金支出	
购置固定资产	
现金支出合计	
现金余缺	
借入银行借款	
期末现金余额	

项目八

财务分析

学习目标

知识学习目标

1. 了解企业财务分析的内涵，能明确财务分析的含义及作用；
2. 掌握财务分析的常用方法；
3. 掌握衡量偿债能力的财务指标；
4. 掌握衡量运营能力的财务指标；
5. 掌握衡量盈利能力的财务指标；
6. 掌握衡量发展能力的财务指标；
7. 掌握利用杜邦分析法评价企业业绩。

技能训练目标

1. 掌握财务分析的常用方法，根据实际情况，运用不同方法，对企业的财务状况和经营成果进行分析；
2. 能熟练运用相关衡量偿债能力、运营能力、盈利能力及发展能力的财务指标对企业的财务状况和经营成果进行分析；
3. 能够运用杜邦分析法比较不同企业的业绩，并做出相应分析。

导入案例

ABC 公司 2017 年度的财务报表的主要资料如表 8-1 和表 8-2 所示。

表 8-1　资产负债表（简表）　　单位：万元

资　　产	期 末 数	期 初 数	负债和所有者权益	期 末 数	期 初 数
流动资产			流动负债		
货币资金	5 610	5 590	应付票据	5 800	4 550
应收票据	3 300	3 600	应付账款	6 800	6 900
应收账款	3 900	3 100	流动负债合计	12 600	11 450
存货	13 000	12 400	长期借款	15 710	16 170
流动资产合计	25 810	24 690	负债合计	28 310	27 620
固定资产	31 500	29 900	所有者权益	29 000	28 970

续表

资　产	期末数	期初数	负债和所有者权益	期末数	期初数
非流动资产合计	31 500	29 900	所有者权益合计	29 000	28 970
资产合计	57 310	54 590	负债和所有者权益合计	57 310	54 590

表 8-2　利润表（简表）　　单位：万元

项　目	期末数	期初数
一、营业收入	225 000	200 000
减：营业成本	128 000	100 000
营业税金及附加	10 000	8 000
销售费用	30 000	35 000
管理费用	35 000	35 000
财务费用	15 000	16 500
二、营业利润	7 000	5 500
加：营业外收入	200	500
三、利润总额	7 200	6 000
减：所得税费用	1 800	1 500
四、净利润	5 400	4 500

思考：ABC 公司的财务状况及经营结果如何?

任务一 认知财务分析

任务描述

了解企业财务分析的内涵，掌握企业财务分析的方法，为企业财务分析活动提供理论支持。

业务一　认识财务分析的内涵

业务描述

了解财务分析的起源，财务分析的含义，能明确财务分析的重要性，理解财务分析的目的即财务分析的重要性 。

相关知识

我国财务分析最早源于 20 世纪初，一些银行家开始分析企业的经营效益和偿债能力，但是没有得到更多的重视。改革开放以后，市场经济体制建立，现代的企业制度促使企业利益相关者站在不同的立场，出于不同的目的开始关心企业的经营状况、财务状况等，财务分析的重要性渐渐凸显出来。

一、财务分析的含义

财务分析作为整个财务管理工作环节中的重要一部分，是对已经发生的经济活动的总结，也是未来财务预测的前提条件，具有重要的承前启后的作用。财务分析是以企业财务报告及其他相关资料为依据，采用专门的方法，系统分析评价企业过去和现在的经济活动和财务状况，为企业投资者、债权人、经营者及其他利益相关者了解企业过去、评价企业现状、预测企业未来做出决策，提供一系列信息或者依据的一项管理活动。

二、财务分析的作用

企业的财务报告是企业向会计信息使用者提供信息的重要文件，它反映了企业财务状况、经济成果和现金流量等各个方面的会计信息，为会计信息使用者提供决策依据。财务分析的作用主要表现在以下几个方面。

1. 可以正确评价企业的过去

正确评价企业的过去是反映现状和揭示未来的基础，财务分析通过对企业财务会计报告等资料的分析，能够正确反映企业的各项财务指标，如偿债能力、营运能力和盈利能力等，通过对企业过去的业绩分析评价，发现企业存在的问题，分析影响企业财务状况和经营成果的各项原因，便于管理者和利益相关者及时寻找解决方案，提高经营水平。正确的认识企业的过去，了解企业财务状况，对企业的现状和未来都十分有益。

2. 可以全面反映企业的现状

企业各项的生产经营活动可以通过财务会计报表或者管理会计报表得到反映，但是会计报表的格式及提供的数据往往是根据会计的特点及管理上的需要设计的，这些会计报表能够提供各方面的数据资料，却不能满足不同利益相关者的各种目的。财务分析，采用不同的分析手段和方法，反映企业的资产结构指标、权益结构指标、偿债能力指标、营运状况指标及盈利能力指标等，它能满足不同利益相关者的不同分析目的，全面反映企业的现状，对提高企业的有效运作和各项决策提供了基本信息。

3. 可以用于预估企业的未来

财务分析不仅可以评价企业的过去和反映企业的现状，更重要的是它可以通过对过去与现状的分析及评价，预估企业未来的发展状况及趋势。财务分析可以为未来财务的预测、决策及预算提供依据，对企业经营者业绩评价和经营水平都十分有帮助，同时也为企业财务危机预警提供必要信息。

三、财务分析的目的

财务分析信息的需求者主要包括企业所有者、企业债权人、企业经营决策者和政府等。不同主体出于不同的利益考虑，对财务分析信息有着各自不同的要求。

（1）企业所有者作为投资人，关心其资本的保值和增值状况，因此较为重视企业盈利能力指标，主要进行企业盈利能力分析。

（2）企业债权人因不能参与企业剩余收益分享，首先关注的是其投资的安全性，因此更重视企业偿债能力指标，主要进行企业偿债能力分析，同时也关注企业盈利能力分析。

（3）企业经营决策者必须对企业经营理财的各个方面，包括营运能力、偿债能力、盈利能力及发展能力的全部信息予以详尽的了解和掌握，主要进行各方面综合分析，并关注企业财务风险和经营风险。

（4）政府兼具多重身份，既是宏观经济管理者，又是国有企业的所有者和重要的市场参与者，因此政府对企业财务分析的关注点因所具身份不同而异。为了满足不同需求者的需求，财务分析一般应包括偿债能力分析、营运能力分析、盈利能力分析、发展能力分析和现金流量分析等方面。

业务二　掌握财务分析的方法

业务描述

掌握财务分析的比较分析法、比率分析法和因素分析法三类分析方法。

相关知识

财务分析是一门技术性比较强的工作。财务分析的目的不同、方法不同，得出的结论就不同。在工作中，要根据实际情况采取多种多样的分析方法。本节主要介绍三种方法：比较分析法、比率分析法、因素分析法。

一、比较分析法

比较分析法是按照特定的指标系将客观事物加以比较，从而认识事物的本质和规律并做出正确的评价。财务报表的比较分析法，是指对两个或两个以上的可比数据进行对比，找出企业财务状况、经营成果中的差异与问题。根据比较对象的不同，比较分析法分为趋势分析法（又称纵向比较法）和横向比较法。趋势分析法的比较对象是本企业的历史；横向比较法比较的对象是同类企业，如行业平均水平或竞争对手。

【温馨提示】

在财务分析中，最常用的比较分析法是趋势分析法。

1. 趋势分析法

趋势分析法，是通过对比两期或连续数期财务报告中的相同指标，确定其增减变动的方向、数额和幅度，来说明企业财务状况或经营成果变动趋势的一种方法。采用这种方法，可以分析引起变化的主要原因、变动的性质，并预测企业未来的发展趋势，如重要财务指标的比较、会计报表的比较和会计报表项目构成的比较等。

2. 横向比较法

横向比较法，是将本企业的财务状况与其他企业的同期财务状况进行比较确定其存在的差异及程度，便于揭示企业财务状况中存在问题的方法。

【温馨提示】

采用比较分析法时，应当注意以下问题：①用于对比的各个时期的指标，其计算口径必须保持一致；②应剔除偶发性项目的影响，使分析所利用的数据能反映正常的生产经营状况；③应运用例外原则对某项有显著变动的指标做重点分析，研究其产生的原因，以便采取对策，趋利避害。

二、比率分析法

比率分析法是通过计算各种比率指标来确定财务活动变动程度的方法。比率指标的类型主要有构成比率、效率比率和相关比率三类。

1. 构成比率

构成比率，又称结构比率，是某项财务指标的各组成部分数值占总体数值的百分比，反映部分与总体的关系。其计算公式为：

$$构成比率=\frac{某个组成部分数值}{总体数值}\times 100\%$$

例如，企业资产中流动资产、固定资产和无形资产占资产总额的百分比（资产构成比率），企业负债中流动负债和长期负债占负债总额的百分比（负债构成比率）等。利用构成比率，可以考察总体中某个部分的形成和安排是否合理，以便协调各项财务活动。

2. 效率比率

效率比率是某项财务活动中所费与所得的比率，反映投入与产出的关系。利用效率比率指标，可以进行得失比较，考察经营成果，评价经济效益。例如，将利润项目与销售成本、销售收入、资本金等项目加以对比，可以计算出成本利润率、销售利润率和资本金利润率等指标，从不同角度观察比较企业盈利能力的高低及其增减变化情况。

3. 相关比率

相关比率是以某个项目和与其有关但又不同的项目加以对比所得的比率，反映有关经济活动的相互关系。利用相关比率指标，可以考察企业相互关联的业务安排得是否合理，以保障经营活动顺畅进行。例如，将流动资产与流动负债进行对比，计算出流动比率，可以判断企业的短期偿债能力；将负债总额与资产总额进行对比，可以判断企业长期偿债能力。

【温馨提示】

采用比率分析法时，应当注意以下几点：①对比项目的相关性；②对比口径的一致性；③衡量标准的科学性。

三、因素分析法

因素分析法是依据分析指标与其影响因素的关系，从数量上确定各因素对分析指标影响方向和影响程度的一种方法。因素分析法具体有两种：连环替代法和差额分析法。

1. 连环替代法

连环替代法，是将分析指标分解为各个可以计量的因素，并根据各个因素之间的依存关系，顺次用各因素的比较值（通常为实际值）替代基准值（通常为标准值或计划值），据以测定各因素对分析指标的影响。

因素分析法通常有四个步骤：①确定分析对象，即确定需要分析的财务指标，比较其实际数额和标准数额（如上年实际数额），并计算两者的差额；②确定该财务指标的驱动因素，即根据该财务指标的形成过程，建立财务指标与各驱动因素之间的函数关系模型；③确定驱动因素的替代顺序，即根据各驱动因素的重要性进行排序；④顺序计算各驱动因素脱离标准的差异对财务指标的影响。

【例8-1】某企业2017年10月某种原材料费用的实际数为5 940元，而其计划数是5 000元，实际比计划增加940元。由于原材料费用是由产品产量、单位产品材料消耗量和材料单价三个因素的乘积组成，因此就可以把材料费用这一总指标分解为三个因素，然后逐个分析它们对材料费用总额的影响程度。现假设这三个因素的数值如表8-3所示。

表8-3　原材料费用一览表

项　目	单　位	计 划 数	实 际 数
产品产量	件	100	110
单位产品材料消耗量	千克	10	9
材料单价	元	5	6
材料费用总额	元	5 000	5 940

根据表8-3中资料，材料费用总额实际数较计划数增加940元。运用连环替代法，可以计算各因素变动对材料费用总额的影响。

计划指标：100×10×5=5 000（元）　①

第一次替代：110×10×5=5 500（元）　②

第二次替代：110×9×5=4 950（元）　③

第三次替代：110×9×6=5 940（元）　④

实际指标：

②−①=5 500−5 000=500（元）　产量增加的影响

③−②=4 950−5 500=−550（元）　材料节约的影响

④−③=5 940−4 950=990（元）　价格提高的影响

500−550+990=940（元）　全部因素的影响

2. 差额分析法

差额分析法是连环替代法的一种简化形式，是利用各个因素的比较值与基准值之间的差额，来计算各因素对分析指标的影响。

【例8-2】沿用表8-3中的资料。可采用差额分析法计算确定各因素变动对材料费用的影响。

①由于产量增加对财务费用的影响为：（110−100）×10×5=500 （元）

②由于材料消耗节约对材料费用的影响为：（9−10）×110×5=−550 （元）

③由于价格提高对材料费用的影响为：（6−5）×110×9=990 （元）

【温馨提示】

采用因素分析法时，必须注意以下问题：①因素分解的关联性。构成经济指标的因素，必须客观上存在着因果关系，能够反映形成该项指标差异的内在构成原因。②因素替代的顺序性。确定替代因素时，必须根据各因素的依存关系，遵循一定的顺序依次替代，不可随意颠倒，否则会得出不同的结果。③顺序替代的连环性。在计算每一因素变动的影响时，都是在前一次计算的基础上进行的，采用连环比较的方法确定因素变化的影响结果。④计算结果的假定性。由于因素分析法计算的各因素变动的影响数，会因替代顺序不同而有差别，因而计算结果不免带有假定性，即它不可能使每个因素计算的结果，都达到绝对的准确。

任务二 掌握财务指标分析

任务描述

掌握财务分析的内容，能够熟练地运用相关财务指标对企业的偿债能力、运营能力、盈利能力及发展能力做出分析评价；掌握杜邦分析法。

业务一 掌握偿债能力分析

业务描述

掌握衡量企业短期偿债能力和长期偿债能力的指标。

相关知识

偿债能力是指企业偿还其所欠债务的能力。对偿债能力进行分析可以帮助债权人进行正确的借贷决策；有助于投资者进行正确的投资决策；有助于企业经营者进行正确的经营决策；有助于正确评价企业的财务状况。衡量偿债能力的方法有两种：一种是比较可供偿债资产与债务的多少，资产超过债务较多，则企业偿债能力较强；另一种是比较经营活动现金流量和偿债所需现金，若经营活动产生的现金超过偿债需要的现金较多，则企业偿债能力较强。负债一般按到期时间分为短期负债和长期负债，偿债能力分析可分为短期偿债能力分析和长期偿债能力分析。

一、短期偿债能力分析

流动负债是企业在短期（一年或一个营业周期）需要偿还的主要负债，因此衡量短期偿债能力主要是对流动负债的偿还能力。企业的短期偿债能力取决于短期内企业产生现金的能力，即在短期内能够转化为现金的流动资产的多少。所以，短期偿债能力主要衡量的是流动资产对流动负债的清偿能力。衡量企业短期偿债能力的指标主要有营运资金、流动比率、速动比率。

1. 营运资金

营运资金是指流动资产超过流动负债的部分。其计算公式如下：

$$营运资金=流动资产-流动负债$$

其中“流动资产”和“流动负债”，通常取自资产负债表。把资产负债表项目分为流动项目和非流动项目，并按流动性强弱排序，便于计算营运资金和分析流动性。营运资本越多则偿债越有保障。企业必须保持正的营运资金，以避免流动负债的偿付风险。当流动资产大于流动负债时，营运资金为正，说明企业财务状况稳定，不能偿债的风险较小。反之，当流动资产小于流动负债时，营运资金为负，此时，企业部分非流动资产以流动负债作为资金来源，企业不能偿债的风险很大。但是，营运资金是绝对数指标，不便于不同企业之间的比较。

【例 8-3】根据导入案例中 ABC 公司的财务报表数据：

本年度营运资金=25 810−12 600=13 210（万元）

上年度营运资金=24 690−11 450=13 240（万元）

2. 流动比率

流动比率是企业流动资产与流动负债之比。其计算公式为：

流动比率=流动资产 ÷ 流动负债

流动比率表明每 1 元流动负债有多少流动资产作为保障，流动比率越大通常短期偿债能力越强。一般地，生产企业合理的流动比率是 2。流动资产中变现能力最差的存货金额约占流动资产总额的一半，剩下的流动性较大的流动资产至少要等于流动负债，企业短期偿债能力才会有保证。

该比率较易受人为操纵，且无法揭示流动资产的构成内容，只能大致反映流动资产整体的变现能力。流动资产中包含像存货这类变现能力较差的资产，如能将其剔除，其所反映的短期偿债能力更加可信，这就是速动比率。

【例 8-4】根据导入案例中 ABC 公司的财务报表数据：

本年流动比率=25 810 ÷ 12 600=2.05

上年流动比率=24 690 ÷ 11 450=2.16

【想一想】

流动比率高是不是就意味着短期偿债能力一定很强?

3. 速动比率

速动比率是企业速动资产与流动负债之比，其计算公式为：

速动比率=速动资产 ÷ 流动负债

构成流动资产的各项目，流动性差别较大。其中货币资金、交易性金融资产和各种应收款项，可以在较短时间内变现，称为速动资产；其他的流动资产，如存货、预付款项、一年内到期的非流动资产和其他流动资产等，属于非速动资产。由于存货资产等的变现速度慢，部分可能已被抵押，并且存货成本和市价也可能存在差异，因此归入非速动资产。剔除了变现能力较差的资产后，速动比率比流动比率能更准确、可靠地评价企业资产的流动性及偿还短期债务的能力。

速动比率表明每 1 元流动负债有多少速动资产作为偿债保障。一般情况下，速动比率越大，短期偿债能力越强。速动比率至少是 1，速动比率过低，企业面临偿债风险；但速动比率过高，会因占用现金及应收账款过多使机会成本增加。另外，对于季节性生产的企业，其应收账款金额存在着季节性波动，根据某一时点计算的速动比率不能客观反映其短期偿债能力；由于行业特点的不同，大量使用现金结算的企业其速动比率大大低于 1 也是正常现象。

【例 8-5】根据导入案例中 ABC 公司的财务报表数据：

本年速动资产=5 610+3 300+3 900=12 810（万元）

上年速动资产=5 590+3 600+3 100=12 290（万元）

本年速动比率=12 810 ÷ 12 600=1.02

上年速动比率=12 290 ÷ 11 450=1.07

二、长期偿债能力分析

长期偿债能力是指企业在较长的期间偿还债务的能力。企业在长期内不仅需要偿还流动负债，还需偿还非流动负债，因此，长期偿债能力衡量企业对全部负债的清偿能力。企业对全部负债的清偿能力取决于其总资产水平，因此长期偿债能力指标考察的是企业资产、负债和所有者权益之间的关系。其常用指标主要有资产负债率、产权比率、权益乘数和利息保障倍数。

1. 资产负债率

资产负债率是企业负债总额与资产总额之比。其计算公式为：

资产负债率=（负债总额 ÷ 资产总额）× 100%

资产负债率反映总资产中通过负债取得的比例，衡量企业清算时资产对债权人权益的保障程度。当资产负债率高于 50%时，表明企业资产来源主要是负债，财务风险较大。当资产负债率低于 50%时，表明企业资产的主要来源是所有者权益，财务比较稳健。这一比率越低，表明企业资产对负债的保障能力越高，企业的长期偿债能力越强。资产负债率较低表明财务风险较低，但同时也意味着可能没有利用财务杠杆的作用，盈利能力也较低；而较高的资产负债率表明较大的财务风险和较高的盈利能力。当因负债增加的收益能够弥补其增加的风险时，经营者才能考虑借入负债。而在风险和收益实现平衡的条件下，是选择较高的负债水平还是较低的负债水平，则取决于经营者的风险偏好等多种因素。

【例 8-6】根据导入案例中 ABC 公司的财务报表数据：

本年资产负债率=28 310 ÷ 57 310×100%=49.4%

上年资产负债率=27 620 ÷ 54 590×100%=50.6%

2. 产权比率

产权比率又称资本负债率，是负债总额与所有者权益之比，它是企业财务结构稳健与否的重要标志。其计算公式为：

产权比率=负债总额 ÷ 所有者权益 × 100%

产权比率反映了由债务人提供的资本与所有者提供的资本的比率关系，即企业财务结构是否稳定；而且反映了债权人资本受股东权益保障的程度，或者企业清算时对债权人利益的保障程度。一般地，该比率越低，表明企业长期偿债能力越强，债权人权益保障程度越高。需要结合企业的具体情况分析，当企业的资产收益率大于负债成本率时，负债经营有利于提高资金收益率，获得额外的利润，这时的产权比率可适当高些。产权比率高，是高风险、高报酬的财务结构；产权比率低，是低风险、低报酬的财务结构。

【例 8-7】根据导入案例中 ABC 公司的财务报表数据：

本年产权比率=28 310 ÷ 29 000×100%=97.6%

上年产权比率=27 620 ÷ 28 970×100%=95.3%

3. 权益乘数

权益乘数是总资产与所有者权益的比值。其计算公式为：

权益乘数=总资产 ÷ 所有者权益

权益乘数可以用来说明股东每投入 1 元钱可实际拥有和控制的金额。在企业存在负债的情况下，权益乘数大于 1。企业负债比例越高，权益乘数越大。产权比率和权益乘数是资产负债率的另外两种表现形式，也是反映财务杠杆水平的指标。

【例 8-8】根据导入案例中 ABC 公司的财务报表数据：

本年权益乘数=57 310 ÷ 29 000=1.976

上年权益乘数=54 590 ÷ 28 970=1.884

4. 利息保障倍数

利息保障倍数是指企业息税前利润与全部利息费用之比，也称已获利息倍数，可衡量偿还借款利息的能力。其计算公式为：

利息保障倍数=息税前利润 ÷ 全部利息费用

=（净利润+利润表中的利息费用+所得税）÷ 全部利息费用

“息税前利润”是指利润表中未扣除利息费用和所得税前的利润。“全部利息费用”是指本期发生的全部应付利息，不仅包括财务费用中的利息费用，还应包括计入固定资产成本中的资本化利息。利息保障倍数反映支付利息的利润来源（息税前利润）与利息支出之间的关系，该比率越高，长期偿债能力越强。从长期看，利息保障倍数至少要大于 1（国际公认标准为 3），息税前利润要大于利息费用，企业才可能再举债。如果利息保障倍数过低，企业将面临无法偿付债务的风险。

【例 8-9】根据导入案例中 ABC 公司的财务报表数据：

本年利息保障倍数=（7 200+15 000）÷ 15 000=1.480

上年利息保障倍数=（6 000+16 500）÷ 16 500=1.364

业务二 掌握营运能力分析

业务描述

掌握衡量企业流动资产营运能力、固定资产营运能力和总资产营运能力的指标。

相关知识

营运能力侧重于投入与产出（主要指收入）之间的关系，一般而言，资金周转速度越快，资产运用、循环的效率越高，说明企业的资金管理水平越高，企业可以投入少、收益多。企业营运能力分析主要包括流动资产营运能力分析、固定资产营运能力分析和总资产营运能力分析三个方面。

一、流动资产营运能力分析

反映流动资产营运能力的指标主要有应收账款周转率、存货周转率和流动资产周转率。

1．应收账款周转率

应收账款在流动资产中有着举足轻重的地位，及时收回应收账款，不仅能增强企业的短期偿债能力，也反映出企业管理应收账款的效率。反映应收账款周转情况的比率有应收账款周转率（次数）和应收账款周转天数。

应收账款周转次数，是一定时期内商品或产品销售收入净额与应收账款平均余额的比值，表明一定时期内应收账款平均收回的次数。其计算公式为：

$$应收账款周转次数=\frac{销售收入净额}{应收账款平均余额}$$

$$=\frac{销售收入净额}{(期初应收账款+期末应收账款)/2}$$

应收账款周转天数指应收账款周转一次（从销售开始到收回现金）所需要的时间，其计算公式为：

应收账款周转天数=计算期天数 ÷ 应收账款周转次数

=计算期天数 × 应收账款平均余额 ÷ 销售收入净额

通常，应收账款周转率越高、周转天数越短表明应收账款管理效率越高。

应收账款周转率反映了企业应收账款周转速度的快慢及应收账款管理效率的高低。在一定时期内周转次数多、周转天数少表明：企业收账迅速，信用销售管理严格；应收账款流动性强，企业短期偿债能力强等。

【例 8-10】根据导入案例中 ABC 公司的财务报表数据：

本年应收账款周转次数=$\frac{225\ 000\times 2}{(3\ 900+3\ 100)}\approx 64.29$（次）

本年应收账款周转天数=360 ÷ 64.286=5.6（天）

【温馨提示】

从理论上讲，应收账款是由赊销引起的，其对应的收入应为赊销收入，而非全部销售收入。但是赊销数据难以取得，且可以假设现金销售是收账时间为零的应收账款，因此只要保持计算口径的历史一致性，使用销售净额不影响分析。

【议一议】

应收账款周转率受哪些因素的影响？如何加强应收账款的管理？

2．存货周转率

在流动资产中，存货所占比重较大，存货的流动性将直接影响企业的流动比率。存货周转率的分析同样可以通过存货周转次数和存货周转天数反映。

存货周转率（次数）是指一定时期内企业销售成本与存货平均资金占用额的比率，是衡量和评价企业购入存货、投入生产、销售收回等各环节管理效率的综合性指标。其计算公式为：

存货周转次数=销售成本 ÷ 存货平均余额

存货平均余额=（期初存货+期末存货）÷2

式中，销售成本为利润表中“营业成本”的数值。存货周转天数是指存货周转一次（从存货取得到存货销售）所需要的时间。计算公式为：

存货周转天数=计算期天数÷存货周转次数

=计算期天数×存货平均余额÷销售成本

一般来讲，存货周转速度越快，存货占用水平越低，流动越强，存货转化为现金或应收账款的速度就越快，这样会增强企业的短期偿债能力及盈利能力。通过存货周转速度分析，有利于找出存货管理中存在的问题，尽可能降低资金占用水平。

【例 8-11】根据导入案例中 ABC 公司的财务报表数据：

$$\text{本年存货周转次数}=\frac{128\,000}{(13\,000+12\,400)\div 2}\approx 10.08\text{（次）}$$

本年存货周转天数=360÷10.08≈35.72（天）

【温馨提示】

在具体分析时，应注意几点：①存货周转率的高低与企业的经营特点有密切联系，应注意行业的可比性；②该比率反映的是存货整体的周转情况，不能说明企业经营各环节的存货周转情况和管理水平；③应结合应收账款周转情况和信用政策进行分析。

3. 流动资产周转率

流动资产周转率是反映企业流动资产周转速度的指标。流动资产周转率（次数）是一定时期销售收入净额与企业流动资产平均占用额之间的比率。其计算公式为：

流动资产周转次数=销售收入净额÷流动资产平均余额

流动资产周转天数=计算期天数÷流动资产周转次数

=计算期天数×流动资产平均余额÷销售收入净额

式中，流动资产平均余额=（期初流动资产+期末流动资产）÷2。

在一定时期内，流动资产周转次数越多，表明以相同的流动资产完成的周转额越多，流动资产利用效果越好。流动资产周转天数越少，表明流动资产在经历生产销售各阶段所占用的时间越短，可相对节约流动资产，增强企业盈利能力。

【例 8-12】根据导入案例中 ABC 公司的财务报表数据：

$$\text{本年流动资产周转次数}=\frac{225\,000}{(25\,810+24\,690)\div 2}=8.91\text{（次）}$$

本年流动资产周转天数=360÷8.91=40.4（天）

二、固定资产营运能力分析

反映固定资产营运能力的指标为固定资产周转率。固定资产周转率是指企业年销售收入净额与固定资产平均净额的比率。它是反映企业固定资产周转情况，从而衡量固定资产利用效率的一项指标。其计算公式为：

固定资产周转率=销售收入净额 ÷ 固定资产平均净值

式中，固定资产平均净值=（期初固定资产净值+期末固定资产净值）÷ 2。

固定资产周转率高，说明企业固定资产投资得当，结构合理，利用效率高；反之，如果固定资产周转率不高，则表明固定资产利用效率不高，企业的营运能力不强。

【例 8-13】根据导入案例中 ABC 公司的财务报表数据：

$$本年固定资产周转率=\frac{225\,000}{(31\,500+29\,900)\div 2}\approx 7.33$$

三、总资产营运能力分析

反映总资产营运能力的指标是总资产周转率。总资产周转率是企业销售收入净额与企业资产平均总额的比率。计算公式为：

总资产周转率=销售收入净额 ÷ 平均资产总额

如果企业各期资产总额比较稳定，波动不大，则：

平均总资产=（期初总资产+期末总资产）÷ 2

如果资金占用的波动性较大，企业应采用更详细的资料进行计算，如按照各月的资金占用额计算，则：

平均总资产=（月初总资产+月末总资产）÷ 2

季平均占用额=（1/2 季初+第一月末+第二月末+1/2 季末）÷ 3

年平均占用额=（1/2 年年初+第一季末+第二季末+第三季末+1/2 年年末）÷ 4

计算总资产周转率时，应注意，分子、分母在时间上应保持一致。该比率衡量企业资产整体的使用效率。总资产由各项资产组成，在既定的销售收入情况下，总资产周转率的驱动因素是各项资产。因此，对总资产周转情况的分析应结合各项资产的周转情况，以发现影响企业资产周转的主要因素。

总之，各项资产的周转率指标用于衡量各项资产赚取收入的能力，经常和企业盈利能力的指标结合在一起，以全面评价企业的盈利能力。

【例 8-14】根据导入案例中 ABC 公司的财务报表数据：

$$本年总资产周转率=\frac{225\,000}{(57\,310+54\,590)\div 2}=4.02$$

业务三　掌握盈利能力分析

业务描述

掌握衡量企业盈利能力的指标。

相关知识

盈利能力就是企业获取利润、实现资金增值的能力。投资人、债权人及经理人员，都非常重视和关心企业的盈利能力，盈利能力指标主要通过收入与利润之间的关系、资产与利润之间的关系反映。反映企业盈利能力的指标主要有销售毛利率、销售净利率、总资产净利率和净资产收益率。

一、销售毛利率

销售毛利率是销售毛利与销售收入之比，其计算公式如下：

$$销售毛利率=销售毛利 \div 销售收入 \times 100\%$$

其中，销售毛利=销售收入–销售成本。

销售毛利率反映产品每销售1元所包含的毛利润是多少，即销售收入扣除销售成本后还有多少剩余可用于各期费用和形成利润。销售毛利率越高，表明产品的盈利能力越强。将销售毛利率与行业水平进行比较，可以反映企业产品的市场竞争地位。那些销售毛利率高于行业水平的企业意味着实现一定的收入占用了更少的成本，表明它们在资源、技术或劳动生产率方面具有竞争优势，而那些销售毛利率低于行业水平的企业则意味着在行业中处于竞争劣势。此外，将不同行业的销售毛利率进行横向比较，也可以说明行业间盈利能力的差异。

【例8-15】根据导入案例中ABC公司的财务报表数据：

本年销售毛利率=（225 000–128 000）÷225 000×100% =43.11%

二、销售净利率

销售净利率是净利润与销售收入之比，其计算公式为：

$$销售净利率=净利润 \div 销售收入 \times 100\%$$

销售净利率反映每1元销售收入最终赚取了多少利润，用于反映产品最终的盈利能力。在利润表上，从销售收入到净利润需要扣除销售成本、期间费用、税金等项目。因此，将销售净利率按利润的扣除项目进行分解可以识别影响销售净利率的主要因素。

【例8-16】根据导入案例中ABC公司的财务报表数据：

本年销售净利率=5 400÷225 000×100%=2.4%

三、总资产净利率

总资产净利率指净利润与平均总资产的比率，反映每1元资产创造的净利润。其计算公式为：

$$总资产净利率=（净利润 \div 平均总资产）\times 100\%$$

总资产净利率衡量的是企业资产的盈利能力。总资产净利率越高，表明企业资产的利用效果越好。影响总资产净利率的因素是销售净利率和总资产周转率。

$$总资产净利率=\frac{净利润}{平均总资产}=\frac{净利润}{销售收入}\times\frac{销售收入}{平均总资产}=销售净利率\times总资产周转率$$

因此，企业可以通过提高销售净利率、加速资产周转来提高总资产净利率。

【例8-17】根据导入案例中ABC公司的财务报表数据：

本年总资产净利率=5 400×2÷（57 310+54 590）×100%= 9.65%

四、净资产收益率

净资产收益率又叫权益净利率或权益报酬率，是净利润与平均所有者权益的比值，表示每 1 元股东资本赚取的净利润，反映资本经营的盈利能力。其计算公式为：

$$净资产收益率=（净利润 \div 平均所有者权益）\times 100\%$$

该指标是企业盈利能力指标的核心，也是杜邦财务指标体系的核心，更是投资者关注的重点。一般来说，净资产收益率越高，股东和债权人的利益保障程度越高。如果企业的净资产收益率在一段时期内持续增长，说明资本盈利能力稳定上升。但净资产收益率不是一个越高越好的概念，分析时要注意企业的财务风险。

$$净资产收益率=\frac{净利润}{平均净资产}=\frac{净利润}{平均总资产}\times\frac{平均总资产}{平均净资产}=资产净利率\times权益乘数$$

通过对净资产收益率的分解可以发现，改善资产盈利能力和增加企业负债都可以提高净资产收益率。而如果不改善资产盈利能力，单纯通过加大举债提高权益乘数进而提高净资产收益率的做法则十分危险。因为，企业负债经营的前提是有足够的盈利能力，保障偿还债务本息，单纯增加负债对净资产收益率的改善只具有短期效应，最终将因盈利能力无法涵盖增加的财务风险而使企业面临财务困境。因此，只有当企业净资产收益率上升同时财务风险没有明显加大时，才能说明企业财务状况良好。

【例 8-18】根据导入案例中 ABC 公司的财务报表数据：

本年净资产收益率=5 400×2÷（29 000+28 970）×100%=18.63%

业务四　掌握发展能力分析

业务描述

掌握衡量企业发展能力的指标。

相关知识

衡量企业发展能力的指标主要有：销售收入增长率、总资产增长率、营业利润增长率、资本保值增值率等。

一、销售收入增长率

该指标反映的是相对化的销售收入增长情况，是衡量企业经营状况和市场占有能力、预测企业经营业务拓展趋势的重要指标。在实际分析时应考虑企业历年的销售水平、市场占有情况、行业未来发展及其他影响企业发展的潜在因素，或结合企业前三年的销售收入增长率进行趋势性分析判断。其计算公式为：

$$销售收入增长率=本年销售收入增长额 \div 上年销售收入 \times 100\%$$

其中，本年销售收入增长额=本年销售收入−上年销售收入。

计算过程中，销售收入可以使用利润表中的“营业收入”数据。销售收入增长率大于零，表明企业本年销售收入有所增长。该指标值越高，表明企业销售收入的增长速度越快，企业市场前景越好。

【例 8-19】根据导入案例中 ABC 公司的财务报表数据：

本年销售收入增长率=（225 000−200 000）÷200 000×100%=12.5%

二、总资产增长率

总资产增长率是企业本年资产增长额同年初资产总额的比率，反映企业本期资产规模的增长情况。其计算公式为：

总资产增长率=本年资产增长额÷年初资产总额×100%

其中，本年资产增长额=年末资产总额−年初资产总额。

总资产增长率越高，表明企业一定时期内资产经营规模扩张的速度越快。但在分析时，需要关注资产规模扩张的质和量的关系，以及企业的后续发展能力，避免盲目扩张。

【例 8-20】根据导入案例中 ABC 公司的财务报表数据：

本年总资产增长率=（57 310−54 590）÷54 590×100%=4.98%

三、营业利润增长率

营业利润增长率是企业本年营业利润增长额与上年营业利润总额的比率，反映企业营业利润的增减变动情况。其计算公式为：

营业利润增长率=本年营业利润增长额/上年营业利润总额×100%

其中，本年营业利润增长额=本年营业利润−上年营业利润。

【例 8-21】根据导入案例中 ABC 公司的财务报表数据：

本年营业利润增长率=（7 000−5 500）÷5 500×100%=27.27%

四、资本保值增值率

资本保值增值率是指所有者权益的期末总额与期初总额之比。其计算公式为：

资本保值增值率=期末所有者权益÷期初所有者权益×100%

如果企业盈利能力提高，利润增加，必然会使期末所有者权益大于期初所有者权益，所以该指标也是衡量企业盈利能力的重要指标。当然，这一指标的高低，除了受企业经营成果的影响外，还受企业利润分配政策和投入资本的影响。

【例 8-22】根据导入案例中 ABC 公司的财务报表数据：

本年资本保值增值率=29 000÷28 970×100%=100.10%

业务五　掌握杜邦分析法

业务描述

掌握杜邦财务分析体系的基本原理，能够运用杜邦财务分析体系对企业进行业绩评价。

相关知识

杜邦财务分析体系，简称杜邦体系，是利用几个财务比率指标间的内在联系来综合地分析企业的财务状况，评价公司盈利能力、股东权益回报水平及企业绩效的一种经典方法。该体系是以企业权益收益率（净资产收益率）为龙头，以资产净利率和权益乘数为分支，重点揭示企业获利能力及杠杆作用对权益收益率的影响，及相关指标间的相互作用关系，这种分析方法最早由美国杜邦公司使用，故名杜邦分析法。

一、杜邦财务分析体系的指标

权益收益率是杜邦分析体系的核心比率，是一个综合性最强的财务分析指标，可用于不同企业间的比较。为了提高权益收益率，可以从下面的分解指标入手：

$$权益净利率=\frac{净利润}{销售收入}\times\frac{销售收入}{总资产}\times\frac{总资产}{股东权益}$$

$$=销售净利率\times总资产周转次数\times权益乘数$$

无论提高销售净利率，还是总资产周转次数，还是权益乘数，都会提高权益净利率这个指标。其中，销售净利率中的“净利润”和“销售收入”都可以从利润表中取得，销售净利率概括了全部的经营成果；权益乘数中“总资产”和“股东权益”可以从资产负债表中取得，权益乘数表明了资产、负债和股东权益的比例关系，反映了最基本的财务状况；总资产周转次数把利润表和资产负债表联系起来，使权益净利率可以综合反映企业经营成果和财务状况。

二、杜邦财务分析体系的基本框架（见图 8-1）

该体系是一个多层次的财务比率分解体系。各项财务比率，可在每个层次上与本企业历史或同业财务比率比较，然后逐级分解财务指标，逐步覆盖企业经营活动的各个环节，便于更加系统、全面地评价企业的经营成果和财务状况。运用杜邦分析法需要抓住以下几点。

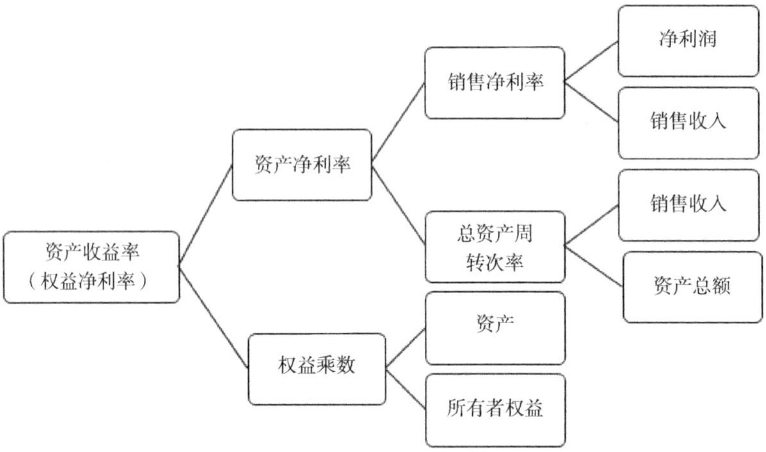

图 8-1 杜邦分析体系的基本框架

首先，权益净利率是一个综合性最强的财务分析指标，是杜邦分析体系的起点。把权益净利率分解为销售净利率、总资产周转次数和权益乘数，这三个比率在各企业间可能存在较大差异。通过对差异的比较，可以观察本企业与其他企业的经营战略和财务政策的不同。其中，销售净利率和总资产周转次数，反映企业的经营战略。销售净利率反映了企业净利润与销售收入的关系，它的高低取决于销售收入与成本总额的高低。要想提高销售净利率，一是要扩大销售收入，二是要降低成本费用。扩大销售收入既有利于提高销售净利率，又有利于提高总资产周转率。另外，企业为了提高销售净利率就要增加产品附加值，这就需要增加投资，从而使得周转率下降；相反，为了加快周转，就要降低价格，从而会引起销售净利率下降。是“高盈利、低周转”还是“低盈利、高周转”，是企业根据外部环境和自身资源做出的战略选择，仅从销售净利率的高低判断不出企业的优劣，应与总资产周转次数结合起来看企业的经营战略，两者共同作用是总资产净利率，总资产净利率是反映企业的盈利能力的重要指标。

其次，权益乘数是企业的负债程度，以及公司利用财务杠杆进行经营活动的综合反映。资产负债率越高，权益乘数就越高。在总资产净利率不变的情况下，提高财务杠杆可以提高权益净利率，同时增加财务风险。当企业为了提高权益净利率而提高财务杠杆时，贷款的单位却更倾向于把资金贷给预期未来经营活动现金流量比较稳定的企业。为了稳定现金流量，企业可能会降低价格、减少竞争，可能增加营运资本防止现金流中断，这些都会引起总资产净利率下降。所以，一般总资产净利率较低的企业，财务杠杆较高，反之亦然。总资产净利率与财务杠杆负相关，两者共同作用决定了权益净利率，因此企业的经营战略要与财务政策相匹配。

项目小结

学习完本项目，应该能够了解财务分析的含义、作用及目的等；熟练运用不同的财务分析方法；掌握运用不同财务指标分析企业的偿债能力、运营能力、盈利能力及发展能力，掌握运用杜邦分析法对企业业绩进行评价。

主要概念

财务分析的内涵	盈利能力	比较分析法	发展能力
比率分析法	杜邦分析法	因素分析法	偿债能力
营运能力			

推荐阅读

[1] 马文霞. 基于信用评级角度的财务分析研究[J]. 中国商贸，2013（28）：98-100.
[2] 尹兵. 浅议民营企业财务分析体系的构建与完善[J]. 时代金融，2015（6）：264-267.
[3] 陈文川，林源，温嘉敏. 平衡计分卡视角下的中医药行业财务报表分析[J]. 会计之友，2015（14）：51-54.
[4] 沈洪涛. 借鉴综合报告的思维构建财务分析新框架[J]. 会计之友，2015（11）：10-14.
[5] 胡永利. 杜邦分析体系在财务分析中的应用与改进[J]. 赤峰学院学报（自然科学版），2013（9）：35-36.
[6] 张欣. 对我国地方普通高校业绩评价的研究——基于平衡计分卡的视角[J]. 长春理工大学学报（社会科学版），2014（10）：171-173.

[7] 张原，王小娟. 改进的杜邦分析体系及其应用[J]. 财会月刊，2011（1）：11-14.

习题与实训

一、单项选择题

1. 下列关于营运资本的计算中正确的是（　　）。

A. 营运资本=流动资产−非流动负债　　B. 营运资本=长期资产−流动负债

C. 营运资本=长期资本−长期资产　　D. 营运资本=长期资产−长期负债

2. 下列各项中，属于速动资产的是（　　）。

A. 预付款项　　B. 存货

C. 货币资金　　D. 一年内到期的非流动资产

3. A公司资产负债率为50%，若销售净利率为10%，总资产周转次数为3次，则权益净利率为（　　）。

A. 15%　　B. 60%　　C. 10%　　D. 25%

4. 下列不属于反映企业短期偿债能力的财务指标是（　　）。

A. 流动比率　　B. 速动比率　　C. 产权比率　　D. 现金流量比率

5. 下列公式中，不正确的是（　　）。

A. 应收账款周转率=销售收入/应收账款

B. 市净率=每股市价/每股净资产

C. 长期资本负债率=非流动负债/（非流动负债+股东权益）

D. 利息保障倍数=净利润/利息费用

6. 下列关于资产负债率、权益乘数和产权比率之间关系的表达式中，正确的是（　　）。

A. 资产负债率+权益乘数=产权比率　　B. 资产负债率−权益乘数=产权比率

C. 资产负债率×权益乘数=产权比率　　D. 资产负债率÷权益乘数=产权比率

7. 下列关于存货周转率的说法正确的是（　　）。

A. 在短期偿债能力分析中，应采用“销售成本”来计算存货周转率

B. 为了评估存货管理的业绩，应采用“销售收入”来计算存货周转率

C. 存货周转天数越少越好

D. 在分解总资产周转率时，存货周转率使用销售收入来计算

8. 某公司2014年营业收入为4 500万元。年初应收账款余额为200万元，年末应收账款余额为400万元。每年按360天计算，涉及资产负债表的数据采用平均数来计算，则该公司应收账款周转天数为（　　）天。

A. 12　　B. 15　　C. 24　　D. 20

9. 某企业2014年年末销售收入为3 000万元，权益乘数为5/3，负债总额为800万元，销售净利率为4.5%，则该企业的总资产净利率为（　　）。

A. 6.67%　　B. 6.75%　　C. 9.77%　　D. 10.55%

10. 在杜邦分析法中不包括的指标是（　　）。

A. 应收账款周转率　　B. 流动比率

C. 存货周转率　　　　　　　　　　D. 净资产收益率

二、多项选择题

1. 比较分析法按照比较对象分为（　　）。

A. 趋势分析法　　　　　　　　　　B. 横向比较法

C. 预算差异分析法　　　　　　　　D. 因素分析法

2. 某公司目前的速动比率为1.3，以下业务导致速动比率降低的有（　　）。

A. 用所生产的产品抵偿应付购买设备款

B. 从银行借入短期借款用以购买短期股票做投资

C. 赊购原材料一批

D. 用银行支票购买一台机床

3. 影响企业短期偿债能力的表外因素有（　　）。

A. 可动用的银行贷款指标　　　　　B. 经营租赁合同中的承诺付款

C. 可以很快变现的非流动资产　　　D. 涉及长期负债的债务担保

4. 下列属于反映企业长期偿债能力的指标有（　　）。

A. 资产负债率　B. 权益乘数　　　C. 利息保障倍数 D. 现金流量债务比

5. 影响长期偿债能力的表外因素包括（　　）。

A. 长期租赁中的融资租赁　　　　　B. 可以很快变现的非流动资产

C. 债务担保　　　　　　　　　　　D. 未决诉讼

6. 某公司2017年的销售收入为3 000万元，年末流动资产为700万元，非流动资产为1 300万元，流动负债为300万元，非流动负债为740万元。则下列说法中正确的有（　　）。

A. 流动资产周转率是4.29次/年　　B. 营运资本周转率是7.5次/年

C. 非流动资产周转率是2.31次/年　D. 总资产周转率是1.5次/年

7. 下列指标中，属于反映企业盈利能力的指标有（　　）。

A. 权益净利率　　　　　　　　　　B. 销售净利率

C. 应收账款周转率　　　　　　　　D. 速动比率

8. 下列关于杜邦分析体系的说法中，正确的有（　　）。

A. 权益净利率是杜邦分析体系的核心比率

B. 权益净利率=总资产净利率/权益乘数

C. 权益净利率=销售净利率×总资产周转次数×权益乘数

D. 权益净利率不受资产负债率高低的影响

9. 当其他因素不变的情况下，下列因素会使权益净利率降低的有（　　）。

A. 销售净利率降低　　　　　　　　B. 总资产周转次数降低

C. 产权比率提高　　　　　　　　　D. 资产负债率降低

三、计算题

1. M公司2017年流动资产由速动资产和存货构成，存货年初数为500万元，年末数为870万元。其他资料如表8-4所示。

表 8-4 M 公司相关资料

单位：万元

项目	年初数	年末数	本年数
流动资产			
长期股权投资	600	300	
固定资产	0	1 600	
总资产			
流动负债（年利率 5%）	700	900	
长期有息负债（年利率 10%）	600	300	
流动比率	2		
速动比率		0.7	
流动资产周转率			7
净利润（所得税税率 25%）			900

假定企业不存在其他项目，一年按 360 天计算。要求：

（1）计算流动资产及总资产的年初数、年末数。

（2）计算本年营业收入和总资产周转天数。（涉及资产负债表的数据采用平均数计算，下同）

（3）计算总资产净利率和权益净利率。

（4）计算利息保障倍数。（利息按平均负债计算）

2. 已知 M 公司有关资料如表 8-5 所示。

表 8-5 M 公司资产负债表（简表）

2017 年 12 月 31 日　　单位：万元

资产	年初	年末	负债及所有者权益	年初	年末
流动资产			流动负债合计	150	170
货币资金	80	50	长期负债合计	200	200
应收账款	70	80	负债合计	350	370
存货	90	130			
预付账款	20	40			
流动资产合计	260	300			
固定资产	440	400	所有者权益合计	350	330
总计	700	700	总计	700	700

同时，该公司 2016 年度销售净利率为 10%，资产周转率为 1 次（按年末总资产计算），权益乘数为 2（按年末数计算），权益净利率为 20%（按年末股东权益计算）。2017 年度营业收入为 500 万元，净利润为 80 万元，利息费用为 20 万元，各项所得适用的所得税税率均为 25%。要求：

（1）计算 2017 年总资产周转率、销售净利率、权益乘数和权益净利率。（涉及资产负债表数据使用年末数计算）

（2）通过因素分析法，结合已知资料和要求（1）分析 2017 年销售净利率、总资产周转率和权益乘数变动对权益净利率的影响。（假设按此顺序分析）

附录 A

复利终值系数表

期数	1%	2%	3%	4%	5%	6%	7%	8%	9%	10%
1	1.010 0	1.020 0	1.030 0	1.040 0	1.050 0	1.060 0	1.070 0	1.080 0	1.090 0	1.100 0
2	1.020 1	1.040 4	1.060 9	1.081 6	1.102 5	1.123 6	1.144 9	1.166 4	1.188 1	1.210 0
3	1.030 3	1.061 2	1.092 7	1.124 9	1.157 6	1.191 0	1.225 0	1.259 7	1.295 0	1.331 0
4	1.040 6	1.082 4	1.125 5	1.169 9	1.215 5	1.262 5	1.310 8	1.360 5	1.411 6	1.464 1
5	1.051 0	1.104 1	1.159 3	1.216 7	1.276 3	1.338 2	1.402 6	1.469 3	1.538 6	1.610 5
6	1.061 5	1.126 2	1.194 1	1.265 3	1.340 1	1.418 5	1.500 7	1.586 9	1.677 1	1.771 6
7	1.072 1	1.148 7	1.229 9	1.315 9	1.407 1	1.503 6	1.605 8	1.713 8	1.828 0	1.948 7
8	1.082 9	1.171 7	1.266 8	1.368 6	1.477 5	1.593 8	1.718 2	1.850 9	1.992 6	2.143 6
9	1.093 7	1.195 1	1.304 8	1.423 3	1.551 3	1.689 5	1.838 5	1.999 0	2.171 9	2.357 9
10	1.104 6	1.219 0	1.343 9	1.480 2	1.628 9	1.790 8	1.967 2	2.158 9	2.367 4	2.593 7
11	1.115 7	1.243 4	1.384 2	1.539 5	1.710 3	1.898 3	2.104 9	2.331 6	2.580 4	2.853 1
12	1.126 8	1.268 2	1.425 8	1.601 0	1.795 9	2.012 2	2.252 2	2.518 2	2.812 7	3.138 4
13	1.138 1	1.293 6	1.468 5	1.665 1	1.885 6	2.132 9	2.409 8	2.719 6	3.065 8	3.452 3
14	1.149 5	1.319 5	1.512 6	1.731 7	1.979 9	2.260 9	2.578 5	2.937 2	3.341 7	3.797 5
15	1.161 0	1.345 9	1.558 0	1.800 9	2.078 9	2.396 6	2.759 0	3.172 2	3.642 5	4.177 2
16	1.172 6	1.372 8	1.604 7	1.873 0	2.182 9	2.540 4	2.952 2	3.425 9	3.970 3	4.595 0
17	1.184 3	1.400 2	1.652 8	1.947 9	2.292 0	2.692 8	3.158 8	3.700 0	4.327 6	5.054 5
18	1.196 1	1.428 2	1.702 4	2.025 8	2.406 6	2.854 3	3.379 9	3.996 0	4.717 1	5.559 9
19	1.208 1	1.456 8	1.753 5	2.106 8	2.527 0	3.025 6	3.616 5	4.315 7	5.141 7	6.115 9
20	1.220 2	1.485 9	1.806 1	2.191 1	2.653 3	3.207 1	3.869 7	4.661 0	5.604 4	6.727 5
21	1.232 4	1.515 7	1.860 3	2.278 8	2.786 0	3.399 6	4.140 6	5.033 8	6.108 8	7.400 2
22	1.244 7	1.546 0	1.916 1	2.369 9	2.925 3	3.603 5	4.430 4	5.436 5	6.658 6	8.140 3
23	1.257 2	1.576 9	1.973 6	2.464 7	3.071 5	3.819 7	4.740 5	5.871 5	7.257 9	8.954 3
24	1.269 7	1.608 4	2.032 8	2.563 3	3.225 1	4.048 9	5.072 4	6.341 2	7.911 1	9.849 7
25	1.282 4	1.640 6	2.093 8	2.665 8	3.386 4	4.291 9	5.427 4	6.848 5	8.623 1	10.835
26	1.295 3	1.673 4	2.156 6	2.772 5	3.555 7	4.549 4	5.807 4	7.396 4	9.399 2	11.918

续表

期数	1%	2%	3%	4%	5%	6%	7%	8%	9%	10%
27	1.308 2	1.706 9	2.221 3	2.883 4	3.733 5	4.822 3	6.213 9	7.988 1	10.245	13.110
28	1.321 3	1.741 0	2.287 9	2.998 7	3.920 1	5.111 7	6.648 8	8.627 1	11.167	14.421
29	1.334 5	1.775 8	2.356 6	3.118 7	4.116 1	5.418 4	7.114 3	9.317 3	12.172	15.863
30	1.347 8	1.811 4	2.427 3	3.243 4	4.321 9	5.743 5	7.612 3	10.063	13.268	17.449
40	1.488 9	2.208 0	3.262 0	4.801 0	7.040 0	10.286	14.97 5	21.725	31.409	45.259
50	1.644 6	2.691 6	4.383 9	7.106 7	11.467	18.420	29.457	46.902	74.358	117.39
60	1.816 7	3.281 0	5.891 6	10.520	18.679	32.988	57.946	101.26	176.03	304.48

期数	12%	14%	15%	16%	18%	20%	24%	28%	32%	36%
1	1.120 0	1.140 0	1.150 0	1.160 0	1.180 0	1.200 0	1.240 0	1.280 0	1.320 0	1.360 0
2	1.254 4	1.299 6	1.322 5	1.345 6	1.392 4	1.440 0	1.537 6	1.638 4	1.742 4	1.849 6
3	1.404 9	1.481 5	1.520 9	1.560 9	1.643 0	1.728 0	1.906 6	2.097 2	2.300 0	2.515 5
4	1.573 5	1.689 0	1.749 0	1.810 6	1.938 8	2.073 6	2.364 2	2.684 4	3.036 0	3.421 0
5	1.762 3	1.925 4	2.011 4	2.100 3	2.287 8	2.488 3	2.931 6	3.436 0	4.007 5	4.652 6
6	1.973 8	2.195 0	2.313 1	2.436 4	2.699 6	2.986 0	3.635 2	4.398 0	5.289 9	6.327 5
7	2.210 7	2.502 3	2.660 0	2.826 2	3.185 5	3.583 2	4.507 7	5.629 5	6.982 6	8.605 4
8	2.476 0	2.852 6	3.059 0	3.278 4	3.758 9	4.299 8	5.589 5	7.205 8	9.217 0	11.703
9	2.773 1	3.251 9	3.517 9	3.803 0	4.435 5	5.159 8	6.931 0	9.223 4	12.167	15.917
10	3.105 8	3.707 2	4.045 6	4.411 4	5.233 8	6.191 7	8.594 4	11.806	16.060	21.647
11	3.478 5	4.226 2	4.652 4	5.117 3	6.175 9	7.430 1	10.657	15.112	21.199	29.439
12	3.896 0	4.817 9	5.350 3	5.936 0	7.287 6	8.916 1	13.215	19.343	27.983	40.038
13	4.363 5	5.492 4	6.152 8	6.885 8	8.599 4	10.699	16.386	24.759	36.937	54.451
14	4.887 1	6.261 3	7.075 7	7.987 5	10.147	12.839	20.319	31.691	48.757	74.053
15	5.473 6	7.137 9	8.137 1	9.265 5	11.974	15.407	25.196	40.565	64.359	100.71
16	6.130 4	8.137 2	9.357 6	10.748	14.129	18.488	31.243	51.923	84.954	136.97
17	6.866 0	9.276 5	10.761	12.468	16.672	22.186	38.741	66.461	112.14	186.28
18	7.690 0	10.57 5	12.376	14.463	19.673	26.623	48.039	85.071	148.02	253.34
19	8.612 8	12.056	14.232	16.777	23.214	31.948	59.568	108.89	195.39	344.54
20	9.646 3	13.744	16.367	19.461	27.393	38.338	73.864	139.38	257.92	468.57
21	10.804	15.668	18.822	22.575	32.324	46.005	91.592	178.41	340.45	637.26
22	12.100	17.861	21.645	26.186	38.142	55.206	113.57	228.36	449.39	866.67
23	13.552	20.362	24.892	30.376	45.008	66.247	140.83	292.30	593.20	1 178.7
24	15.179	23.212	28.625	35.236	53.109	79.497	174.63	374.14	783.02	1 603.0
25	17.000	26.462	32.919	40.874	62.669	95.396	216.54	478.90	1 033.6	2 180.1
26	19.040	30.167	37.857	47.414	73.949	114.48	268.51	613.00	1 364.3	2 964.9
27	21.325	34.390	43.535	55.000	87.260	137.37	332.96	784.64	1 800.9	4 032.3
28	23.884	39.205	50.066	63.800	102.97	164.84	412.86	1 004.3	2 377.2	5 483.9

续表

期数	12%	14%	15%	16%	18%	20%	24%	28%	32%	36%
29	26.750	44.693	57.576	74.009	121.50	197.81	511.95	1 285.6	3 137.9	7 458.1
30	29.960	50.950	66.212	85.850	143.37	237.38	634.82	1 645.5	4 142.1	10 143
40	93.051	188.88	267.86	378.72	750.38	1 469.8	5 455.9	19 427	66 521	*
50	289.00	700.23	1 083.7	1 670.7	3 927.4	9 100.4	46 890	*	*	*
60	897.60	2 595.9	4 384.0	7 370.2	20 555	56 348	*	*	*	*

附录 B

复利现值系数表

期数	1%	2%	3%	4%	5%	6%	7%	8%	9%	10%
1	0.990 1	0.980 4	0.970 9	0.961 5	0.952 4	0.943 4	0.934 6	0.925 9	0.917 4	0.909 1
2	0.980 3	0.961 2	0.942 6	0.924 6	0.907 0	0.890 0	0.873 4	0.857 3	0.841 7	0.826 4
3	0.970 6	0.942 3	0.915 1	0.889 0	0.863 8	0.839 6	0.816 3	0.793 8	0.772 2	0.751 3
4	0.961 0	0.923 8	0.888 5	0.854 8	0.822 7	0.792 1	0.762 9	0.735 0	0.708 4	0.683 0
5	0.951 5	0.905 7	0.862 6	0.821 9	0.783 5	0.747 3	0.713 0	0.680 6	0.649 9	0.620 9
6	0.942 0	0.888 0	0.837 5	0.790 3	0.746 2	0.705 0	0.666 3	0.630 2	0.596 3	0.564 5
7	0.932 7	0.870 6	0.813 1	0.759 9	0.710 7	0.665 1	0.622 7	0.583 5	0.547 0	0.513 2
8	0.923 5	0.853 5	0.789 4	0.730 7	0.676 8	0.627 4	0.582 0	0.540 3	0.501 9	0.466 5
9	0.914 3	0.836 8	0.766 4	0.702 6	0.644 6	0.591 9	0.543 9	0.500 2	0.460 4	0.424 1
10	0.905 3	0.820 3	0.744 1	0.675 6	0.613 9	0.558 4	0.508 3	0.463 2	0.422 4	0.385 5
11	0.896 3	0.804 3	0.722 4	0.649 6	0.584 7	0.526 8	0.475 1	0.428 9	0.387 5	0.350 5
12	0.887 4	0.788 5	0.701 4	0.624 6	0.556 8	0.497 0	0.444 0	0.397 1	0.355 5	0.318 6
13	0.878 7	0.773 0	0.681 0	0.600 6	0.530 3	0.468 8	0.415 0	0.367 7	0.326 2	0.289 7
14	0.870 0	0.757 9	0.661 1	0.577 5	0.505 1	0.442 3	0.387 8	0.340 5	0.299 2	0.263 3
15	0.861 3	0.743 0	0.641 9	0.555 3	0.481 0	0.417 3	0.362 4	0.315 2	0.274 5	0.239 4
16	0.852 8	0.728 4	0.623 2	0.533 9	0.458 1	0.393 6	0.338 7	0.291 9	0.251 9	0.217 6
17	0.844 4	0.714 2	0.605 0	0.513 4	0.436 3	0.371 4	0.316 6	0.270 3	0.231 1	0.197 8
18	0.836 0	0.700 2	0.587 4	0.493 6	0.415 5	0.350 3	0.295 9	0.250 2	0.212 0	0.179 9
19	0.827 7	0.686 4	0.570 3	0.474 6	0.395 7	0.330 5	0.276 5	0.231 7	0.194 5	0.163 5
20	0.819 5	0.673 0	0.553 7	0.456 4	0.376 9	0.311 8	0.258 4	0.214 5	0.178 4	0.148 6
21	0.811 4	0.659 8	0.537 5	0.438 8	0.358 9	0.294 2	0.241 5	0.198 7	0.163 7	0.135 1
22	0.803 4	0.646 8	0.521 9	0.422 0	0.341 8	0.277 5	0.225 7	0.183 9	0.150 2	0.122 8
23	0.795 4	0.634 2	0.506 7	0.405 7	0.325 6	0.261 8	0.210 9	0.170 3	0.137 8	0.111 7
24	0.787 6	0.621 7	0.491 9	0.390 1	0.310 1	0.247 0	0.197 1	0.157 7	0.126 4	0.101 5
25	0.779 8	0.609 5	0.477 6	0.375 1	0.295 3	0.233 0	0.184 2	0.146 0	0.116 0	0.092 3
26	0.772 0	0.597 6	0.463 7	0.360 7	0.281 2	0.219 8	0.172 2	0.135 2	0.106 4	0.083 9

续表

期数	1%	2%	3%	4%	5%	6%	7%	8%	9%	10%
27	0.764 4	0.585 9	0.450 2	0.346 8	0.267 8	0.207 4	0.160 9	0.125 2	0.097 6	0.076 3
28	0.756 8	0.574 4	0.437 1	0.333 5	0.255 1	0.195 6	0.150 4	0.115 9	0.089 5	0.069 3
29	0.749 3	0.563 1	0.424 3	0.320 7	0.242 9	0.184 6	0.140 6	0.107 3	0.082 2	0.063 0
30	0.741 9	0.552 1	0.412 0	0.308 3	0.231 4	0.174 1	0.131 4	0.099 4	0.075 4	0.057 3
35	0.705 9	0.500 0	0.355 4	0.253 4	0.181 3	0.130 1	0.093 7	0.067 6	0.049 0	0.035 6
40	0.671 7	0.452 9	0.306 6	0.208 3	0.142 0	0.097 2	0.066 8	0.046 0	0.031 8	0.022 1
45	0.639 1	0.410 2	0.264 4	0.171 2	0.111 3	0.072 7	0.047 6	0.031 3	0.020 7	0.013 7
50	0.608 0	0.371 5	0.228 1	0.140 7	0.087 2	0.054 3	0.033 9	0.021 3	0.013 4	0.008 5
55	0.578 5	0.336 5	0.196 8	0.115 7	0.068 3	0.040 6	0.024 2	0.014 5	0.008 7	0.005 3
期数	12%	14%	15%	16%	18%	20%	24%	28%	32%	36%
1	0.892 9	0.877 2	0.869 6	0.862 1	0.847 5	0.833 3	0.806 5	0.781 3	0.757 6	0.735 3
2	0.797 2	0.769 5	0.756 1	0.743 2	0.718 2	0.694 4	0.650 4	0.610 4	0.573 9	0.540 7
3	0.711 8	0.675 0	0.657 5	0.640 7	0.608 6	0.578 7	0.524 5	0.476 8	0.434 8	0.397 5
4	0.635 5	0.592 1	0.571 8	0.552 3	0.515 8	0.482 3	0.423 0	0.372 5	0.329 4	0.292 3
5	0.567 4	0.519 4	0.497 2	0.476 1	0.437 1	0.401 9	0.341 1	0.291 0	0.249 5	0.214 9
6	0.506 6	0.455 6	0.432 3	0.410 4	0.370 4	0.334 9	0.275 1	0.227 4	0.189 0	0.158 0
7	0.452 3	0.399 6	0.375 9	0.353 8	0.313 9	0.279 1	0.221 8	0.177 6	0.143 2	0.116 2
8	0.403 9	0.350 6	0.326 9	0.305 0	0.266 0	0.232 6	0.178 9	0.138 8	0.108 5	0.085 4
9	0.360 6	0.307 5	0.284 3	0.263 0	0.225 5	0.193 8	0.144 3	0.108 4	0.082 2	0.062 8
10	0.322 0	0.269 7	0.247 2	0.226 7	0.191 1	0.161 5	0.116 4	0.084 7	0.062 3	0.046 2
11	0.287 5	0.236 6	0.214 9	0.195 4	0.161 9	0.134 6	0.093 8	0.066 2	0.047 2	0.034 0
12	0.256 7	0.207 6	0.186 9	0.168 5	0.137 2	0.112 2	0.075 7	0.051 7	0.035 7	0.025 0
13	0.229 2	0.182 1	0.162 5	0.145 2	0.116 3	0.093 5	0.061 0	0.040 4	0.027 1	0.018 4
14	0.204 6	0.159 7	0.141 3	0.125 2	0.098 5	0.077 9	0.049 2	0.031 6	0.020 5	0.013 5
15	0.182 7	0.140 1	0.122 9	0.107 9	0.083 5	0.064 9	0.039 7	0.024 7	0.015 5	0.009 9
16	0.163 1	0.122 9	0.106 9	0.093 0	0.070 8	0.054 1	0.032 0	0.019 3	0.011 8	0.007 3
17	0.145 6	0.107 8	0.092 9	0.080 2	0.060 0	0.045 1	0.025 8	0.015 0	0.008 9	0.005 4
18	0.130 0	0.094 6	0.080 8	0.069 1	0.050 8	0.037 6	0.020 8	0.011 8	0.006 8	0.003 9
19	0.116 1	0.082 9	0.070 3	0.059 6	0.043 1	0.031 3	0.016 8	0.009 2	0.005 1	0.002 9
20	0.103 7	0.072 8	0.061 1	0.051 4	0.036 5	0.026 1	0.013 5	0.007 2	0.003 9	0.002 1
21	0.092 6	0.063 8	0.053 1	0.044 3	0.030 9	0.021 7	0.010 9	0.005 6	0.002 9	0.001 6
22	0.082 6	0.056 0	0.046 2	0.038 2	0.026 2	0.018 1	0.008 8	0.004 4	0.002 2	0.001 2
23	0.073 8	0.049 1	0.040 2	0.032 9	0.022 2	0.015 1	0.007 1	0.003 4	0.001 7	0.000 8
24	0.065 9	0.043 1	0.034 9	0.028 4	0.018 8	0.012 6	0.005 7	0.002 7	0.001 3	0.000 6
25	0.058 8	0.037 8	0.030 4	0.024 5	0.016 0	0.010 5	0.004 6	0.002 1	0.001 0	0.000 5
26	0.052 5	0.033 1	0.026 4	0.021 1	0.013 5	0.008 7	0.003 7	0.001 6	0.000 7	0.000 3

续表

期数	12%	14%	15%	16%	18%	20%	24%	28%	32%	36%
27	0.046 9	0.029 1	0.023 0	0.018 2	0.011 5	0.007 3	0.003 0	0.001 3	0.000 6	0.000 2
28	0.041 9	0.025 5	0.020 0	0.015 7	0.009 7	0.006 1	0.002 4	0.001 0	0.000 4	0.000 2
29	0.037 4	0.022 4	0.017 4	0.013 5	0.008 2	0.005 1	0.002 0	0.000 8	0.000 3	0.000 1
30	0.033 4	0.019 6	0.015 1	0.011 6	0.007 0	0.004 2	0.001 6	0.000 6	0.000 2	0.000 1
35	0.018 9	0.010 2	0.007 5	0.005 5	0.003 0	0.001 7	0.000 5	0.000 2	0.000 1	*
40	0.010 7	0.005 3	0.003 7	0.002 6	0.001 3	0.000 7	0.000 2	0.000 1	*	*
45	0.006 1	0.002 7	0.001 9	0.001 3	0.000 6	0.000 3	0.000 1	*	*	*
50	0.003 5	0.001 4	0.000 9	0.000 6	0.000 3	0.000 1	*	*	*	*
55	0.002 0	0.000 7	0.000 5	0.000 3	0.000 1	*	*	*	*	*

附录 C

年金终值系数表

期数	1%	2%	3%	4%	5%	6%	7%	8%	9%	10%
1	1.000 0	1.000 0	1.000 0	1.000 0	1.000 0	1.000 0	1.000 0	1.000 0	1.000 0	1.000 0
2	2.010 0	2.020 0	2.030 0	2.040 0	2.050 0	2.060 0	2.070 0	2.080 0	2.090 0	2.100 0
3	3.030 1	3.060 4	3.090 9	3.121 6	3.152 5	3.183 6	3.214 9	3.246 4	3.278 1	3.310 0
4	4.060 4	4.121 6	4.183 6	4.246 5	4.310 1	4.374 6	4.439 9	4.506 1	4.573 1	4.641 0
5	5.101 0	5.204 0	5.309 1	5.416 3	5.525 6	5.637 1	5.750 7	5.866 6	5.984 7	6.105 1
6	6.152 0	6.308 1	6.468 4	6.633 0	6.801 9	6.975 3	7.153 3	7.335 9	7.523 3	7.715 6
7	7.213 5	7.434 3	7.662 5	7.898 3	8.142 0	8.393 8	8.654 0	8.922 8	9.200 4	9.487 2
8	8.285 7	8.583 0	8.892 3	9.214 2	9.549 1	9.897 5	10.260	10.637	11.029	11.436
9	9.368 5	9.754 6	10.159	10.583	11.027	11.491	11.978	12.488	13.021	13.580
10	10.462	10.950	11.464	12.006	12.578	13.181	13.816	14.487	15.193	15.937
11	11.567	12.169	12.808	13.486	14.207	14.972	15.784	16.646	17.560	18.531
12	12.683	13.412	14.192	15.026	15.917	16.870	17.889	18.977	20.141	21.384
13	13.809	14.680	15.618	16.627	17.713	18.882	20.141	21.495	22.953	24.523
14	14.947	15.974	17.086	18.292	19.599	21.015	22.551	24.215	26.019	27.975
15	16.097	17.293	18.599	20.024	21.579	23.276	25.129	27.152	29.361	31.773
16	17.258	18.639	20.157	21.825	23.658	25.673	27.888	30.324	33.003	35.950
17	18.430	20.012	21.762	23.698	25.840	28.213	30.840	33.750	36.974	40.545
18	19.615	21.412	23.414	25.645	28.132	30.906	33.999	37.450	41.301	45.599
19	20.811	22.841	25.117	27.671	30.539	33.760	37.379	41.446	46.019	51.159
20	22.019	24.297	26.870	29.778	33.066	36.786	40.996	45.762	51.160	57.275
21	23.239	25.783	28.677	31.969	35.719	39.993	44.865	50.423	56.765	64.003
22	24.472	27.299	30.537	34.248	38.505	43.392	49.006	55.457	62.873	71.403
23	25.716	28.845	32.453	36.618	41.431	46.996	53.436	60.893	69.532	79.543
24	26.974	30.422	34.427	39.083	44.502	50.816	58.177	66.765	76.790	88.497
25	28.243	32.030	36.459	41.646	47.727	54.865	63.249	73.106	84.701	98.347
26	29.526	33.671	38.553	44.312	51.114	59.156	68.677	79.954	93.324	109.18

续表

期数	1%	2%	3%	4%	5%	6%	7%	8%	9%	10%
27	30.821	35.344	40.710	47.084	54.669	63.706	74.484	87.351	102.72	121.10
28	32.129	37.051	42.931	49.968	58.403	68.528	80.698	95.339	112.97	134.21
29	33.450	38.792	45.219	52.966	62.323	73.640	87.347	103.97	124.14	148.63
30	34.785	40.568	47.575	56.085	66.439	79.058	94.461	113.28	136.31	164.49
40	48.886	60.402	75.401	95.026	120.80	154.76	199.64	259.06	337.88	442.59
50	64.463	84.579	112.80	152.67	209.35	290.34	406.53	573.77	815.08	1 163.9
60	81.670	114.05	163.05	237.99	353.58	533.13	813.52	1 253.2	1 944.8	3 034.8
期数	12%	14%	15%	16%	18%	20%	24%	28%	32%	36%
1	1.000 0	1.000 0	1.000 0	1.000 0	1.000 0	1.000 0	1.000 0	1.000 0	1.000 0	1.000 0
2	2.120 0	2.140 0	2.150 0	2.160 0	2.180 0	2.200 0	2.240 0	2.280 0	2.320 0	2.360 0
3	3.374 4	3.439 6	3.472 5	3.505 6	3.572 4	3.640 0	3.777 6	3.918 4	4.062 4	4.209 6
4	4.779 3	4.921 1	4.993 4	5.066 5	5.215 4	5.368 0	5.684 2	6.015 6	6.362 4	6.725 1
5	6.352 8	6.610 1	6.742 4	6.877 1	7.154 2	7.441 6	8.048 4	8.699 9	9.398 3	10.146
6	8.115 2	8.535 5	8.753 7	8.977 5	9.442 0	9.929 9	10.980	12.136	13.406	14.799
7	10.089	10.731	11.067	11.414	12.142	12.916	14.615	16.534	18.696	21.126
8	12.300	13.233	13.727	14.240	15.327	16.499	19.123	22.163	25.678	29.732
9	14.776	16.085	16.786	17.519	19.086	20.799	24.713	29.369	34.895	41.435
10	17.549	19.337	20.304	21.322	23.521	25.959	31.643	38.593	47.062	57.352
11	20.655	23.045	24.349	25.733	28.755	32.150	40.238	50.399	63.122	78.998
12	24.133	27.271	29.002	30.850	34.931	39.581	50.895	65.510	84.320	108.44
13	28.029	32.089	34.352	36.786	42.219	48.497	64.110	84.853	112.30	148.48
14	32.393	37.581	40.505	43.672	50.818	59.196	80.496	109.61	149.24	202.93
15	37.280	43.842	47.580	51.660	60.965	72.035	100.82	141.30	198.00	276.98
16	42.753	50.980	55.718	60.925	72.939	87.442	126.01	181.87	262.36	377.69
17	48.884	59.118	65.075	71.673	87.068	105.93	157.25	233.79	347.31	514.66
18	55.750	68.394	75.836	84.141	103.74	128.12	195.99	300.25	459.45	700.94
19	63.440	78.969	88.212	98.603	123.41	154.74	244.03	385.32	607.47	954.28
20	72.052	91.025	102.44	115.38	146.63	186.69	303.60	494.21	802.86	1 298.8
21	81.699	104.77	118.81	134.84	174.02	225.03	377.46	633.59	1 060.8	1 767.4
22	92.503	120.44	137.63	157.42	206.34	271.03	469.06	812.00	1 401.2	2 404.7
23	104.60	138.30	159.28	183.60	244.49	326.24	582.63	1 040.4	1 850.6	3 271.3
24	118.16	158.66	184.17	213.98	289.49	392.48	723.46	1 332.7	2 443.8	4 450.0
25	133.33	181.87	212.79	249.21	342.60	471.98	898.09	1 706.8	3 226.8	6 053.0
26	150.33	208.33	245.71	290.09	405.27	567.38	1 114.6	2 185.7	4 260.4	8 233.1
27	169.37	238.50	283.57	337.50	479.22	681.85	1 383.1	2 798.7	5 624.8	11 198
28	190.70	272.89	327.10	392.50	566.48	819.22	1 716.1	3 583.3	7 425.7	15 230

续表

期数	12%	14%	15%	16%	18%	20%	24%	28%	32%	36%
29	214.58	312.09	377.17	456.30	669.45	984.07	2 129.0	4 587.7	9 802.9	20 714
30	241.33	356.79	434.75	530.31	790.95	1 181.9	2 640.9	5 873.2	12 941	28 172
40	767.09	1 342.0	1 779.1	2 360.8	4 163.2	7 343.9	22 729	69 377	207 874	609 890
50	2 400.0	4 994.5	7 217.7	10 436	21 813	45 497	195 373	819 103	*	*
60	7 471.6	18 535	29 220	46 058	114 190	281 733	*	*	*	*

附录 D

年金现值系数表

期数	1%	2%	3%	4%	5%	6%	7%	8%	9%	10%
1	0.990 1	0.980 4	0.970 9	0.961 5	0.952 4	0.943 4	0.934 6	0.925 9	0.917 4	0.909 1
2	1.970 4	1.941 6	1.913 5	1.886 1	1.859 4	1.833 4	1.808 0	1.783 3	1.759 1	1.735 5
3	2.941 0	2.883 9	2.828 6	2.775 1	2.723 2	2.673 0	2.624 3	2.577 1	2.531 3	2.486 9
4	3.902 0	3.807 7	3.717 1	3.629 9	3.546 0	3.465 1	3.387 2	3.312 1	3.239 7	3.169 9
5	4.853 4	4.713 5	4.579 7	4.451 8	4.329 5	4.212 4	4.100 2	3.992 7	3.889 7	3.790 8
6	5.795 5	5.601 4	5.417 2	5.242 1	5.075 7	4.917 3	4.766 5	4.622 9	4.485 9	4.355 3
7	6.728 2	6.472 0	6.230 3	6.002 1	5.786 4	5.582 4	5.389 3	5.206 4	5.033 0	4.868 4
8	7.651 7	7.325 5	7.019 7	6.732 7	6.463 2	6.209 8	5.971 3	5.746 6	5.534 8	5.334 9
9	8.566 0	8.162 2	7.786 1	7.435 3	7.107 8	6.801 7	6.515 2	6.246 9	5.995 2	5.759 0
10	9.471 3	8.982 6	8.530 2	8.110 9	7.721 7	7.360 1	7.023 6	6.710 1	6.417 7	6.144 6
11	10.367 6	9.786 8	9.252 6	8.760 5	8.306 4	7.886 9	7.498 7	7.139 0	6.805 2	6.495 1
12	11.255 1	10.575 3	9.954 0	9.385 1	8.863 3	8.383 8	7.942 7	7.536 1	7.160 7	6.813 7
13	12.133 7	11.348 4	10.635 0	9.985 6	9.393 6	8.852 7	8.357 7	7.903 8	7.486 9	7.103 4
14	13.003 7	12.106 2	11.296 1	10.563 1	9.898 6	9.295 0	8.745 5	8.244 2	7.786 2	7.366 7
15	13.865 1	12.849 3	11.937 9	11.118 4	10.379 7	9.712 2	9.107 9	8.559 5	8.060 7	7.606 1
16	14.717 9	13.577 7	12.561 1	11.652 3	10.837 8	10.105 9	9.446 6	8.851 4	8.312 6	7.823 7
17	15.562 3	14.291 9	13.166 1	12.165 7	11.274 1	10.477 3	9.763 2	9.121 6	8.543 6	8.021 6
18	16.398 3	14.992 0	13.753 5	12.659 3	11.689 6	10.827 6	10.059 1	9.371 9	8.755 6	8.201 4
19	17.226 0	15.678 5	14.323 8	13.133 9	12.085 3	11.158 1	10.335 6	9.603 6	8.950 1	8.364 9
20	18.045 6	16.351 4	14.877 5	13.590 3	12.462 2	11.469 9	10.594 0	9.818 1	9.128 5	8.513 6
21	18.857 0	17.011 2	15.415 0	14.029 2	12.821 2	11.764 1	10.835 5	10.016 8	9.292 2	8.648 7
22	19.660 4	17.658 0	15.936 9	14.451 1	13.163 0	12.041 6	11.061 2	10.200 7	9.442 4	8.771 5
23	20.455 8	18.292 2	16.443 6	14.856 8	13.488 6	12.303 4	11.272 2	10.371 1	9.580 2	8.883 2
24	21.243 4	18.913 9	16.935 5	15.247 0	13.798 6	12.550 4	11.469 3	10.528 8	9.706 6	8.984 7
25	22.023 2	19.523 5	17.413 1	15.622 1	14.093 9	12.783 4	11.653 6	10.674 8	9.822 6	9.077 0
26	22.795 2	20.121 0	17.876 8	15.982 8	14.375 2	13.003 2	11.825 8	10.810 0	9.929 0	9.160 9

续表

期数	1%	2%	3%	4%	5%	6%	7%	8%	9%	10%
27	23.559 6	20.706 9	18.327 0	16.329 6	14.643 0	13.210 5	11.986 7	10.935 2	10.026 6	9.237 2
28	24.316 4	21.281 3	18.764 1	16.663 1	14.898 1	13.406 2	12.137 1	11.051 1	10.116 1	9.306 6
29	25.065 8	21.844 4	19.188 5	16.983 7	15.141 1	13.590 7	12.277 7	11.158 4	10.198 3	9.369 6
30	25.807 7	22.396 5	19.600 4	17.292 0	15.372 5	13.764 8	12.409 0	11.257 8	10.273 7	9.426 9
35	29.408 6	24.998 6	21.487 2	18.664 6	16.374 2	14.498 2	12.947 7	11.654 6	10.566 8	9.644 2
40	32.834 7	27.355 5	23.114 8	19.792 8	17.159 1	15.046 3	13.331 7	11.924 6	10.757 4	9.779 1
45	36.094 5	29.490 2	24.518 7	20.720 0	17.774 1	15.455 8	13.605 5	12.108 4	10.881 2	9.862 8
50	39.196 1	31.423 6	25.729 8	21.482 2	18.255 9	15.761 9	13.800 7	12.233 5	10.961 7	9.914 8
55	42.147 2	33.174 8	26.774 4	22.108 6	18.633 5	15.990 5	13.939 9	12.318 6	11.014 0	9.947 1
期数	12%	14%	15%	16%	18%	20%	24%	28%	32%	36%
1	0.892 9	0.877 2	0.869 6	0.862 1	0.847 5	0.833 3	0.806 5	0.781 3	0.757 6	0.735 3
2	1.690 1	1.646 7	1.625 7	1.605 2	1.565 6	1.527 8	1.456 8	1.391 6	1.331 5	1.276 0
3	2.401 8	2.321 6	2.283 2	2.245 9	2.174 3	2.106 5	1.981 3	1.868 4	1.766 3	1.673 5
4	3.037 3	2.913 7	2.855 0	2.798 2	2.690 1	2.588 7	2.404 3	2.241 0	2.095 7	1.965 8
5	3.604 8	3.433 1	3.352 2	3.274 3	3.127 2	2.990 6	2.745 4	2.532 0	2.345 2	2.180 7
6	4.111 4	3.888 7	3.784 5	3.684 7	3.497 6	3.325 5	3.020 5	2.759 4	2.534 2	2.338 8
7	4.563 8	4.288 3	4.160 4	4.038 6	3.811 5	3.604 6	3.242 3	2.937 0	2.677 5	2.455 0
8	4.967 6	4.638 9	4.487 3	4.343 6	4.077 6	3.837 2	3.421 2	3.075 8	2.786 0	2.540 4
9	5.328 2	4.946 4	4.771 6	4.606 5	4.303 0	4.031 0	3.565 5	3.184 2	2.868 1	2.603 3
10	5.650 2	5.216 1	5.018 8	4.833 2	4.494 1	4.192 5	3.681 9	3.268 9	2.930 4	2.649 5
11	5.937 7	5.452 7	5.233 7	5.028 6	4.656 0	4.327 1	3.775 7	3.335 1	2.977 6	2.683 4
12	6.194 4	5.660 3	5.420 6	5.197 1	4.793 2	4.439 2	3.851 4	3.386 8	3.013 3	2.708 4
13	6.423 5	5.842 4	5.583 1	5.342 3	4.909 5	4.532 7	3.912 4	3.427 2	3.040 4	2.726 8
14	6.628 2	6.002 1	5.724 5	5.467 5	5.008 1	4.610 6	3.961 6	3.458 7	3.060 9	2.740 3
15	6.810 9	6.142 2	5.847 4	5.575 5	5.091 6	4.675 5	4.001 3	3.483 4	3.076 4	2.750 2
16	6.974 0	6.265 1	5.954 2	5.668 5	5.162 4	4.729 6	4.033 3	3.502 6	3.088 2	2.757 5
17	7.119 6	6.372 9	6.047 2	5.748 7	5.222 3	4.774 6	4.059 1	3.517 7	3.097 1	2.762 9
18	7.249 7	6.467 4	6.128 0	5.817 8	5.273 2	4.812 2	4.079 9	3.529 4	3.103 9	2.766 8
19	7.365 8	6.550 4	6.198 2	5.877 5	5.316 2	4.843 5	4.096 7	3.538 6	3.109 0	2.769 7
20	7.469 4	6.623 1	6.259 3	5.928 8	5.352 7	4.869 6	4.110 3	3.545 8	3.112 9	2.771 8
21	7.562 0	6.687 0	6.312 5	5.973 1	5.383 7	4.891 3	4.121 2	3.551 4	3.115 8	2.773 4
22	7.644 6	6.742 9	6.358 7	6.011 3	5.409 9	4.909 4	4.130 0	3.555 8	3.118 0	2.774 6
23	7.718 4	6.792 1	6.398 8	6.044 2	5.432 1	4.924 5	4.137 1	3.559 2	3.119 7	2.775 4
24	7.784 3	6.835 1	6.433 8	6.072 6	5.450 9	4.937 1	4.142 8	3.561 9	3.121 0	2.776 0
25	7.843 1	6.872 9	6.464 1	6.097 1	5.466 9	4.947 6	4.147 4	3.564 0	3.122 0	2.776 5
26	7.895 7	6.906 1	6.490 6	6.118 2	5.480 4	4.956 3	4.151 1	3.565 6	3.122 7	2.776 8

续表

期数	12%	14%	15%	16%	18%	20%	24%	28%	32%	36%
27	7.942 6	6.935 2	6.513 5	6.136 4	5.491 9	4.963 6	4.154 2	3.566 9	3.123 3	2.777 1
28	7.984 4	6.960 7	6.533 5	6.152 0	5.501 6	4.969 7	4.156 6	3.567 9	3.123 7	2.777 3
29	8.021 8	6.983 0	6.550 9	6.165 6	5.509 8	4.974 7	4.158 5	3.568 7	3.124 0	2.777 4
30	8.055 2	7.002 7	6.566 0	6.177 2	5.516 8	4.978 9	4.160 1	3.569 3	3.124 2	2.777 5
35	8.175 5	7.070 0	6.616 6	6.215 3	5.538 6	4.991 5	4.164 4	3.570 8	3.124 8	2.777 7
40	8.243 8	7.105 0	6.641 8	6.233 5	5.548 2	4.996 6	4.165 9	3.571 2	3.125 0	2.777 8
45	8.282 5	7.123 2	6.654 3	6.242 1	5.552 3	4.998 6	4.166 4	3.571 4	3.125 0	2.777 8
50	8.304 5	7.132 7	6.660 5	6.246 3	5.554 1	4.999 5	4.166 6	3.571 4	3.125 0	2.777 8
55	8.317 0	7.137 6	6.663 6	6.248 2	5.554 9	4.999 8	4.166 6	3.571 4	3.125 0	2.777 8

参考文献

[1] 财政部会计资格评价中心. 财务管理[M]. 北京：经济科学出版社，2017.

[2] 中国注册会计师协会组织. 财务成本管理[M]. 北京：中国财政经济出版社，2017.

[3] 荆新，王化成，刘俊彦. 财务管理学（第七版）[M]. 北京：中国人民大学出版社，2015.

[4] 张玉英. 财务管理（第 5 版）[M]. 北京：高等教育出版社，2016.

[5] 张文华，晋江涛. 财务管理[M]. 长春：东北师范大学出版社，2014.

[6] 马元兴. 企业财务管理（第三版）[M]. 北京：高等教育出版社，2017.

[7] 孔德兰，许辉. 财务管理：原理、实务、案例、实训（第三版）[M]. 大连：东北财经大学出版社，2016.

[8] 张勋阁. 公司理财实务（第三版）[M]. 大连：东北财经大学出版社，2016.

[9] 吉文丽，王青梅. 财务管理[M]. 北京：清华大学出版社，2014.

[10] 张鸣，等. 财务管理学习题与案例[M]. 上海：上海财经大学出版社，2006.